中国大学MOOC（慕课）配套教材

经济管理类课程教材

——金融系列

公司金融

江 萍 李 莉 郑晓佳 编著

GONGSI JINRONG

FINANCE

中国人民大学出版社
·北京·

图书在版编目（CIP）数据

公司金融 / 江萍，李莉，郑晓佳编著. -北京：中国人民大学出版社，2023.1
经济管理类课程教材. 金融系列
ISBN 978-7-300-31393-1

Ⅰ.①公… Ⅱ.①江… ②李… ③郑… Ⅲ.①公司-金融学-高等学校-教材 Ⅳ.①F276.6

中国版本图书馆 CIP 数据核字（2022）第 257840 号

经济管理类课程教材·金融系列
公司金融
江　萍　李　莉　郑晓佳　编著
Gongsi Jinrong

出版发行	中国人民大学出版社		
社　　址	北京中关村大街 31 号	**邮政编码**	100080
电　　话	010－62511242（总编室）		010－62511770（质管部）
	010－82501766（邮购部）		010－62514148（门市部）
	010－62511173（发行公司）		010－62515275（盗版举报）
网　　址	http://www.crup.com.cn		
经　　销	新华书店		
印　　刷	北京宏伟双华印刷有限公司		
开　　本	787 mm×1092 mm　1/16	**版　　次**	2023 年 1 月第 1 版
印　　张	21.5	**印　　次**	2025 年 6 月第 3 次印刷
字　　数	488 000	**定　　价**	49.00 元

出版说明

改革开放以来，中国的金融走上了高速发展的快车道，获得了前所未有的发展，有关院校都开设了金融课程，以便培养我国急需的人才。

一套高质量的教材是提高教学质量的前提之一。教材规定了教学内容，是教师授课取材之源，是学生求知和复习之本。没有优秀的教材，就无法提高教学质量。中国人民大学出版社推出“经济管理类课程教材·金融系列”，旨在推动国内金融人才培养工作的开展。

组织编写这套教材时，我们遵照以下原则：

1. 教材实行本土化。为了更快地与国际接轨，许多人主张采用“拿来主义”原则，直接引进国外的教材。实践证明，我国与发达国家相比，国情不同，文化背景不同，思维方式不同，语言表述方式不同。广大的专家教授一致认为：我们培养的是中国金融人才，是为中国的金融服务的，教材还是本土化为宜，学生应在了解我国现状之后，再学习国外的知识。因此，把中国的背景知识与国际接轨才是我们最需要的。该套教材均为本土原创作品。

2. 精选作者，保证教材质量。金融与国家的政策联系紧密，应用性强，培养的学生既要懂理论，又要会应用；既要与国际接轨，又要考虑中国的国情。该套教材涵纳全国“政产学研”方面的作者，从源头上保证了这套书的质量。

3. 要始终保持教材的“精”与“新”。现代金融日新月异，课程设置不断变化。该套教材根据形势的发展，不断推出新课程教材，并不断修订、完善。

4. 形式多种多样，方便教材使用者。书中每章都设有“本章小结”“重要概念”“思考题”“延伸阅读”等栏目，方便读者学习。

总之，这套系列教材紧密结合当前国内外金融研究的最新成果与金融政策发展的实际情况，全面讲述金融基本理论和基本知识。我们相信“经济管理类课程教材·金融系列”的推出，能够为读者掌握现代金融知识、培养人才起到应有的作用。

中国人民大学出版社

前 言

公司金融是金融学专业的必修课程和重要分支学科，长久以来一直是金融学专业教育的核心内容之一。聚焦企业金融活动，阐述金融决策基本原理，解析金融发展的微观理论和实践，是公司金融教材的宗旨。本教材立足于此，涵盖公司金融的三大核心问题：公司的投资决策、融资决策以及营运资本管理。具体而言，从公司的角度探讨，当公司面临投资项目时，应该如何评估和选择；当公司面对有价值的投资机会时，应该如何有效地利用各种融资渠道筹资；公司日常应该如何做好营运资本管理，以更好地平衡流动性和资本收益。为解答这些问题，本教材既涉及公司金融的经典理论和模型，如委托-代理问题、现金流量贴现模型、债券及股票估值模型、投资组合理论、资本结构理论、股利政策理论等，也涉及实践中广泛使用的有关净现值、内部收益率等的资本预算方法和财务分析方法。对本教材的学习将有助于学生初步具备对现实公司金融行为和财务现象进行分析的能力，使之能够利用分析工具，处理常规的公司金融投融资决策问题，为日后从事相关工作和更深层次的研究打下良好基础。

在现有教材中，斯蒂芬・罗斯等人所著的《公司理财》因其丰富的内容和诸多示例而在国内外广受欢迎。无疑，这是一本非常好的入门教材，因此才能够不断再版，经久不衰。但是，在我们实际的教学活动中也发现了一些“水土不服”的现象，在中国特色制度背景下的金融实践形成了许多优秀成果，而这些均未能在现有教材中体现。在这一方面，我们三个作者达成了共识：“在‘论文写在祖国大地上’的号召下，迫切需要一本适合中国学生的中国公司金融教材。”因此，在接到中国人民大学出版社的邀请后，我们非常欣喜，随即开始整理资料和着手编写工作，以期尽早完成一本兼具公司金融基础理论、科学研究及案例实践，立足中国国情、融合金融知识的特色教材。从总体上看，本教材的具体特色如下：

第一，聚焦中国国情。如前所述，罗斯等人所著的《公司理财》是当下主流的公司金融教材，但该书主要是以西方制度背景为基础，大多基于西方案例进行讨论，发散性的结构编排和分析也可能使得学生在阅读时无从下手，代入感欠佳。中国资本市场尽管起步较晚，但经过短短三十几年的发展，目前已跃升为全球第二大市场，中国独特的制度背景与悠久的历史文化传统使得在中国并不能直接生搬硬套西方的公司金融理论。因此，本教材在系统梳理公司金融核心理论体系的基础上，聚焦中国国情，阐述西方公司金融理论在中国的应用，以中国上市公司案例为切入点，以中国金融实践作为阅读材料，较为全面地介绍中国公司金融发展概况。这些身边看得见、摸得着的企业案例也能够提高学生的学习兴趣，让学生更好地实现理论与实践相结合，培养学生的独立思考能力。另外，在各章节中，本教材也设置了相关的课程思政内容，如我国资本市场发展历程、特色公司治理理论与实践、“走出去”战略与企业发展等，将价值塑造、知识传授和科研能力培养紧密融合，专业知识与育人元素形成有机联系，帮助读者加深理解专业内容及其与现实问题的关联性，强化“四个自信”。

第二，涵盖最新研究成果。公司金融领域的研究日新月异，大量研究成果不断涌现。本教材作者均长期从事公司金融相关研究，涉及公司金融、公司治理、资本市场、家族企业等领域，位处科研一线，这也为本教材增加了一定的学术研究色彩。结合公司金融领域的最新研究进展，本教材对相关理论前沿进行了更新，并介绍了相关实证研究结论，尤其是西方金融理论在中国制度背景下的适用性。因此，学习本教材，读者不仅可以掌握经典的传统理论，更能了解这些理论的最新进展，以及在中国情境下是否会得出不同的研究结论。本教材希望通过引用前沿科学研究成果，构建更全面、系统、与时俱进的公司金融体系，这对有志从事学术研究或意在进一步深造的学生均大有裨益。

第三，拥有数字资源支持。本教材作者在中国大学慕课平台已经连续开设四期公司金融课程，累计选课人数接近四万人，学生评价良好（4.8/5.0）。本教材内容与慕课高度契合，以慕课作为配套支撑材料，不仅能够帮助授课教师实现课前预习、课内练习、课后复习、在线讨论、多样化考核等一体化教学，进行翻转课堂等更多教学手段创新和教学方式改革，同时也有助于学生通过观看在线视频和查阅数字资料，从横向和纵向延伸课堂，实现自我、自主高效学习。

本教材适用于高等院校各经济学类、管理学类专业的全日制本科生，也可作为专业学位硕士研究生入学考试的参考教材，对公司金融问题感兴趣的实务界人士来说也是一本不错的入门读物。

本教材由对外经济贸易大学金融系江萍教授、李莉副教授、郑晓佳助理教授共同编写，具体分工为：第一章“公司金融导论”、第五章“资本预算方法”、第十章“公司价值评估”、第十一章“股利与股利政策”由江萍负责；第四章“货币的时间价值”、第六章“收益、风险与证券市场理论”、第七章“资本成本”、第八章“有效市场假说”由李莉负责；第二章“财务报表分析”、第三章“财务规划”、第九章“资本结构与公司价值”、第十二章“并购”由郑晓佳负责。文稿经三人互相校订后，形成教材终稿。在编写过程中，我们也参考了国内外许多优秀教材和资料。但因编者水平有限，本教材仍可能存在诸多不足之处，恭请读者批评指正，欢迎反馈。在这里，我们也衷心感谢中国人民大学出版社编辑韩兆丹、刘美昱在本教材出版过程中细致、认真、负责的编辑工作！

江 萍 李 莉 郑晓佳

目　录

第一章

公司金融导论

【本章学习目标】

1. 理解公司金融学科研究的主要内容。
2. 掌握企业的三种组织形式。
3. 了解企业理财的目标。
4. 区分企业理财与会计活动。
5. 理解委托-代理问题的内涵与解决办法。

视频：什么是公司金融

引导案例

安然事件

安然（Enron）曾是世界上最大的能源商品和服务公司之一，是一个神话般的存在。进入21世纪后，安然不断扩展其公司业务，业务形式向对冲基金方向发展。美国《财富》杂志曾连续六年将其评为“美国最具创新力公司”，其排名一度超过了微软和英特尔。它的股票价格从1995年开始上涨，从最初的15美元一直上涨到了2000年年底的90多美元，足足涨了5倍。2001年年中，安然的股价一度达到每股90.75美元，然而仅仅5个月后，安然宣布倒闭，其股价以每股仅0.26美元的价格被交易。这意味着一个投资者，如果在最高峰的时候花了5 000美元买入了安然的股票，那么一年后这些股票只值不到15美元，基本上就是全部投资资金都打水漂了。当时安然事件中最倒霉的当属其公司员工，由于员工过于相信他们公司的神话，所以把大量的退休金都用于购买安然的股票。最终随着安然公司的倒闭，他们不但失去了工作，也失去了退休以后的生活保障。2001年10月22日，美国证券交易委员会发现了安然的问题，对安然进行调查，安然事件爆发。安然事件之后，还发生了著名的世通事件，它们都是美国的超级大公司，这些事件的发生促成了美国的《萨班斯-奥克斯利法案》（Sarbanes-Oxley Act）的颁布，美国加强了对上市公司的监管，增强了会计师的独立性，提高了财报质量，《萨班斯-奥克斯利法案》也成为美国有史以来最严格的监管法案。安然事件给当时的美国社会带来了巨大的冲击，也迫使人们对当时的企业制度进行反思，并建立了一整套企业风险管理内部控制规范，对公司独立董事和审计委员会的职责提出了要求。同时，美国证券交易委员会也推动完善了财务会计准则，防止此类事件再度出现。

安然股价从 90 多美元直接掉到了将近 0 美元，那么安然到底发生了什么问题呢？为什么会发生这样的问题？监管机构应该如何保护投资者利益，防止类似事件再次发生？

公司金融（corporate finance）是微观金融学的一个重要分支学科，它是关于公司如何在未来收益和当前收益之间进行取舍的一门学科。投资决策、融资决策和营运资本管理构成了公司金融研究的基本内容。在股东财富最大化这一特定的财务目标下，本章从公司金融的研究主体公司制企业入手，介绍了公司制企业的主要活动、财务管理目标、所处的市场环境以及所面临的代理冲突，其间贯穿着公司金融活动的重要规则。

第一节 金融学与公司金融

一、金融学的含义及划分

金融是货币流通和信用活动以及与之相联系的经济活动的总称，金融学的本质是帮助投资者实现资源的跨时期配置。一方面，资金供给方虽然拥有充足的资金，但由于缺乏合适的投资机会，这部分闲置的资金将无法获得收益；另一方面，资金需求方虽然找到了合适的投资机会，却苦于手头没有闲置资金进行投资。银行等金融中介协助双方实现资源的跨时期配置，即将现在资金供给方闲余的资金提供给资金需求方，用于合适的项目投资，帮助他们获取收益。作为回报，金融中介机构会留出一部分资金作为自己的中介费或者服务费，剩下的部分再返还给资金供给方。在这个过程中，金融市场就实现了资金的跨时期配置过程：对于资金供给方而言，他们牺牲或者减少了当前的消费而进行投资，赚取未来更高的收益；而对于资金需求方而言，他们相当于是透支未来，将未来的钱拿到今天消费，比如说做一些更好的投资，赚取未来更高的回报。

广义的金融学可以分为宏观金融学和微观金融学。在宏观层面上，除了一些必要的关于货币的本质和形式、货币制度和金融体系的介绍以外，货币银行学的核心内容是货币供给和需求、利率的决定以及由此产生的对于宏观经济金融现象的解释和相应的政策建议。宏观金融学的相关课程有货币银行学、金融市场学等。微观金融学的相关课程有公司金融、投资学等。

二、公司金融在金融学科中的定位

具体来说，微观金融学可以分成两个领域，一个是公司金融，另一个是投资学。公司金融即我们本书要讲的内容。公司金融又称公司财务管理、公司理财等，用于考察公司如何有效地利用各种融资渠道，获得最低成本的资金来源，并形成合适的资本结构；还包括企业投资、利润分配、营运资本管理及财务分析等方面。

公司金融主要帮助公司做出融资和投资的决策。设想你是一家上市公司的首席财务官（CFO），或者是这家公司的财务咨询团队人员或财务顾问公司人员，需要帮助该公司寻求更好的融资决策。比如说这家公司目前缺少资金进行生产扩张，那么对于该公司来说最好的融资渠道是什么，是首发上市、寻求银行贷款、发行企业债券，还是其他融资渠道？如果公司希望通过发行债券或股票的方式来获取资金，便可以寻求投资银行的帮助。当然如果公司处于初创阶段，也可能寻求一些特别早期的投资，比如说风险资本。[①] 在公司融到资之后，大家要做的就是帮助公司寻找一些合适的投资项目，这个项目可能是开辟一个新的生产线，或者做一个新的主营业务，甚至发起一个并购。你需要利用资本预算的方法与技术，对这些潜在的投资项目进行分析评价，帮助公司获得价值增值。[②]

投资学是研究金融资产投资的决策和管理的科学，投资学课程的一般框架包括三大部分：第一部分为金融工具与金融市场，主要研究基础性金融工具与衍生工具、交易所、中间商、价格决定过程以及市场微观结构等；第二部分为投资理论，主要包括股票理论、债券理论、投资组合理论、资本资产定价模型、套利定价理论、有效市场假说、期权定价模型等；第三部分为投资实务，主要介绍基础分析和技术分析以及与投资绩效管理有关的知识。

阅读材料　投资银行

投资银行（investment bank）是典型的金融机构，一般认为，投资银行是在资本市场上为公司发行债券、股票，筹集长期资金提供中介服务的金融机构，主要从事证券承销、公司并购与资产重组等业务。其基本特征是综合经营资本市场业务。

投资银行的盈利业务主要有两方面：

一、获利性业务

- 初级市场造市：证券承销业务，比如为公司做首次公开发行。
- 次级市场买卖撮合：包括自营和经纪业务。
- 自有资金操作交易：包括投机、套利等。
- 公司重组：包括扩大/缩小规模，调整所有权与控制权等。
- 其他获利性业务：包括咨询、投资管理、商人银行、风险基金、顾问业务等。

二、支援性业务

支援性业务包括市场研究、清算服务、信息资讯服务等。

投资银行是与商业银行相对应的一类金融机构。尽管在名称上都冠有“银行”字样，但实质上投资银行与商业银行之间存在着明显差异：

- 从市场定位上看，商业银行是货币市场的核心，而投资银行是资本市场的核心；

① 风险资本是一种以私募方式募集资金，以公司等组织形式设立，投资于未上市的新兴中小型企业（尤其是新兴高科技企业）的一种承担高风险、谋求高回报的资本形态。

② 价值增值，也可称为价值创造，是指公司创造的现金流入量超过了它所支付的现金流出量，即产生了现金增量。公司成长、股东财富最大化源于公司的价值创造。

- 从服务功能上看，商业银行服务于间接融资，而投资银行服务于直接融资；
- 从业务内容上看，商业银行的业务重心是吸收存款和发放贷款，而投资银行的业务重心是证券承销、公司并购与资产重组；
- 从收益来源上看，商业银行的收益主要来源于存贷利差，而投资银行的收益主要来源于证券承销、公司并购与资产重组业务中的手续费或佣金。

第二节　公司金融的主要内容

一、公司的金融活动

公司的金融活动表现为公司资金的不断循环、周转及其所体现的经济关系。简单来说，公司金融主要回答以下三个方面的问题：

1. 投资决策

第一个需要回答的问题是公司应该选择什么样的长期投资。公司在创立之初以及面临未来增长机会时的租用经营场地、购置机器设备、注册商标等长期投资就是公司最典型的投资活动。其实对这个问题的回答就决定了公司的主业类型是什么。比如如果某公司的长期投资资产是各种型号的汽车零部件以及汽车整车，那么这家公司可能是一家租车公司或者汽车共享公司；如果某公司的长期投资资产是加工衣服的设备，那么这家公司可能是以服装制造业为主的企业。综上，对第一个问题的回答是非常重要的。

但事实上，确定合适的长期投资并非易事。投资具有时间和风险两个维度，长期投资活动未来产生的现金流是不确定的，也就意味着投资决策是有风险的。在后面的章节中我们会介绍基本的方法与技巧，共同学习如何来判断是否进行一项潜在项目的长期投资，该过程叫做资本预算决策。常见的资本预算方法包括净现值法、获利能力指数法、投资回收期法和内部收益率法等。在进行投资决策时，我们会面临诸如自制或外购决策、更新替代决策、不同生命周期项目的投资决策等，我们将会利用资本预算方法对目标项目进行可行性分析。

2. 融资决策

公司金融要回答的第二个问题就是确定好合适的投资机会后，公司应如何为该项目融资。融资决策由投资决策引发，融资决策是为投资决策服务的，投资决策能否顺利进行受制于融资决策。常见的融资途径包括银行贷款、发行债券、股权融资，或利用公司内部资金融资。公司应该寻求何种方式融资？融资的成本是多少？公司应如何确定目标资本结构？公司应如何降低自身的融资成本？公司应如何实现融资期限与投资期限的匹配以降低公司面临的风险？这些都属于公司金融要回答的第二个非常重要的问题，即融资问题。公司融资决策的目标就是尽可能地选择合理的融资方式，既满足公司的投资需要，又尽可能降低融资成本。

3. 营运资本管理

公司金融面临的第三个问题是公司应该如何进行短期资产和负债的管理。这个问题是非常重要的，但公司金融的初学者常常会忽略这一点。为了满足公司正常运作的要求，公司需要保持一定数量的库存现金、应收账款、存货等流动资产。如果公司在日常生产经营过程中忽略了对流动资产的管理，有可能使一家本来发展良好的公司陷入财务困境中，甚至到达破产的边缘。那么公司究竟需要配置多少流动资产以及需要筹集多少短期资金呢？在后面的章节，我们会学习一些方法和模型，来帮助公司选择适合的短期财务决策。

总体来说，公司金融的主要内容与投资决策、融资决策以及营运资本管理这三个方面有关。另外，从融资角度来说，公司需要对投资者给予回报。通过何种方式发放股利，发放多少股利，属于股利政策的内容。

二、公司金融和资产负债表的联系

资产负债表是反映公司金融活动结果和公司财务状况的载体，因此，我们可以借助资产负债表来理解公司的主要金融活动。公司资产负债表的基本框架见表1-1。

表1-1 公司资产负债表的基本框架

资产	负债与所有者权益
流动资产	短期负债
非流动资产	长期负债
	所有者权益
资产总价值	公司投资者总价值

资产负债表的左边代表公司的资产，表明公司拥有哪些东西，资产负债表的右边反映的是公司拥有的这些资产的来源。公司资产一方面来源于负债融资，另一方面来自权益融资，公司利用负债融资和权益融资融到的资金购置资产。资产总价值一定等于负债与权益的价值之和，因为相当于是同一笔钱，资产反映了资金去向，负债和权益反映了资金来源。

资产负债表从上到下的项目是按照资产或负债的流动性由高到低进行排序的。流动性是指任何资产或金融工具在不影响到其价值的情况下，在市场上快速变现的能力。库存现金是流动性最强的资产，所以它处于流动资产的最上方。按照流动性进行排序，紧接着是银行存款、可供出售金融资产、应收账款和存货等，这些资产都属于流动资产的范畴。公司短期内要到期的债务还有应付账款等，属于流动负债的范畴。

企业的资产负债表如何对应公司金融研究的三个重要问题呢？

资产负债表的左下方为非流动资产，它代表的是公司长期投资形成的一个结果，它其实属于公司金融要回答的第一个问题，即公司应该选择什么样的长期投资。我们对这个问题的回答就决定了公司的资产负债表的左下方对应的是什么内容。这一部分也是我们后面要讲到的资本预算决策。

资产负债表的右边显示了公司的资金来源，反映了公司融资的结构和状况。资产负债表的右边体现了公司的负债和权益的相对比重，是公司对投资活动进行融资决策的结果，即公司的融资决策会反映到资产负债表的右边。公司的负债结构和所有者权益结构可以传递出公司在融资方式、融资结构方面的偏好的信息，这一部分内容是后面章节将要介绍的资本结构决策。公司的目标资本结构应该怎样确定？什么样的资本结构对公司更有利？我们可以借助 MM 定理、权衡理论、市场择时理论等进行确定。

第三个问题对应的是资产负债表流动资产与流动负债这一部分，流动资产和流动负债之差就是公司的净营运资本。[①] 一般而言，净营运资本应该是正的，因为若公司的流动资产小于流动负债，代表公司目前可能陷入了流动性危机，出现了财务困境；只有公司的流动资产能够覆盖流动负债，才代表这是一家比较健康的公司。公司的短期资产应如何管理？公司账面应持有多少库存现金？公司应该准备多少存货？公司应该给自己的下游客户多长时间的应收账款期？这些其实都是短期资产管理要解决的重要问题。

【例 1-1】 下面是公司金融研究中常见的一些问题：

- 公司是否应该生产某种产品？公司是否应该并购另一家公司？
- 某公司如果要融资，应该采取银行贷款方式还是上市融资方式？如果要上市，公司应该在哪里上市？如果公司已经上市了，是否需要增发股票再融资？
- 为什么公司需要分配股利？在分配股利的时候，为什么有的公司喜欢现金股利，有的公司喜欢股票股利，而有的公司会选择股票回购？对于投资者来说，股利政策是否会影响到手里股票的价值？

你能判断它们分别属于公司金融研究的哪种问题吗？

解：资本预算；资本结构；资本结构（股利政策）。

第三节　企业组织形式

为什么叫做公司金融而不叫做企业金融呢？企业金融和公司金融是不是一回事？这就要从企业的几种组织形态说起。现实中的企业多如牛毛，但并不是所有的企业都是公司：比如我们已经工作了，别人问你在哪里工作，你说我在公司里上班。那这个公司和企业有什么区别？其实公司就是企业的一种组织形式。

独资企业、合伙企业和公司是三种基本的企业组织形式。这三种企业有什么区别？简单来说，独资企业就是由一个人发起和设立的企业；合伙企业就是由两个或者更多人合伙来做的企业；公司就是由更多的人一起发起和成立的企业，更为重要的是，公司本身是一个法人，也就是它在法律上具有人的权利与义务，这是公司区别于其他企业的一个重要特点。所以公司作为一个法人，它可以起诉别人，也可以被起诉，公司在法律上就像个人一样。下面我们单独来看一下不同企业制度的优缺点。

一、独资企业

独资企业（sole proprietorship）是指个人出资经营、归个人所有和控制、由个人承担经营风险和享有全部经营收益的企业，它是最古老、最简单的一种企业组织形式，主要盛

① 广义的营运资本是指对流动资产的投资，狭义的营运资本是指流动资产与流动负债之差，即净营运资本。

行于零售业、手工业、农业、林业、渔业、服务业等。

独资企业的主要优点为：

(1) 发起设立非常容易。企业所有者无须与任何人商量，就可以自主决定这个企业的名称、成立时间和地点以及主业类型等，所以独资企业的发起设立非常容易，企业主可以完全根据个人的意志确定经营策略，进行管理决策。

(2) 监管负担轻。由于独资企业的规模一般比较小，所以独资企业外部的法律法规等对独资企业的经营管理、决策、进入与退出、设立与破产的制约较小，独资企业也无须经常披露财务报表。

(3) 唯一的所有者享有所有的利润。由于独资企业只有唯一的所有者，所以这个企业所有的经营收益都归个人所有。

(4) 只需缴纳个人所得税。独资企业不面临双重课税的问题，只需缴纳个人所得税，无须缴纳企业所得税。

独资企业的主要缺点为：

(1) 企业所有者生命有限。独资企业的存续完全取决于企业所有者个人的得失安危，企业的寿命有限。如果有一天企业所有者离开人间的话，这个企业的寿命也就结束了。

(2) 企业的权益资本受企业所有者个人财务实力的限制。独资企业有限的经营所得、企业主有限的个人财产、企业主一人有限的工作精力和管理水平等都制约着企业经营规模的扩大。如果企业所有者只有100万元的资产，那么这个企业的权益资本最多就是100万元，它会受到企业所有者个人财务实力的限制。

(3) 企业所有者承担无限责任。当企业的资产不足以清偿其债务时，企业所有者以其个人财产偿付企业债务，这意味着一旦企业陷入资不抵债的困境，企业所有者需要以个人的全部财产来偿还企业的负债。

(4) 所有权利益流通性差。独资企业的转让在各方面都会比较困难。

二、合伙企业

《中华人民共和国合伙企业法》第二条规定："本法所称合伙企业，是指自然人、法人和其他组织依照本法在中国境内设立的普通合伙企业和有限合伙企业。"合伙企业（partnership），可以由部分合伙人经营，其他合伙人仅出资并共负盈亏，也可以由所有合伙人共同经营。由此，普通合伙企业和有限合伙企业是合伙企业的两种形式。例如，会计师事务所、律师事务所、医生事务所等一般是普通合伙企业；并购基金、风险投资基金等一般是有限合伙企业。

1. 普通合伙企业

普通合伙企业是指所有的合伙人对于合伙企业的经营、债务以及其他经济责任和民事责任负有无限连带责任的一种合伙企业。普通合伙企业具有如下优点：

(1) 它有两个或两个以上的所有者，企业资本数量不受单个所有者财富的限制；

(2) 发起设立相对容易，要求较少；

(3) 普通合伙企业一般无法人资格，无须缴纳企业所得税。

普通合伙企业存在如下缺点：

(1) 由于普通合伙企业无法人资格，所以与独资企业一样，普通合伙人对企业所有债务承担无限连带责任；

(2) 企业的寿命仍然存在不确定性，当某个普通合伙人撤资或死亡时，若其他合伙人不全部买下该合伙人的股份，企业往往难以为继；

(3) 虽然相比独资企业，普通合伙企业能够筹集到更多的资金，但其仍难以筹集到大量资金；

(4) 普通合伙企业的产权转让比较困难，若中途有合伙人撤资，出售自己的份额，须征得其他合伙人的同意，且份额的转让要受到合伙协议的约束。

2. 有限合伙企业

根据《中华人民共和国合伙企业法》，有限合伙企业由 2 个以上 50 个以下合伙人设立，有限合伙企业由普通合伙人和有限合伙人组成，有限合伙企业至少应当有一个普通合伙人。有限合伙企业与普通合伙企业最大的区别在于：普通合伙企业所有的合伙人都要对企业债务承担无限连带责任；而在有限合伙企业中，有限合伙人只以出资额对企业债务承担有限连带责任，而普通合伙人是以个人所有资产对企业债务承担无限连带责任。

有限合伙企业的一般特征为：首先，企业中的普通合伙人承担无限连带责任，同时拥有对企业的管理控制权；其次，有限合伙人并不参与企业管理，仅以出资额为限对企业债务承担有限责任，其个人财产不会被强制用于清偿企业债务；最后，有限合伙人出售或转让自己的出资份额较为容易。

如图 1-1 所示，一些具有管理、投资才能的合伙人首先会成立一家类似于资产管理公司的合伙制企业，在这个资产管理公司成立以后，这些合伙人为募集资金，会找一些个人或机构出资来成为企业的有限合伙人。这些有限合伙人以出资人的方式入股，一般而言，有限合伙人会提供该资产管理公司绝大多数的资金，例如设立一个 10 亿元的风险投资基金，有限合伙人一般出资 9.8 亿元，普通合伙人一般出资 2 000 万元。根据有限合伙企业的特征，有限合伙人只以出资的 9.8 亿元为限对企业债务承担有限连带责任，而普通合伙人虽然只出资 2 000 万元，但却以个人资产对企业债务承担无限连带责任。

有限合伙人在资产管理公司中主要是一个出资人的身份，普通合伙人会利用双方共同投资的这 10 亿元进行投资，在投资的过程中如果产生了收益，分成按照业界的一般做法，有限合伙人分走利润的 80%，普通合伙人分走利润的 20%（分红）。在日常企业的运营过程中，普通合伙人还会收取整个资产管理规模的 1%～3%作为管理费。

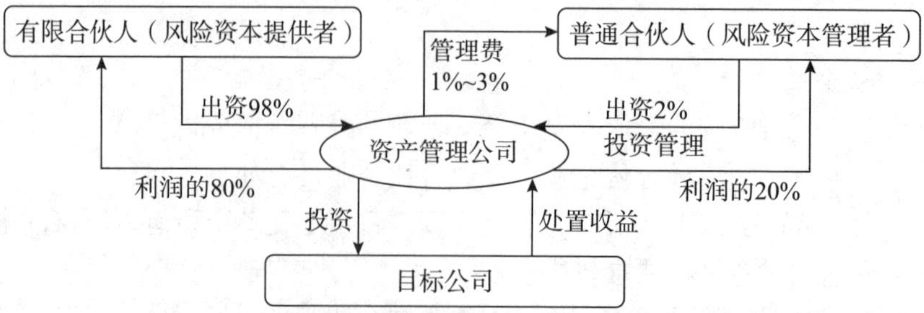

图 1-1　有限合伙制的组织架构

这种有限合伙企业的组织架构减轻了委托-代理问题，保证了普通合伙人合理利用有限合伙人的资金。设想一个极端的情况，如果普通合伙人将自己出资的 2 000 万元与有限合伙人出资的 9.8 亿元共同投资到朋友或亲戚的公司，朋友或亲戚将钱拿走后并不进行任何投资，而是将 10 亿元与普通合伙人进行对分。这样，普通合伙人什么都不做就可以将钱分走，而有限合伙人的利益受到严重侵害。但有限合伙企业的组织架构使得普通合伙人承担无限连带责任，这会限制普通合伙人去做不利于公司利益的事情，保护投资人的利益。但有限合伙企业的缺点在于权益的流动性比较差，合伙人转让自己的股份较为困难。

三、公司

《中华人民共和国公司法》（简称《公司法》）第二条规定："本法所称公司是指依照本法在中国境内设立的有限责任公司和股份有限公司。"该法第三条规定："公司是企业法人，有独立的法人财产，享有法人财产权。公司以其全部财产对公司的债务承担责任。有限责任公司的股东以其认缴的出资额为限对公司承担责任；股份有限公司的股东以其认购的股份为限对公司承担责任。"

1. 股份有限公司

股份有限公司是公司（corporation）组织形式之一，是指由一定人数以上的股东所发起组织，全部资本划分为若干等额股份，股东就其所认股份对公司负有限责任，股票一般可以在社会上公开发行和自由转让的股份公司。依照不同的分类标准可将股份有限公司划分为不同的类型，如根据设立方式的不同，可分为发起设立与募集设立；依据公司股票是否上市，可分为上市公司与非上市公司等。

股份有限公司有以下特征：股份有限公司在法律上是独立的经济法人；股份有限公司的股东人数不得少于法律规定的数目；股份有限公司的股东对公司债务负有限连带责任，其限度是股东应交付的股金额；股份有限公司的全部资本划分为等额的股份，通过向社会公开发行的办法筹集资金，任何人在缴纳了股款之后，都可以成为公司股东，没有资格限制；公司股份可以自由转让；向社会公开资产负债以及经营情况信息，以便于投资人了解公司情况，进行选择；股份有限公司的设立和解散有严格的法律程序，手续复杂。

2. 有限责任公司

有限责任公司又称有限公司，是指股东仅以自己的出资额为限对公司债务负责。同股份有限公司相比，有限责任公司的股东较少；同时，有限责任公司的资本并不必分为等额的股份，也不必公开发行股票，股东持有的公司股票可以在公司内部股东之间自由转让，若向公司以外的人转让，须经过公司股东的同意；由于股东少，因此公司设立手续非常简便，而且公司也无须向社会公开公司营业状况。

3. 公司的优缺点

公司是最重要的一种企业组织形式，它是世界范围内各大企业首选的企业组织形式，它具有如下优点：

（1）股东承担有限债务责任。股东所承担的债务责任仅限于其投资的额度，股东无须以个人的全部资产对公司债务承担无限连带责任，这大大降低了投资人的风险。

（2）公司寿命无限，可永续经营。公司为法人，公司可无限存续，不会因为其所有者或股东的撤资而终止经营。

（3）所有权与经营权分离，有利于发挥专业化经营的优势，股权转让便利。设想你在二级市场买入了一家公司的股票，但并没有参与到这个公司日常的经营管理过程中，投资者在二级市场上转让自己股权的行为并不会影响到整个公司的运营，所以公司的股权流通转让十分方便。

（4）融资容易。公司永续经营、股东承担有限债务责任、股权转让便利的特点使得其在资本市场融资具有得天独厚的优势。

那公司制有没有缺点呢？

（1）双重税负。公司股东通常面临双重税负困境，公司股东在收到股息时需要缴纳个人所得税，在买卖股票赚得收益时需要缴纳资本利得税；另外，公司需根据实现的利润缴纳企业所得税。

（2）委托-代理问题：由于所有权与经营权的分离，公司存在股东和管理者、股东和债权人以及大股东与小股东等多重委托-代理问题。

虽然公司存在以上弊端，但是它依然是最受欢迎的企业组织形式，而且公司一度被认为是人类商业活动中最重要的发明之一。Jensen and Meckling（1976）指出："公共持股公司是一个让人敬畏的社会发明，在描述当事人权利的复杂契约关系的基础上，成百万人自愿地将几十亿美元、法郎、比索等个人财产委托给管理人看管。我们有那么多股民把钱送到这些管理人手里，让他们帮我们管理。为什么我们敢把钱送过去让他们管理，而不担心他们会把钱带走？我们知道代理成本是存在的，代理成本与其他任何成本一样真实。代理成本的水平依赖于合同中的条款、一般法律和人类的聪明才智。与现代公司相关的合同的法律和惯例都是历史过程的产物，在此过程中有强烈的个人最小化代理成本的激励。无论公司的缺点是什么，面对潜在的可选择的组织形式，公司到目前为止已经受到了市场的检验。"

第四节　财务管理的目标

一、公司与金融市场的关系

公司越来越依赖于金融市场：一方面，它们需要在金融市场上以最低成本寻求资金；另一方面，它们会在金融市场上寻求合适的投资项目以获取更多的投资回报。我们先来看一下公司在金融市场中的角色和地位。

公司将通过各种途径筹集到的资金转变为各种非现金资产，如固定资产、原材料、初级服务产品等。这些非现金资产通过工人的劳动形成产品或服务。产品或服务被拿到市场上销售，最后转变为现金。销售产品或提供服务获取的现金量（即营业收入）一般情况下应该大于原始投入的现金量（即成本）。在扣除了生产或提供服务过程中所发生的各种人工、管理、销售费用后，剩下的现金量就是资金增值的部分（即利润）。资金增值中的一部分以上缴税金、支付股利等形式流出公司的生产经营环节，另一部分则继续留存在公司之中，参与公司的生产经营过程。

参考图 1－2，假设我们是一个公司的财务总监，则我们应该帮助公司最大化哪一种价值，或是应该最小化哪一种成本呢？

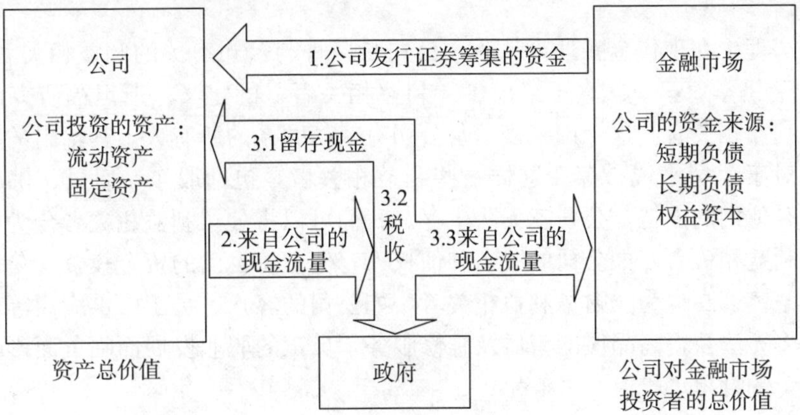

图 1－2　公司与金融市场的关系

关于公司财务管理的目标，在理论研究和实践过程中，主要有以下几种观点。

二、公司利润最大化

在微观经济学的厂商理论中，公司利润最大化被列作公司生产经营的目标。这种观点认为：利润代表公司所创造的财富，利润越多，则说明公司财富增加越多，财务管理效率越高。将公司利润最大化列为公司财务管理的目标，有利于公司讲究经济核算，关心经营管理，扩大利润积累。作为公司的首席财务官（CFO），应该为公司赚更多的钱，这个观点无可厚非，但将公司利润最大化作为财务管理的目标，也存在如下缺点：

第一，利润是根据权责发生制核算出来的，片面关注利润而忽略现金流动性，会使公司出现有利润而无资金的现象，从而陷入“成长性破产”。

第二，利润作为一个财务指标，容易被人为操纵。片面追求公司利润最大化，公司会少提或不提折旧，少摊销或不摊销各种费用损失，形成虚盈实亏的情形。

第三，公司利润最大化目标并没有指明利润产生的阶段：是在当年还是在更长的时期内？公司可能会为了最大化今年的利润，而以明年的利润为代价。例如公司今年进行促销活动，卖出很多产品，但是它可能提前透支了市场需求，第二年其利润就会下滑。

第四，公司决策必须面对现实中的复杂问题，如现金流量的不确定性和风险、货币收益的时间价值，而公司利润最大化目标显然忽略了这些问题。

另外，公司成本最小化和市场份额最大化这两个财务目标也同公司利润最大化目标存在相似的弊端。例如，公司成本最小化目标首先要回答的问题便是时间区间为多长，公司需要最小化多长时间的成本，其实这与最大化多长时间的利润面临着同样的问题。公司将市场份额最大化作为财务目标听上去也是对的，尤其是在当前互联网背景下，各家企业都在疯狂扩张，争着当市场龙头，以获取产品定价权。但市场份额最大化目标存在着严重的问题，比如别的公司一部某品牌手机售价 6 000 元，某公司通过降价销售的方法短期内获得了巨额的市场份额，但长期来看，降价销售会导致囚徒困境问题，最终损害公司自身的利益，所以市场份额最大化对于公司长期经营而言也不是一个最好的选择。

三、利益相关者利益最大化

现代公司理论和现代金融理论认为，公司是各种与公司有关的利益相关者的集合体。1963 年西方经济学家第一次真正给出了“利益相关者”的定义。斯坦福研究院的一个研究小组用“利益相关者”这个词来表示与公司有密切关系的所有人。其给出的利益相关者的定义是：对于公司来说，存在这样一些利益相关者，包括股东、雇员、供应商、债权人，如果没有他们的支持，公司就无法生存。我们可以将公司利益相关者分为两大类：第一类为财务利益相关者，如公司的股东和债权人，他们将自己的资金投资于公司，并预期获得投资收益；第二类为非财务利益相关者，如公司的客户、员工、供应商等，一旦公司破产，客户将无法获得高品质的售后及维修服务，员工的职业发展面临负面影响，供应商也将损失大量的订单。

但公司将利益相关者利益最大化作为财务管理的目标存在如下问题：第一，利益相关者内涵不唯一、不明确，有时公司的一项决策会对不同的利益相关者产生不同的影响；第二，利益相关者利益最大化不易于量化，从某种意义上讲，多目标就等于没有目标。

四、股东财富最大化

股东财富最大化是指通过财务上的合理经营，为股东带来最多的财富。持这种观点的学者认为，股东投资于一家公司的目的是获得未来预期收益，增加自己的个人财富。股东在一家公司的财富由其所拥有的该公司的股票数量和股票市场价格两方面决定，因此，股东财富最大化最终体现为股票市场价格最大化。

学术界和业界普遍采用股东财富最大化作为公司财务管理的目标，理由是：首先，股东财富是用未来预期的现金流量来度量的，避免了只有利润或收入而无现金的困境。其次，股东财富最大化考虑了货币的时间价值。股东财富的计量过程明确了现金流量的时效性，即当前股票市场价格最大化，而当前股票市场价格取决于未来的一切有关信息。最后，该目标考虑了未来现金流量的风险差异，因为风险的高低会对股票市场价格产生重要影响。

但是，将股东财富最大化作为财务管理的目标，存在以下缺点：第一，它只适合上市公司，对非上市公司很难适用。第二，它只强调股东的利润，而对公司其他关系人的利益不够重视。但我们说这个缺点不太重要，因为在公司中股东是剩余所有者，这意味着只有在偿付了员工、供应商和债权人（以及其他任何具有法定索取权的人）应得的份额以后，剩余的才属于股东。如果这些关系人中的任何一个没有得到偿付，股东就将一无所获。因此，如果股东成功地拥有剩余，而且其份额正在增长，那么其他所有人当然也就成功了。最后，股票市场价格受多种因素影响，并不都是公司所能控制的，把不可控因素引入财务管理目标是不合理的。

那么作为一家上市公司的 CFO，我们如何才能提高公司的价值呢？一方面就是要选择能够增加公司价值的项目，比如 A 项目可以为公司赚得 1 000 万元，B 项目可以为公司赚得 200 万元，我们应该选择哪个项目？在项目风险相同的前提下，当然要选择一个能够为公司带来更多价值的项目。另一方面就是要帮助公司做出理性的融资决策，比如上述 A 项目是能够为公司赚得 1 000 万元，但如果风险过高，只能借到短期高息贷款且在 3 个月之内就需要偿还，而 A 项目可能一年后才能盈利，3 个月之内公司无法通过融资或投资收益获得 1 000 万元来偿还贷款，那么公司就会陷入破产倒闭的风险之中，所以融资决策是非常重要的。作为一个好的 CFO，既要有眼光和能力去选择有价值的投资项目，又要有足够的智慧做出正确的融资决策。

阅读材料　道德问题

最近有很多学者质疑，公司只将股东财富最大化作为财务管理的目标是否合适。只最大化股东的财富是不是有些狭隘了？其他的公司利益相关者的利益应怎么保证呢？除了股东以外，债权人、政府、员工、顾客、供应商、经理、联盟伙伴等都是公司的利益相关者，他们的利益难道就应该被忽视吗？或者说，我们在最大化股东财富的时候就应该牺牲他们的利益吗？

比如说著名的苹果公司，它的股价大家都可以看到，在过去这些年它给股东带来了非常丰厚的回报，但是这家公司却始终面临很多指责，说它没有好好关注员工的健康，而且对环境有所污染。有民间环保机构发布了一个苹果供应商的环境污染报告，指出苹果公司的污染物排放量正随着供应链的膨胀而增加，给当地环境和公众健康带来了前所未有的严重威胁。尽管苹果公司在其《2010 年供应商责任报告》中首度公开承认它的中国供应商员工中有 137 位员工正己烷中毒，但是这 137 位员工因为职业伤残想要得到治疗和赔偿的诉求仍然没有得到解决。

还有一些问题，比如说一家烟草公司，它明知它的产品会让客户上瘾，并且危害健康，还出售这样的产品，这是不是道德的呢？它的股东当然能够从烟草公司产品大卖中赚到很多钱，但是这样做就道德吗？再如当一家公司面临一个收购要约的时候，如果发起收购的一方在收购这家公司以后会解聘大量的员工，那么这个时候管理层是应该只考虑收购价格够不够高，还是也应该考虑员工的利益？又如有一家像微软那样的公司，它通过压制竞争者来获得高收益率，它是否一定是一家特别好的公司？对这种公司我们是否应该进行惩罚呢？这些都是大家需要思考的问题。总而言之，我们虽然讲财务管理的目标是要最大化股东财富，但是其他利益相关者的利益也是不能被忽视的，这也是学术界越来越多的呼声。

第五节　委托-代理问题

腾讯的“社会公益行动”

我们在第三节提到过公司有很多优点，比如它可以实现所有权与经营权分离，这使得公司的股权转让更加容易，而且股东承担有限责任。但是所有权与经营权分离也给公司带来了严重的委托-代理问题。本节主要带大家了解委托-代理问题的内涵以及我们如何去避免委托-代理问题。

一、委托-代理问题的来源

在公司中，公司股权结构较为分散，公司由专业的管理团队来运营，所有权与经营权是分离的。所有权与经营权的分离为公司带来了以下好处：

（1）股东可以实现多元化经营。由于所有权与经营权是分离的，股东作为公司的所有人，并不需要参与公司的日常管理，投资者可以对多家公司进行投资，成为不同公司的股东，从而从多种业务的多元化经营中受益，实现风险分散化。

（2）充分利用专业化的优势。某些投资者手头有闲置的资金，希望获取未来收益，但同时自己并没有精力或才能去管理一家公司，这时候这些投资者就可以通过投资一些公司，让具有经营才能的人帮其赚钱，而自己只需要坐享其成就可以了。

（3）公司的所有权容易转移。由于公司股东的所有权不依赖于经营权，在股东在二级市场上出售或转让自己的股份后，公司的经营管理依然可以正常进行。

所有权与经营权分离的缺点就是会产生委托-代理问题。委托-代理问题(agency problem)是指由于代理人的目标函数与委托人的目标函数不一致，加上存在不确定性和信息不对称，代理人有可能偏离委托人的目标函数而委托人难以观察和监督，从而出现代理人损害委托人利益的现象。

从一般意义上讲，当委托人委托代理人代表自己的利益做一些事情的时候，就会产生委托-代理问题。比如一位妈妈委托一个保姆替自己照看小孩，那么这位妈妈就是委托人，保姆就是代理人。对于妈妈而言，她肯定希望保姆能够像照看自己的孩子一样去照看小孩，但是保姆可能会在这位妈妈不在家的时候让小孩看电视，这就产生了委托-代理问题。设想一下，如果你是一家公司的管理层人员，现在的工资水平只是管理层人员的固定工资水平，那么你会不会为股东尽心尽力地做事呢？公司股东肯定希望管理层人员为这个公司尽心尽职；而公司的管理层人员的目标是付出最少的精力而获取尽可能高的工资水平，这就是公司中存在的委托-代理问题。具体而言，产生委托-代理问题的原因主要有以下两方面：第一，公司股东可能缺乏有关的知识经验或者时间精力来监督管理层人员。第二，对致力于监督公司管理层人员的任何一个股东来说，他要独自承担监督经营者所带来的成本，而这项工作所带来的收益却由全部股东享受，该股东只按他所持有的股票份额享受收益。每个股东在进行是否监督管理层的决策时，其私人收益小于私人成本，这对于他本人来说得不偿失，他不会有动力实施这种行为，股东们都想“搭便车”。

二、委托-代理问题的表现

由上可见，现代公司所有权与经营权的分离、股东与经理之间目标函数的不一致会造成委托-代理问题：公司经理可能以损害股东利益为代价而追求个人目标。经理可能会给自己支付过多的收益，享受更高的在职消费，实施没有收益但可以增强自身权利的投资，还可能寻求使自己地位牢固的目标，不愿意解雇不再有生产能力的工人，等等。下面我们来具体看一下公司委托-代理问题的表现：

（1）增加薪酬与闲暇时间。对于经理而言，他们作为企业的雇员，会产生以努力程度为基础的委托-代理问题，他们通常会偏好闲暇所带来的利益，直至闲暇所带来的边际利益等于丧失收入所带来的边际成本为止。

（2）在职消费。除了可观的薪酬、奖金等货币性资源外，经理还可能以额外津贴的方式侵占公司资源，满足个人消费。比如首席执行官（CEO）利用股东的资金租用国贸豪华的办公室，对股东宣称这样做是为了彰显公司的实力，又如享用公司提供的豪华轿车、豪华办公室家具等资源，甚至在国外会发现很多高管会将公司的飞机用于自己的度假。

（3）构建公司帝国。有的高级管理人员天生特别有野心，他会利用公司股东的资金过度扩张公司，不断投资高风险项目、扩展公司业务、对外收购公司，进入本公司并不熟知的领域，导致公司风险不断加剧。

（4）风险规避。经理为公司股东寻找好的投资项目需要付出巨大的努力，同时需要承担项目投资失败的风险。为了避免个人的风险成本和投资失败的焦虑，经理寻求好的投资机会的激情和意愿会大打折扣，这个时候企业就可能会出现投资不足。比如某项目是有利可图的，但是需要经理花很多的时间和精力，他就会对外宣称这个项目是不赚钱的或风险很高，不求有功，但求无过，这些都是现实中经常看到的有关委托-代理问题的例子。

三、委托-代理问题的解决

我们作为一个投资者，应怎样确保自己的投资能够获得应有的利润？怎么保证公司的管理层人员不会卷钱跑路？如何监督管理层人员是否尽职尽责？为使管理层人员的行为符合股东的意愿，公司推出了很多治理措施，公司治理简单来说可以分为内部机制和外部机制两类。

我国上市公司的委托-代理问题举例

我们首先依靠公司治理的外部机制来约束公司管理层人员的行为：

（1）被并购的威胁。被并购的威胁会激励管理层人员采取能使股东财富最大化的行动，当公司的业绩因为管理层人员的经营不善而一路下滑时，公司的股票价格会大幅下跌，致使公司价值被严重低估，公司可能就此成为其他公司收购的对象。一旦被收购，公司的管理层人员就会面临失业的危机，因此，被并购的威胁具有明显的负向激励作用。

（2）政府法律法规。盗窃、诈骗以及许多其他形式的代理人不当行为都是非法的，法律制度为公司提供了多种监督形式；同时，政府用于保护公众利益的监督手段在不断发展，例如证券交易委员会等机构可对公司进行监督，防范公司管理层人员的违法行为。

（3）债券评级机构。国际三大债券评级机构是穆迪、标准普尔和惠誉，这类机构进行的债券评级在公司发行债券时起到了监督作用，而且在债券的整个偿还期里也提供了对企业的监督。

其次，在公司内部还可以设置一些公司治理机制来解决委托-代理问题：

（1）完善公司内部控制机制（如图1-3所示），加强董事会的职权。内部控制机制是基于经营管理当局与次级管理人和一般员工之间的委托-代理关系而产生的。从目标来看，建立有效的公司治理机制是指在股东大会、董事会、监事会和经理之间合理配置权限和公平分配利益，明确各自职责，建立有效的激励、监督和制衡机制，实现所有者、管理者和其他利益相关者之间的制衡，其侧重点是实现各相关主体职责权利的对等，减少代理成本。

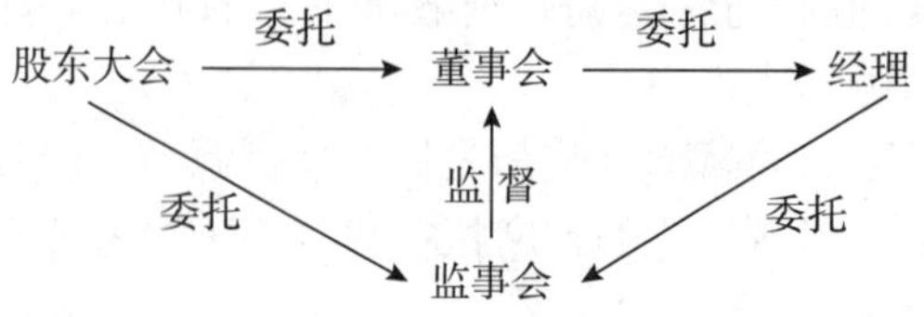

图 1-3　内部控制机制

（2）设计高管的薪酬激励体系。例如将高管的收益分为基础工资、绩效奖金和股票期权三部分，其中基础工资是对高管当下工作提供的补偿，而绩效奖金和股票期权是对高管工作绩效的补偿。这样就使得高管在服务于公司股东的同时，也在为身为潜在股东的自己服务，这样两个目标函数就趋于一致。

除此之外，建立职业经理人市场、加大企业财务杠杆水平、利用债权人来监督企业管理层人员的行为、定期发放现金股利等多种手段都可以监督公司管理层人员的行为。

【本章小结】

1. 广义的金融学可以分为宏观金融学和微观金融学两部分，公司金融是微观金融学的重要组成部分。公司金融主要回答以下三个问题：（1）投资决策，即公司应该选择什么样的长期投资；（2）融资决策，即公司应如何为投资所需资金进行融资；（3）营运资本管理，即公司应该如何进行短期资产和负债的管理。

2. 公司财务管理的目标通常是股东财富最大化，是指通过财务上的合理经营，为股东带来最多的财富。将股东财富最大化作为财务管理的目标既考虑了货币的时间价值，又考虑了风险因素。

3. 由于所有权和经营权的分离，股东和管理层人员会产生委托-代理问题，股东可以通过完善公司内部控制机制加强董事会职权、设计高管的薪酬激励体系等方法来激励管理层人员按照股东意愿行事。

4. 独资企业、合伙企业、公司是三种基本的企业组织形式，其中公司包括有限责任公司和股份有限公司两种形式。公司是现代公司金融的研究主体。

5. 公司的金融活动主要关注现金流，现金流与利润的区别在于现金流是根据收付实现制进行确认的，而利润是根据权责发生制进行确认的。公司经营的血脉是现金流，如果公司盈利，但其现金流不能满足债务的偿付，公司会陷入“成长性破产”。

【重要概念】

投资决策	融资决策	营运资本管理
现金流	独资企业	合伙企业
有限责任公司	股份有限公司	股东财富最大化
委托-代理问题		

【思考题】

1. 关于有限合伙企业的特点，判断下列说法的正误：

（1）有限合伙人需对企业的全部债务负责；

（2）普通合伙人需为企业盈利缴纳企业所得税；

（3）有限合伙企业具有无限存续期。

2. 判断下列公司活动分别属于公司金融的哪项内容：

（1）举债进行股票回购；

（2）为研发部门雇用一名工程师；

（3）在中央商务区开一家餐馆；

（4）处置固定资产以收回现金；

（5）购置原材料及中间产品。

3. 说明下列说法分别违反了有效市场的哪种形式：

（1）某基金经理进行基本面的分析，获得了超过市场平均收益的收益；

（2）某公司 1 月宣布了盈利的消息，2 月内其累积异常收益仍然为正；

（3）获得内幕消息的人员可以获得异常利润。

4. 为什么大企业和转型企业会选择公司这一组织形式？

5. 华明集团是一家上市公司，目前该公司正准备收购一家企业，但目标企业出价过高。李明是该公司的董事长，考虑到收购该企业后，华明集团的规模和社会声望将大幅提升，同时李明也会成为一家更大型集团的董事长，个人工资和地位也将得到提高，因此，李明决定启动收购程序。请问你认为收购过程中会引发怎样的公司治理问题？

6. 现金流是公司金融活动的重要概念，利润是企业会计活动的主要概念，请问现金流与利润之间存在哪些主要区别？

7. 公司理财的主要目标是什么？以股东财富最大化为目标存在什么利弊？

8. 公司经理应该为公司股东的利益而非经理本人的利益进行公司决策，但根据委托-代理问题，往往事与愿违。请问你认为公司股东有何策略来激励经理按照股东财富最大化的目标进行决策？

9. 风险投资基金等为何通常采用有限合伙企业这一企业组织形式？

【延伸阅读】

1. 朱叶．公司金融．4 版．上海：复旦大学出版社，2018.

2. 李曜，刘莉亚，邓辛．公司金融．2 版．北京：中国人民大学出版社，2019.

3. 斯蒂芬·A. 罗斯，伦道夫·W. 威斯特菲尔德，布拉德福德·D. 乔丹．公司理财：精要版·原书第 12 版．北京：机械工业出版社，2020.

4. 蒋屏．公司理财．3 版．北京：中信出版社，2016.

第二章

财务报表分析

【本章学习目标】

1. 了解财务报表的基本概念及基本会计假设和会计信息质量要求。

2. 掌握资产负债表、利润表、现金流量表的相关知识，了解所有者权益变动表，理解财务报告的其他重要信息。

3. 掌握主要财务比率，包括偿债能力比率、盈利能力比率、营运能力比率、现金流量比率，掌握杜邦分析法。

4. 了解主要的财务报表分析方法。

视频：资产负债表

引导案例

2021 年 11 月 12 日，康美药业因年报等虚假陈述侵权被判赔偿证券投资者损失 24.59 亿元，涉案投资者人数达 5.5 万余名，这是迄今为止法院审理的原告人数最多、赔偿金额最高的上市公司虚假陈述民事赔偿案件，涉案金额创下 A 股历史之最。经调查，康美药业从 2016 年起到 2018 年连续三年合计虚增营业收入 275.15 亿元，占同期公告营业收入的 40%以上，虚增营业利润 39.36 亿元，占同期公告营业利润的三分之一。为了配合虚增的营业收入，康美药业通过财务不记账、虚假记账，伪造、变造大额定期存单或银行对账单，伪造销售回款的方式虚增货币资金。那么，我们应如何识别财务报表的真实性？我们应怎样分析财务报表呢？

在当今世界，公司是最重要的一种企业组织形式，其优点之一是任何资金提供者都有可能通过购买股份成为公司的股东。虽然这一组织形式便利了公司获取资金，但这也使得绝大部分投资者和公司的联系只有股票所有权。那么，公司的管理者要如何向外界介绍公司以吸引投资？其中的一种方法是公司通过财务报表向投资者传递信息。

财务报表包含了公司某一时点的财务状况和某一时期的经营成果，能够全面揭示公司的生产经营情况，财务报表分析是各公司利益相关者了解公司的重要手段。规范、真实的财务报表能够提供关于公司的重要信息，是公司管理者、投资者或监管者的关注重点，为信息使用者提供高质量的财务报表是成为一个负责任公司的必备条件。在2020年中央经济工作会议上，习近平总书记强调了提高上市公司质量这一重大任务，信息真实作为上市公司质量的重要内涵之一，是健全资本市场、促进资本市场有序发展的保障。然而，在现实中，一些公司为达到某些目的而进行财务造假，这不仅对利益相关者造成损害，而且扰乱了社会经济秩序。要减少财务造假的危害，不仅需要严格健全的法律制度以规范财务报表的编制流程，而且也需要利益相关者主动了解财务报表的相关知识，通过分析财务报表，及时识别财务虚假信息。在本章，我们将详细介绍财务报表的相关知识，并提供一些基本的财务报表分析方法。相信通过本章的学习，你可以建立有关财务报表的基本知识框架并开启你的财务报表分析之旅。

第一节　财务报表分析的基础

财务报表是公司定期（通常是每季度和每年）发布的包含过去业绩信息的会计报告。为了避免误导使用者，公司的财务报表必须同时具备精准性和可理解性，为此，所有公司编制的会计报告都应该遵循下述基本会计假设和会计信息质量要求。

一、基本会计假设

基本会计假设是企业会计确认、计量、记录和报告的前提，也是对会计核算所处时间、空间环境等所做的合理设定。基本会计假设主要包括四个方面：会计主体、持续经营、会计分期和货币计量。

1. 会计主体

会计主体是指会计工作所服务的特定对象，是企业会计确认、计量和报告的空间范围。在此假设下，企业应当对其本身发生的交易或事项进行会计确认、计量与报告。只有明确了会计主体，会计工作所要处理的各项交易和事项的范围才能得以确认，才能将会计主体与其他经济主体的交易或其他事项区别开来。

需要注意的是，法律主体与会计主体是不同的概念。一般而言，法律主体也会是一个会计主体，但是会计主体并不一定会是法律主体。举例来说，一个企业的某个部门或是分公司可能需要进行单独核算，因此它是一个会计主体，但它并不是一个法律主体。

2. 持续经营

持续经营是指在可以预见的未来，企业会以现在的规模和状态持续经营下去。在该前提下，会计的确认、计量和报告都应当以企业的持续经营为前提。

明确持续经营这个假设，就意味着会计人员认为会计主体会按照既定的用途使用资产，按照既定的条件清偿债务，并在此基础上选择会计原则与方法。如果不做这个假设，那么会计人员就无法对资产正常提取分期折旧。不过如果企业的状态发生了明显的变化，需要进行破产清算时，这一假设也就不再成立，企业的会计人员所采用的会计核算方法就必须使用清算基础，否则可能会误导会计信息使用者的决策。

3. 会计分期

会计分期是指将一个企业持续的生产经营活动划分为一个个连续的间隔相同的期间。这个假设的目的在于，通过将经营活动划分成连续且相等的期间，按照期间进行财务报告的编制。

一般来说，企业的会计期间通常分为年度和中期。中期是指短于一个完整的会计年度的报告期间，如月度、季度等。会计分期假设存在的原因在于，会计信息使用者需要定期了解企业的财务状况，这就需要将企业持续经营的生产经营活动划分成长短相等的连续的期间，在各个期间进行本期的会计确认、计量和报告。收付实现制和权责发生制的重要区别也来源于此假设，如果不需要划分期间，也就不需要考虑货币收支和收付款的权利或责任应以何者为依据了。

4. 货币计量

货币计量是指会计主体在会计确认、计量和报告时应以货币计量，反映会计主体的生产经营活动。货币作为一般等价物，具有价值尺度和流通手段的基本职能，是衡量一切商品价值的尺度，并且便于加总。使用货币进行计量，能够全面地反映企业的生产经营活动状况。这是货币相较于其他衡量指标（如重量、体积）的优势。

但是货币也并非十全十美，首先，货币可能受到通货膨胀冲击的影响，其次，企业的一些指标是很难用货币去衡量的（如战略、竞争力）。这些信息可以被披露在企业的非财务信息里来弥补此缺陷。

二、会计信息质量要求

一般会计原则是对财务人员进行会计核算的基本要求做出的规定。对于会计信息质量，我国《企业会计准则——基本准则》提出了八个要求：可靠性要求、相关性要求、可理解性要求、可比性要求、实质重于形式要求、重要性要求、谨慎性要求、及时性要求。

1. 可靠性要求

可靠性（亦称客观性）要求企业应当以实际发生的交易或者事项为依据进行会计确认、计量和报告，如实反映符合确认和计量要求的各项会计要素及其他相关信息，保证会计信息真实可靠、内容完整。

该要求包括两方面的含义：首先，会计核算的结果应当与企业实际真实的财务状况与经营成果一致；其次，企业应当以实际发生的交易或事项为依据进行会计确认、计量与报告，不能受财务人员主观因素的影响，也必须保证相关信息的完整，不虚构也不漏报，避免影响会计信息使用者的决策与判断。

2. 相关性要求

相关性（亦称有用性）要求企业提供的会计信息应当与财务会计报告使用者的经济决策需要相关，有助于财务会计报告使用者对企业过去、现在或者未来的情况做出评价或者预测。

会计信息是否符合相关性要求，要看其是否对会计信息使用者的决策有所帮助，这主要取决于其反馈价值与预测价值。企业提供的会计信息，既需要帮助信息使用者验证其对企业过去的经营状况进行的有关预测，反馈其之前对企业的评价是否正确；也需要帮助信息使用者对企业未来的经营成果和财务状况进行预测，方便其决策需要。

3. 可理解性要求

可理解性（亦称明晰性）要求企业提供的会计信息应当清晰明了，便于财务会计报告使用者理解和使用。

提供会计信息的目的在于使用，就是让会计信息使用者理解财务报告里所反映的信息内容，并以此作为决策依据，不过也需假定使用者具有一定企业经营活动及会计方面的知识。

4. 可比性要求

可比性要求企业提供的会计信息应当具有可比性，保证同一企业不同时期可比、不同企业相同会计期间可比。也就是说，同一企业不同时期发生的相同或者相似的交易或者事项，应当采用一致的会计政策，不得随意变更。确需变更的，应当在附注中说明。不同企业发生的相同或者相似的交易或者事项，应当采用规定的会计政策，确保会计信息口径一致、相互可比。

5. 实质重于形式要求

实质重于形式要求企业应当按照交易或者事项的经济实质进行会计确认、计量和报告，不应仅以交易或者事项的法律形式为依据。

在实际工作中，会计主体的交易或事项所拥有的外在法律形式未必总与其经济实质保持一致。举例而言，假设某企业通过融资租赁的方式，租入一台设备以供生产使用，在租赁期间该设备名义上所有权归属于租赁公司，但是实质上控制权已经被该企业取得，因此根据实质重于形式要求，这台设备需要确认为该企业的固定资产。所以，如果不遵从此要求，很可能会对会计信息使用者造成误导。

这一要求从横向和纵向两个方面要求了企业间会计信息的可比性。为了会计信息使用者能够了解企业在不同时期的经营成果和财务状况，企业在不同时期发生的相同或相似的事项需要采用一致的会计政策，便于会计信息使用者能够在纵向对企业有全面的了解，做出决策。为了会计信息使用者能够比较不同企业的经营成果和财务状况，横向上不同企业应该对相同或相似的交易或事项采用规定的会计政策。不过这一要求并非指企业不得变更会计政策，符合规定或有合理理由确需变更的，可以变更会计政策，并在附注中予以说明。

6. 重要性要求

重要性要求企业提供的会计信息应当反映与企业财务状况、经营成果和现金流量等有关的所有重要交易或者事项。

如果一项会计信息的省略或是错报能够影响会计信息使用者的判断与决策，那么此会计信息就是重要的。重要性的应用往往需要依赖财务人员的职业判断，具体需要从项目的性质（质）和金额大小（量）两方面来加以判断。达到一定规模的会计信息就可能对会计信息使用者的决策造成影响；而有些信息尽管规模不大，但性质重要，也会对会计信息使用者的决策造成影响。

7. 谨慎性要求

谨慎性要求企业对交易或者事项进行会计确认、计量和报告应当保持应有的谨慎，不应高估资产或者收益、低估负债或者费用。

企业在生产经营过程中总会面临各方面的风险以及不确定性，在涉及相关情况，需要财务人员做出相关职业判断时，财务人员应当保持应有的谨慎，不高估资产或者收益、低估负债或者费用，只有这样，才能避免展示给会计信息使用者不合实际的财务状况和经营成果，不对使用者的决策产生误导，保证会计信息的质量。谨慎性要求体现在会计工作的许多方面，计提资产减值准备就是其中之一。不过，谨慎性要求并不意味着企业可以设置秘密准备，低估资产或收益、高估负债或费用同样是不符合会计信息质量要求的。

8. 及时性要求

及时性要求企业对于已经发生的交易或者事项，应当及时进行会计确认、计量和报告，不得提前或者延后。

对于会计信息使用者而言，进行合理的决策需要企业提供的会计信息具有时效性，过时的信息对于使用者的意义会降低甚至无效。及时性在会计核算工作中具体表现为及时收集会计信息、及时处理会计信息、及时传递会计信息。及时收集会计信息是指在交易或事项发生后，会计人员要及时收集各种原始凭证；及时处理会计信息是指会计人员要及时对发生的交易或事项进行确认、计量和报告；及时传递会计信息是指及时将财务报告传递给财务报告使用者，以满足其决策需要。

阅读材料 **我国上市公司会计制度的发展**

1990 年，中国股票市场刚刚创立，我国尚未出台统一的会计制度和会计准则，上市公司公布的年报并不规范，可比性相对不足。此时上市公司基本仿照《中华人民共和国外商投资企业会计制度》，只公布资产负债表、利润表及利润分配表，并且只公布简报。

1992 年 5 月，财政部和国家经济体制改革委员会颁布了《股份制试点企业会计制度》，要求上市公司遵照执行。该制度对股份制试点企业会计核算的一般原则以及各类资产、负债、股东权益、成本和费用、营业收入、利润及利润分配、会计科目与会计报告做了比较详尽的规定。

1992 年 11 月 30 日，我国第一份会计准则《企业会计准则》发布，并规定自 1993 年 7 月 1 日开始在所有企业施行。该准则成了所有企业会计的基本准则和框架，并且整合原有的行业会计制度为 12 个新的行业会计制度。

1997 年 5 月 22 日，财政部发布《企业会计准则——关联方关系及其交易的披露》，要求上市公司按该准则披露关联方关系及关联交易。

1998 年 1 月 27 日，财政部发布《股份有限公司会计制度——会计科目和会计报表》，要求上市公司自 1998 年 1 月 1 日起按此制度进行核算，并废止了《股份制试点企业会计制度》。此文件对上市公司的会计科目、核算及报表又有了一些调整，新增存货跌价准备、应收利息、应收股息等项目，减少代扣税金等项目，并用现金流量表取代财务状况变动表。同年，财政部发布了包括收入准则和投资准则等在内的 7 个具体会计准则。1999 年与 2000 年，财政部又发布了两个具体会计准则。

2001 年，财政部发布了有关中期财务报告、存货、固定资产的三个准则，并对其他一些准则进行了修订。

2006 年 2 月 15 日，财政部发布了新的《企业会计准则》，并于 2007 年 1 月 1 日起开始施行。新的准则更加与国际接轨，并结合我国自身特点，与过去有着多项不同，如在会计核算历史成本的基础上引入了公允价值核算方法；在科目方面新增了交易性金融资产、可供出售金融资产、商誉等科目，并对一些原有科目的名称做了改变；等等。

2010 年 4 月，财政部发布《中国企业会计准则与国际财务报告准则持续趋同路线图》，进一步明确了我国会计准则与国际会计准则持续趋同的目标。

2014 年 7 月 23 日，为了适应我国企业和资本市场发展的实际需要，实现我国企业会计准则与国际财务报告准则的持续趋同，财政部发布《财政部关于修改〈企业会计准则——基本准则〉的决定》，将《企业会计准则——基本准则》第四十二条第五项修改为："（五）公允价值。在公允价值计量下，资产和负债按照市场参与者在计量日发生的有序交易中，出售资产所能收到或者转移负债所需支付的价格计量。"

第二节　财务报表体系

财务报表是反映企业在某一特定日期或一定时期经营成果、财务状况和现金流量的会计报表。财务报表通常包括：资产负债表、利润表、现金流量表、所有者权益变动表。除此以外，财务报告材料还包含一些其他重要信息，如财务报表附注、审计报告等。

滥用财务报表的经典案例

一、资产负债表

1. 资产负债表概述

资产负债表是反映企业在某一特定日期财务状况的报表。通过资产负债表，会计信息使用者能够直观地了解在该特定日期，企业所拥有的资产、所承担的负债以及所有者权益的状况，而且财务报表分析中许多指标的计算都依赖于资产负债表内的数据。资产负债表分为左右两部分，左方列示资产各个项目，右方列示负债和所有者权益项目。资产负债表是根据“资产＝负债＋所有者权益”的会计恒等式思路制成的，左右两边平衡。

资产负债表的具体格式如表 2－1 所示。

表 2－1　资产负债表

会企 01 表

编制单位：　　　　____年____月____日　　　　单位：元

资产	期末余额	上年年末余额	负债和所有者权益（或股东权益）	期末余额	上年年末余额
流动资产：			流动负债：		
货币资金			短期借款		
交易性金融资产			交易性金融负债		

续表

资产	期末余额	上年年末余额	负债和所有者权益（或股东权益）	期末余额	上年年末余额
衍生金融资产			衍生金融负债		
应收票据			应付票据		
应收账款			应付账款		
应收款项融资			预收款项		
预付款项			合同负债		
其他应收款			应付职工薪酬		
存货			应交税费		
合同资产			其他应付款		
持有待售资产			持有待售负债		
一年内到期的非流动资产			一年内到期的非流动负债		
其他流动资产			其他流动负债		
流动资产合计			流动负债合计		
非流动资产：			非流动负债：		
债权投资			长期借款		
其他债权投资			应付债券		
长期应收款			其中：优先股		
长期股权投资			永续债		
其他权益工具投资			租赁负债		
其他非流动金融资产			长期应付款		
投资性房地产			预计负债		
固定资产			递延收益		
在建工程			递延所得税负债		
生产性生物资产			其他非流动负债		
油气资产			非流动负债合计		
使用权资产			负债合计		
无形资产			所有者权益（或股东权益）：		
开发支出			实收资本（或股本）		
商誉			其他权益工具		
长期待摊费用			其中：优先股		
递延所得税资产			永续债		
其他非流动资产			资本公积		
非流动资产合计			减：库存股		
			其他综合收益		
			专项储备		

续表

资产	期末余额	上年年末余额	负债和所有者权益（或股东权益）	期末余额	上年年末余额
			盈余公积		
			未分配利润		
			所有者权益或股东权益合计		
资产总计			负债和所有者权益（或股东权益）总计		

注：此表为财政部2019年印发的《一般企业财务报表格式（适用于已执行新金融准则、新收入准则和新租赁准则的企业）》中的资产负债表格式。

2. 资产负债表三大会计要素的概念及构成

（1）资产。

资产是企业因过去的交易或事项而形成，并由企业拥有或控制，预期会给企业带来未来经济利益的资源，包括财产、债权和其他权利。资产按照期限的长短可以分为流动资产和非流动资产。

① 流动资产。

流动资产是指一年内或者超过一年的一个营业周期内可以转化为货币、被销售或被耗用的资产。按照变现能力的强弱，依次为货币资金、交易性金融资产、衍生金融资产、应收票据、应收账款、应收款项融资、预付款项、其他应收款、存货、合同资产、持有待售资产、一年内到期的非流动资产和其他流动资产等。其中，货币资金包括现金（库存现金和银行存款）和其他货币资金（如银行汇票存款、信用证存款等）；应收票据是指企业在赊销产品、提供劳务等经营活动中收到商业汇票（主要是银行承兑汇票）而形成的债权。

② 非流动资产。

非流动资产是指变现周期在一年以上或者超过一年的一个营业周期以外的那部分资产，主要包括固定资产、无形资产、商誉等。固定资产是指为生产产品、提供劳务或经营管理而持有的、使用寿命超过一个会计年度的有形资产。它是企业运转的物质基础，通常来讲，在实务中往往根据固定资产占资产总额的比例将行业分为重资产行业和轻资产行业。无形资产是指企业拥有或者控制的没有实物形态的可辨认非货币性资产，无形资产主要有专利权、商标权、土地使用权等。商誉由于不具备可辨认的特征，所以不是无形资产，它是能为企业未来经营带来超额利润的潜在经济价值。

（2）负债。

负债是企业由过去的交易或者事项形成的，预期会导致经济利益流出企业的现时义务。和资产类似，负债也可以分为流动负债和非流动负债。

① 流动负债。

流动负债是一年内或者超过一年的一个营业周期内必须偿还的债务。主要包括应付票据、预收款项、合同负债等。

应付票据是企业购买商品和劳务时开出并承兑的、尚未到期付款的商业汇票，有银行承兑汇票和商业承兑汇票两种。

预收款项是企业按合同规定预收的款项。若企业在收款后的一年或超过一年的一个营业周期内没有提供相应的商品或服务，则需要退还预收款项。

合同负债是执行新收入准则的企业增加的流动负债项目，是指企业已收或应收客户对价而应向客户转让商品的义务。注意将合同负债和预收款项区分开来，合同负债以履约义务相关性为前提，当预收款项尚未被企业收取时，若能够确定企业对这笔款项有无条件收取的权利，就应该将其确认为合同负债。

② 非流动负债。

非流动负债是指偿还期超过一年或者超过一年的一个营业周期的债务，主要包括长期借款、应付债券、长期应付款等。

长期借款是企业向银行等金融机构借入的还款期限在一年以上（不含一年）的各种借款。长期借款一般用于固定资产的购建、改扩建和维修。

应付债券是企业为筹集长期资金而发行的债券的本金和利息。注意在我国，“优先股”被列在“应付债券”中，这主要是由于优先股不同于普通股，其持有人和债权人一样没有投票权、选举权和决策权。另外，优先股的股息固定，这和债券利息的性质相似。

长期应付款是企业除了长期借款和应付债券以外的其他所有付款期限在一年或者超过一年的一个营业周期以上的应付款项，一般包括融资租入固定资产的租赁费、分期付款购入固定资产发生的每期应付款等。

(3) 所有者权益。

所有者权益又称净资产（公司的所有者权益又称股东权益），是指企业资产扣除负债后由所有者享有的剩余权益。所有者权益的来源有企业所有者对企业投入的资本、直接计入所有者权益的利得和损失及留存收益等。具体项目包括实收资本（或股本）、其他权益工具、资本公积、其他综合收益、专项储备、盈余公积和未分配利润等。

实收资本是投资者按照约定投入企业形成法定资本的价值，而资本公积则是企业收到的投资者超出其在企业注册资本中约定所占份额的投资。

3. 资产负债表的作用

(1) 有助于评估企业的偿债能力。将资产负债表中的资产和负债划分为流动和非流动，其主要目的就是便于评估企业的偿债能力。通过对比分析企业的流动资产、速动资产和流动负债，可以推断企业的短期偿债能力；通过对比分析企业的资产、负债和所有者权益规模，可以了解企业的长期偿债能力。

(2) 有助于评估企业的营运能力和盈利能力。企业的营运能力是指企业对各种资源的利用效率，将资产负债表和利润表中的一些数据对比分析，可以计算出一系列的财务比率来分析企业在某一方面的营运能力，如计算存货周转率、应收账款周转率和总资产周转率等；同理，也可以通过对资产负债表和利润表中的一些数据对比分析来评估企业的盈利能力，如计算销售利润率、资产收益率、净资产收益率等。

(3) 有助于评估和预测企业的财务状况质量和未来发展趋势。从“资产创造利润，利润带来现金流量”这一逻辑出发，通过将资产负债表、利润表和现金流量表联系起来综合考虑，就可以从总体上对企业的财务状况质量做出评价，并借此对未来发展状况做出评估。

(4) 有助于评估和判断企业相关战略的制定与实施情况、分析企业的管理质量。通过对企业的资产进行不同层次的质量分析，如项目个别质量、资产结构质量以及资产总体质量分析，可以对企业在资源利用战略方面的制定和实施情况有大致的认识。同时，通过分析企业的资本结构，可以了解企业的控制权归属、治理模式和未来的发展方向。通过以上分析，可以进一步了解企业的管理质量。

4. 市场价值和账面价值

在理想的情况中，资产负债表应该为我们提供真实的企业价值评估，但是由于一些原因，真实情况不是这样。首先，资产负债表上的很多项目都是根据历史成本而不是当前价值进行作价的；其次，企业许多有价值的资产没有被记录在资产负债表上，比如企业员工的专业知识、企业与客户和供应商的关系等。这也导致资产和负债之差，即权益账面价值，与其市场价值（市值）并不相等。企业的股票市值等于流通股股数乘以每股市场价格：

股票市值＝流通股股数×每股市场价格

股票市值不取决于企业资产的历史成本；相反，它取决于投资者对这些资产未来产出的预期。

【例 2-1】 假设 A 公司有 100 万股流通股，每股市场价格是 16 元，那么 A 公司的股票市值是多少？假如 A 公司的权益账面价值是 700 万元，那么股票市值和权益账面价值相比如何？

解：

股票市值＝流通股股数×每股市场价格
＝100×16
＝1 600（万元）

显然，A 公司的股票市值高于其权益账面价值，前者是后者的 2.286 倍。

例 2-1 中的股票市场价值和权益账面价值之比即市净率。市净率大于 1，表明股票市场价值大于其投入的历史成本。分析师通常称市净率较低的股票为价值股，而称市净率较高的股票为成长股。

二、利润表

1. 利润表概述

利润表又称损益表，是反映企业在一定会计期间的经营成果的财务报表。与资产负债表不同的是，它反映的是某一期间的情况，是一种动态的会计报表。其编制所依据的基本关系是“收入－费用＝利润”。通过分析利润表，可以获知企业经营业绩的主要来源和构成，评估企业的利润规模和质量，进而做出更为科学的决策。利润表的具体格式见表 2-2。

表 2-2　利润表

会企 02 表

编制单位：　　　　　　　　　　　　____年____月　　　　　　　　　　　　单位：元

项目	本期金额	上期金额
一、营业收入		
减：营业成本		
税金及附加		
销售费用		
管理费用		
研发费用		
财务费用		
其中：利息费用		
利息收入		
加：其他收益		
投资收益（损失以“一”号填列）		
其中：对联营企业和合营企业的投资收益		
以摊余成本计量的金融资产终止确认收益（损失以“一”号填列）		
净敞口套期收益（损失以“一”号填列）		
公允价值变动收益（损失以“一”号填列）		
信用减值损失（损失以“一”号填列）		
资产减值损失（损失以“一”号填列）		
资产处置收益（损失以“一”号填列）		
二、营业利润（亏损以“一”号填列）		
加：营业外收入		
减：营业外支出		
三、利润总额（亏损总额以“一”号填列）		
减：所得税费用		
四、净利润（净亏损以“一”号填列）		
（一）持续经营净利润（净亏损以“一”号填列）		
（二）终止经营净利润（净亏损以“一”号填列）		
五、其他综合收益的税后净额		
（一）不能重分类进损益的其他综合收益		
1. 重新计量设定受益计划变动额		

续表

项目	本期金额	上期金额
2. 权益法下不能转损益的其他综合收益		
3. 其他权益工具投资公允价值变动		
4. 企业自身信用风险公允价值变动		
……		
（二）将重分类进损益的其他综合收益		
1. 权益法下可转损益的其他综合收益		
2. 其他债权投资公允价值变动		
3. 金融资产重分类计入其他综合收益的金额		
4. 其他债权投资信用减值准备		
5. 现金流量套期储备		
6. 外币财务报表折算差额		
……		
六、综合收益总额		
七、每股收益：		
（一）基本每股收益		
（二）稀释每股收益		

2. 利润表的基本结构分析

利润表的主要编制目的是让使用者能理解企业经营成果的不同来源。为达到此目的，利润表的编制严格遵循企业收益的形成过程，分步计算当期净损益，具体计算顺序一般为营业利润、利润总额、净利润和综合收益总额。[①] 四者之间的联系如表2-2所示，可简单地做如下理解：

营业利润＝营业收入－营业成本－税金及附加－销售费用－管理费用－研发费用－财务费用＋其他收益＋投资收益＋净敞口套期收益＋公允价值变动收益＋信用减值损失＋资产减值损失＋资产处置收益

利润总额＝营业利润＋营业外收入－营业外支出

净利润＝利润总额－所得税费用

综合收益总额＝净利润＋其他综合收益的税后净额

① 关于利润表，还需要注意：(1) 由于企业经营日趋多元化，主营业务和其他业务交织难以划分，所以不再进行主营业务和其他业务的区分，企业经营各项业务所产生的成本和收入统一在营业收入和营业成本中列示。(2) 利润表“营业收入”和“营业利润”中的“营业”具有不同的统计口径。前者的“营业”是指企业从事销售商品、提供劳务和让渡资产使用权等日常经营活动；后者的“营业”则范围更广，在前者的基础上还包括资产减值损失、对外投资活动、政府补贴等不被认为是主营业务的事项。

3. 利润表的作用

(1) 有助于评估和预测企业的经营成果和盈利能力。在利润表中，通常用净利润和综合收益来反映企业的经营成果，它们是企业创造的财富的绝对值衡量指标，其增加通常引起资产增加或者负债减少。盈利能力是指企业在一段时间内运用可供调配的经济资源创造财富的能力，通常用一些相对值指标如资产收益率、权益收益率和人均利润来衡量。通过对利润表的分析，企业的各利益相关者可以较为准确地评估和预测企业的经营成果和盈利能力，据此做出进一步的经营、投资决策。

(2) 有助于评估和预测企业的偿债能力。上文提到将利润表和资产负债表结合可以计算一些指标来衡量企业的偿债能力，这是从资产的流动性和结构出发来评估的。除此之外，企业的偿债能力还受到企业的盈利能力的影响。一家暂时出现流动性不足的企业，若其盈利能力较强，则其偿债能力不一定弱。通过分析利润表，企业的各利益相关者如债权人和管理者能够较为科学地预测企业的偿债能力，并据此进一步决定企业的信贷决策、信贷规模，或者考虑提出相适应的信贷条件。

(3) 有助于评价企业经营战略的实施效果。企业的利润结构能够体现企业的战略实施效果，这是因为选择不同战略模式和盈利模式的企业会形成不同的利润结构。不同项目产生的利润对企业的意义是不一样的，若企业具备高质量的利润结构，则意味着企业的主要业务与其战略高度一致。通过分析利润表，债权人和股东能够了解企业经营战略的实施效果，分析企业的未来发展前景；企业的管理者则可以通过分析利润表提供的相关信息发现企业在经营过程中存在的问题，修订企业的发展战略。

当然，利润表的上述作用的正常发挥依赖于其各项目的信息质量。这是因为会计程序和方法具有可选择性，收入和成本费用各个项目在确定的过程中受到人为主观因素的影响，企业必然会选择有利于自己的程序和方法，这可能会使利润表所提供的信息质量下降。

三、现金流量表

1. 现金流量表概述

虽然利润表提供了企业在一段时间内产生的利润的规模和质量信息，但是信息使用者却无法从利润表中获知企业到底产生了多少现金。第一，利润表中包含了非现金项目，如折旧和摊销；第二，现金的某些使用项目不反映在利润表中，如购买存货的支出。因此，需要专门编制相关的报表来反映企业的现金流状况。现金流量表是反映企业经营活动、投资活动和筹资活动对其现金及现金等价物产生的影响的会计报表。通过观察现金流量表，财务报告使用者能够更好地了解企业现金流量的变化情况，并对其未来的状况做出预测。现金流量表较为特殊的一点在于，它是以收付实现制为基础的，有助于信息使用者了解企业真实的现金流量情况。现金流量表的具体格式见表 2-3。

表 2-3 现金流量表

会企 03 表

编制单位： ____年____月 单位：元

项目	本期金额	上期金额
一、经营活动产生的现金流量：		
销售商品、提供劳务收到的现金		
收到的税费返还		
收到其他与经营活动有关的现金		
经营活动现金流入小计		
购买商品、接受劳务支付的现金		
支付给职工以及为职工支付的现金		
支付的各项税费		
支付其他与经营活动有关的现金		
经营活动现金流出小计		
经营活动产生的现金流量净额		
二、投资活动产生的现金流量：		
收回投资收到的现金		
取得投资收益收到的现金		
处置固定资产、无形资产和其他长期资产收回的现金净额		
处置子公司及其他营业单位收到的现金净额		
收到其他与投资活动有关的现金		
投资活动现金流入小计		
购建固定资产、无形资产和其他长期资产支付的现金		
投资支付的现金		
取得子公司及其他营业单位支付的现金净额		
支付其他与投资活动有关的现金		
投资活动现金流出小计		
投资活动产生的现金流量净额		
三、筹资活动产生的现金流量：		

续表

项目	本期金额	上期金额
吸收投资收到的现金		
取得借款收到的现金		
收到其他与筹资活动有关的现金		
筹资活动现金流入小计		
偿还债务支付的现金		
分配股利、利润或偿付利息支付的现金		
支付其他与筹资活动有关的现金		
筹资活动现金流出小计		
筹资活动产生的现金流量净额		
四、汇率变动对现金及现金等价物的影响		
五、现金及现金等价物净增加额		
加：期初现金及现金等价物余额		
六、期末现金及现金等价物余额		

2. 现金流量表的基本结构

现金流量表主要由三个部分组成，包括经营活动产生的现金流量、投资活动产生的现金流量以及筹资活动产生的现金流量。

(1) 经营活动产生的现金流量。

经营活动产生的现金流量是指企业投资活动和筹资活动以外的所有交易和事项产生的现金流量。

经营活动流入的现金主要包括：销售商品、提供劳务收到的现金（指本期实际收到的现金，不考虑销售商品和提供劳务的时间）；收到的税费返还；收到的其他与经营活动有关的现金（如经营性租赁收到的租金、罚款收入等）。

经营活动流出的现金主要包括：购买商品、接受劳务支付的现金（指本期实际支付的现金，不考虑购买商品和接受劳务的时间）；支付给职工以及为职工支付的现金；支付的各项税费；支付的其他与经营活动有关的现金（如差旅费、业务招待费、保险费等）。

(2) 投资活动产生的现金流量。

投资活动产生的现金流量是指企业非流动资产的购建和处置以及不包括在现金等价物范围内的投资性资产的取得和处置活动所产生的现金流量。其中，现金等价物是指企业持有的期限短、流动性强、风险低的金融工具，因其具有高度的变现能力，所以被称为现金等价物，如国库券等。

投资活动流入的现金主要包括：收回投资收到的现金；取得投资收益收到的现金（不

包括股票股利)；处置固定资产、无形资产和其他长期资产收回的现金净额（由于自然灾害造成长期资产损失而获得的保险赔偿包含在此项目)；等等。

投资活动流出的现金主要包括：购建固定资产、无形资产和其他长期资产支付的现金（借款利息和融资租入固定资产的租赁费在筹资活动产生的现金流中反映)；投资支付的现金（投资现金等价物除外)；等等。

(3) 筹资活动产生的现金流量。

筹资活动产生的现金流量是指导致企业的权益或债务的规模和构成发生变化的活动所产生的现金流量。

筹资活动流入的现金主要包括：吸收投资收到的现金；取得借款收到的现金；等等。

筹资活动流出的现金主要包括：偿还债务支付的现金（指偿还本金)；分配股利、利润或偿付利息支付的现金；等等。

在分析财务报表的过程中应该重视对企业现金流量表的分析，因为现金是企业的“血液”，一旦现金出现问题，发生资金链断裂，很容易引发企业的财务危机，甚至发生“盈利性破产”。企业发生盈利性破产的原因在于利润的计算建立在权责发生制的基础上，而现金流的计算则建立在收付实现制的基础上，因此利润不等于现金流，一些拥有高额利润的企业实则资金紧张、危机四伏。

3. 现金流量表的作用

(1) 有助于评估和预测企业的当前现金流量状况和未来获取现金的能力。现金流量表将现金流按照不同的来源划分为三部分——经营活动产生的现金流、投资活动产生的现金流、筹资活动产生的现金流，再将现金流入和现金流出分别列示。这样，现金流量表就可以清楚地反映现金从哪里来、又流向哪里。通过分析现金流量表，不仅可以知道企业获取现金的能力，还可以在一定程度上对企业未来现金流量状况做出预测。

(2) 有助于分析企业利润的含金量和现金流量的质量，进一步评价企业的支付能力和偿债能力。股东和债权人向企业提供资金都是为了能够获得盈利，通常，可以用利润来衡量盈利，但是，企业在某段时间内获得利润并不一定代表企业拥有支付能力和偿债能力，原因在于会计核算采用权责发生制，利润不等于企业掌控的现金，但是现金流量表是完全以现金的收支为基础采用收付实现制编写的，可以消除会计核算中会计估计对现金流量分析造成的不利影响。另外，我们可以从现金流出量的合理性、与企业战略的吻合性及现金流入量的充足性和盈利性等方面来考察现金流量的质量。分析现金流量表有助于投资者了解企业更真实的财务状况，更好地做出投资决策。

四、所有者权益变动表

所有者权益变动表是反映企业所有者权益各组成部分本期（年度或中期）内截至期末变动情况的报表。所有者权益变动表能够帮助财务报告使用者更加深入地了解企业在本期的所有者权益变动情况，进而做出决策。所有者权益变动表一方面列示了导致所有者权益变动的交易或事项，另一方面列出了所有者权益的具体组成部分，其具体格式如表 2－4 所示。

表 2-4　所有者权益变动表

会企 04 表

编制单位：　　　　　　　　　　______年度　　　　　　　　　　单位：元

项目	本年金额												上年金额											
	实收资本（或股本）	其他权益工具			资本公积	减：库存股	其他综合收益	专项储备	盈余公积	未分配利润	所有者权益合计		实收资本（或股本）	其他权益工具			资本公积	减：库存股	其他综合收益	专项储备	盈余公积	未分配利润	所有者权益合计	
		优先股	永续债	其他										优先股	永续债	其他								
一、上年年末余额																								
加：会计政策变更																								
前期差错更正																								
其他																								
二、本年年初余额																								
三、本年增减变动金额（减少以“—”号填列）																								
（一）综合收益总额																								
（二）所有者投入和减少资本																								
1. 所有者投入的普通股																								
2. 其他权益工具持有者投入资本																								
3. 股份支付计入所有者权益的金额																								
4. 其他																								
（三）利润分配																								
1. 提取盈余公积																								

续表

项目	本年金额											上年金额										
	实收资本（或股本）	其他权益工具			资本公积	减：库存股	其他综合收益	专项储备	盈余公积	未分配利润	所有者权益合计	实收资本（或股本）	其他权益工具			资本公积	减：库存股	其他综合收益	专项储备	盈余公积	未分配利润	所有者权益合计
		优先股	永续债	其他									优先股	永续债	其他							
2. 对所有者（或股东）的分配																						
3. 其他																						
（四）所有者权益内部结转																						
1. 资本公积转增资本（或股本）																						
2. 盈余公积转增资本（或股本）																						
3. 盈余公积弥补亏损																						
4. 设定受益计划变动额结转留存收益																						
5. 其他综合收益结转留存收益																						
6. 其他																						
四、本年年末余额																						

五、财务报告的其他重要信息分析

前文已经介绍了财务报告的核心组成部分——资产负债表、利润表、现金流量表和所有者权益变动表。除此以外，财务报告材料还包含一些其他重要信息，这些信息通常列示在财务报表附注中。从我国上市公司现在披露出来的问题来看，这部分涉及的内容对分析会计信息质量、企业管理相关信息具有重要的意义。

1. 会计政策变更、会计估计变更和前期差错更正

（1）会计政策变更。

会计政策是指企业在会计确认、计量和报告中所采用的原则、基础和会计处理方法。企业会计核算采用何种政策通常会在会计报表附注中加以批注。会计政策主要包括：合并政策、外币折算、收入的确认、存货的计价、长期投资的核算、坏账损失的核算和借款费用的处理等。会计政策的变更是指企业对相同的交易或事项由原来采用的会计政策改用另一会计政策的行为。一般来说企业不能随意变更会计政策，因为这可能导致会计信息的可比性下降，但是，这并不意味着企业不能变更会计政策。当出现如下情况时，企业可以变更会计政策：①国家的相关规定要求变更；②会计政策变更后能够提高会计信息的可靠性和相关性。

（2）会计估计变更。

会计估计是指企业对其结果不确定的交易或事项以最近可利用的信息为基础所做的判断，比如对坏账、固定资产的耐用年限与净残值进行估计。会计估计变更是指由于资产和负债的当前状况及预期经济利益和义务发生了变化，企业对资产或负债的账面价值或者资产的定期消耗金额进行调整。企业选择会计估计变更显然是一种主动行为，有可能是为了使披露的财务信息更有利于展示管理层的业绩。同样，会计估计变更也会导致企业不同年度的财务信息不可比，财务信息的使用者需要多加注意。

（3）前期差错更正。

前期差错是指由于没有运用或错误运用编报前期财务报表时预期能够取得并加以考虑的可靠信息，或者前期财务报告批准报出时能够取得的可靠信息，而对前期财务报表造成省略、遗漏或错报。前期差错更正即对这种问题进行更正。

2. 关联方关系及其交易的披露

构成关联方的情形通常有两种，一种是一方控制、共同控制另一方或对另一方施加重大影响，另一种是两方或两方以上同受一方控制、共同控制或重大影响。关联方交易则是指关联方之间转移资源、劳务或义务的行为（包括不收取价款的交易行为）。关联方交易近年来越来越引人注目，这是因为，虽然一部分关联方交易是正常交易，但是也有一部分企业会通过操纵关联方交易达到某些目的，比如通过各关联方之间以低于或高于市场价格的价格出售商品或者提供劳务来转移企业资源或增加利润。对于这些情况，财务信息的使用者需要多加注意。

3. 资产负债表日后事项

资产负债表日后事项是指资产负债表日至财务报告批准报出日之间发生的有利或不利的事项，分为调整事项和非调整事项。调整事项是指对资产负债表日已经存在的情况提供

了新的或进一步证据的事项，能对资产负债表日的金额重新估计产生影响。非调整事项则是指资产负债表日后新产生的事项，不对资产负债表日的状况产生影响。

4. 审计报告

审计报告是注册会计师出具的关于企业财务报告是否恰当反映企业真实情况的意见。现代企业普遍采用经营权和所有权分离的形式，为了避免企业管理层粉饰甚至编造财务报告，需要有一个公正的第三方——注册会计师来监督企业管理层，尽量保证财务报告能够反映企业的真实财务状况。审计报告中的审计意见通常有四种类型：

（1）无保留意见的审计报告。

无保留意见是指注册会计师依照独立审计准则的要求对审计单位的财务报表进行审计后，认为被审计单位的财务报表所采取的会计方法符合会计准则的要求、内容完整、反映被审计单位的真实情况，因此对审计单位的报表无保留地表示满意。

（2）保留意见的审计报告。

保留意见是指注册会计师对会计报表的反映有所保留的审计意见。注册会计师对被审计单位的财务报表有异议，认为其由于某些事项的存在，不完全符合出具无保留意见的条件。

注册会计师经过审计后，认为被审计单位的财务报表整体而言是恰当的，但存在下述问题时应出具保留意见的审计报告：①个别重要财务会计事项的处理或个别重要会计报表项目的编制不符合《企业会计准则》和国家其他有关财务会计法规的规定且被审计单位未予调整；②因审计范围受到局部限制，无法按照独立审计准则的要求取得应有的审计证据；③个别会计处理方法不符合一致性原则的要求；④存在对会计报表反映有重要影响的个别未确定事项。

（3）否定意见的审计报告。

否定意见是和无保留意见相反的、否定财务报表恰当反映被审计单位的真实财务状况、经营成果和资金变动情况的审计意见。

当存在下述情形之一时，应当出具否定意见的审计报告：①会计处理方法严重违反《企业会计准则》和国家其他财务会计法规的规定，被审计单位拒绝进行调整；②会计报表严重歪曲了被审计单位的财务状况、经营成果和资金变动情况，被审计单位拒绝进行调整。

（4）无法表示意见的审计报告。

无法表示意见即注册会计师对被审计单位的财务报表不发表任何审计意见，无论是无保留意见的审计意见，还是保留意见或否定意见的审计意见。

注册会计师出具无法表示意见的审计报告是因为受到某种原因造成的严重限制，不能获取必要的审计数据，以致无法对财务报表整体表示审计意见。

关键审计事项

阅读材料　瑞幸咖啡财务造假与安永审计责任

2020 年瑞幸咖啡财务造假事件一度占据了财经新闻的重要版面，那么在这起事件中负责对其进行审计的安永华明会计师事务所（以下简称安永）扮演了怎样的角色？其最后为何能对此事件不承担审计责任呢？以下由安永发布的关于此事件的声明，或许能够解答以上问题。

关于瑞幸咖啡的声明

瑞幸咖啡于2017年6月成立，2019年5月在美国纳斯达克上市。安永对瑞幸咖啡自2017年6月16日（瑞幸咖啡成立日）至2017年12月31日期间以及2018年度财务报表（以下简称“上市申报财务报表”）进行了审计，并出具了审计报告。

在2020年1月下旬对瑞幸咖啡2019年度财务报表进行年度审计工作的过程中，安永注意到瑞幸咖啡迅速增长的代理业务模式及相关代理商存在疑点，在及时引入反舞弊调查团队后，安永发现了瑞幸咖啡部分管理人员在2019年第二季度至第四季度通过虚假交易虚增了相关期间的收入、成本及费用，并对此发现向瑞幸咖啡审计委员会做出了汇报。瑞幸咖啡董事会因此决定成立特别委员会负责相关内部调查。在此基础上，瑞幸咖啡于2020年4月2日就2019年第二季度到第四季度期间存在的财务造假行为发布公告。

2020年7月1日，瑞幸咖啡公告了特别委员会在顾问 Kirkland & Ellis International LLP 及 FTI Consulting 协助下的内部调查已基本完成，内部调查结果证实了瑞幸咖啡自2019年4月开始的财务造假行为。

对瑞幸咖啡财务造假事件，市场各方都予以高度关注。2020年5月，财政部监督评价局派出现场检查组进驻瑞幸咖啡和安永，分别对瑞幸咖啡自成立以来的财务记录以及安永相关的审计底稿进行检查。对于现场检查，安永提供了全方位积极的配合。

截至目前，检查工作已经结束，检查结论已经形成。根据我们的了解，现就相关情况声明如下：

瑞幸咖啡财务造假行为开始于2019年4月。安永在对瑞幸咖啡上市申报财务报表进行审计的过程中，严格恪守了职业道德和执业准则，做到了勤勉尽责、独立审慎。由于安永并未对瑞幸咖啡2019年度财务报表出具审计报告，故安永无须对瑞幸咖啡2019年度披露的财务信息承担审计责任。

安永一直恪守专业职责，通过严谨的审计方法、工具和政策，致力于提供最高标准的审计和财务报告，并始终坚持履行对客户、员工和社会的承诺。

第三节 财务比率分析

为了对不同规模的企业进行比较，可以进行财务比率分析。财务比率是财务数据之间进行比较的方法。由于财务报表使用者分析的目的不同，其所关注的重点也有所差异。使用不同的财务比率便反映了企业的多维度信息，为分析者提供有价值的参考。以下将介绍一些常见的财务比率以及企业财务分析中常用的杜邦分析法。

一、主要财务比率

1. 偿债能力比率

偿债能力比率主要衡量企业偿还短期债务和长期债务的能力，进而考察企业持续经营的能力和风险。偿债能力比率包括短期偿债能力比率和长期偿债能力比率。

(1) 短期偿债能力比率。

该比率主要反映企业短期经营的流动性情况。衡量企业短期偿债能力的主要指标包括流动比率、速动比率和现金比率。

① 流动比率。

流动比率反映了企业使用流动资产偿还流动负债的能力，定义为：

$$流动比率=\frac{流动资产}{流动负债}$$

流动比率越高，说明企业短期流动性越强，短期偿债能力也越强。一般认为企业的流动比率应该大于2，即保障企业的流动资产能够偿还全部流动负债。然而，需要注意的是，过高的流动比率也可能表示企业的资产运用效率较低。

② 速动比率。

速动比率反映了企业使用速动资产偿还流动负债的能力，定义为：

$$速动比率=\frac{速动资产}{流动负债}=\frac{流动资产-存货}{流动负债}$$

企业的流动资产主要包括现金、应收账款和存货三部分，存货通常是流动性最低的流动资产。与流动比率相比，企业的速动比率更能反映企业的短期偿债能力。一般情况下，我们认为速动比率在1以上，企业的短期偿债能力较强。

③ 现金比率。

现金比率反映了企业使用现金偿还流动负债的能力，定义为：

$$现金比率=\frac{现金}{流动负债}$$

现金是流动资产中流动性最强的部分，因此，现金比率越高，说明企业变现能力越强，短期偿债能力也越强。

(2) 长期偿债能力比率。

该比率反映了企业偿还长期债务的能力，也被称为财务杠杆比率。

① 资产负债率。

资产负债率反映了企业经营风险的大小，定义为：

$$资产负债率=\frac{总负债}{总资产}$$

一般情况下，资产负债率的适宜水平是40%～60%，达到或超过100%，说明公司已经资不抵债。

② 利息倍数。

利息倍数衡量了企业负担利息的能力，也被称作利息保障倍数，定义为：

$$利息倍数=\frac{息税前利润}{利息}$$

息税前利润（EBIT）是指扣除利息和税收之前的利润。

③ 现金对利息的保障倍数。

$$现金对利息的保障倍数=\frac{息税折旧摊销前利润}{利息}$$

息税折旧摊销前利润（EBITDA）是指扣除利息、税收、折旧和摊销之前的利润。因为加回了非现金费用，息税折旧摊销前利润比息税前利润更好地衡量了经营活动的现金流量。因此，相对于利息倍数，现金对利息的保障倍数更好地衡量了企业的偿债能力。一般而言，现金对利息的保障倍数越大，企业的偿债能力越强；反之，表明企业的长期偿债能力越弱。

2. 盈利能力比率

盈利能力是企业获取利润的能力，也反映了企业的资金或资本增值能力。盈利能力比率主要衡量了企业运用资产和经营管理的效率。

（1）销售利润率（PM）。

销售利润率以销售收入为基础分析企业的盈利能力，定义为：

$$销售利润率=\frac{净利润}{营业收入}$$

（2）息税折旧摊销前利润率。

$$息税折旧摊销前利润率=\frac{\text{EBITDA}}{销售额}$$

EBITDA是反映税前经营现金流的指标，EBITDA利润率更接近企业实际经营效果，不受企业资本结构与税收影响。

（3）资产收益率（ROA）。

资产收益率是指每单位资产所带来的净利润，定义为：

$$资产收益率=\frac{净利润}{总资产}$$

资产收益率反映了一个企业整体资产的净利润创造能力，是常见的盈利能力指标之一。一般而言，资产收益率越高，则代表企业盈利能力越强；反之，则说明企业的盈利能力越差。

（4）净资产收益率（ROE）。

净资产收益率又称权益收益率，是净利润与所有者权益的比率，定义为：

$$净资产收益率=\frac{净利润}{总权益}$$

净资产收益率反映了股东权益的收益水平，该指标值越高，说明投资带来的收益越高。

在保持其他条件不变的情况下，将该比率乘以总资产/总资产，则有：

$$净资产收益率=\frac{净利润}{总权益}=\frac{净利润}{总权益}\times\frac{总资产}{总资产}=\frac{净利润}{总资产}\times\frac{总资产}{总权益}$$

因此，ROE也可以用ROA×权益乘数来表示。如果企业的ROE大于ROA，说明企业运用了财务杠杆。

3. 营运能力比率

（1）存货周转率。

$$存货周转率=\frac{产品销售成本}{存货}$$

存货周转率是衡量企业销售能力及存货管理水平的综合性指标，可以反映企业存货的周转速度，促使企业在保证生产经营连续性的同时提高资金的使用效率。一般而言，产品的销售速度越快，存货周转率越高，企业的存货管理效率越高。

$$存货周转天数=\frac{365}{存货周转率}$$

（2）应收账款周转率。

$$应收账款周转率=\frac{销售总额}{平均应收账款净额}$$

这里的销售总额为信用销售额，如果赊销额不能确定，可以用收入总额来替代。应收账款周转率越高，说明企业销售贷款的回收速度越快。

（3）总资产周转率。

$$总资产周转率=\frac{销售额}{总资产}$$

总资产周转率是企业一定时期的销售收入净额与平均资产总额之比，衡量了企业资产投资规模与销售水平之间的配比情况。总资产周转率越高，说明企业利用资产的效率越高。但由于不同行业的特点不同，总资产周转率不能在不同行业间进行比较。例如，房地产公司的固定资产较多，总资产周转率相对较低。

4. 现金流量比率

$$现金流量比率=\frac{经营活动产生的现金净流量}{流动负债}$$

分母流动负债一般采用期末流动负债，因为企业实际需要偿还的是期末负债，而非平均金额。该指标是衡量企业短期偿债能力的指标，数值越大，表明企业的短期偿债能力越强。

5. 上市公司相关比率

(1) 每股收益。

$$每股收益=\frac{可供普通股股东分配的净利润}{发行在外的普通股加权平均数}$$

每股收益反映一定时期发行在外的普通股每股所享有的净利润，它是普通股股东最关注的指标之一。通常来讲，每股收益越高，股东获取股利的可能性也越大，但这要结合企业的现金流量一起考虑。

(2) 市盈率。

$$市盈率=\frac{普通股每股市价}{普通股每股收益}$$

市盈率是普通股每股市价和每股收益的比率，它反映的是市场对企业的期望，市盈率越高，表明市场越看好企业未来的发展。但是需要注意的是，不同行业之间的市盈率不具有可比性，因为不同行业的企业具有不同的增长率。

(3) 股利支付率。

$$股利支付率=\frac{每股股利}{每股收益}$$

受企业的股利政策和发展战略的影响，不同企业的股利支付率差异很大，股利支付率反映的是股东在每股获利中实际能够到手的比率。通常来讲，该比率越高，表明股东实际能够得到的回报越多。

(4) 每股净资产。

$$每股净资产=\frac{净资产}{普通股股数}$$

每股净资产是理论上企业每股股票的最低价格。

(5) 股利保障倍数。

$$股利保障倍数=\frac{属于普通股的税后净利}{股利支付金额}$$

股利保障倍数是对安全性的一种计量，衡量企业保障股利支付的能力。股利保障倍数越高，表明企业留存的利润越多，在企业能够获得比较好的盈利项目的前提下，留存较高比例的利润有利于企业未来的发展。

二、杜邦分析法

一些财务比率的局限性

利用前面介绍的各种财务比率，我们可以了解企业某一方面的财务状况，但是却无法反映各财务状况之间的关系。实际上，企业的财务状况是一个完整的系统，内部各因素之间往往互相影响。在进行财务分析时，我们必须深入了解这种互相作用的关系，才能比较全面地剖析企业财务状况的全貌。杜邦分析法可以在一定程度上满足这个要求。

杜邦分析法是一种经典的评价企业绩效的分析方法，通过分解企业的 ROE 来分析其当前的财务状况。这种方法因杜邦公司的推广而被广泛应用，所以被称为杜邦分析法。通过前面的分析，我们知道：

$$ROE=ROA\times 权益乘数$$

保持其他条件不变，我们在分子和分母上分别乘以销售额，进一步分解 ROE，得到：

$$ROE=\frac{净利润}{销售额}\times\frac{销售额}{总资产}\times\frac{总资产}{总权益}$$

$$ROE=销售利润率\times 总资产周转率\times 权益乘数$$

以上杜邦恒等式说明 ROE 会受到经营效率、资产运用效率和财务杠杆三方面因素的影响。其中，经营效率用销售利润率来表示，资产运用效率用总资产周转率来表示，财务杠杆用权益乘数来表示。

经营效率和资产运用效率越低，企业的 ROE 越低。企业运用财务杠杆似乎可以提高 ROE，但是负债增加也使得企业的利息费用提高，降低了销售利润率，使得 ROE 降低。因此，财务杠杆对企业 ROE 的影响并不确定。

【例 2-2】 A 企业 2019 年的资产负债表和利润表的部分信息如表 2-5、表 2-6 所示，并且利息费用为 11.96 亿元，摊销额为 46.64 亿元。请对 A 企业进行基础的财务比率分析。

表 2-5 A 企业 2019 年部分资产负债表信息 单位：亿元

流动资产：	
货币资金	361.8
应收账款	249.7
存货	282.3
流动资产合计	1 005
非流动资产：	
非流动资产合计	869.1
资产总计	1 874
流动负债：	
其他流动负债	4.941
流动负债合计	956.1
非流动负债：	
非流动负债合计	268.5
负债合计	1 225
所有者权益（或股东权益）：	

续表

归属于母公司股东权益合计	478.9
股东权益合计	649.9
负债和股东权益合计	1 875

表 2-6　A 企业 2019 年部分利润表信息　　单位：亿元

营业收入	2 007.62
营业成本	1 926.26
营业利润	144.49
利润总额	146.31
减：所得税费用	22.96
净利润	123.35

解：(1) 短期偿债能力。

2019 年，A 企业的流动资产总额为 1 005 亿元，其中货币资金（现金）总额为 361.8 亿元，应收账款总额为 249.7 亿元，存货总额为 282.3 亿元，流动负债总额为 956.1 亿元。依据财务比率公式，2019 年 A 企业的短期偿债能力指标分别为：

$$流动比率=\frac{1\ 005}{956.1}=1.05$$

$$速动比率=\frac{1\ 005-282.3}{956.1}=0.76$$

$$现金比率=\frac{361.8}{956.1}=0.38$$

从总体上看，A 企业的流动性指标均低于一般企业水平，短期偿债能力有待提高。

(2) 长期偿债能力。

2019 年 A 企业的息税前利润（EBIT＝净利润＋利息费用＋所得税费用）为 158.27 亿元，长期偿债能力指标分别为：

$$资产负债率=\frac{1\ 225}{1\ 874}=65.37\%$$

$$利息倍数=\frac{158.27}{11.96}=13.23$$

$$现金对利息的保障倍数=\frac{158.27+46.64}{11.96}=17.13$$

从总体上看，A 企业的资产负债率处于较高水平，但利息倍数和现金对利息的保障倍数较大，反映出公司的长期偿债能力比较稳定。

(3) 盈利能力分析。

2019 年，A 企业的盈利能力指标分别为：

$$销售利润率=\frac{123.35}{2\,007.62}=6.14\%$$

$$息税折旧摊销前利润率=\frac{204.91}{2\,007.62}=10.21\%$$

$$资产收益率=\frac{123.35}{1\,874}=6.58\%$$

$$净资产收益率=\frac{123.35}{649.9}=18.98\%$$

(4) 营运能力分析。

2019 年 A 企业的营运能力指标分别为：

$$存货周转率=\frac{1\,926.26}{282.3}=6.82$$

$$应收账款周转率=\frac{2\,007.62}{249.7}=8.04$$

$$总资产周转率=\frac{2\,007.62}{1\,874}=1.07$$

(5) 现金流量分析。

2019 年 A 企业的经营活动产生的现金净流量为 114.73 亿元，因此：

$$现金流量比率=\frac{114.73}{956.1}=0.12$$

(6) 杜邦分析法。

$$权益乘数=\frac{总资产}{总权益}=\frac{1\,874}{649.9}=2.88$$

$$ROE=\frac{净利润}{总权益}=\frac{123.35}{649.9}=0.19$$

根据杜邦恒等式，$ROE=\frac{净利润}{销售额}\times\frac{销售额}{总资产}\times\frac{总资产}{总权益}=$销售利润率×总资产周转率×权益乘数=6.14%×1.07×2.88=0.19。两种方法的计算结果相同。

第四节 财务报表分析方法

从前面的介绍我们可以看出，财务报表中包含了大量的会计数据，这些数据是对企业在某一时点或一段时间内的经营活动所创造的经营成果的展现。然而，财务报表的专业性强和概括性高的特点决定了信息使用者必须运用系统性方法对其进行分析，才能对企业整体财务状况有较好的理解。本节将对一些主要的财务报表分析方法进行初步介绍。

一、结构分析法

结构分析法又称垂直分析法、纵向分析法或者共同比分析法。具体的做法是将财务报表中的某个总体指标作为基数，计算各组成项目占该指标的百分比，通过比较各百分比的增减变动来观察各个项目的结构关系和相对地位。

结构分析法最常见的是运用于资产负债表和利润表的结构分析。在分析前者时，通常将总资产作为基数计算各项资产占总资产的百分比，以判断企业的流动性以及各项资产占比是否合理；在分析后者时，通常将营业收入设为100%，分别计算各项收入、费用和利润占营业收入的百分比，以分析企业利润的主要来源是什么以及各项费用是否合理。

当然，为了对各项目内部的占比有更深入的考察，也可以将各类项目的总额设定为100%。例如，可以将流动负债设为100%，计算各类流动负债占总流动负债的比例。

二、趋势分析法

趋势分析法又称水平分析法或者横向分析法。顾名思义，趋势分析法看重对各财务指标变化趋势的分析。它是将两期及其以上连续数期的财务报表中的相同指标放在一起对比，分析其增减的方向、数额和幅度并预测其未来的变化趋势。

趋势分析法又包含三种常见的分析方法：

1. 绝对数分析法

绝对数分析法就是将连续数期的财务报表中某一相同项目的绝对数额列示进行对比，这种方法可以直观地看出指标的变化趋势。

2. 环比分析法

环比分析法就是计算同一项目相邻两期的变化率，这种方法是对绝对数分析法的一种补充，不仅可以看出项目的变化趋势，还可以直观地展示变动的幅度。环比变动百分比的计算公式为（前期数值不能为零或者为负）：

$$环比变动百分比=\frac{分析期数值-前期数值}{前期数值}$$

3. 定基分析法

定基分析法和环比分析法类似，只不过定基分析法将基期固定，计算各项目在分析期的水平相较于基期水平的变动。它的好处在于不仅可以看出项目的变化趋势、幅度，而且可以看出项目在一个较长期间内的总体变化趋势。定基变动百分比的计算公式为（基期数值必须为正）：

$$定基变动百分比=\frac{分析期数值-基期数值}{基期数值}$$

采用趋势分析法时需要注意以下几个问题：

（1）前后期间采用的会计政策是否一致，若不一致，需要进行调整使数据具有可比性；

（2）若分析期内企业内外部环境出现重大变化，对项目数值造成显著影响，则在分析中需要对异常值进行处理；

（3）若分析期内物价水平变动幅度较大，应该考虑去除物价水平变动的影响。

三、比率分析法

比率分析法是将一些具有联系的项目放到一起对比，计算出比率，进而分析企业的财务状况的方法。比率分析法常用的一些财务比率已经在本章第三节进行了详细介绍，在此不再赘述。比率分析法的特别之处在于，它可以揭示各项目之间的相关性，产生许多有利于决策的新信息，将复杂的财务信息加以简化，有利于财务信息使用者分析基础数据。

四、比较分析法

比较分析法就是将分析期指标与选定的某种标准指标进行对比，进而解释指标间客观存在的差异，为进一步的分析指明方向。在选择比较标准时，要注意分析期指标和比较标准之间的可比性。常用的比较标准主要有三种，分别为基期标准、预期标准和行业标准。

1. 基期标准

基期标准是企业实际发生的已经成为历史数据的比较标准，可以是企业历史上任意一时间段的指标，将分析指标与其对比，可以评价分析指标的改进情况、发展方向和变动趋势。

2. 预期标准

预期标准是企业根据自身制定的计划、预算预先确定的比较标准，它是企业分析指标的目标水平，将分析指标与其对比，可以分析企业完成计划、任务的情况。它可作为判断企业战略目标是否达成的重要依据。

3. 行业标准

行业标准是企业所在行业的同类指标比较标准，反映企业的行业水平。在选取行业标准时，可以是行业的先进水平，也可以是行业的平均水平。通过和行业标准的比较，可以大致了解企业在行业中的竞争能力和经营水平，找出企业同行业先进水平之间的差异，指明发展方向。

五、项目质量分析法

项目质量分析法是一种综合的分析方法，强调结合企业具体经营环境和经营战略来分析企业财务报表内各项目的规模和结构。项目质量分析通常不需要对企业的每一个项目都进行分析，而只需要根据重要性原则和例外原则找出重大项目和异动项目即可。不同企业的重大项目和异动项目不尽相同，这也就意味着每个企业在用项目质量分析法时分析的项目都不相同。

阅读材料　重大项目情况表

上市公司年报中的“经营情况讨论与分析”通常会包含“资产及负债状况”这个内容，这实际上就是在列示企业的重大项目和异动项目。表 2-7 是关于资产和负债构成的重大项目和重大情况变动的一个简单例子。

表 2-7　某企业 2020 年资产和负债构成的重大项目和重大情况变动表

项目	2020 年末		2019 年末		比重增减（%）
	金额（亿元）	占总资产的比例（%）	金额（亿元）	占总资产的比例（%）	
货币资金	2 000.00	86.66	2 599.10	87.04	−0.39
以公允价值计量且其变动计入当期损益的金融资产	10.00	0.43	12.10	0.41	0.03
应收票据	200.00	8.67	259.10	8.68	−0.01
应收账款	10.00	0.43	12.10	0.41	0.03
预付款项	12.00	0.52	14.70	0.49	0.03
其他应收款	6.00	0.26	6.90	0.23	0.03
存货	3.00	0.13	3.00	0.10	0.03
其他流动资产	4.00	0.17	4.30	0.14	0.03
可供出售金融资产	2.00	0.09	1.70	0.06	0.03
投资性房地产	13.00	0.56	16.00	0.54	0.03
长期股权投资	32.00	1.39	40.70	1.36	0.02
固定资产	2.00	0.09	1.70	0.06	0.03
在建工程	5.00	0.22	5.60	0.19	0.03
无形资产	3.00	0.13	3.00	0.10	0.03
递延所得税资产	2.00	0.09	1.70	0.06	0.03
其他非流动资产	4.00	0.17	4.30	0.14	0.03
短期借款	1.00	0.04	0.40	0.01	0.03
应付票据	3.00	0.13	3.00	0.10	0.03
应付账款	5.00	0.22	5.60	0.19	0.03
预收款项	3.00	0.13	3.00	0.10	0.03
应付职工薪酬	14.00	0.61	17.30	0.58	0.03
应交税费	32.00	1.39	40.70	1.36	0.02
其他应付款	2.00	0.09	1.70	0.06	0.03
其他流动负债	1.00	0.04	0.40	0.01	0.03

总的来说，前四种财务报表分析方法是较为传统的财务报表分析方法，发展至今已经较为成熟，而项目质量分析法依然处于发展和完善阶段。在实际分析操作中，应该综合使用多种分析方法，从不同的角度解析企业的财务状况。

【本章小结】

1. 分析财务报表是获取公司信息的重要渠道，编制财务报表需要基于一系列的基本会计假设和会计信息质量要求，这些是财务报表分析的基础。

2. 财务报表体系的主体是资产负债表、利润表、现金流量表和所有者权益变动表，其中资产负债表是最重要的一张表。除此以外，财务报告材料还包含一些其他重要信息，如财务报表附注、审计报告等。理论上讲，财务报表应该是对公司财务信息的准确反映，但是在现实操作中，滥用财务报表的情况屡见不鲜，给投资者和企业均造成了巨大的影响。

3. 比较不同规模企业的一种方法是使用财务比率，本章介绍了一些主要的财务比率以及著名的杜邦恒等式，熟练掌握这些财务比率分析方法能够使我们快速了解公司的基本财务状况。常见的比率包括偿债能力比率、盈利能力比率、营运能力比率、现金流量比率和上市公司相关比率。

4. 传统的财务报表分析方法主要有四种，包括结构分析法、趋势分析法、比率分析法、比较分析法。项目质量分析法是近年来一种较为综合的考虑企业所处环境对企业经营影响的分析方法，目前依然处于发展和完善阶段。

【重要概念】

资产负债表	利润表	现金流量表	市场价值
账面价值	流动比率	速动比率	现金比率
资产负债率	利息倍数	现金对利息的保障倍数	销售利润率
息税折旧摊销前利润率		资产收益率	净资产收益率
存货周转率	应收账款周转率	总资产周转率	现金流量比率
每股收益	市盈率	股利支付率	每股净资产
股利保障倍数	杜邦分析法	结构分析法	趋势分析法
比率分析法	比较分析法	项目质量分析法	

【思考题】

1. 财务报表使用者包括哪些主体？请列出至少三种类型。

2. 为什么会计信息质量要求中有“实质重于形式要求”？若不遵循此要求，会造成什么影响？请举例说明。

3. 资产负债表、利润表和现金流量表之间有什么联系？三张表之间是否存在某种数量关系？

4. 一家企业的权益账面价值增加是否意味着这家企业的股票价值增加？

5. ROA 和 ROE 都衡量盈利性，在对两个公司进行对比时，哪个指标更有用？

6. 财务比率主要有哪些？它们分别反映了企业哪方面的财务状况？

7. 利用财务比率对企业财务状况进行分析的局限性是什么？

8. 请挑选一家你感兴趣的公司，尝试运用几种财务报表分析方法对其进行分析。

【练习题】

1. A企业是一家专门生产镜片的企业，2020年其经营情况为：营业收入1 200万元，原材料成本320万元，支付给工人工资243万元，支出新型抗视疲劳镜片研发费用84万元，偿还银行贷款利息10万元。企业适用所得税税率为20%，试求A企业2020年的净利润。

2. 2020年B公司发生如下活动：收回投资本金580万元；持有C公司股票100 000股，每股分发现金股利1.5元；发行1 000万元债券以建造新厂房，年利率为7%，最终支出工程款一共1 340万元。试求2020年B公司的投资活动产生的现金流是多少？

3. D公司的股价为20元。它的流通股为5 000万股，市净率为3。此外，D公司的债务为6亿元，净收入为1.3亿元，现金为2.2亿元。请问D公司的负债-权益比是多少？

4. 公司净利润为1 890万元，销售利润率为9%，应收账款账户余额为21万元。假设80%的销售额都是信用销售额，请计算公司应收账款周转天数。

5. 公司流动负债为180 000元，速动比率为1.3，存货周转率为3.4，流动比率为2.1，请问公司的产品销售成本是多少？

6. 公司的资产负债率为34%，资产收益率为13%，请问该公司的权益收益率为多少？

7. 某公司的销售利润率为5.0%，总资产周转率为1.2，总资产为4.25亿元，净资产账面价值为2.7亿元。计算该公司的ROA。

【延伸阅读】

1. Dyck, I. J., A. Morse, and L. Zingales. "How Pervasive is Corporate Fraud?" Rotman School of Management Working Paper No. 2222608, 2021.

2. Revsine, L., D. Collins, B. Johnson, F. Mittelstaedt, and L. Soffer. *Financial Reporting and Analysis*. 8th Ed. McGraw Hill, 2020.

3. Dyckman, T., R. Magee, G. Pfeiffer. *Financial Accounting*. 3rd Ed. Cambridge Business Publishers, 2010.

4. 张新民，钱爱民. 财务报表分析. 5版·立体化数字教材版. 北京：中国人民大学出版社，2019.

第三章

财务规划

【本章学习目标】

1. 掌握财务战略的概念及分类。

2. 了解财务预算的概念及内容。

3. 掌握营运资本管理的内容及方法，包括现金管理、存货管理、应收账款管理、短期债务管理。

4. 掌握销售百分比法的内容及外部融资需求量的计算。

视频：短期财务与计划

引导案例

某房地产公司一直以来通过取得银行贷款和发行企业债券来获得资金、买地建房，再通过销售房屋回笼资金以偿还贷款和债券。为了不断扩大资本，抢占市场份额，该公司采取相当激进的财务战略。一方面，通过高杠杆获取资金、大量买地，目前该公司拥有约2.14亿平方米的土地储备；另一方面，实行多元化战略，不断扩张，在汽车领域、饮用水领域、游乐园领域及网络领域等投入大量的资金。2020年年末，该公司总资产为2.3万亿元，负债总额达到1.9万亿元，其中，短期债务更是高达现金资产的4倍。最终，该公司爆发债务危机，每股股价从27元一路下滑至2.6元，多只债券暂时停牌，公司评级下调。

直观上看，若该公司将总资产变卖来偿还负债，仍会剩余4 000万元，为何该公司会陷入债务危机呢？土地作为房地产公司的一种存货，是否储备得越多越好呢？该公司是否可以将大量资金投入其他领域来实现扩张呢？该公司应该如何把握现金资产和短期债务的关系，才能避免现金流断裂的风险呢？

在瞬息万变的市场，企业要想获得长久稳定的发展，并通过经营获取利润、实现经济目标，需从企业全局的角度进行统筹规划，既要对外界环境做出预判和反应，也要考虑自身运营情况，充分利用各项资源，制定一系列推动企业发展的长远、重大战略。

企业作为市场关系网中的一个节点，其利益相关者不仅包括股东和债权人，还包括员工、客户、供应商、政府等。股东是企业的所有者，拥有对企业的剩余索取权，即股东获得的是企业满足其他利益相关者后剩余的价值。为实现股东财富最大化的目标，企业应协调好各方利益，对其利益相关者负责。因此，企业要树立正确的财务规划价值观，增强企业社会责任意识，在保障企业自身财务健康的同时，还应对供应链关联企业、政府、消费者等履行应尽义务。通过树立长期目标和导向，做好财务战略规划，控制企业财务风险。在本章，我们将介绍企业的财务战略和财务预算，并详细阐述短期财务管理和长期财务管理的内容及方法。

第一节　财务战略与财务预算

一、财务战略的概念

财务战略（financial strategy）是企业战略中的一种，主要是指企业在财务方面所做出的一系列长远的、重大的谋划。具体而言，财务战略是指为谋求企业资金均衡有效的流动和实现企业整体战略，增强企业财务竞争优势，在分析企业内外环境因素对资金流动影响的基础上，对企业资金流动进行全局性、长期性与创造性的谋划，并确保其执行的过程。

财务战略虽然是企业战略的一种，但其仍具有一些独特性质，主要表现在以下方面：

（1）财务战略的主要内容是企业资金流动和财务资源的优化配置。

（2）财务战略的目标是确保企业资金均衡有效流动和实现企业整体发展战略。

（3）财务战略尤其要关注企业内外环境对资金流动的影响。企业是社会经济组织的一种，其运营发展与外部环境，如政策变化、消费者偏好改变、宏观经济变动等因素，以及内部环境，如公司治理、产品生产、服务质量等因素密切相关。因为资金均衡有效流动是企业得以生存发展的必要条件，所以主要关注企业资金流动的财务战略则更应该密切关注企业内外环境的变化。

二、财务战略的分类

1. 按照财务活动类型分类

在财务活动中，按照资金的筹集、使用、收回和分配不同，一般将财务活动分为筹资活动、投资活动、经营活动和分配活动，于是按照不同财务活动的划分，可以将财务战略分为筹资战略、投资战略、经营战略和分配战略。

（1）筹资战略。筹资战略（financing strategy）是根据企业整体发展规划所进行的资金筹集谋划，具体包括确定筹资总量、制订筹资计划、选择筹资方式等内容。具体的筹资战略包括公司首次公开发行、股权再融资、发行债券等。

(2) 投资战略。投资战略 (investment strategy) 是企业为扩大经营生产，获取投资收益，运用现有资金所进行的投资谋划，具体包括确定投资项目与投资金额、制订投资计划、选择投资组合等内容。投资战略作为财务战略的一种，其进行的各项投资项目应该服务于企业发展。

(3) 经营战略。经营战略 (operating strategy) 是企业为实现经营目标，谋求长期发展而做出的经营管理筹划，具体包括产品开发、市场选择、产品销售、与利益相关者确定良好关系等内容。

(4) 分配战略。分配战略 (distributing strategy) 是为确保企业长远发展而制定的企业利润留存与分配的筹划，具体包括收益分配和股利分配。由于企业与债权人、员工及国家之间的收益分配有相对固定的政策或规定，而对股东收益的分配富有弹性，所以股利分配战略成为分配战略的重点，或者说狭义的分配战略是指股利分配战略 (dividend strategy)。股利分配战略的目标主要是促进公司长远发展、保障股东权益、稳定股价。

2. 按照企业发展的综合类型分类

按照企业发展的综合类型分类，可以将财务战略分为扩张型财务战略、稳健型财务战略、防御型财务战略和收缩型财务战略。

(1) 扩张型财务战略。扩张型财务战略是为实现企业资产规模扩大而进行的财务谋划。具体表现为企业留存全部或大部分利润，大量筹措外部资本，增加企业负债，表现出“高负债、低收益、少分配”的特征。

(2) 稳健型财务战略。稳健型财务战略是为实现公司财务绩效稳定增长和资产规模平稳扩张而进行的财务谋划。具体表现为优化现有资源配置、提高现有资源使用效率、企业留存部分利润，内部留存收益与外部筹资相结合，表现出“低负债、高收益、中分配”的特征。

(3) 防御型财务战略。防御型财务战略是为预防出现财务危机而进行的财务谋划。具体表现为尽可能减少现金流出，增加现金流入，保持或适当调整现有资产负债率和资本结构水平，维持现行的股利政策。

(4) 收缩型财务战略。收缩型财务战略是为企业继续生存发展和寻求新的发展目的而进行的财务谋划。具体表现为精简机构，盘活存量资产，节约成本支出，维持或缩小现有投资规模，减少对外筹资，甚至通过偿债和股份回购归还投资。

三、财务预算的概念

企业战略是企业管理者从全局角度进行的统筹谋划，那么企业为了完成战略目标就需要进一步制定更加详尽，并且落实到企业各个方面的规划和预算，企业所进行的这种全面、综合的预算就被称为全面预算。全面预算是指企业以货币及其他数量形式反映企业在未来一段时间内全部生产经营和财务活动的具体规划和数量说明，它是以企业人力、物力和财力等资源要素为基础的有效配置安排。预算以战略为目标导向，既是决策的具体化，又是各项财务活动的依据。全面预算按照涉及的业务活动领域分为营业预算、资本预算和财务预算。其中，营业预算是指企业日常经营业务的预算，其贯穿于整个经营业务环节，预算的主要内容包括产品销售预算、生产成本预算、期间费用预算等。资本预算是指企业筹资和投资业务的预算，其贯穿于整个资本流动环节，预算的主要内容包括筹资预算和投资预算。财务预算是指企业财务活动方面的预算，具体包括现金预算、利润预算和财务状况预算，其具体含义如下：

(1) 现金预算。现金预算是指在一定期限内企业以业务预算为基础所编制的反映现金流转情况的预算，具体内容包括现金收入、现金流出、现金多余或不足和现金的筹集与使用。现金预算的编制目的在于对现金进行有效管理，由于企业现金储备过少会影响资金周转，现金储备过多不仅会增加企业管理成本，也会减少资金收益，所以提高现金预算可以在现金不足时筹措现金，现金多余时及时进行投资，在保证各项支出所需资金供应的前提下，保持期末现金余额在合理的上下限额内波动。

(2) 利润预算。利润预算是指反映企业在未来一定期限内收入、成本费用和经营情况的预算，具体包括营业利润预算、利润总额预算、税后利润预算以及每股收益预算。利润预算的编制目的在于及时了解企业预期利润水平，如果预算利润与企业的目标利润存在较大差异，就需要调整部门预算，设法达到预定目标，或修改目标利润。

(3) 财务状况预算。财务状况预算是以期初资产负债表为基础，通过营业预算、利润预算和现金预算等预算加以调整所编制的，具体包括资产预算、债务资本预算和股权资本预算。财务状况预算的编制目的在于判断预算反映的财务状况的稳定性和流动性，如果存在某些财务比率不佳，可以修改相关预算，以此改善企业未来的财务状况。

第二节　短期财务管理

财务管理按照时间期限划分可分为短期财务管理和长期财务管理。其中，短期财务管理一般是指对一年或一年以内的财务计划和活动进行管理，主要是对流动资产和流动负债进行管理。长期财务管理是对一年以上的财务计划和活动进行管理。

一、营运资本管理

营运资本（working capital）有广义和狭义之分，广义的营运资本也被称为总营运资本，是指流动资产总额。狭义的营运资本也被称为净营运资本（net working capital），是指流动资产与流动负债的差额。我们通常所说的营运资本是指狭义的营运资本。营运资本管理可以从流动资产和流动负债两方面进行考虑。流动资产管理通常会涉及现金管理、应收账款管理、存货管理等。流动负债管理通常会涉及企业的短期债务融资，其中包括商业信用筹资、短期借款筹资和短期债券筹资等。

（一）营运资本投资策略

营运资本持有量的多少将影响企业的收益与风险。当营运资本持有量过多时，流动资产显著大于流动负债，企业持有较多的现金、现金等价物等其他短期流动资产。此时企业可以及时供应生产材料和生产产品，保证经营活动平稳进行，风险较小。但是流动资产的高流动性也使得流动资产的收益降低，所以过多的营运资本也将降低企业收益。当营运资本持有量过少时，企业减少现金及其等价物等其他短期流动资产的持有量，此时会增加企业投资收益，但是较低的营运资本会降低企业的偿债能力和采购支付能力，可能会造成信用损失、材料供应中断和生产堵塞，严重时会使企业陷入财务困境甚至导致企业破产。所以，企业需要确定最优的营运资本投资策略，使得营运资本持有量既能够满足生产支付需求，又能提高投资收益。这就涉及短缺成本和持有成本的权衡，最终目的是使短缺成本和持有成本大体相等，同时两者之和达到最小。

1. 短缺成本

短缺成本（shortage costs）是指随流动资产投资水平降低而上升的成本。例如，在投资不足，发生现金短缺，需要紧急筹入现金资产时，企业为及时筹取现金可能会增加借款成本，或折价抛售现有资产。短缺成本有两种：第一种是指令成本，是指为了获取更多现金而下的指令的成本，或者为了获得更多存货而下的订单的成本；第二种是与安全储备有关的成本，主要包括脱销、丧失客户商誉以及中断生产计划的成本。

2. 持有成本

持有成本（carrying costs）是指随着流动资产投资增加而上升的成本。持有成本主要是与流动资产相关的机会成本，如果这些资金不投资流动资产，则可以转向投资流动性低但收益高的资产，从而获取更多收益。持有成本也有两类：第一类是机会成本；第二类是为维持该资产经济价值而花费的成本，存货的仓储成本就属于这类。

3. 营运资本最优投资规模

短缺成本和持有成本之和被称为流动资产投资总成本。由于企业短缺成本随着投资规模增加而减少，持有成本随着投资规模增加而增加，所以一般认为在两者相等时达到最优投资规模。由于难以精确衡量短缺成本和持有成本的数值，通常将投资规模选在最优点附近即可。图 3-1 展示了短缺成本、持有成本和总成本的相关特征。

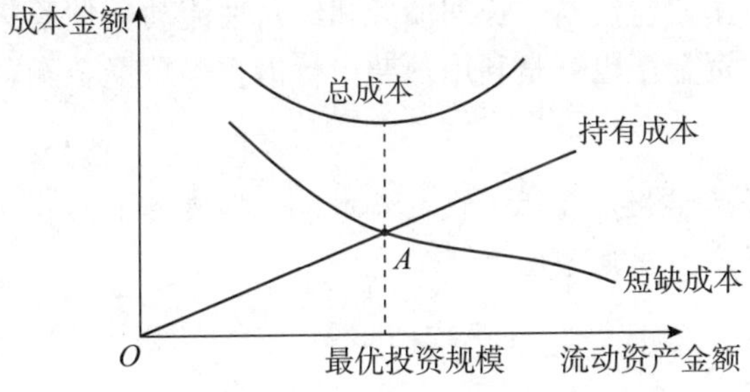

图 3-1 营运资本最优投资规模

（二）营运资本筹资策略

营运资本筹资策略是指为流动资产进行筹资，确定流动资产所需资金中短期资金和长期资金的比例的策略。营运资本筹资策略一般用易变现率进行衡量，具体是指经营性流动资产中长期筹资来源的比重。

$$易变现率=\frac{(股东权益+长期债务+经营性流动负债)-长期资产}{经营性流动资产} \tag{3-1}$$

易变现率高，说明企业筹资能力强，资金来源的持续性强，偿债压力小，管理起来比较容易，这种营运资本筹资策略一般被称为保守型筹资策略（conservative financing policy）。易变现率低，说明企业资金来源的持续性弱，偿债压力大，这种营运资本筹资策略一般被称为激进型筹资策略（aggressive financing policy）。在保守型筹资策略和激进型筹资策略之间的营运资本筹资策略一般被称为适中型筹资策略。

适中型筹资策略的主要特点是尽可能贯彻筹资的匹配原则，即长期投资由长期资金支持，短期投资由短期资金支持，按照投资期限安排筹资的时间期限。这有利于降低利率风险和偿债风险。在这种理想的情况下，净营运资本始终为0。但是在企业实际经营过程中，净营运资本并不会为0。

例如，一个粮食仓储商，专门从事粮食的收购、储存和销售活动，在收购粮食时为了向农户支付收购价款而进行短期借款，收购完成后随着粮食的出售不断获得资金，这部分资金就可以用来偿还短期借款。收购时借款，销售时还款，在这种情况下，流动资产与流动负债同步进行，所以净营运资本始终为0。

流动资产按照投资需求的时间长短可分为两部分：稳定性流动资产（permanent working capital）和波动性流动资产（temporary working capital）。稳定性流动资产是指那些即使在企业处于经营淡季也仍然需要保留的，用于满足企业长期、稳定运行的流动资产所需的资金。波动性流动资产是那些受季节性、周期性影响的流动资产需要的资金，如季节性存货、销售旺季的应收账款等。从投资需求上看，稳定性流动资产是长期需求，甚至可以说是永久需求，应当用长期资金支持。只有季节性变化引起的资金需求才是真正的短期需求，可以用短期资金来源支持。现实中的筹资匹配原则是：长期占用的资金（包括稳定性流动资产投资）应由长期资金来源支持，短期占用的资金（只是临时性流动资产需求，不是全部流动资产）应由短期资金来源支持。适中型筹资策略的特点是：对于稳定性流动资产和长期资产，用权益资本、长期债务和经营性流动负债筹集；对于波动性流动资产，用临时性负债筹集资金，也就是利用短期银行借款等短期金融负债取得资金。具体公式如下：

$$\text{稳定性流动资产}+\text{长期资产}=\text{权益资本}+\text{长期债务}+\text{经营性流动负债} \tag{3-2}$$

$$\text{波动性流动资产}=\text{短期金融负债} \tag{3-3}$$

二、现金管理

对企业来说现金是极其重要的一项资产，具有最强的流动性和最弱的收益性。因为现金具有普遍的接受性，可以随时用来购买资产、服务和偿还债务等，所以具有最强的流动性，现金持有量的多少也反映了企业支付能力和应变能力的大小。现金具体包括库存现金、银行存款和其他货币资金。现金管理就是管理者对企业现金持有量多少的管理，其既要保证企业充足的流动性，又要尽可能提高资金收益。

（一）持有现金的动机

企业之所以持有现金，主要是出于以下几方面的动机：

（1）交易动机。企业在日常经营活动中会因销售货物、服务等收到现金，也会因为了维持生产经营而购买原材料、支付职工薪酬、偿还借款等支付现金。由于现金的支出与流入不可能同时同量，所以企业必须持有一定的现金余额以预防日后的现金支出。出于企业购、产、销等行为所需要的现金就是交易动机要求的现金持有。

(2) 预防动机。由于企业日后面临的外部环境和内部环境均不确定，很有可能由于一些突发事件需要支付大量现金，为了在日后能够及时化解这种突发事件带来的危害，企业需要提前预留一部分现金余额。出于企业应付突然支付以确保企业正常运营所需要的现金就是预防动机要求的现金持有。

(3) 投机动机。企业在持续经营过程中可能会遇到一些好的交易时机，比如原材料和固定资产价格突然降低、某个项目突然被市场看好等机会，此时企业可以利用持有的现金余额进行购买或投资，从而获得收益。出于企业为能够抓住额外的投资机会所需要的现金就是投机动机要求的现金持有。

(二) 最佳现金持有量

由于现金具有最强的流动性和最弱的收益性，企业出于不同动机需要持有一定现金，所以企业必须确定出最佳现金持有量。目前有三种应用比较广泛的现金持有量决策方法：成本分析模型、存货模型和随机模型。

1. 成本分析模型

成本分析模型（cost analysis model）主要是通过分析现金相关成本，选择持有成本最低的现金持有量的一种方法。一般认为持有现金会有一定的成本，具体包括机会成本和短缺成本。

机会成本是指企业因持有现金余额而无法将该部分资金投入其他收益率高于现金收益的项目中从而丧失的收益，以及因持有现金余额而额外增加的管理成本。机会成本与现金持有量呈正相关关系，随着现金持有量的增加，机会成本也在不断增加。

$$\text{机会成本}=\text{现金持有量}\times\text{有价证券利率} \tag{3-4}$$

短缺成本是指由于缺少足额的现金持有量以及将其他资产转换为现金而造成的损失。随着现金持有量的增加，短缺成本在不断降低。

当这两项成本之和最小时，即总成本最小时，企业所持有的现金水平为最佳持有量。最佳现金持有量的具体计算，可以先分别计算出各种方案的机会成本和短缺成本之和，再从中选出总成本之和最低的现金持有量即为最佳现金持有量。

2. 存货模型

存货模型（inventory model）又称鲍莫尔模型，是指由于企业持有过多现金会导致机会成本增加，而现金持有过少又将导致企业日常运营受限，为尽可能获得更高收益同时确保企业正常发展以降低短缺成本，企业可以选择在持有适量现金的同时持有适量的有价证券。在企业需要大量现金时，由于有价证券相对来说具有良好的流动性，企业可以将有价证券转换为现金。通过现金与有价证券之间的转换可以有效提高资金的使用效率和收益率。但是现金与有价证券的转换仍存在成本，转换次数越多，成本越高，所以企业需要权衡每次转换的成本与收益，确定出最佳现金持有量。

在存货模型下，持有现金的成本包括机会成本和交易成本。机会成本是指因持有现金而失去的收益，此时的收益主要是指有价证券的利息，与现金持有量成正比。交易成本是指现金与有价证券之间转换的成本，如经纪费用、税费等其他成本，交易成本与转换次数成正比，转换次数越多，交易成本就越大。现金持有量与交易成本虽没有直接关系，但也会间接影响交易成本。在企业一定时期内现金使用量确定的前提下，每次以有价证券转换回现金的金额越大，企业平时持有的现金量便越高，转换的次数便越少，现金的交易成本就越低；反之，每次转换回现金的金额越低，企业平时持有的现金量便越低，转换的次数会越多，现金的交易成本就越高。因此，现金的交易成本与现金持有量成反比。当这两项成本之和最小时，即总成本最小时，企业所持有的现金水平为最佳持有量。

存货模型假设企业现金收入每隔一段时间发生一次，现金支出则在一段时间内均匀发生。在此期间，企业可以通过出售有价证券获得现金。假设某企业的现金使用量是均衡的，每月的现金净流出量为 100 000 元。若该企业在第 0 月开始时持有现金 300 000 元，那么这些现金够该企业支用 3 个月，在第 3 个月结束时，现金持有量将降为 0，其 3 个月内的平均现金持有量为 150 000（＝300 000÷2）元。从第 4 个月开始时，企业需将 300 000 元的有价证券转换为现金以备支用；待第 6 个月结束时，现金持有量再次降为 0，这 3 个月内的现金平均余额仍为 150 000 元。如此循环，企业一段时期内的现金持有状况可用图 3－2 表示。

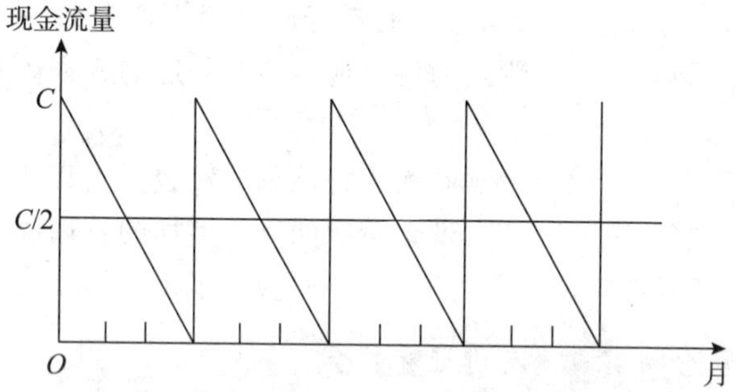

图 3－2　一段时期内的现金持有状况

假设：T 为一定期间内的现金需求量，TC 为总成本，b 为交易成本，C 为理想的现金转换数量，i 为短期有价证券的利率。已知当总成本 TC 最小时，C 为最佳现金持有量，则有：

$$TC=\frac{C}{2}i+\frac{T}{C}b \tag{3-5}$$

对该式求一阶导数，即：

$$\frac{\partial TC}{\partial C}=\frac{i}{2}-\frac{Tb}{C^2}$$

令 $\frac{\partial TC}{\partial C}=0$，则可求出令总成本 TC 最小的 C 值，即：

$$C=\sqrt{\frac{2Tb}{i}}$$

存货模型是一种简单、直观的确定最佳现金持有量的方法，但它也有缺点，主要是假定现金的流出量稳定不变，实际上这种情况很少出现。该模型假设现金收入只在期初或者期末产生，而事实上多数企业在每个工作日都会产生现金收入。

3. 随机模型

随机模型是在现金需求量难以预知的情况下进行现金持有量控制的方法。对企业来讲，现金需求量往往波动大且难以预知，但企业可以根据历史经验和现实需要，测算出一个现金持有量的控制范围，即制定出现金持有量的上限和下限，将现金持有量控制在上下限之内。当现金持有量达到控制上限时，用现金购入有价证券，使现金持有量下降；当现金持有量降到控制下限时，则抛售有价证券换回现金，使现金持有量回升。若现金持有量在控制的上下限之内，便不必进行现金与有价证券的转换，可保持它们各自的现有存量。

图 3－3 中的虚线 H 为现金持有量的上限，虚线 L 为现金持有量的下限，实线 R 为现金返回线。从图 3－3 中可以看到，企业的现金持有量（表现为每日现金余额）是随机波动的，当其达到 A 点时，即达到了现金控制的上限，企业应用现金购买有价证券，使现金持有量回落到现金返回线的水平；当现金持有量降至 B 点时，即达到了现金控制的下限，企业则应转让有价证券换回现金，使其存量回升至现金返回线的水平。现金持有量在上下限之间的波动属于控制范围内的变化，是合理的，不予理会。以上关系中的上限 H 和现金返回线 R 的水平可按下列公式计算：

$$R=\sqrt[3]{\frac{3b\delta^2}{4i}}+L \tag{3-6}$$

$$H=3R-2L \tag{3-7}$$

其中，b 表示每次有价证券的固定转换成本；i 表示有价证券的日利率；δ 表示预期每日现金余额波动的标准差（可根据历史资料测算）。而下限 L 的确定则要受到企业每日的最低现金需要、管理人员的风险承受倾向等因素的影响。

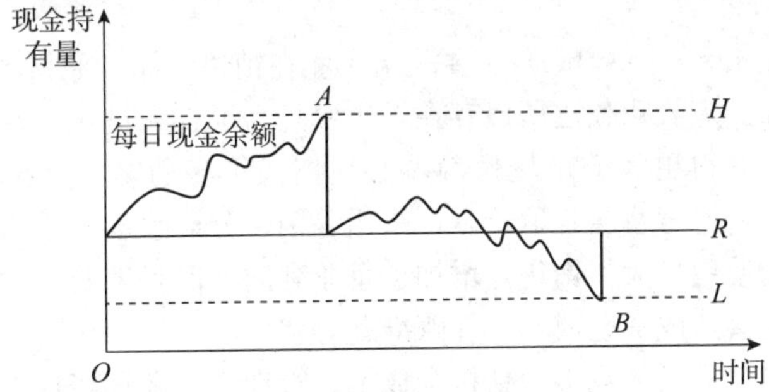

图 3－3 随机模型

（三）现金管理方法

有效的现金管理可以提高现金的使用效率，具体方法有以下几种：

1. 现金流动同步

企业之所以要进行现金管理，主要原因在于企业的现金流入与流出在时间和规模上不匹配。当现金流入大于现金流出时，企业持有过多现金将导致持有成本增加、收益降低。相反，当现金流出大于现金流入时，企业缺少现金将导致生产运营困难。为了减少这种错配带来的问题，企业应该提高预测和管理能力，使现金流入和现金流出在时间和规模上保持匹配，实现同步流动，这样便可以减少企业持有的现金余额，降低持有成本、增加收益。

2. 合理估计“浮存”

企业的现金流入或支出一般都是通过银行实现实际现金的增加或减少。在企业下达指令到银行实际操作该指令之间往往存在一定的时滞，所以在企业记账簿和银行记账簿之间存在资金差额，例如企业决定以银行存款向交易方支付一项货款 10 000 元，此时企业记账簿中显示现金流出 10 000 元，而在这一指令传达到银行之前以及在银行尚未操作之前，银行关于该企业的总资金记录并未扣减这一货款，这时企业记账簿和银行记账簿就存在 10 000 元的差额，直到银行将这 10 000 元的货款转账到交易方账户，企业记账簿和银行记账簿才保持一致。由于企业日常经营款项来往相对密集，而企业付款收款和银行转账业务之间存在时滞，所以企业记账簿和银行记账簿之间总存在一定金额的现金余额，这部分差额就叫做“浮存”。对于这部分资金，企业如果不能合理估计，将可能导致现金透支或者现金盈余过多，使企业安全运转受到限制。所以企业应该合理估计“浮存”，合理运用资金。

3. 加速收款

企业在销售产品或服务时，交易方并不是都以现金资产进行立即支付，交易方可能会延迟付款时间，而这部分资金在企业资产负债表上就以应收账款列示，由于应收账款属于交易方尚未支付的款项，企业未实际收到该部分款项，所以企业并不能自由支配该部分资金。应收账款金额越高，表明企业可用的现金资产越少，资金占用越多，可能造成企业现金短缺的被动局面，所以企业应采取措施加快应收账款的收现速度。

三、应收账款管理

应收账款（accounts receivable）主要是指企业在销售产品、原材料和提供服务等经营活动中应收取的款项。应收账款之所以存在，主要是为了扩大销售，在市场竞争不断增加的情况下，企业要想获得更大的市场份额就必须招揽更多的客户。在客户暂时资金匮乏时，为销售产品，企业愿意暂缓收取价款，采用赊销、分期收款等销售方式，从而形成应收账款。应收账款的使用扩大了销售，增加了企业利润，但是随着应收账款的增加，资金一旦无法收回，可能会造成资金成本、坏账准备等费用的增加，从而降低企业利润。

企业持有应收账款的具体成本包括机会成本、管理成本和坏账成本三种。其中，机会成本是指若企业及时收回应收账款，可以将其用于其他投资项目，从而获取投资收益，但因应收账款占用所放弃的这种收益。管理成本是指管理与收回应收账款所产生的成本。由于不同应收账款的存续时间和金额大小不同，企业需要编制账龄分析表（aging schedule），显示应收账款在外天数（账龄）长短，对不同拖欠时间的欠款，企业应采取不同的收账方法，制定经济可行的收账政策。企业在催收账款时也会发生相应的催收费用，对于一些拒不还款的行为可能还会产生诉讼费用。坏账成本是指因应收账款不能足额收回而产生的损失，可收回的应收账款越多，坏账成本也就越小，一般认为坏账成本与应收账款的数量成正比。

应收账款的存在一方面扩大了销售、增加了利润，另一方面也产生了相应的成本损失。应收账款的管理目标应该是使其继续发挥扩大销售的功能，同时降低各项成本，使之获得最大的经济效益。应收账款政策又称信用政策，具体包括信用标准、信用条件和收款政策。

阅读材料　账龄分析表

表 3-1 为某企业的账龄分析表。通过账龄分析表我们可以了解到企业应收账款的相关信息，对该企业来说，目前有 10 万元的应收账款处在信用期限内，占全部应收账款的 50%，由于这些账款还处于信用期限内，所以尚未产生坏账损失，企业应及时观察顾客的现金流水平，确保这部分资金可以正常收回。该企业还有 10 万元的应收账款在信用期限外，占全部应收账款的 50%。这部分资金的收回可能性也存在差异。超过信用期 0～30 天的应收账款，总额为 5 万元，其收回可能性相比于超过信用期 91 天以上的应收账款要大一些。对于全部超过信用期限的应收账款，企业都应该按照不同比例计提坏账准备，同时采用不同收款策略进行收款。

表 3-1　账龄分析表

账龄	金额（万元）	百分比（%）
信用期限内	10	50
超过信用期 0～30 天	5	25
超过信用期 31～60 天	2	10
超过信用期 61～90 天	2	10
超过信用期 91 天以上	1	5
合计	20	100

（一）信用标准

信用标准（credit standard）是指顾客获得企业的交易信用应具备的条件。如果顾客达不到信用标准，便不能享受企业的信用或只能享受较低的信用优惠。通常以预期的坏账损失率作为辨别标准。企业在设定某一顾客的信用标准时，往往需要先评估其赖账的可能性，可以通过 5C 评估法进行评估。所谓 5C 评估法，是指重点评估影响顾客信用品质的五个方面的一种评估方法，这五个方面分别是品质（character）、能力（capacity）、资本（capital）、抵押（collateral）和情况（condition）。因为这五个方面的首字母都是 C，所以该方法被称为 5C 评估法。

（1）品质。品质是指顾客的信誉，即履行偿债义务的可能性。企业必须设法了解顾客过去的付款记录，看其是否有按期如数付款的一贯做法，及其与其他供货企业的关系是否良好。这一点经常被视为评价顾客信用的首要因素。

（2）能力。能力是指顾客的偿债能力，即其流动资产的数量和质量以及与流动负债的比例。顾客的流动资产越多，则其转换现金以支付款项的能力越强。同时，还应注意顾客流动资产的质量，看是否有存货过多、过时或质量下降，影响其变现能力和支付能力的情况。

（3）资本。资本是指顾客的财务实力和财务状况，主要根据有关的财务比率来判断。

（4）抵押。抵押是指顾客拒付款项或无力支付款项时能被用作抵押的资产。这对于不知底细或信用状况有争议的顾客尤为重要。一旦收不到这些顾客的款项，便可以抵押品抵补。如果这些顾客提供足够的抵押，就可以考虑向他们提供相应的信用。

（5）情况。情况是指可能影响顾客付款能力的经济环境。比如，考察万一出现经济不景气，会对顾客的付款产生什么影响、顾客会如何反应等。这需要了解顾客在过去困难时期的付款历史。

通过 5C 评估法基本上可以判断顾客的信用状况，为是否向顾客提供商业信用提供判断标准。

（二）信用条件

信用条件（credit term）是指企业为顾客支付账款设置的条件，包括信用期限、折扣期限和现金折扣。信用期限是指企业允许顾客从购货到付款之间的时间，或者说是企业给予顾客的付款期间。例如，若某企业允许顾客在购货后的 50 天内付款，则信用期限为 50 天。折扣期限是指企业为顾客规定的可享受现金折扣的付款时间。现金折扣是指在顾客提前付款时给予的优惠。例如，企业在账单中规定“2/10，n/30”，这一规定就是信用条件，其具体含义是指这笔应付账款顾客必须在 30 天内付清，如果顾客在开出发票后的前 10 天内付清款项，可以享受 2%的现金折扣，即只需要支付原价的 98%。如果顾客在开出发票后的第 11 天至第 30 天之内付清款项，则无法享受这一现金折扣，只能原价支付。其中 30 天为信用期限，10 天为折扣期限，2%为现金折扣。

不论是信用期限还是现金折扣，都可能给企业带来收益，但也会增加成本。若信用期限过短，则不足以吸引顾客，在竞争中会使销售额下降；若信用期限过长，对销售额增加固然有利，但只顾及销售增长而盲目放宽信用期限，所得的收益有时会被增长的费用抵消，甚至造成利润减少。现金折扣向顾客提供这种价格上的优惠，虽然可以吸引顾客为享受优惠而提前付款，缩短企业的平均收款期，也能招揽一些视折扣为减价出售的顾客前来购货，借此扩大销售量，但是它使企业成本增加，主要是指现金折扣损失。

（三）收款政策

收款政策（collection policy）主要是指当上述信用条件被违反时，企业采用的收款策略。如果企业采用积极的收款政策，例如频繁发邮件、打电话催促顾客还款，可能会减少坏账损失，但是会增加收款成本。如果企业采用消极的收款政策，虽然会减少收款成本，但是会增加坏账损失。

一般来说，收款的花费越大，收款措施越有力，可收回的账款应越多，坏账损失也就越小。因此制定收款政策，要在收款费用和减少坏账损失之间做出权衡。制定有效、得当的收款政策很大程度上靠有关人员的经验。从财务管理的角度讲，也有一些数量化的方法可以参照，可以通过比较各收款方案成本的大小，使应收账款总成本最小化，从而对其加以选择。

四、存货管理

存货（inventory）一般是指企业在日常活动中持有以备出售的产成品或商品、处于生产过程中的在产品、在生产过程或提供劳务过程中耗用的材料或物料等，包括各类材料、在产品、半成品、产成品或库存商品、委托加工物资等。企业之所以拥有存货，主要有以下两方面原因：

第一，保证生产或销售的经营需要。对于企业来说，同一件产品的生产与销售并不是同时进行的。一般来说，只有企业先生产，才能进行对外销售，所以已经生产出来但尚未销售的这类存货的存在是不可避免的。而且由于市场环境变化的不确定性，企业生产所需要的原材料也很有可能出现断货或者价格突然上升，这些变动势必会影响企业产品的销售。所以为避免因原材料变动出现问题，企业会提前购入一定量的原材料，储备相应的存货。企业很少能做到随时购入生产或销售所需的各种物资，这不仅是因为不时会出现某种材料的市场断货，而且是因为可能出现意外事件。在采购、运输、生产和销售过程中，很有可能发生意外事件，为减少因意外事件带来的损失，企业也需要储存存货。

第二，均衡生产，降低产品成本。企业在生产时需要动用人力、物力等资源，为了降低生产成本，企业往往会选择成批生产，这样也会形成一部分存货。对于生产季节性产品的企业，产品需求时高时低。如果企业根据需求状况进行生产，旺季时可能会出现超负荷生产，而淡季时其生产能力可能得不到充分利用。为减少这些提高生产成本的情况发生，企业应储备一定的存货。

（一）存货的成本

企业出于保证生产或销售的经营需要以及均衡生产、降低产品成本的需要而持有一定量的存货，但是持有存货也会产生相应的成本，具体包括取得成本、存储成本和缺货成本。

（1）取得成本。取得成本是指为取得某种存货而支出的成本，其又分为订货成本和采购成本。订货成本是指取得订单的成本，如办公费、差旅费、邮资、电报电话费等支出。订货成本中有一部分与订货次数无关，如常设采购机构的基本开支等，被称为订货的固定成本；另一部分与订货次数有关，如差旅费、邮资等，被称为订货的变动成本。采购成本由购买价款、不可抵扣税费以及运杂费等构成。采购成本一般与订货数量相关，订货数量越多，相应的支付价款就越多，故采购成本就越大。

（2）存储成本。存储成本是指在存储存货过程中所发生的费用，如仓储费、保险费、占用资金应计利息和存货正常损耗等。存储成本也分为固定成本和变动成本。固定存储成本与存货数量的多少无关，如仓库折旧、仓库职工的固定工资等。变动存储成本与存货的数量有关，如存货占用资金的应计利息、保险费用、存货正常损耗等。

（3）缺货成本。缺货成本是指由于存货供应中断而造成的损失，包括材料供应中断造成的停工损失、产成品库存缺货造成的拖欠发货损失和丧失销售机会的损失。如果生产企业以紧急采购代用材料解决库存材料中断之急，那么缺货成本表现为紧急额外购入成本（紧急额外购入的开支会大于正常采购的开支）。

虽然持有存货是企业正常经营生产所必不可少的，但是为使企业利润最大化，我们仍要合理控制存货数量，使持有存货的各项成本之和最小化。

（二）存货规划

为使持有存货的总成本最低，我们可以从存货的采购数量和采购时间两方面进行控制。在采购数量方面，我们发现每次采购的数量越大，存货的订货成本和缺货成本会越低，而存货的采购成本和存储成本会越高，所以我们应在这两种情况之间找到平衡点。在采购时间方面，如果我们在上一次存货用完以后再进行采购，此时订货成本和存储成本会减少，而采购成本和缺货成本会增加，我们同样也要在这两种情况之间找到平衡点。

1. 经济批量

经济批量（economic order quantity）又称经济订货量，是指一定时期取得成本、存储成本和缺货成本总和最低的采购批量。经济批量主要是从采购数量角度确定每次采购的最佳数量。

构建基本经济批量模型的假设条件有以下几点：

（1）企业能够及时补充存货，即需要订货时便可立即取得存货。

（2）货物能一次到货，而不是陆续入库。

（3）不允许缺货，即无缺货成本。

（4）货物的年需求量稳定，并且能够预测。

（5）存货供应稳定且单价不变。

（6）企业现金充足，不会因现金短缺而影响进货。

（7）没有固定取得成本和固定存储成本。

在上述假设基础上，令 A 表示全年需求量，Q 表示每批订货量，F 表示每批取得成本，C 表示每件存货的年存储成本，则有：

$$\text{订购批数}=\frac{A}{Q} \tag{3-8}$$

$$\text{平均库存量}=\frac{Q}{2} \tag{3-9}$$

$$\text{取得成本}=F\times\frac{A}{Q} \tag{3-10}$$

$$\text{存储成本}=C\times\frac{Q}{2} \tag{3-11}$$

$$\text{总成本}(T)=F\times\frac{A}{Q}+C\times\frac{Q}{2} \tag{3-12}$$

令总成本函数的一阶导数为0，即 $T'=0$，则有：

$$\text{经济批量}(Q)=\sqrt{\frac{2AF}{C}} \tag{3-13}$$

经济批数 $\left(\frac{A}{Q}\right)=\sqrt{\frac{AC}{2F}}$ (3-14)

总成本 $(T)=\sqrt{2AFC}$ (3-15)

【例3-1】 新华公司每年为生产某产品需要某材料1 200千克，该材料每次订货的成本为400元，年存储成本为6元，计算新华公司的经济批量、经济批数和总成本。

解：根据公式，我们可以计算出以下数据：

经济批量 $(Q)=\sqrt{\frac{2AF}{C}}=400$（千克）

经济批数 $\left(\frac{A}{Q}\right)=\sqrt{\frac{AC}{2F}}=3$（批）

总成本 $(T)=\sqrt{2AFC}=2\,400$（元）

2. 再订货点

为保证生产和销售的正常进行，企业一般都是在原材料用完之前提前订货。在提前订货的情况下，企业再次发出订货单时尚有存货的库存量，被称为再订货点。再订货点是从采购时间角度确定每次采购的最佳时间。图3-4对再订货点进行了直观展示。

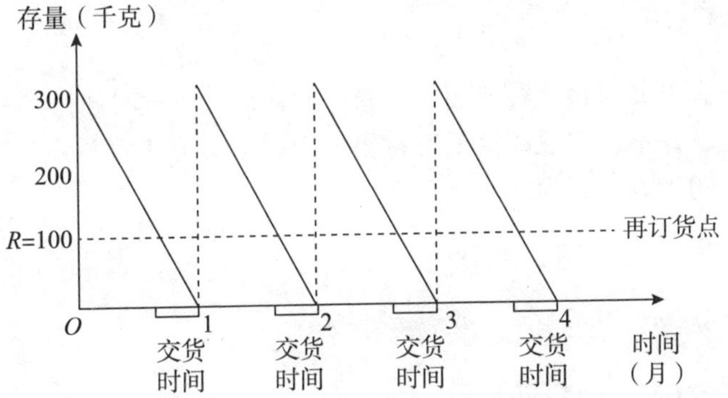

图3-4 再订货点

在图3-4中，库存100千克就是企业每一次的再订货点。

要确定再订货点就必须考虑以下因素：

(1) 企业平均每日材料需求量，以 n 表示。

(2) 从发出订单到货物验收完毕所用的时间，也就是平均交货时间，以 t 表示。

在不存在保险储备的情况下，再订货点的数量等于企业平均每日材料需求量与平均交货时间的乘积：

$$R=nt \tag{3-16}$$

【例3-2】 续【例3-1】的资料，企业订货日期至到货日期的时间为10天，平均每日材料需求量为5千克，计算其再订货点。

解：

$$再订货点\ R=nt=10\times5=50\ (千克)$$

所以，新华公司应该在该存货储备降低至 50 千克时立即进行存货采购。等到下批订货到达时（再次发出订货单 10 天后），原有库存刚好用完。此时，有关存货的每次订货批量、订货次数、订货间隔时间等并无变化，与瞬时补充相同。

3. 保险储备

在上述讨论中，均假设存货的供需稳定且确知，即每日需求量不变，交货时间也固定不变。但是实际上，每日需求量可能会变化，交货时间也可能会变化。如果企业按照确定的经济批量订货和固定的再订货点发出订单，在企业存货每日需求突然增大或者订货的存货未能及时送到时，就会出现缺货。所以企业为了预防这类意外事件造成损失，会在确定的经济批量基础上多储备一些存货，这就是保险储备（safety stock），也称为安全储备。这些存货在正常情况下不被动用，只有当存货过量使用或送货延迟时才被动用。

正是因为每日需求量和交货时间可能会增加，所以企业需要多储备存货。因此，保险储备的水平由企业每日最大需求量和最长收货时间来决定。企业每日需求量越大，交货时间越长，企业应该持有的保险储备水平也应该越高。保险储备 S 的具体计算公式如下：

$$S=\frac{1}{2}(mr-nt) \tag{3-17}$$

式中，m 表示企业预计每日最大需求量，r 表示预计最长收货时间。

保险储备的存在并不影响经济批量的计算，但是会影响再订货点的确定，考虑保险储备之后的再订货点的计算公式为：

$$\begin{aligned} R &= nt+S \\ &= nt+\frac{1}{2}(mr-nt)=\frac{1}{2}(mr+nt) \end{aligned} \tag{3-18}$$

【例 3-3】 续【例 3-2】的资料，新华公司预计每日最大需求量为 10 千克，预计最长收货时间为 20 天，计算此时新华公司的保险储备和再订货点。

解：

$$保险储备\ S=\frac{1}{2}(mr-nt)=\frac{1}{2}\times(10\times20-10\times5)=75\ (千克)$$

$$再订货点\ R=nt+S=\frac{1}{2}(mr+nt)=\frac{1}{2}\times(10\times20+10\times5)=125\ (千克)$$

五、短期债务管理

短期债务是指企业需要在一年内或者超过一年的一个营业周期内偿还的债务。短期债务为企业提供了灵活的融资渠道，通常具有以下几个特征：

第一，筹资速度快。对于长期债务，债权人为了保护自身利益，往往要对债务人进行全面的财务调查，因而筹资时间较长且不易取得。而对于短期债务，债务人在较短时间内就可以归还，所以债权人顾虑较少，短期债务筹资相对容易。

第二，筹资富有弹性。对于长期债务，借款资金的使用一般会受到限制，而且筹资条件比较严格，而短期债务的限制相对宽松，对于借款资金的使用一般并不加以限制，资金的筹集和使用都更加灵活。

第三，筹资成本低。由于短期债务的利率一般低于长期债务，所以短期债务的筹资成本也比较低。

第四，筹资风险高。短期债务需在短期内进行偿还，所以债务人必须在约定的时间内拿出足额资金进行偿还，如果企业资金安排不当，很可能陷入财务危机。此外，短期债务利率的波动比较大，很可能出现短时间内短期利率高于长期利率的情况，此时短期债务的债务人就必须偿还更高的利息。

短期债务筹资主要有三种，商业信用筹资、短期借款筹资和短期债券筹资。

（一）商业信用筹资

商业信用（commercial credit）是指在商品交易中由于延期付款或预收货款所形成的企业间的借贷关系。商业信用筹资产生于商品交换之中，是所谓的“自发性筹资”。虽然按照惯例，经常把它归入经营性流动负债，但严格说来它是企业主动选择的一种筹资行为，并非完全不可控的自发行为。商业信用筹资运用广泛，在短期债务筹资中占有相当大的比重。

商业信用筹资的优越性如下：首先是容易取得，对于多数企业来说，商业信用是一种持续性的信贷形式，无须办理正式筹资手续；其次，如果没有现金折扣或使用不带息票据，商业信用筹资不负担成本。商业信用的具体形式有应付账款、应付票据、预收账款等。

1. 应付账款

应付账款（account receivable）是企业购买货物暂未付款而欠对方的账项，即卖方允许买方在购货后一定时期内支付货款的一种形式。卖方利用这种方式促销，而对买方来说，延期付款则等于向卖方借用资金购进商品，可以满足短期的资金需要。与应付账款相对应，应付账款也有信用期限、现金折扣等信用条件。对企业来说，应付账款的信用期限越长，信用额度越大，相应的融资数额就越大。

应付账款的信用条件可以分为：免费信用，即买方企业在规定的折扣期内享受折扣而获得的信用；有代价的信用，即买方企业放弃折扣付出代价而获得的信用；展期信用，即买方企业超过规定的信用期限推迟付款而强制获得的信用。

其中，有代价的信用是指企业在规定的信用期限内付款，但是并未在有现金折扣的信用期限内付款，此时企业虽享受了剩余的信用期限，但是放弃了现金折扣，从而产生了相应的成本代价。例如，在“2/10，n/30”的信用条件中，企业在前 10 天内付款可以享受 2%的现金折扣，相当于只要支付货款的 98%，而在第 11 天至第 30 天之间，企业虽然可以在前 10 天的基础上延期付款，一直可以延期 20 天，但是却失去了 2%的现金折扣，此时付款就必须支付全部货款，所以放弃现金折扣的成本为：

$$放弃现金折扣的成本=\frac{折扣百分比}{1-折扣百分比}\times\frac{360}{信用期限-折扣期限}\times 100\% \tag{3-19}$$

放弃现金折扣的成本是企业决定是否享受现金折扣的决策依据。企业在进行决策时需要将放弃现金折扣的成本与银行的借款利率进行比较，当放弃现金折扣的成本大于银行借款利率时，企业可以选择向银行借款来偿还货款，从而享受现金折扣，此时享受现金折扣的收益大于银行借款的利息。当放弃现金折扣的成本小于银行借款利率时，企业应选择放弃现金折扣，直到信用期限最后日期才偿还货款。

展期信用实际上是企业在超过信用期限以后获得的信用。在这种情况下，企业是违约方，其行为属于拖欠货款，此时虽然放弃现金折扣的成本更小，但是会损害企业的声誉，降低企业的可信度，不利于日后企业商业信用筹资。

【例 3-4】 新华公司按照“2/10，n/30”的信用条件购进一批货物，货物价款为 100 万元，不考虑税费等其他费用，请计算分析新华公司分别在现金折扣期限内、信用期限内和第 50 天付款时各自的信用额度、付款额和放弃现金折扣的成本。如果银行借款利率是 10%，新华公司应接受现金折扣还是放弃现金折扣？

解：(1) 在现金折扣期限内付款，新华公司最长可以获得 10 天的免费信用，信用额度为 98 万元，现金折扣为 2 万元，付款额为 98 万元。在放弃现金折扣的信用期限内付款，新华公司最长可以获得 30 天的信用，信用额度为 100 万元，现金折扣为 0，付款额为 100 万元。在第 50 天付款，也就是在信用期限以外付款，新华公司获得 50 天信用，其中包括展期信用，信用额度为 100 万元，现金折扣为 0，付款额为 100 万元。

(2) 新华公司在放弃现金折扣的信用期限内付款时，放弃现金折扣的成本$=\frac{2\%}{1-2\%}\times\frac{360}{30-10}\times100\%=36.7\%$。新华公司在第 50 天付款时，放弃现金折扣的成本$=\frac{2\%}{1-2\%}\times\frac{360}{50-10}\times100\%=18.37\%$。此时银行的借款利率为 10%，放弃现金折扣的成本均大于银行借款利率，说明新华公司应该享受现金折扣，在现金折扣期内进行还款，还款金额为 98 万元。

2. 应付票据

应付票据是企业进行延期付款商品交易时开具的反映债权债务关系的票据。根据承兑人的不同，应付票据分为商业承兑汇票和银行承兑汇票两种。支付期最长不超过 6 个月。应付票据可以带息，也可以不带息。应付票据的利率一般比银行借款的利率低，且不用保持相应的补偿余额和支付协议费，所以应付票据的筹资成本低于银行借款成本。但是，应付票据到期必须归还，如若延期便要交付罚金，因而风险较大。

3. 预收账款

预收账款（accounts received in advance）是卖方企业在交付货物之前向买方预先收取部分或全部货款的信用形式。对于卖方来讲，预收账款相当于向买方借用资金后用货物抵偿。预收账款一般用于生产周期长、资金需要量大的货物销售。

（二）短期借款筹资

短期借款是指企业向银行和其他非银行金融机构借入的期限在 1 年以内的借款。在短期债务中，短期借款的重要性仅次于商业信用。短期借款可以随企业的需要安排，便于灵活使用，且其取得亦较简便。

短期借款按照是否有担保物可以划分为信用借款（debt of honour）和担保借款（guaranteed loan）。其中信用借款又称无担保借款，是指没有担保人作保证或没有财产做抵押，仅凭借款人的信用而取得的借款。担保借款是指有担保人作保证或者利用财产做抵押或质押而取得的借款。担保借款又可以分为保证借款、抵押借款和质押借款。保证借款是指由第三方承诺在借款人不能偿还借款时，其按照约定承担一般保证责任或者连带责任而取得的借款。抵押借款是指按规定的抵押方式以借款人或第三人的财产作为抵押物而取得的借款。质押借款是指按规定的质押方式以借款人或第三人的动产或权利作为质押物而取得的借款。抵押贷款是指不转移债务人或第三人提供的财产的占有现状，仅以此作为担保物的贷款形式；而质押贷款是指债务人或第三人将其动产或权利凭证移交借款银行占有，并以此作为贷款担保的贷款形式。

按照国际通行做法，银行发放短期借款往往带有一些信用条件，主要有：

1. 信贷限额

信贷限额（line of credit）是银行对借款人规定的无担保贷款的最高额。信贷限额的有效期限通常为1年，但根据情况也可延期1年。一般来讲，企业在批准的信贷限额内可随时使用银行借款。但是，银行并不承担必须提供全部信贷限额的义务。如果企业信誉恶化，即使银行曾同意过按信贷限额提供贷款，企业也可能得不到借款。这时，银行不会承担法律责任。

2. 周转信贷协定

周转信贷协定（revolving credit agreement）是银行具有法律义务的、承诺提供不超过某一最高限额的贷款的协定。在协定的有效期内，只要企业的借款总额未超过最高限额，银行就必须满足企业任何时候提出的借款要求。企业享用周转信贷协定，通常要就贷款限额的未使用部分付给银行一笔承诺费。

例如，某周转信贷额为1 000万元，承诺费率为0.5%，借款企业年度内使用了600万元，余额400万元，借款企业该年度要向银行支付承诺费2（=400×0.5%）万元。这是银行向企业提供此项贷款的一种附加条件。

周转信贷协定的有效期通常超过1年，但实际上贷款每几个月发放一次，所以这种信贷具有短期和长期借款的双重特点。

3. 补偿性余额

补偿性余额（compensating balance）是银行要求借款企业在银行中按贷款限额或实际借用额的一定百分比（一般为10%～20%）维持的最低存款余额。从银行的角度讲，补偿性余额可降低贷款风险，补偿贷款损失。对于借款企业来讲，补偿性余额提高了借款的有效年利率。例如，某企业按年利率8%向银行借款10万元，银行要求维持贷款限额15%的补偿性余额，那么，企业实际可用的借款只有8.5万元，该项借款的有效年利率为：

$$\text{有效年利率}=\frac{10\times 8\%}{8.5}=9.4\%$$

（三）短期债券筹资

短期债券筹资又称短期融资券（short-term commercial paper），是指企业发行的期限在一年以内的无担保本票。

1. 短期融资券的特点

（1）筹资门槛高。短期融资券没有担保，一般只有信誉好、实力强的大型企业才能发行短期融资券；而那些信誉较差的企业和小企业则不能发行短期融资券。

（2）筹资成本低。在成熟的金融市场中，企业采用短期融资券筹集资金避开了银行等金融机构，可以节省中介费，降低筹资成本。

（3）筹资风险大。短期融资券期限在一年以下且筹资数额较大，企业到期必须归还本息，期限较短且一般不能延期归还，因此风险较大。

2. 短期融资券的分类

按照不同的分类标准，可以将短期融资券划分为不同的类型。

（1）金融企业的融资券与非金融企业的融资券。按照发行人不同，我们可以将短期融资券划分为金融企业的融资券和非金融企业的融资券。金融企业的融资券是指由经营金融业务的公司或者有附属金融机构的公司（如财务公司、信托投资公司）发行的短期融资券；非金融企业的融资券是指由不经营金融业务且自身没有设立附属金融机构的工商企业发行的融资券。

（2）间接销售融资券与直接销售融资券。按照发行方式不同，我们可以将短期融资券分为间接销售融资券与直接销售融资券。间接销售融资券是指由经纪人代销的融资券，即发行债券的企业现将债券卖给经纪人，再由经纪人卖给投资者，在这个过程中，企业一般需要支付一定的手续费给经纪人。直接销售融资券是指发行债券的企业直接将债券卖给最终投资者的融资券。[①] 这类企业一般自己经营金融业务或者自己设有附属金融机构，拥有直接发行所需要的分支网点和金融人才。

第三节　长期财务规划

一、长期财务规划概述

长期财务规划是指公司财务人员以过去的历史资料和目前可取得的信息为基础，为了维持公司的持续增长而对公司未来财务活动的发展趋势做出测算和估计，并制定出相应的投资和筹资方案的过程。所谓长期，通常要跨越 1～5 年甚至更长的时间。企业的长期财务规划可以通过敏感性分析和场景分析来加以完善，通常要对企业未来各种经营可能做出假设，例如分别假设企业在最糟糕、最一般、最乐观的经营状况下做出的规划。企业的长期财务规划对公司而言意义重大，它不仅是融资计划的前提，也有助于改善投资决策，有助于实现股东财富最大化的目标。长期财务规划包括以下几个步骤：

① 我国《银行间债券市场非金融企业债务融资工具管理办法》规定，非金融企业发行短期融资券必须由符合条件的金融机构承销，企业不得自行销售融资券。

（1）销售预测。一般情况下，财务预测把销售数据视为已知数。

（2）估计需要的资产。通常，资产是销售的函数，根据历史数据可以分析该函数关系。根据预计销售量和资产销售函数，可以预测所需资产的总量。

（3）估计收入、费用和留存收益。假设收入和费用都是销售的函数，可以根据销售数据估计收入和费用，并确定净收益。净收益和股利支付率共同决定留存收益所能提供的资金总额。

（4）估计所需融资。根据预计资产总量，减去已有的资金来源、负债的自发增长和内部提供的资金来源，便可得出外部融资需求。

二、销售百分比法

销售百分比法（percentage of sales）是一种根据资产负债表中的某些资产和负债与销售存在的稳定的百分比关系，计算达到预计销售额所需融资额的方法。

1. 销售百分比法的假设

（1）销售百分比法把资产负债表的各个项目分成敏感项目与非敏感项目两组。敏感项目是会随着销售额的变动而变动的资产与负债项目。非敏感项目是不会随着销售额的变动而变动的项目。

（2）销售百分比法假设基期与预测期的情况基本不变，包括基期与预测期的项目划分不变、敏感项目与销售额的比例不变、销售结构和价格水平不变。

（3）销售百分比法假设企业能用于支持销售额增加的内部资金仅仅包括留存收益。

2. 销售百分比法的基本步骤

（1）预测销售收入。根据企业自身的经营状况、发展前景等，预计目标销售收入。这是销售百分比法中最重要的一步，也是进行后续计算的开端。只有销售收入预测得准确，才能比较准确地预测资金需求量。

（2）确定资产与负债项目的划分。确定哪些资产与负债随销售额的变动而变动，哪些资产与负债不受销售额变动的影响。

（3）确定有关项目与销售额的比例关系。这一步可以根据往年的数据进行推测。

（4）确定留存收益。一般情况下，企业的净利润会用于发放股利与保留留存收益。由于企业的股利支付率具有稳定性，因此留存收益的占比会保持不变。

（5）确定需要增加的外部融资额。根据预计的资产总量减去预计的负债总量和留存收益总量，即可求得外部融资额。

三、外部融资与增长

企业可以通过短期借款、长期借款、采用新的权益融资、调节股利发放政策等手段调节外部融资需求量。下面给出外部融资需求量（external financing need，EFN）的计算公式。令 A/S 为新增资产项目对销售收入的百分比；L/S 为新增负债项目对销售收入的百分比；ΔS 为销售收入的增加额；p 为销售净利率；d 为股利支付率；S_1 为当期预测的销售收入。假设 A/S、L/S、p、d 为常数，则可以算出外部融资需求量：

$$\text{EFN}=(A/S)\Delta S-(L/S)\Delta S-S_1\times p\times(1-d) \tag{3-20}$$

从上式可以看出，企业未来经济增长状况、销售净利率以及利润分配都会影响企业外部融资需求量。企业预计销售增长率越高，所要求的资产增加额越多，外部融资需求量越大；而企业的销售净利率越大，股利支付率越小，能用于支持销售额增长的留存收益越多，外部融资需求量越小。

【例 3 - 5】 已知一家成长型公司当年年销售收入为 6 000 万元，预计次年销售增长率为 30%。该公司新增资产项目占销售收入的百分比为 50%，新增负债项目占销售收入的百分比为 10%，销售净利率为 20%，股利支付率为 60%，请计算该公司的 EFN。

解：根据题干数据可知：

$S_1 = 6\ 000 \times (1+30\%) = 7\ 800$ (万元)

$\Delta S = 6\ 000 \times 30\% = 1\ 800$ (万元)

$$\begin{aligned}\text{EFN} &= (A/S)\Delta S - (L/S)\Delta S - S_1 \times p \times (1-d) \\ &= 50\% \times 1\ 800 - 10\% \times 1\ 800 - 7\ 800 \times 20\% \times 40\% \\ &= 96 \text{ (万元)}\end{aligned}$$

四、融资政策与增长

在这一部分，我们将探究对于长期财务规划很重要的两个增长率，即内部增长率和可持续增长率。

1. 内部增长率

内部增长率是指在没有任何外部融资的情况下企业可能实现的最高增长率。这个增长率仅靠内部融资实现，即当企业实际增长率等于内部增长率时，外部融资需求量 EFN 为零。内部增长率的计算可用以下公式表示：

$$\text{内部增长率} = \frac{\text{ROA} \times b}{1 - \text{ROA} \times b} \tag{3-21}$$

其中，ROA 为资产收益率，b 为留存比率。

2. 可持续增长率

可持续增长率是指企业在没有任何股权融资且保持负债权益比不变的情况下可能实现的最高增长率。可持续增长率是在没有提高负债权益比的条件下所达到的最大增长率。可持续增长率的计算可用以下公式表示：

$$\text{可持续增长率} = \frac{\text{ROE} \times b}{1 - \text{ROE} \times b} \tag{3-22}$$

其中，ROE 为权益收益率。

根据杜邦分析法，我们可以把 ROE 进行逐项分解，即 ROE＝销售利润率×总资产周转率×权益乘数。由此可以看出，企业的可持续增长能力由以下四个因素决定：

(1) 销售利润率：销售利润率的增加会提高企业内部生成资金的能力，所以能提高可持续增长率。

(2) 股利政策：净利润中用于支付股利的百分比下降会提高留存比率，增加内部股权资金，从而提高可持续增长率。

(3) 融资政策：提高负债权益比即提高企业的财务杠杆，这使企业获得额外的债务融资，从而提高可持续增长率。

(4) 总资产周转率：提高总资产周转率使得企业每单位资产能够带来更多的销售额，在销售额增长的同时降低企业对新资产的需求，因而能提高可持续增长率。

如果这四个比率都给定，就只能实现一个增长率。也就是说，如果一家企业不打算出售新的权益，且销售利润率、股利政策、融资政策及总资产周转率（或资本密集率）不变，则该公司可能实现的增长率只有一个。

【本章小结】

1. 财务战略是企业战略的一种，主要是指企业在财务方面所做出的一系列长远的、重大的谋划。按财务活动类型，财务战略可以划分为筹资战略、投资战略、经营战略和分配战略；按企业发展的综合类型，财务战略可以划分为扩张型财务战略、稳健型财务战略、防御型财务战略和收缩型财务战略。

2. 营运资本持有量的多少将影响企业的收益与风险，因此企业需要确定最优的营运资本投资策略，使得营运资本持有量既能够满足生产支付需求，又能提高投资收益。

3. 营运资本筹资策略可以用易变现率进行衡量，具体是指经营性流动资产中长期筹资来源的比重。根据易变现率的高低，可以将企业的筹资策略分为保守型筹资策略、激进型筹资策略和适中型筹资策略。

4. 企业持有现金主要出于交易动机、预防动机和投机动机。由于现金具有最强的流动性和最低的收益性，所以企业必须确定出最佳现金持有量。目前有三种应用比较广泛的现金持有量决策方法：成本分析模型、存货模型和随机模型。

5. 应收账款主要是指企业在销售产品、原材料和提供服务等经营活动中应收取的款项。企业持有应收账款一方面可以扩大销售额，提高竞争能力；另一方面也会增加企业的成本损失，具体包括机会成本、管理成本和坏账成本。企业可以采取应收账款政策来使应收账款获得最大的经济效益，具体包括信用标准、信用条件和收款政策。

6. 为了满足经营需要及降低产品成本，企业需要持有一定量的存货。但持有存货也会产生相应的成本，具体包括取得成本、存储成本和缺货成本。为使企业利润最大化，企业需合理控制存货数量。企业在进行存货规划时需考虑经济批量、再订货点和保险储备。

7. 短期债务筹资主要有商业信用筹资、短期借款筹资和短期债券筹资三种方式。其中商业信用筹资包括应付账款、应付票据和预收账款等；短期借款筹资包括信贷限额、周转信贷协定和补偿性余额等。

8. 长期财务规划是指公司财务人员以过去的历史资料和目前可取得的信息为基础，为了维持公司的持续增长而对公司未来财务活动的发展趋势做出测算和估计，并制定出相应的投资和筹资方案的过程，具体包括销售预测，估计需要的资产，估计收入、费用和留存收益以及估计所需融资四个步骤。

9. 销售百分比法是一种根据资产负债表中的某些资产和负债与销售存在的稳定的百

分比关系，计算达到预计销售额所需融资额的方法。利用销售百分比法可以得出企业外部融资需求量与增长率之间的关系。

10. 在长期财务规划中，我们一般运用内部增长率和可持续增长率来衡量企业的增长速度。其中内部增长率是指在没有任何外部融资的情况下企业可能实现的最高增长率；可持续增长率是指企业在没有任何股权融资且保持负债权益比不变的情况下可能实现的最高增长率。

【重要概念】

财务战略	筹资战略	投资战略	经营战略
分配战略	扩张型财务战略	稳健型财务战略	防御型财务战略
收缩型财务战略	营运资本	短缺成本	持有成本
易变现率	交易动机	预防动机	投机动机
应收账款	经济批量	保险储备	应付账款
应付票据	预收账款	信贷限额	周转信贷协定
补偿性余额	内部增长率	可持续增长率	

【思考题】

1. 企业在选择财务战略类型时应该考虑哪些方面？
2. 企业如何确定最优的营运资本投资策略？
3. 什么类型的企业需要持有更多的现金？
4. 应收账款的管理目标是什么？应收账款政策包含哪些内容？
5. 企业应如何合理确定其存货数量？在存货规划过程中需要考虑哪些方面的问题？
6. 短期债券筹资具有什么特点？企业为什么要通过发行短期债券来筹资？结合我国实际，谈谈我国企业发行短期融资债券需要符合什么条件。
7. 外部融资需求量与企业预计销售增长率有什么关系？它与销售净利率和企业股利支付率有什么关系？
8. 一般情况下，我们计算外部融资需求量时都假设资产满负荷运转。如果企业还有剩余的生产能力未利用，会对外部融资需求量产生什么影响呢？
9. 试运用外部融资需求量的计算公式推导内部增长率和可持续增长率的公式。

【练习题】

1. 假设有一家公司预期其一年需要现金 100 000 元，每次将短期有价证券转换为现金的成本为 200 元，短期有价证券的利率为 20%。那么，该公司的最佳现金持有量是多少呢？

2. A 公司每年需要某种材料 10 000 千克，该材料每次订货的成本为 800 元，年储存成本为 5 元。请计算 A 公司的经济批量、经济批数及总成本。

3. 假设 B 公司订货日期至到货日期的平均时间为 8 天，平均每日材料需求量为 15 千克，预计最长收货时间为 15 天，每日最大需求量为 20 千克，请计算此时 B 公司的再订货点和保险储备。

4. C 公司按照“4/10，n/30”的信用条件购入价值 10 万元的材料。

（1）请你计算分析 C 公司分别在现金折扣期限内、信用期限内和第 40 天付款时各自的信用额度、付款额和放弃现金折扣的成本。

（2）如果银行借款利率是 30%，C 公司应接受现金折扣还是放弃现金折扣？

5. 一家公司当年年销售收入为 8 000 万元，且预计次年销售增长率为 20%。该公司新增资产项目占销售收入的百分比为 40%，新增负债项目占销售收入的百分比为 15%，销售净利率为 25%，股利支付率为 70%。

（1）请计算该公司的外部融资需求量。

（2）如果该公司不打算进行外部融资且将留存收益全部用于支持销售额增加，则该公司能达到的增长率为多少？

6. 一家企业的总资产为 2 000 万元，净利润为 320 万元，销售额为 1 000 万元，负债权益比为 1/2，股利支付率为 0.6，请计算该企业的可持续增长率。

【延伸阅读】

1. Almeida, H., M. Campello, and M. S. Weisbach. “The Cash Flow Sensitivity of Cash,” *Journal of Finance*, 2004 (59): 1777 - 1804.

2. Baumol, W. J. “The Transactions Demand for Cash: An Inventory Theoretic Approach,” *Quarterly Journal of Economics*, 1952 (66): 545 - 556.

3. Gentry, J. A. “State of the Art of Short-run Financial Management,” *Financial Management*, 1988 (17): 41 - 57.

4. Miller, M. H., and D. Orr. “A Model of the Demand for Money by Firms,” *Quarterly Journal of Economics*, 1966 (80): 413 - 435.

5. Opler, T., et al. “The Determinants and Implications of Corporate Cash Holdings,” *Journal of Financial Economics*, 1999 (52): 3 - 46.

6. Pinkowitz, L., R. Stulz, and R. Williamson. “Does the Contribution of Corporate Cash Holdings and Dividends to Firm Value Depend on Governance? A Cross-country Analysis,” *Journal of Finance*, 2006 (61): 2725 - 2751.

7. Mian, S. L., and C. W. Smith Jr. “Accounts Receivable Management Policy: Theory and Evidence,” *Journal of Finance*, 1992 (47): 169 - 200.

8. Lee, Y. W., and J. D. Stowe. “Product Risk, Asymmetric Information, and Trade Credit,” *Journal of Financial and Quantitative Analysis*, 1993 (28): 285 - 300.

第四章

货币的时间价值

【本章学习目标】

1. 掌握终值和现值的概念及计算。
2. 理解单利与复利计息的差异。
3. 掌握年百分比利率和实际年利率的概念及计算。
4. 掌握永续年金、年金、增长型永续年金和增长年金的概念及计算。
5. 掌握债券和股票的估值方法。

视频：股利贴现模型

引导案例

大牌体育明星的签约金额都非常夸张，然而，有时候报道的签约金额会产生误导。例如，2004 年，美国橄榄球联盟印第安纳波利斯小马队 18 号佩顿 · 曼宁被报道与小马队签订了价值为 1.26 亿美元的合同。这个合同使得他的平均年薪达到了创纪录的 1 400 万美元，他成了历史上最富有的橄榄球运动员。在这一年，他的收入仅次于泰格 · 伍兹、沙克 · 奥尼尔和勒布朗 · 詹姆斯，在所有体育明星中位居第四。

虽然佩顿 · 曼宁的合同待遇的确优厚，但该合同的真实价值与报道的 1.26 亿美元相差甚远。实际上，这笔钱是分 9 年支付的。它包括 3 404 万美元的签约奖金，以及9 150万美元未来的工资和奖金，其中，2004 年 53.5 万美元，2005 年 66.5 万美元，2006 年 1 000 万美元，2007 年 1 100 万美元，2008 年 1 150 万美元，2009 年 1 400 万美元，2010 年 1 580 万美元，2011 年和 2012 年则都是 1 400 万美元。由于合同金额将在未来某些时点支付，我们必须考虑货币的时间价值，才能评估该合同的真实价值。

财务经理面临的一个基本问题是怎样确定未来现金流的现值。例如，一家公司在考虑是否投资一个 10 万元的项目，该项目预期在未来的 6 年中每年为公司带来 2 万元的收益。

该项目的总收益为12（=2×6）万元，高于投入的成本10万元，这是否意味着该公司应该投资此项目呢？显然不一定。因为10万元的成本是今天马上要付出的，而每年2万元的收益是在未来6年陆续得到的。在确定未来6年每年2万元的现金流的价值，决定是否应该投资该项目之前，我们需要了解当前的1元钱和未来的1元钱之间的关系，也即货币的时间价值（time value of money）的概念。

货币的时间价值是指不同时点的货币资金的价值是有区别的。通常来说，今天的1元钱要比未来的1元钱价值更高，这是因为今天拥有的1元钱可以用来投资获取收益，所以今天的1元钱较未来的1元钱更有价值。本章的目的是明确评估今天的货币与未来某天的货币之间的关系。

马克思主义政治经济学认为，货币的时间价值的真正来源是劳动工人创造的剩余价值，如果没有劳动者的付出，资本也难以产生时间价值。中国特色社会主义政治经济学在坚持马克思主义政治经济学的根本立场上，总结和提炼了我国改革开放和社会主义现代化建设的伟大实践经验，同时借鉴了西方经济学的有益成分。习近平总书记强调，要正确处理资本和利益分配问题。因此，我们既要坚持市场在资源配置中的决定性作用，推进利率市场化改革，考虑货币的时间价值，进行投资决策；又要坚持按劳分配为主体、多种分配方式并存的收入分配制度，让货币创造的时间价值为全体劳动人民共享。

本章将首先讲解终值和现值、单利和复利、年百分比利率和实际年利率等概念，然后讨论永续年金、年金和其他特殊形式现金流的估值公式，最后介绍债券和股票的估值。

第一节　单期投资的终值与现值

由于货币具有时间价值，不同时点的货币资金的价值不相等，因此需要将不同时点收支的货币换算到相同的时点上才能进行比较，这就需要运用终值和现值的概念。我们从最简单的单期投资开始介绍终值与现值。

一、终值

终值（future value，FV）是指在一定利率水平下，一笔资金投资一段时间所能增长到的数值，是一笔资金在未来某个时点上的价值。

例如，假设将1 000元存到银行，年利率为10%，1年后你将拥有多少钱？1年后你将获得的利息为：

利息＝利率×初始投资＝10%×1 000＝100（元）

本金为1 000元，1年内产生的利息为100元，1年后你将拥有1 100元。这1 100元就是在10%的利率下，将1 000元投资1年的终值。

如果投资收益率为r，1元钱在该收益率下投资1期，则其终值为$1+r$元。金额为C_0

的初始投资在投资收益率 r 下投资 1 期，其终值的一般计算公式为：

$$FV=C_0\times(1+r) \tag{4-1}$$

【例 4-1】 假设你正考虑是否用 100 万元购买一项资产，该资产 1 年后的价值确定为 120 万元。如果银行年利率为 10%，是否应对这项资产进行投资？

解：若投资 100 万元购买该项资产，则其明年价值为 120 万元。若将 100 万元存入银行，在 10%的利率下，其 1 年后的终值为：

$$FV=100\times(1+10\%)=110\text{（万元）}$$

因为投资该项资产的终值高于存入银行的终值，应对该项资产进行投资。

二、现值

现值（present value，PV）是指在一定利率水平下，未来某个时点的一笔资金在现在的价值。

例如，在 10%的利率下，为了在 1 年后获得 1 100 元，现在需要投资多少资金？这等价于问 1 年后的 1 100 元终值对应的现值是多少，可以这样解：

$$PV\times(1+10\%)=1\ 100$$

可得：

$$PV=\frac{1\ 100}{1+10\%}=1\ 000\text{（元）}$$

为了在 1 年后获得 1 100 元，在 10%的利率下，现在需要投资 1 000 元。也就是说，在 10%的利率下，1 年后 1 100 元的现值为 1 000 元。

求解现值的一般公式可以写为：

$$PV=\frac{C_1}{1+r} \tag{4-2}$$

其中，C_1是 1 期的现金流；r 是单期投资收益率，我们有时把它称作贴现率或折现率。

例 4-1 也可以通过计算 1 年后资产价值的现值来分析。

$$PV=\frac{120}{1+10\%}=109.09\text{（万元）}$$

因为 1 年后资产价值的现值大于当前的购买价格 100 万元，所以应对该资产进行投资。终值分析和现值分析得出的结论是相同的。[①]

---

① 以上的例子隐含一个假设，即投资该资产的成本和收益是事先完全确定的，投资是无风险的。在现实中我们通常不能确定未来的现金流，投资存在风险，情况比无风险情形复杂得多。本章中的分析都假设为无风险情形，在第六章学习了关于风险和收益的知识后，再进行关于风险调整的分析。

第二节 多期投资的终值与现值

上一节介绍了单期现金流的终值和现值的计算方法，本节介绍多期的情形。

一、多期投资的终值和复利计息

对于第一节中的 1 000 元投资，假设年利率仍为 10%，2 年后它将会变成多少钱？在第 1 年年末，如果你继续把 1 100 元本息都存在银行，第 2 年将获得 1 100×10%＝110 元的利息，因此 2 年后你将拥有 1 100＋110＝1 210 元。这 1 210 元就是在 10%的利率下将 1 000 元投资 2 年的终值。它相当于 1 年后你以 10%的利率将 1 100 元再投资 1 年，总共就是1 100×(1＋10%)＝1 210 元。这 1 210 元包括 4 个部分：第 1 部分是原始本金 1 000 元；第 2 部分是本金在第 1 年获得的利息 100 元；第 3 部分是本金在第 2 年获得的利息 100 元；第 4 部分是第 1 年年末的利息在第 2 年获得的利息 100×10%＝10 元。

把本金和累积的利息留在投资中超过 1 期，从而对利息进行了再投资（reinvesting）的过程叫做复利计息（compounding）。复利计息意味着赚取利息的利息（interest on interest），因此我们称这部分利息为复利（compound interest）。如果是单利（simple interest），就不对利息进行再投资，每一期只赚取原始本金的利息。现实中的公司金融问题几乎总是复利计息而非单利计息。

在上面的例子中，1 000 元投资 2 年的终值 1 210 元是将第 1 年年末的 1 100 元乘以（1＋10%）得到的。而 1 100 元则是将 1 000 元乘以（1＋10%）得到的，即：

$$
\begin{aligned}
1\,210 &= 1\,100\times(1+10\%)\\
&= 1\,000\times(1+10\%)\times(1+10\%)\\
&= 1\,000\times(1+10\%)^2
\end{aligned}
$$

更一般地，金额为 C_0 的初始投资在利率 r 下投资 T 期的终值计算公式为：

$$FV = C_0\times(1+r)^T \tag{4-3}$$

$(1+r)^T$ 通常被称为在利率 r 下 1 元钱投资 T 期的终值利率系数（future value interest factor），又称终值系数（future value factor），记为 $FVIF(r, T)$。

上例中的 1 000 元投资 5 年后的价值将是多少？我们可以首先计算出相应的终值利率系数：

$$(1+r)^5=(1+10\%)^5=1.1^5=1.610\,5$$

1 000 元投资 5 年后的终值为：

$$1\,000\times1.610\,5=1\,610.5\text{（元）}$$

表 4-1 列示了 1 000 元初始投资在 10%的利率下 5 年内的逐年增长情况，如该表所示，每年赚取的利息等于年初金额乘以利率 10%。在这 5 年的投资中，赚取的利息共计 610.5 元；每年的单利为 1 000×10%=100 元，累计 500 元；其余的 110.5 元来自复利。

表 4-1　在 10%的利率下 1 000 元投资的终值　　单位：元

年份	年初金额	单利	复利	赚取的利息	年末金额
1	1 000.0	100.0	0.0	100.0	1 100.0
2	1 100.0	100.0	10.0	110.0	1 210.0
3	1 210.0	100.0	21.0	121.0	1 331.0
4	1 331.0	100.0	33.1	133.1	1 464.1
5	1 464.1	100.0	46.4	146.4	1 610.5
总额		500.0	110.5	610.5	

图 4-1 说明了 1 000 元投资在 10%的利率下复利计息和单利计息之间的差异以及复利的增长情况。每年的单利是固定的 100 元，而复利则逐年增加，复利之所以逐年增加，是因为有越来越多的利息参与计息。在本例中，本金数量不大，期限也短，因此复利计息和单利计息两者之间的差距不大。投资金额越大，则利息的利息会越多。投资期限越长，则利息的利息会越重要。

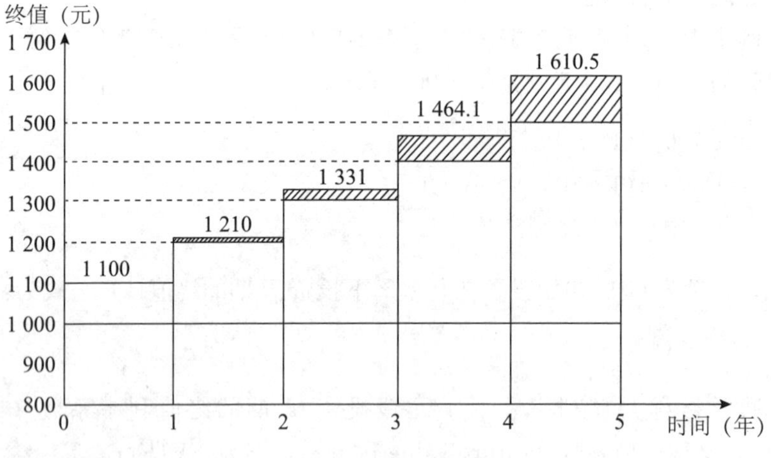

图 4-1　终值（单利和复利）

长期投资的终值对利率非常敏感，这一点可以从图 4-2 中看出来。图 4-2 描述了在不同利率和不同投资期限下 1 元钱的终值情况。从图 4-2 可以看出，当投资期限足够长时，即使较小的利率差距也会导致终值的较大差别。当期限很短时，复利的影响不大；随着期限的增长，复利的影响将会越来越大。

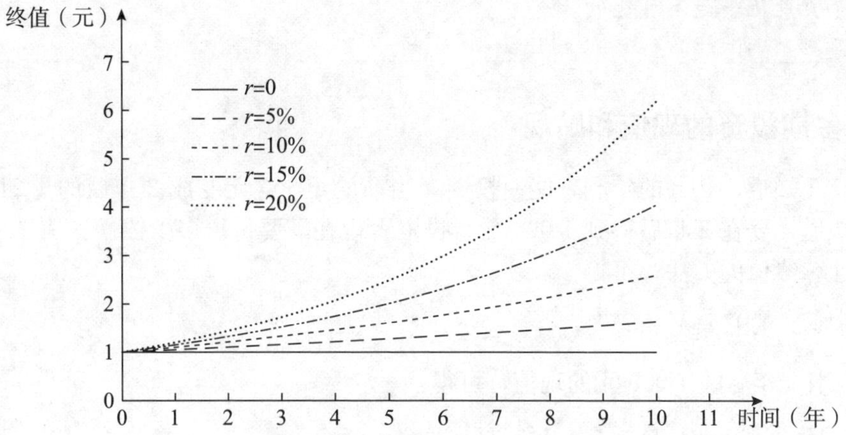

图 4-2　在不同利率和不同投资期限下 1 元钱的终值

【例 4-2】　将 1 000 元存入银行，存款利率为 4%，每年按复利计息。第 7 年年末你将拥有多少钱？累计收到多少利息？其中多少来自复利？

解：在 4%利率下的 7 年终值系数为：

$$(1+r)^7=(1+4\%)^7=1.3159$$

7 年后，1 000 元存款将增加到：

$$1\,000\times1.315\,9=1\,315.9\ (\text{元})$$

本金为 1 000 元，所以在 1 315.9 元的终值中，累计收到的利息为：

$$1\,315.9-1\,000=315.9\ (\text{元})$$

在 4%的利率下，1 000 元存款每年的单利为 1 000×4%=40 元。7 年里，单利利息共计 7×40=280 元，复利利息为 315.9−280=35.9 元。

阅读材料　曼哈顿岛值多少钱?

在期限很长情况下复利计息的一个经典案例是历史上关于曼哈顿岛的交易。1626 年，荷属美洲新尼德兰省总督彼得·米纽伊特（Peter Minuit）以 24 美元购买了曼哈顿岛，该岛现在发展成了全球的商业中心。这被认为是一笔非常成功的不动产交易，价值翻了几亿倍都不止。但彼得·米纽伊特的这笔交易是否真的划算？如果将这 24 美元以 10%的收益率进行投资且不考虑税，那么在 394 年后的 2020 年，这些钱将会变为：

$$24\times(1+r)^T=24\times1.1^{394}\approx488.6\ (\text{千万亿美元})$$

这是一个巨大的数字，比当今世界上所有不动产的价值加起来还大。请注意，如果以单利计算，24 美元每年的利息只有 24×10%=2.4 美元，394 年的单利累计也只有 945.6 美元，其余的都是利息再投资产生的复利，可见在长期复利的力量有多大。

当然，这里隐含了一个夸张而不现实的假设：要找到一个持续 394 年且年收益率达到

10%的投资项目几乎是不可能的。

二、多期投资的现值和贴现

我们已经知道，10%的年利率能使投资者当前的1 000元变成2年后的1 210元。现在我们想知道，要在2年后得到1 000元，投资者现在需要付出多少钱？

按照计算终值的方法，可得：

$$PV \times 1.1^2 = 1\,000$$

PV 表示2年后的1 000元的现值，可得：

$$PV = 1\,000/1.1^2 = 1\,000/1.21 = 826.4\ (元)$$

也就是说，在10%的利率下，为了在2年后获得1 000元，现在要付出826.4元。

在多期情况下求解现值的一般公式为：

$$PV = \frac{C_T}{(1+r)^T} \tag{4-4}$$

式中，C_T 是 T 期的现金流，r 是适用的单期利率。

式（4-4）中这一计算未来现金流的现值的过程被称为贴现（discounting）。贴现是复利计息的相反过程。贴现计算中的利率 r 通常被称为贴现率（discount rate）。$1/(1+r)^T$ 被称为贴现系数（discount factor），也被称为在利率 r 下 T 期的1元钱的现值利率系数（present value interest factor），简称现值系数（present value factor），缩写为 $PVIF(r, T)$。

再举个例子，假设利率为8%，为了4年后得到1 000元，现在需要投资多少钱？

我们要在8%的利率下把1 000元贴现4期。在8%的利率下4年期的现值利率系数为：

$$\frac{1}{(1+8\%)^4} = \frac{1}{1.360\,489} = 0.735\,03$$

现在需要投资的金额为：

$$1\,000 \times 0.735\,03 = 735.03\ (元)$$

【例4-3】 假如你中了彩票，有以下两种支付方案供选择：(1) 现在支付给你一笔钱；(2) 4年后支付给你13 605元。如果利率为8%，则当现在支付金额为多少时，你将接受第一种方案？

解：在8%的利率下4年后的13 605元的现值为：

$$PV = 13\,605/(1+8\%)^4 = 10\,000.08\ (元)$$

如果现在支付的金额大于10 000.08元，你将会选择第一种支付方案。

从式（4-4）可以看出，当其他条件不变时，现值与贴现率 r 负相关，与贴现期数 T 也负相关。现值与时间、贴现率之间的这种关系如图4-3所示。从图4-3中可以看出，在任一给定贴现率下，1 元钱现金流发生的时点越往后，其相对于现在的价值就越小。同时，贴现率的变化对远期现金流的现值影响巨大。例如，10 年后的 1 元钱的现值在 10%和 20%的贴现率下分别是 0.385 5 元和 0.161 5 元。

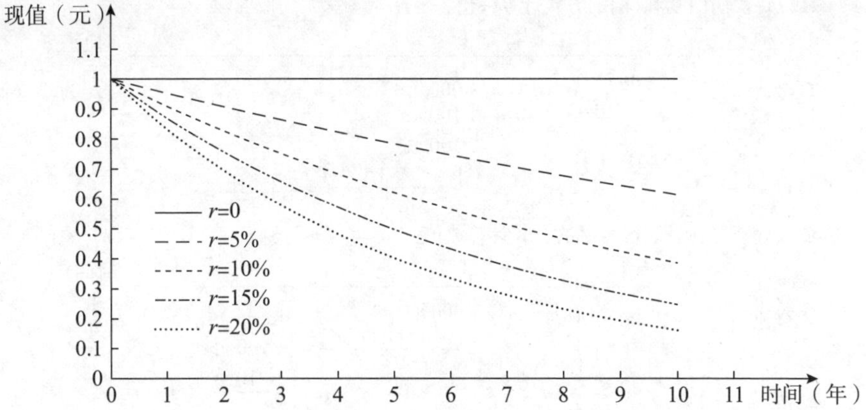

图 4-3 在不同期限和不同利率下 1 元钱的现值

三、系列现金流的终值和现值

到目前为止，我们讨论的都是单一现金流的终值和现值。在现实世界里，大部分投资都会产生不同时点上的系列现金流。下面我们将拓展前面的结论用于分析系列现金流。

（一）系列现金流的终值

假设今天你在一个利率为 10%的银行账户中存入 1 000 元，1 年后再存入 1 000 元，2 年后你将拥有多少钱？

利用单笔现金流的终值分析方法，我们知道，在第 1 年年末时，你将有 1 100 元，加上第 1 年年末存入的 1 000 元，共计 2 100 元。这 2 100 元在 10%的利率下到第 2 年年末时的终值为 2 100×1.1=2 310 元。

对于系列现金流的问题，我们可以用时间轴（time line）来帮助分析。图 4-4 展示了用时间轴计算这两个 1 000 元存款的终值的过程。

在图 4-4 的 A 部分，我们在时间轴上展示了这两笔存款的现金流，将其标注在实际发生的时间点上。在多期现金流的时间轴上，时点 0 代表现在，时点 0 的 1 000 元现金流是今天存入的钱；时点 1 为 1 年后，也即第 1 年年末，时点 1 的 1 000 元现金流为 1 年后存入的钱。

图 4-4 的 B 部分展示了以每次向前复利 1 期的方式计算终值的过程。如图 4-4 所示，当我们计算两笔 1 000 元存款的终值时，只需要计算每年年初的余额，然后把它向前滚动 1 年即可。

图 4-4 的 C 部分展示了另外一种计算两笔现金流的终值的方法，即分别计算每笔现金流的终值，然后再相加。

时点 0 的 1 000 元在 10%的利率下存了 2 年，共终值为：

$$1\,000\times 1.1^2=1\,000\times 1.21=1\,210\text{（元）}$$

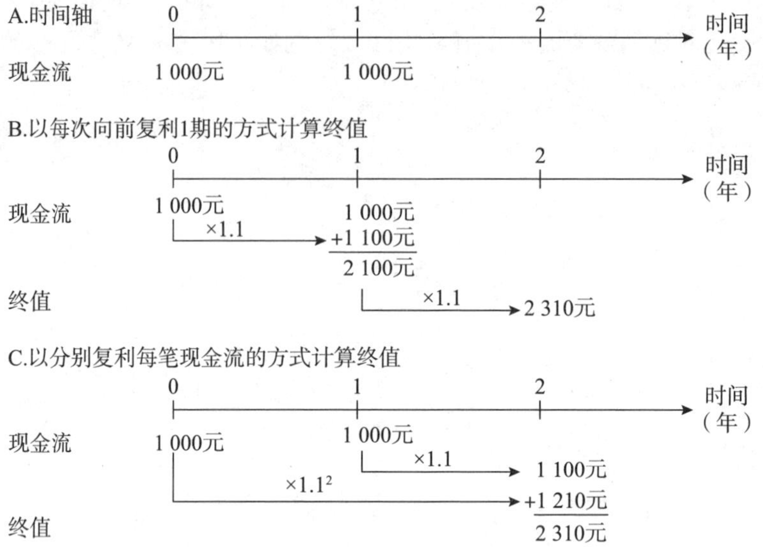

图 4-4　使用时间轴计算系列现金流的终值

时点 1 的 1 000 元在 10%的利率下存了 1 年，其终值为：

$$1\ 000 \times 1.1 = 1\ 100\text{（元）}$$

因此，总的终值等于这两个终值之和：

$$1\ 210 + 1\ 100 = 2\ 310\text{（元）}$$

B 部分和 C 部分两种方法的计算结果是相同的。

总结一下，计算系列现金流的终值有两种方法：（1）将累积余额每次向前复利 1 年；（2）先分别计算每笔现金流的终值，然后把它们相加。这两种方法所得到的结果相同。

（二）系列现金流的现值

与计算终值类似，我们也可以采用两种方法来确定未来系列现金流的现值：每次贴现 1 期，或者将每笔现金流单独贴现再全部加总。

假设你在 1 年后需要 1 000 元，2 年后又需要 1 000 元，利率为 10%。你现在需要存入多少钱，才能满足未来这两笔现金流需求？这等价于问在 10%的贴现率下，这两笔现金流的现值是多少。

第一种方法，如图 4-5 的 B 部分所示，可以分别计算两笔现金流的现值然后加总。在 10%的贴现率下，1 年后的 1 000 元的现值为：

$$\frac{1\ 000}{1.1} = 909.1\text{（元）}$$

2 年后的 1 000 元的现值为：

$$\frac{1\ 000}{1.1^2} = 826.4\text{（元）}$$

因此，总现值为：

$$909.1+826.4=1\ 735.5\text{（元）}$$

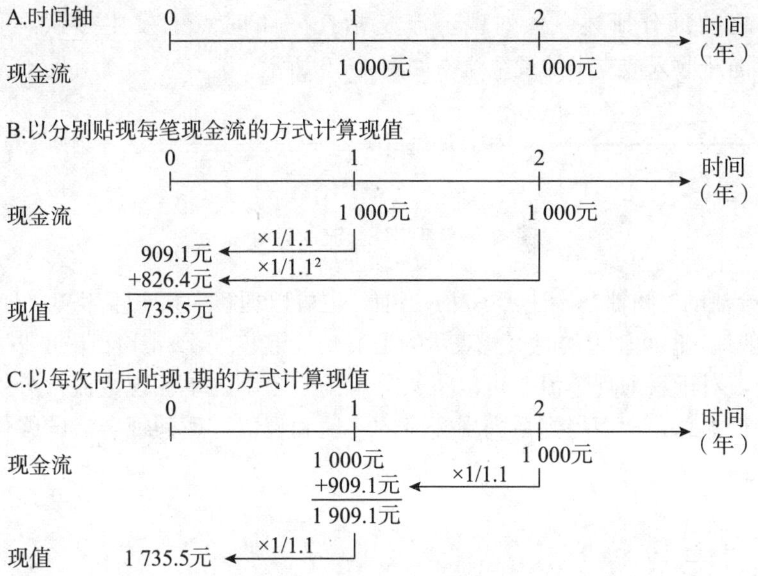

图 4-5 使用时间轴计算系列现金流的现值

我们可以通过计算这 1 735.5 元在第 1 年和第 2 年年末分别付出 1 000 元之后，是否正好没有钱剩余来验证这一结果是否正确。在 10%的利率下，将 1 735.5 元投资 1 年，将得到：

$$1\ 735.5\times1.1=1\ 909.1\text{（元）}$$

用掉 1 000 元之后，剩下 909.1 元。以 10%的利率再投资 1 年，将会在第 2 年年末产生：

$$909.1\times1.1=1\ 000\text{（元）}$$

结果刚好满足第 2 年的需求。也就是说，未来系列现金流的现值是在给定贴现率下，为了在将来获得这些现金流需在现在投资的金额。

另一种计算未来系列现金流现值的方法是每次贴现 1 期。如图 4-5 的 C 部分所示，首先将最后一笔（第 2 年年末的）现金流贴现 1 期到第 1 年年末，并将它加到第 1 年年末的现金流中：

$$\frac{1\ 000}{1.1}+1\ 000=909.1+1\ 000=1\ 909.1\text{（元）}$$

然后再将这个金额贴现 1 期到第 0 年年末（现在）：

$$\frac{1\ 909.1}{1.1}+1\ 000=1\ 735.5\text{（元）}$$

显然，这两种计算方法的结果是相同的。总的来说，系列现金流的现值和终值问题其实就是单一现金流分析的简单扩展。

（三）系列现金流的终值和现值的一般公式

综合本节之前部分所述，系列现金流是指在多个时点上发生多次，形成 C_0，C_1，C_2，…，C_n 等若干收入或支出的现金流，如图 4－6 所示。

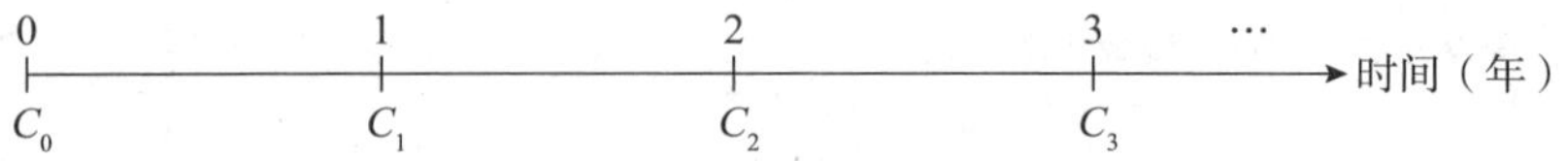

图 4－6　系列现金流的时间轴

在系列现金流的时间轴上，时点 0 表示当前，也可以理解为第 1 年年初，时点 1 表示第 1 年年末。更一般地，时间轴上的时点 n 表示的是第 n 年年末、第 $n+1$ 年年初。

如前所述，对于系列现金流，可以将其分解为一个个的单一现金流，分别计算其终值和现值，再进行加总，从而得到系列现金流的终值和现值。系列现金流的终值和现值的一般计算公式为：

$$FV_n = \sum_{t=0}^{n} C_t (1+r)^{n-t} \tag{4-5}$$

$$PV = \sum_{t=0}^{n} \frac{C_t}{(1+r)^t} \tag{4-6}$$

式中，C_t 为发生在 t 期期末的现金流。

【例 4－4】　你做了一项投资，预计未来 4 年产生如表 4－2 所示的现金流入。假设利率为 5%，这些现金流入在第 4 年年末的终值、当前现值分别是多少？

表 4－2　某投资未来 4 年带来的现金流入

年	1	2	3	4
现金流入（万元）	1 000	2 000	2 000	3 000

解：(1) 计算终值：

$$FV_4 = 1\,000 \times 1.05^3 + 2\,000 \times 1.05^2 + 2\,000 \times 1.05 + 3\,000 = 8\,462.63 \text{（万元）}$$

(2) 计算现值：

$$PV = 1\,000 \times 1.05^{-1} + 2\,000 \times 1.05^{-2} + 2\,000 \times 1.05^{-3} + 3\,000 \times 1.05^{-4}$$
$$= 6\,962.22 \text{（万元）}$$

阅读材料　使用 EXCEL 计算多期现金流的现值

我们可以借助 EXCEL 来计算多期现金流的现值，可以使用 PV 函数计算每一期的现金流的现值，然后加总（见图 4－7）。

	A	B	C	D	E
1	使用EXCEL计算多期现金流的现值				
2					
3	在利率为12%的情况下，第1年流入200元，第2年流入400元，第3年流入600元，第4年流入800元，现值总共为多少？				
4					
5	利率	0.12			
6					
7	年	现金流量	现值	公式	
8	1	200	¥178.57	=PV(B5,A8,0,-B8)	
9	2	400	¥318.88	=PV(B5,A9,0,-B9)	
10	3	600	¥427.07	=PV(B5,A10,0,-B10)	
11	4	800	¥508.41	=PV(B5,A11,0,-B11)	
12		总现值	¥1,432.93	=SUM(C8:C11)	
13					
14	请注意，公式中现金流前面的负号是为了使最终得到的现值为正数。				

图 4-7 使用 EXCEL 计算多期现金流的现值

第三节 复利计息期间

在前面的分析中，我们假定复利计息和贴现都是以年为单位进行。但实际上，复利计息可以在一年之中发生多次，复利计息可以按半年、每季、每月、每天，甚至更短的时间来进行。本节我们将讨论复利计息期间以及相关的问题。

一、年百分比利率和实际年利率

假设某银行声明的存款年利率为 10%，按半年复利计息。某储户将 1 000 元存入该银行，这笔存款半年后将增长为 1 000×1.05=1 050 元，再过半年将增长为 1 050×1.05=1 102.5 元。也就是说，一年后 1 000 元存款的终值为：

$$FV=1\ 000\times\left(1+\frac{10\%}{2}\right)^2=1\ 000\times1.05^2=1\ 102.5\text{（元）}$$

如果按年复利计息，这笔 1 000 元存款一年后的终值为 1 000×1.1=1 100 元。可以看出，每半年复利计息一次的终值要高于按年复利计息的终值。当按年复利计息时，最初的 1 000 元是全年计息的本金；当按半年复利计息时，这 1 000 元只是前半年计息的本金，而后半年计息的本金变为 1 050 元。因此，每半年复利计息一次，存款者就获得了“利息的利息”，共计 50×5%=2.5 元。

因为 1 000×1.102 5=1 102.5 元，所以，10%的年利率、每半年复利计息一次的终值与 10.25%的年利率、按年复利计息的终值是相等的。也就是说，10%的年利率、每半年复利计息一次，与 10.25%的年利率、以年为单位复利计息是等价的。

这个例子中的10%被称为年百分比利率（annual percentage rate，APR）。年百分比利率等于1年中每期的期间利率乘以1年中的期数，它是不考虑年内复利计息的。在这个例子中，因为按半年复利计息，所以1年有2期，而每期的利率为$\frac{10\%}{2}=5\%$，年百分比利率为$5\%\times2=10\%$。银行或金融机构一般用年百分比利率来做资金借贷利率的报价，所以这个利率也被称为标示年利率（stated annual interest rate）、报价年利率（quoted annual interest rate）或名义年利率。而10.25%代表1年中投资者所实际赚取的利率，被称为实际年利率（effective annual rate，EAR）或实际年收益率（effective annual yield，EAY）。

对于上述年利率为10%的1 000元存款，如果按季度复利计息，则1年后的存款终值为：

$$FV=1\ 000\times\left(1+\frac{10\%}{4}\right)^{4}=1\ 103.81\text{（元）}$$

若按月度复利计息，则1年后的存款终值为：

$$FV=1\ 000\times\left(1+\frac{10\%}{12}\right)^{12}=1\ 104.71\text{（元）}$$

更一般地，如果一项初始投资为C_0，年百分比利率为APR，每年复利计息m次，则1年年末的终值计算公式为：

$$FV=C_0\times\left(1+\frac{\text{APR}}{m}\right)^{m} \tag{4-7}$$

T年年末的终值计算公式则为：

$$FV=C_0\times\left(1+\frac{\text{APR}}{m}\right)^{mT} \tag{4-8}$$

根据前面的分析，每年复利计息次数为m的名义年利率与相对应的实际年利率之间的关系如下：

$$1+\text{EAR}=\left(1+\frac{\text{APR}}{m}\right)^{m} \tag{4-9}$$

【例4-5】 如果你以12%的APR投资10 000元，按季复利计息，那么你的资金4年后将会变为多少？这笔投资的实际年利率为多少？

解：根据式（4-8）可得，你的资金4年后会变为：

$$FV=10\ 000\times\left(1+\frac{12\%}{4}\right)^{4\times4}=16\ 047.06\text{（元）}$$

根据式（4-9）可得，实际年利率为：

$$\text{EAR}=\left(1+\frac{\text{APR}}{m}\right)^{m}-1=\left(1+\frac{12\%}{4}\right)^{4}-1=0.125\ 5=12.55\%$$

APR和EAR在使用上有重大区别。APR只有在给出复利计息期间的情况下才有意义，否则，我们不知道该按年、半年、季、月还是其他期间计息，也就无法将 APR 用于现值或终值的计算。例如，对于 1 元钱的投资，若 APR 为 10%，在每半年复利计息的情况下，其 1 年后的终值为 $(1+10\%/2)^2=1.1025$ 元；在按季复利计息的情况下，其 1 年后的终值为 $(1+10\%/4)^4=1.1038$ 元。如果仅给出 ARR 为 10%，没有给出复利计息期间，就无法计算终值。

而 EAR 可以直接用于现值或终值的计算，不需要给出复利计息期间。例如，若 EAR 为 10.25%，则 1 元钱的投资在 1 年后的终值为 1.102 5 元。这个结果可以是在 APR 为 10%、按半年复利计息下得到的；或是在 APR 为 10.25%、按年复利计息下得到的；也可以是在其他的 APR 和复利计息方式下得到的。

由前面的分析可以看出，APR 没有反映 1 年后将赚得的实际利息数，因此，在计算现金流的终值或现值时，不能将其直接作为贴现率，而是首先要将 APR 转换为每个复利计息期间的期间利率，或将它转换为 EAR，然后计算与现金流发生的期限相匹配的贴现率。对于 EAR，由于其反映了 1 年后将赚得的实际利息数，因此它可以被当作贴现率。给定 EAR，可以很方便地计算与现金流发生的期限相匹配的任何期限的贴现率。

二、连续复利计息

对于 1 年内复利计息的频率，我们可以每半年、每季、每月、每天、每小时或每分钟复利计息，也可以在更短的时间内复利计息。最极端的情况是在无限短的时间内复利计息，也就是通常所说的连续复利计息（continuous compounding）。

连续复利计息情况下的终值计算公式可以由复利计息的终值计算公式得到。在式（4-7）中，当 m 趋于无穷时，根据极限的计算规则，$(1+\text{APR}/m)^m$ 趋于e^{APR}，其中 e 为自然对数的底，数值约为 2.718 28。

所以，如果一项投资 C_0 在 APR 下连续复利计息，则 1 年年末的终值计算公式可以表示为：

$$FV=C_0\times e^{\text{APR}} \tag{4-10}$$

T 年年末的终值计算公式为：

$$FV=C_0\times e^{\text{APR}\times T} \tag{4-11}$$

与连续复利计息的 APR 相对应的 EAR 由下面的公式得到：

$$\text{EAR}=e^{\text{APR}}-1 \tag{4-12}$$

【例 4-6】 如果 APR 为 10%，将 1 000 元在连续复利计息下投资 1 年，价值为多少？投资 5 年价值为多少？EAR 为多少？

解：根据式（4-10），1 000 元投资 1 年会变为：

$$1\,000\times e^{10\%}=1\,000\times 1.105\,17=1\,105.17\text{（元）}$$

根据式（4-11），1 000 元投资 5 年会变为：

$$1\,000\times e^{10\%\times 5}=1\,000\times 2.718\,28^{0.5}=1\,000\times 1.648\,72=1\,648.72\text{（元）}$$

根据式（4－12）可得：

$$EAR=e^{APR}-1=2.718\,28^{0.1}-1=0.105\,2=10.52\%$$

在现实中，连续复利计息并不常用，并且若复利计息频率超过每日复利计息频率，对EAR的影响就非常小了，几乎可以忽略不计，这一点从表4－3的数据中可以看出。表4－3列示的是与10%的APR相对应的不同的复利计息期间的EAR。

表4－3　不同复利计息期间对应的EAR（APR为10%）

复利计息期间	一年内复利次数	EAR（%）
年	1	10.000 00
半年	2	10.250 00
季度	4	10.381 29
月	12	10.471 31
周	52	10.506 48
日	365	10.515 58
时	8 760	10.517 03
分	525 600	10.517 09
秒	31 536 000	10.517 09
连续复利	无限	10.517 09

第四节　永续年金、年金以及其他特殊形式现金流的估值

前面介绍了计算系列现金流的终值和现值的一般方法。本节将介绍一些特殊形式的现金流，因其遵循着某种规律，可以推导出计算其现值或终值的简便方法，而不需要按照一般方法分别计算每一笔现金流的现值或终值。

一、永续年金

永续年金（perpetuity）是一系列定期发生的、每期金额固定且持续到永远的现金流。

如图4－8所示，在永续年金的时间轴上，第1笔现金流的支付发生在第1期的期末，这种现金流模式是我们采用的标准惯例。

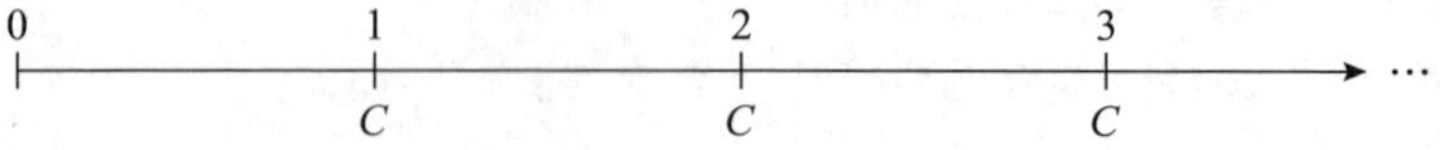

图4－8　永续年金

永续年金持续到永远，没有终止期限，我们无法计算其终值，只能计算其现值。根据系列现金流现值计算的一般公式，在利率为 r 时，每期支付金额为 C 的永续年金的现

值为：

$$PV=\frac{C}{1+r}+\frac{C}{(1+r)^2}+\frac{C}{(1+r)^3}+\cdots=\frac{C}{r} \tag{4-13}$$

式中，C 是每期金额，第 1 笔现金流发生在第 1 期期末；r 是适用的贴现率。

【例 4-7】 某永久性债券每年年底的利息为 80 元，利率为 8%，求该项永续年金的现值。

解：

$$PV=\frac{80}{8\%}=1\ 000\ (元)$$

二、年金

年金（annuity）是在一定期限内定期发生的一系列金额相等的现金流。年金与永续年金的区别在于年金是有期限的，年金经过一定次数的支付之后就会到期结束。例如等额本息的住房抵押贷款、分期付款的消费信贷等都属于年金。人们退休后所得到的养老金也通常以年金的形式支付。

年金的现金流可用图 4-9 的时间轴表示，与永续年金一样，按标准惯例，年金的第 1 笔支付发生在第 1 期期末，即从现在算起的 1 个期间后。

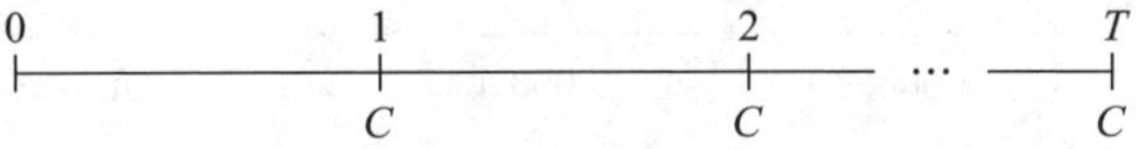

图 4-9 年金

根据系列现金流现值的一般公式，每期支付额为 C、利率为 r 的 T 期年金的现值为：

$$\begin{aligned}PV&=\frac{C}{1+r}+\frac{C}{(1+r)^2}+\frac{C}{(1+r)^3}+\cdots+\frac{C}{(1+r)^T}\\&=\frac{C}{r}\left[1-\frac{1}{(1+r)^T}\right]\end{aligned} \tag{4-14}$$

其中，$\frac{1}{r}\left[1-\frac{1}{(1+r)^T}\right]$ 计算的是 T 期内每期支付 1 元现金的年金的现值，被称为年金现值利率系数（present value interest factor of annuity），或简称年金现值系数（annuity factor），缩写为 $PVIFA(r, T)$。

【例 4-8】 假设你准备购买一台 10 000 元的笔记本电脑。你可以全额支付 10 000 元，也可以采用分期付款，分期付款的方式为从第 1 年年末开始每年付款 3 000 元，4 年付清。如果贴现率为 6%，你会选择哪种付款方式？

解：分期付款的现金流如图 4-10 所示。

这是每年支付 3 000 元的 4 年期年金。由年金现值公式可得：

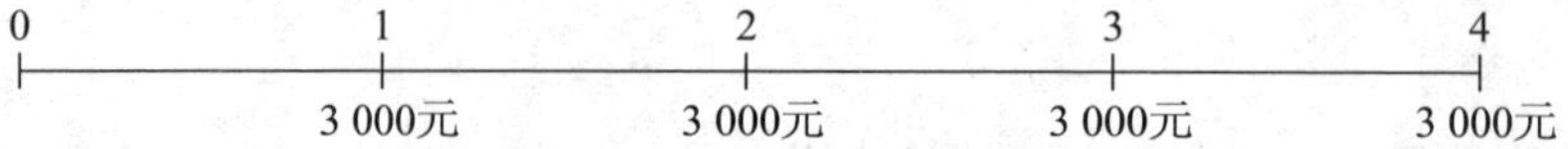

图 4-10　分期付款的现金流

$$PV=\frac{3\ 000}{0.06}\times\left[1-\frac{1}{(1+0.06)^{4}}\right]$$
$$=10\ 395.3\ (元)$$

由于分期付款的现值高于即期付款的价格，因此，应选择现在全额付款。

我们把第 1 笔年金支付发生在第 1 期期末的年金称为普通年金，也可以称之为后付年金（annuity in arrears）。现实中现金的收付有时会发生于每期的期初。例如，租房时，第 1 个月的租金通常是要马上支付的，第 2 个月的租金则要在第 2 个月的月初支付，依此类推。这种现金流发生在每期期初的年金被称为即付年金（annuity due）或先付年金（annuity in advance）。上面提到的房租的例子就是即付年金。几乎所有每期必须预付同等金额的现金流的例子都是即付年金。

【例 4-9】　在上例中，如果分期付款的方式为每年支付 3 000 元，并且第 1 笔付款在现在完成，一共 4 年付清，贴现率为 6%，则分期付款的现值为多少？

解：分期付款的现金流的时间轴如图 4-11 所示。

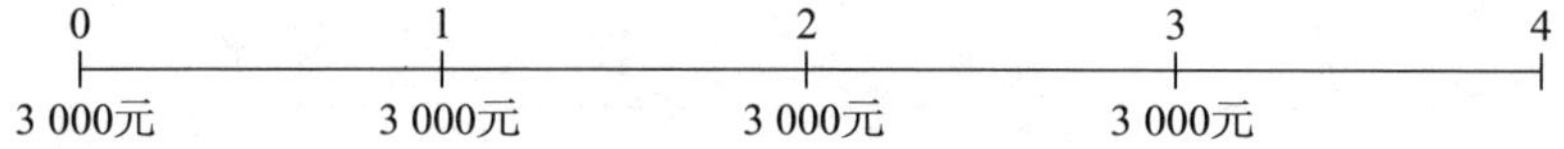

图 4-11　时间轴

此分期付款是一个每年支付 3 000 元，为期 4 年的即付年金，也可以理解成为期 3 年、1 年后开始支付第 1 笔款项的后付年金和一个在 0 期的额外付款之和。因此，该即付年金的现值为：

$$PV=3\ 000+\frac{3\ 000}{0.06}\times\left[1-\frac{1}{(1+0.06)^{3}}\right]$$
$$=3\ 000+3\ 000\times 2.673\ 0$$
$$=11\ 019.04\ (元)$$

本例中支付的分期付款的现值为 11 019.04 元，高于上例中的 10 395.3 元。这很容易理解，因为本例中年金的支付时间相比上例提前了。

计算即付年金的现值还有另一种方法。如果我们假定现金流量发生在每期期末，那么即付年金实际上相当于一个从时点 -1 开始的后付年金，因此用后付年金的现值公式计算出的是在时点 -1 的现值，要得到时点 0 的现值，只需要将其乘以 $1+r$ 即可。也就是说，即付年金与后付年金的现值关系为：

$$即付年金的现值=后付年金的现值\times(1+r) \qquad (4-15)$$

阅读材料 使用 EXCEL 计算年金的现值

同样，我们可以使用 PV 函数计算年金的现值，方法如图 4-12 所示。

	A	B	C	D	E
1	使用EXCEL计算年金的现值				
2					
3	在利率为12%的情况下，每年支付500元，一共支付3期的年金现值为多少？				
4	使用公式PV(rate, nper, pmt, fv)计算现值。				
5					
6	每期支付额	500			
7	期数	3			
8	贴现率	0.12			
9					
10	年金现值	¥1,200.92			
11	公式	=PV(B8,B7,-B6,0)			
12					
13	请注意，公式中pmt的负号是为了使得到的现值为正数；fv为零。				

图 4-12 使用 EXCEL 计算年金的现值

三、增长型永续年金

增长型永续年金（growing perpetuity）是一系列定期发生的、以固定的增长率永久增长的现金流。图 4-13 的时间轴展示了第 1 笔支付为 C、增长率为 g 的增长型永续年金的系列现金流：按照惯例，增长型永续年金的第 1 笔支付发生在第 1 期期末。第 1 笔支付为 C，从第 2 期开始，每期支付以固定增长率增长，第 T 期的现金流经历 $T-1$ 期的增长，为$C(1+g)^{T-1}$。将现金流代入系列现金流现值的通用计算公式中，得到：

$$PV=\frac{C}{1+r}+\frac{C(1+g)}{(1+r)^2}+\frac{C(1+g)^2}{(1+r)^3}+\cdots+\frac{C(1+g)^{T-1}}{(1+r)^T}+\cdots$$

$$=\frac{C}{r-g} \tag{4-16}$$

式中，C 是第 1 期期末收到的现金流；r 是适用的贴现率；g 是每期现金流的增长率。[①]

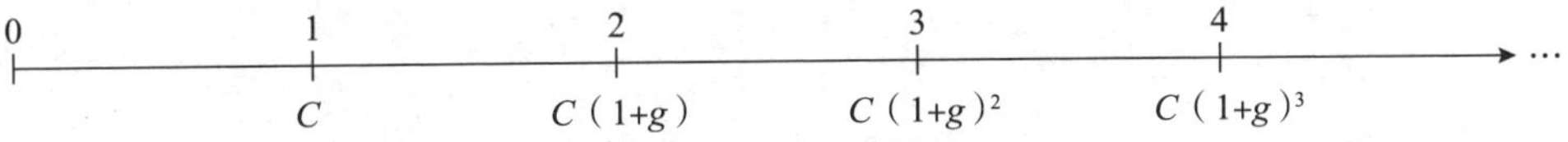

图 4-13 增长型永续年金

① 对于增长型永续年金的现值公式 $PV=\frac{C}{r-g}$，要求 $g<r$。这是因为，如果 $g\geqslant r$，也就是现金流的增长速度比贴现速度快，则每期贴现现金流的累积加总会一直增大，最终的总和为无穷大，在这种情况下，计算现值就没有意义了。

【例 4-10】 某慈善机构将捐赠一笔钱在一所大学设立助学基金，该助学基金每年提供 50 000 元以资助 10 名贫困学生的生活。若年利率为 10%，则该慈善基金一次性捐赠的金额为永续年金的现值 $PV=50\ 000/0.10=50$（万元）。若考虑到通货膨胀的因素，估计学生生活成本未来每年会增长 3%，为满足助学基金每年资助 10 名贫困学生生活的需要，该慈善机构现在要一次性捐赠多少钱？

解：助学基金未来每年需要的现金流的时间轴如图 4-14 所示。

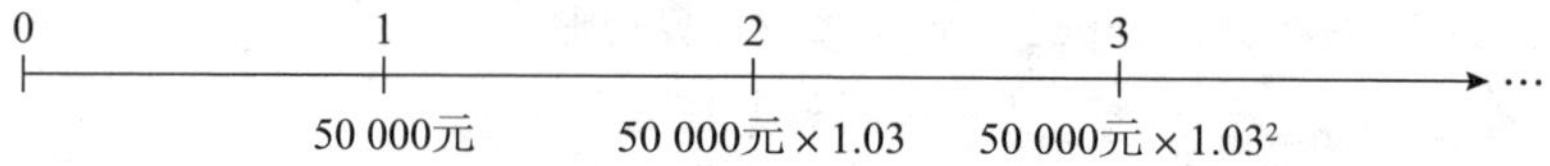

图 4-14　每年需要的现金流的时间轴

第 1 年年末资助的生活费为 50 000 元，以后的费用将永久性地每年增长 3%，这是标准的增长型永续年金。因此，现在要一次性捐赠的金额为：

$$PV=\frac{50\ 000}{0.10-0.03}=714\ 286\text{（元）}$$

四、增长年金

增长年金（growing annuity）是在一定时期内定期发生的一系列以固定的增长率逐期增长的现金流。增长年金与永续增长年金的区别是增长年金是有期限的。图 4-15 的时间轴表示的是初始现金流为 C、每期增长率为 g 的 T 期增长年金：

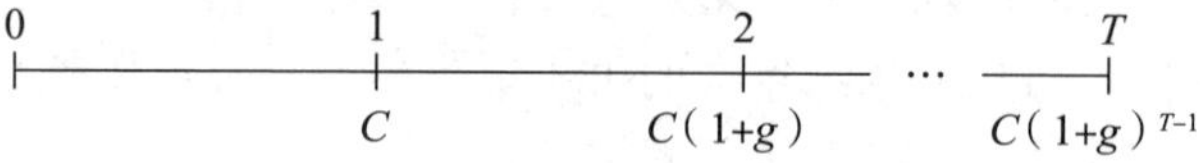

图 4-15　增长年金

第 1 笔现金流 C 发生在第 1 期的期末，从第 2 期开始，每期支付以固定增长率 g 增长。最后一笔现金流经历了 $T-1$ 期的增长。初始现金流为 C、增长率为 g、利率为 r 的 T 期增长年金的现值为：

$$\begin{aligned}PV&=\frac{C}{1+r}+\frac{C(1+g)}{(1+r)^2}+\frac{C(1+g)^2}{(1+r)^3}+\cdots+\frac{C(1+g)^{T-1}}{(1+r)^T}\\&=\frac{C}{r-g}\left[1-\left(\frac{1+g}{1+r}\right)^T\right]\end{aligned}\tag{4-17}$$

其中，C 是在第 1 期的期末支付的初始现金流；r 是贴现率；g 是每期的增长率；T 是增长年金支付的持续期。①

【例 4-11】 某人签订了一份工作合约，第 1 年收入 10 万元，并且该收入以每年 5% 的增长率增长，40 年后退休，若适用的贴现率为 6%，则该工作带来的收入现值为多少？

① 增长年金的现值公式不要求 $g<r$。由于增长年金是有限期的，当 $g>r$ 时，现值公式仍然有效。当 $g=r$ 时，增长年金现值公式无效。但此时，增长和贴现相抵，现值计算就简化成 $PV=C\times T/(1+r)$。

解：为了便于计算，我们假设第 1 笔 10 万元的收入在第 1 年年底获得，而且以后每年的收入都在年底获得。图 4 - 16 的时间轴表示了该工作的收入情况。

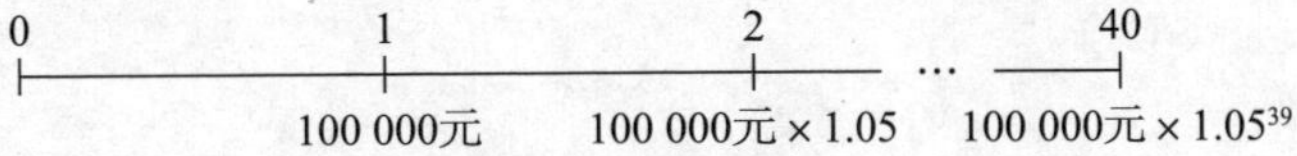

图 4 - 16　时间轴

这是一个初始现金流为 100 000 元、增长率为 5%的 40 年期的增长年金。其现值为：

$$PV=\frac{100\ 000}{0.06-0.05}\times\left[1-\left(\frac{1+0.05}{1+0.06}\right)^{40}\right]$$
$$=3\ 155\ 569\ (\text{元})$$

所以，该工作带来的收入现值为 3 155 569 元。

实际上，我们可以从增长年金的现值公式推导出本节所有其他现值公式。我们只考虑 $g<r$ 时的情形。

这里考虑增长型永续年金，它是 $T=\infty$ 的增长年金。由于 $g<r$，$\frac{1+g}{1+r}<1$，当 $T\rightarrow\infty$ 时，$\left(\frac{1+g}{1+r}\right)^{T}\rightarrow 0$，所以增长年金的现值公式变为：

$$PV=\lim_{T\rightarrow\infty}\frac{C}{r-g}\left[1-\left(\frac{1+g}{1+r}\right)^{T}\right]=\frac{C}{r-g}$$

这就是增长型永续年金的现值公式。

如果增长率 $g=0$，则增长年金的现值公式同样适用于年金和永续年金。

第五节　债券估值

债券估值是决定债券公平价格（fair value）或公允价值的过程。和其他所有的资产估值一样，债券公平价格是其预期未来现金流经过合适的贴现率贴现以后的现值。

一、债券估值的基本原理

债券估值的基本原理就是现金流贴现，因此需要确认两方面的信息：一是债券的现金流；二是债券的到期收益率。

（一）债券的现金流

债券的未来现金流由各期利息收入 I 和到期时偿还的面值 B 两部分组成，r 为贴现率，则期限为 N 的债券的现金流如图 4 - 17 所示。

因此，债券价值 P 为：

$$P=\frac{I}{1+r}+\frac{I}{(1+r)^{2}}+\frac{I}{(1+r)^{3}}+\cdots+\frac{I+B}{(1+r)^{N}}$$

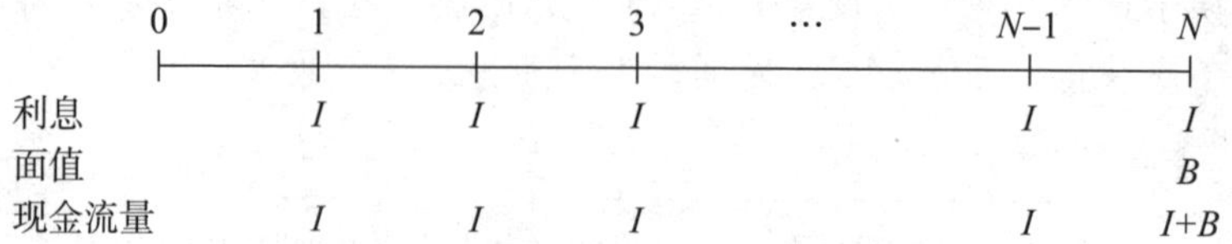

图 4-17　债券现金流

$$=\sum_{t=1}^{N}\frac{I}{(1+r)^{t}}+\frac{B}{(1+r)^{N}} \tag{4-18}$$

【例 4-12】　某债券的面值为 1 000 元，票面利率为 8%，期限为 10 年，每年付息一次，则每年的利息为 $I=80$ 元，如果此债券的必要收益率为 6%，则该债券的价值为多少？

解：

$$P=\sum_{t=1}^{10}\frac{80}{(1+0.06)^{t}}+\frac{1\ 000}{(1+0.06)^{10}}=588.8+558.4=1\ 147.2\text{（元）}$$

其中，588.8 元是 10 年每年 80 元利息的现值，558.4 元是 10 年后的 1 000 元本金的现值。

（二）债券的到期收益率

债券的到期收益率（yield to maturity）是投资者购买债券的内部收益率，即使得投资者购买债券获得的未来现金流的现值等于债券当前价格的贴现率。它相当于投资者按照当前市场价格购买并持有至到期时可以获得的年平均收益率，其中隐含的条件是每期的利息收入均可以按照到期收益率进行再投资。根据定义，到期收益率就是式（4-19）中的 y：

$$P=\frac{I}{1+y}+\frac{I}{(1+y)^{2}}+\frac{I}{(1+y)^{3}}+\cdots+\frac{I+B}{(1+y)^{N}}$$

$$=\sum_{t=1}^{N}\frac{I}{(1+y)^{t}}+\frac{B}{(1+y)^{N}} \tag{4-19}$$

【例 4-13】　对于上例中的债券，如果其价格为 1 000 元，其到期收益率为多少？

解：由题意知：

$$1\ 000=\sum_{t=1}^{10}\frac{80}{(1+y)^{t}}+\frac{1\ 000}{(1+y)^{10}}$$

可得：

$$y=8\%$$

同时，由例 4-12 中的数据可知，如果债券价格为 1 147.2 元，则到期收益率 $y=6\%$。

例 4-13 表明，当债券发行价格等于面值的时候，到期收益率和票面利率相等，或者反过来说，当债券的到期收益率等于票面利率的时候，债券价格就等于面值，这种情况属于平价发行。从例 4-12 来看，当债券到期收益率低于票面利率时，债券价格高于面值，这种情况属于溢价发行。同理，当债券到期收益率高于票面利率时，债券价格小于面值，这种情况属于折价发行。

由此，我们可以推出以下结论：

(1) 当债券溢价发行，也即当债券发行价格大于面值时，其到期收益率小于票面利率；

(2) 当债券平价发行，也即当债券发行价格等于面值时，其到期收益率等于票面利率；

(3) 当债券折价发行，也即当债券发行价格小于面值时，其到期收益率大于票面利率。

债券不管以何种价格发行，最后都是以面值兑付本金。从金融学直觉来讲，持有债券的收益来自每一期的债券票面利息和债券的面值。债券发行价格小于面值，相当于面值与债券价格之差为正（假设不考虑货币的时间价值），意味着债券投资人在债券票面收益之外，还可以获得正的资本利得（面值减去债券发行价格），从而使得债券的实际收益（也就是到期收益率）高于票面利率。从另一个角度来解释，如果债券到期收益率高于票面利率，代表债券提供的票面利率较低，债券不具有吸引力，这时候债券需要通过打折（也就是折价发行）来吸引投资者购买。

二、到期一次性支付本息的债券估值

这种债券在持有期间不支付利息，而在到期时由债务人一次性支付利息和本金给债券持有人。设这种债券的面值为 B 元，期限为 N 年，年利率为 r，复利计息，则其到期时支付给债权人的本息和 FV 为：

$$FV=B(1+r)^N \tag{4-20}$$

由于是到期一次性支付本息和，也就是只有在债券到期时才有现金流，所以其估值公式为式（4-18）的简化版：

$$P=\frac{I+B}{(1+r)^N}=\frac{FV}{(1+r)^N} \tag{4-21}$$

三、零息债券估值

零息债券是指不附息票，于到期日时一次性支付票面金额的债券。零息债券不派息，发行时按低于票面金额的价格折价发行，在到期时支付票面金额，其利息隐含在发行价格和到期支付的票面金额之间。零息债券没有中间的现金流支付，因此没有利息的再投资风险。

由上述介绍可知，零息债券实际上是一种特殊的到期一次性支付本息的债券，可以利用调整后的式（4-21）进行估值。若零息债券的面值为 B，期限为 N 年，贴现率为 r，则其估值为：

$$P=\frac{B}{(1+r)^N}$$

【例 4-14】 某零息债券还有 10 年到期，面值为 1 000 元，目前报价是 613.913 3 元。若维持当前的收益率，1 年后该债券的价格为多少？为了使拥有 6 年剩余期限的该债券的价格与拥有 9 年剩余期限时的价格相同，收益率应该如何变化？

解：该债券现在的收益率为：

$$(1\ 000/613.913\ 3)^{1/10}-1=5\%$$

按现在的收益率 5%计算，1 年后也即剩余期限为 9 年时的价格为：

$$\frac{1\ 000}{(1+5\%)^9}=644.608\ 9\ (\text{元})$$

若剩余期限为 6 年，价格为 644.608 9 元，则收益率为：

$$(1\ 000/644.608\ 9)^{1/6}-1=7.59\%$$

所以收益率必须上升 2.59%（=7.59%－5%）。

四、附息债券估值

附息债券，又称息票债券，是指在债券券面上附有息票的债券，或是按照债券票面标明的息票利率及支付方式支付利息的债券。附息债券都会明确说明债券的到期日和息票利率，息票利率通常以债券面值的百分比表示。附息债券的发行人每年或每半年支付给债券持有人利息，到期时归还本金。我国最早发行的附息债券是 1996 年第六期记账式国债。其期限为 10 年，票面利率为 11.83%，每年 6 月 14 日支付利息。

附息债券可以使用式（4-18）进行估值。一个每年支付一次利息的附息债券，在债券发行第 j 年（$j<N$），刚支付第 j 次利息后，债券的价值为：

$$P_j=\sum_{t=1}^{N-j}\frac{I}{(1+r)^t}+\frac{B}{(1+y)^{N-j}} \tag{4-22}$$

【例 4-15】 13 国债 15（019315），面值为 100 元，票面利率为 3.46%，7 年期，每年付息一次，如果到期收益率为 4%，则在发行时该债券的理论价值为多少？若维持 4%的到期收益率不变，6 年后刚支付第 6 次利息后，债券的价值又为多少？

解：由题意知：

$$I=100\times 3.46\%=3.46\ (\text{元})$$

$$P=\sum_{t=1}^{7}\frac{3.46}{(1+4\%)^t}+\frac{100}{(1+4\%)^7}=96.76\ (\text{元})$$

$$P_6=\sum_{t=1}^{1}\frac{3.46}{(1+4\%)^t}+\frac{100}{1+4\%}=99.48\ (\text{元})$$

第六节 股票估值

一、股票概述

股票是一种所有权凭证，是股份公司为筹集资金而发行给各个股东作为持股凭证并借以取得股息和红利的一种有价证券。每股股票都代表股东对公司拥有一个基本单位的所有权。同一类别的每一份股票所代表的公司所有权是相等的。每个股票所有者所拥有的公司所有权份额的大小取决于其持有的股票数量占公司总股本的比重。股票持有人作为股份公司的股东，有权出席股东大会，对公司经营决策具有参与权。股东参与公司重大决策权力的大小取决于其持有股份比例的多少。股东可以获得公司的股息红利，但股息红利的多少取决于股份公司的经营状况、盈利水平以及股利分配政策。股票持有者也可以从股票市场价格的增长中获得资本增值收益。股票的市场价格受公司的盈利水平和成长性、市场利率、行业周期性、宏观经济状况和政治局势等多种因素的影响。如果股票价格下跌，股票持有者会遭受损失。当股价下降甚至公司破产时，股东以其认购的股份为限对公司承担有限责任。股票没有到期期限，股票是股份公司资本的构成部分，可以转让、买卖或作价抵押，但不能要求公司返还其出资。股票是资本市场的主要长期信用工具。

二、普通股估值

股票的内在价值是由公司的基本面所决定的股票价值，是股票市场价格确定的基础。由于未来收益、市场利率等因素的不确定性，各种价值模型计算出来的“内在价值”只是股票真实的内在价值的估计值。

股票分为优先股和普通股，优先股具有事先确定的股息率，所以其具有债券的性质，估值方法可参照债券估值的方法。因此，本节以下将只讨论普通股的估值方法。

普通股的估值比债券估值更困难。这是因为，首先，我们无法事先确定普通股的未来现金流；其次，普通股没有到期日，其投资期限是永续的；最后，对于普通股而言，我们无法简易地观察到其必要收益率。

投资者持有股票的收益包括股息红利和资本利得。根据现值理论，如果投资者一直持有该股票，股票在第 i 年年末的现金股利为 D_i ，贴现率为 r，则股票的价值为：

$$P=\frac{D_1}{1+r}+\frac{D_2}{(1+r)^2}+\cdots+\frac{D_i}{(1+r)^i}+\cdots=\sum_{t=1}^{\infty}\frac{D_t}{(1+r)^t} \tag{4-23}$$

这一普通股估值模型被称为现金股利贴现模型，根据未来现金股利的变化特征，该模型可以分为未来股利不变、股利按固定增长率增长和股利按变动增长率增长三种情形。

（一）现金股利固定不变条件下的股票价值

假设股票的未来股利固定不变，即 $D_1 = D_2 = D_3 = \cdots = D$，其支付过程就是一个永续年金，必要收益率为 r，则股票价值为：

$$P = \frac{D}{r} \tag{4-24}$$

【例 4-16】 假设某公司股票每年每股分配现金股利 6 元，必要收益率为 8%，那么股票价值为多少？

解：由题意知，

$$P = \frac{6}{8\%} = 75\text{（元）}$$

股票的内在价值为 75 元。但由于股价受多种因素的影响，股票二级市场上的价格并不一定正好是 75 元/股。

（二）现金股利常数增长率条件下的股票价值

在现实中，普通股的股利大多是变化的，很多公司都追求公司价值和股利的稳定增长。不同公司的成长率不同，但平均来说应参考国家整体经济的成长率。假设股利每年增长率为 g，则每年的股利 $D_t = D_0 \times (1+g)^t$，如果公司能够无限期地持续经营下去，其股利支付就是一个增长型永续年金，股票价值为：

$$P = \sum_{t=1}^{\infty} \frac{D_0(1+g)^t}{(1+r)^t} \tag{4-25}$$

当 $r > g$ 时，上式可简化为：

$$P = \frac{D_0(1+g)}{r-g} = \frac{D_1}{r-g} \tag{4-26}$$

上式对增长率 g 非常敏感，当 g 趋近 r 时，股票的价值 P 将趋于无穷大。[①]

【例 4-17】 A 公司股票将要分配的现金股利为每股 3.00 元，公司股票的必要收益率为 20%，若股利按每年 5%的速度永续增长，则 A 公司的股票价值为多少？

$$P = \frac{3}{20\% - 5\%} = 20\text{（元）}$$

同理，我们可以分别计算出增长率为 1%，2%，…，15%时的股票价值。股利增长率与股票价值的关系如图 4-18 所示。

① 这个模型也被称为戈登股利增长模型，在 1963 年由加拿大多伦多大学的麦伦·戈登（Myron Gordon）提出。

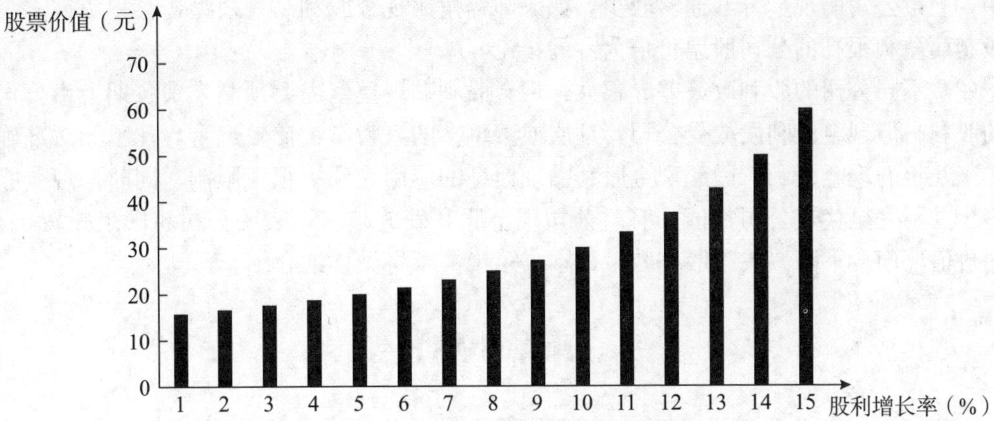

图 4-18 股利增长率与股票价值

（三）现金股利两阶段增长条件下的股票估值

在现实中，公司很难以某一固定增长率一直持续增长。公司的成长一般都是先经过一段时间的高速增长，然后进入增长率低一点的稳定增长阶段（如图 4-19 所示）。在这种情况下，可以利用两阶段增长模型来给股票估值。

图 4-19 现金股利两阶段增长

股票价值为：

$$P=\sum_{t=1}^{n}\frac{D_t}{(1+r)^t}+\frac{P_n}{(1+r)^n} \tag{4-27}$$

其中，$P_n=\dfrac{D_{t+1}}{r-g}$。

两阶段增长模型涉及 4 个参数：

（1）高速增长阶段的时间长度。高速增长时间越长，股票价值越高。

（2）高速增长阶段每一期的每股股利。一般情况下，对于两阶段增长模型，我们假设高速增长阶段的股利增长率为常数，但如果股利增长率不稳定，则高速增长阶段的每期股利要每年估计一次。

（3）股东对公司股票要求的必要收益率 r。

（4）稳定增长阶段的股利增长率 g。类似于现金股利常数增长模型，它是公司在收益、现金流量和股利上能永续保持的增长率。

（四）现金股利贴现模型的局限性

作为公认最基本的股票估值定价模型，现金股利贴现模型并不完美，主要有以下局限性：

（1）现金股利贴现模型只适用于有持续分红行为的公司股票估值。在一个不成熟的市场中，上市公司的现金分红通常较少，如果纯粹按照现金股利贴现模型，会得出许多不发放股利而盈利很高的公司股票价值为零的结论。

（2）不同公司的股利政策差异很大，现金股利贴现模型需要预测未来各期上市公司发放的股利。但现金股利发放受公司管理层或董事会的人为影响比较严重，几乎无法准确预测未来几年的现金股利，因此现金股利贴现模型的应用受到了很大限制。同时，现金股利的多少并不完全代表公司价值，有时公司现金股利发放越多，表明公司越缺乏投资机会，公司价值反而会下降。关于股利政策，本书第十一章将做详细介绍。

【本章小结】

1. 货币的时间价值是指不同时点的货币资金的价值是有区别的。

2. 终值是指在一定利率水平下，一笔资金投资一段时间所能增长到的数值，是一笔资金在未来某个时点上的价值。金额为 C_0 的初始投资在投资收益率 r 下投资 1 期，其终值为 $FV=C_0\times(1+r)$；在利率 r 下投资 T 期，其终值为 $FV=C_0\times(1+r)^T$ 。$(1+r)^T$ 是在利率 r 下 1 元钱投资 T 期的终值利率系数，又称终值系数，记为 $FVIF(r, T)$。

3. 现值是指在一定利率水平下，未来某个时点的一笔资金在现在的价值。1 期后的现金流 C_1 在 r 的投资收益率下贴现 1 期的现值为 $PV=\dfrac{C_1}{1+r}$，T 期的现金流 C_T 在投资收益率 r 下贴现 T 期的现值为 $PV=\dfrac{C_T}{(1+r)^T}$ 。$1/(1+r)^T$ 为贴现系数，也被称为在利率 r 下 T 期的 1 元钱的现值利率系数，简称现值系数，缩写为 $PVIF(r, T)$。

4. 把本金和累积的利息留在投资中超过 1 期，从而对利息进行再投资的过程叫做复利计息。投资期限越长，复利的影响越大。

5. 系列现金流的终值的一般计算公式为 $FV_n=\sum_{t=0}^{n}C_t(1+r)^{n-t}$，系列现金流的现值的一般计算公式为 $PV=\sum_{t=0}^{n}\dfrac{C_t}{(1+r)^t}$，其中 C_t 为发生在 t 期期末的现金流。

6. 年百分比利率又称标示年利率、报价年利率或名义年利率，等于 1 年中每期的期间利率乘以 1 年中的期数，它不考虑年内复利计息。投资者在 1 年中所实际赚取的利率被称为实际年利率。年百分比利率只有在给出复利计息期间的情况下才有意义，而实际年利率可以直接用于现值或终值的计算，不需要给出复利计息期间。若初始投资为 C_0，年百分比利率为 APR，每年复利计息 m 次，则在 T 年年末的终值为 $FV=C_0\times\left(1+\dfrac{\text{APR}}{m}\right)^{mT}$。每年复利计息次数为 m 的名义年利率与相对应的实际年利率之间的关系为 $1+\text{EAR}=\left(1+\dfrac{\text{APR}}{m}\right)^m$。

7. 如果一项投资 C_0 在年百分比利率 APR 下连续复利计息，则在 T 年年末的终值为 $FV=C_0\times e^{\text{APR}\times T}$。与连续复利计息的 APR 相对应的实际年利率为 $\text{EAR}=e^{\text{APR}}-1$。

8. 永续年金是一系列定期发生的、每期金额固定且持续到永远的现金流。在利率为 r

时，每期支付金额为 C 的永续年金的现值为 $PV=\frac{C}{r}$。

9. 年金是在一定期限内定期发生的一系列金额相等的现金流。每期支付额为 C、利率为 r 的 T 期年金的现值为 $PV=\frac{C}{r}\left[1-\frac{1}{(1+r)^T}\right]$。$\frac{1}{r}\left[1-\frac{1}{(1+r)^T}\right]$ 计算的是 T 期内每期支付 1 元现金的年金的现值，被称为年金现值利率系数，或简称年金现值系数，缩写为 $PVIFA(r, T)$。

10. 增长型永续年金是一系列定期发生的、以固定的增长率永久增长的现金流。第 1 期期末现金流为 C、每期现金流增长率为 g、贴现率为 r 的增长型永续年金的现值为 $PV=\frac{C}{r-g}$。

11. 增长年金是在一定时期内定期发生的一系列以固定的增长率逐期增长的现金流。初始现金流为 C、增长率为 g、利率为 r 的 T 期增长年金的现值为 $PV=\frac{C}{r-g}\left[1-\left(\frac{1+g}{1+r}\right)^T\right]$。

12. 各期利息收入为 I、面值为 B、期限为 N、贴现率为 r 的债券的价值为 $P=\sum_{t=1}^{N}\frac{I}{(1+r)^t}+\frac{B}{(1+r)^N}$。

13. 债券的到期收益率是投资者购买债券的内部收益率，即使得投资者购买债券获得的未来现金流的现值等于债券当前价格的贴现率，就是式子 $P=\sum_{t=1}^{N}\frac{I}{(1+y)^t}+\frac{B}{(1+y)^N}$ 中的 y。

14. 溢价发行债券的到期收益率小于票面利率；平价发行债券的到期收益率等于票面利率；折价发行债券的到期收益率大于票面利率。

15. 附息债券是按照债券票面标明的息票利率及支付方式支付利息的债券。若附息债券每年支付一次利息，在债券发行第 j 年（$j<N$），刚支付第 j 次利息后，债券的价值为 $P_j=\sum_{t=1}^{N-j}\frac{I}{(1+r)^t}+\frac{B}{(1+y)^{N-j}}$。

16. 股票是股份公司为筹集资金而发行给各个股东作为持股凭证并借以取得股息和红利的一种有价证券。

17. 如果股票在第 i 年年末的现金股利为 D_i，贴现率为 r，根据现金股利贴现模型，普通股的价值为 $P=\sum_{t=1}^{\infty}\frac{D_t}{(1+r)^t}$。若现金股利固定不变，则股票价值为 $\frac{D}{r}$；若股利以 g 的增长率永续增长，则股票价值为 $\frac{D_1}{r-g}$；如果公司先高速增长，然后进入以 g 为增长率的稳定增长阶段，则股票价值为 $P=\sum_{t=1}^{n}\frac{D_t}{(1+r)^t}+\frac{P_n}{(1+r)^n}$，其中 $P_n=\frac{D_{t+1}}{r-g}$。

【重要概念】

终值	现值	复利计息	终值利率系数
现值利率系数	贴现	时间轴	系列现金流的终值
系列现金流的现值	年百分比利率	实际年利率	连续复利计息
永续年金	年金	增长型永续年金	增长年金
普通年金	即付年金	债券公平价格	到期收益率
零息债券	附息债券	股票	现金股利贴现模型

【思考题】

1. 什么是现值？什么是终值？
2. 什么叫复利计息？复利计息和单利计息有什么区别？
3. 什么是年百分比利率？什么是实际年利率？两者之间有什么关系？
4. 什么是债券的到期收益率？
5. 现金股利贴现模型存在哪些缺点？

【练习题】

1. 假设三个银行提供的报价利率如下，你会将钱存到哪个银行？

A 银行：8%，每日复利。B 银行：8.5%，每季度复利。C 银行：9%，每年复利。

2. 你的家人将在你大学毕业时给你 5 000 元奖励。如果你推迟一年毕业，这份礼物的现值会怎样？

3. 假设 15 年后你将退休，你开始为退休进行储蓄。为此，你将每月在股票账户上投资 1 100 元，在债券账户上投资 500 元。股票账户的收益率为 7%，债券账户的收益率为 4%。当你退休时，你将把钱存入一个收益率为 5%的账户，并且每月支取退休金。假设退休后的取钱期间为 20 年，你每月可以支取多少钱？

4. 为了以 24 万元的价格购买一辆新车，你向银行申请了 25 年期的固定利率抵押贷款。银行将以 7.5%的年利率借给你这笔 300 个月的贷款，每月复利。但是，你每个月只能支付 850 元给银行，那么在贷款到期时你需要一次性支付多少钱才能付清贷款余额？

5. A 公司希望筹集 1 140 万美元以扩大业务。为了实现这一目标，该公司计划发售 40 年期面值 1 000 美元的零息债券。这些债券按利率 8.75%定价。要筹集 1 140 万美元的资金，它必须出售多少份债券？

6. B 公司发行的债券期限为 13 年，到期收益率为 9.2%，当前价格为 895.09 元。该债券每半年支付一次，面值为 1 000 元。债券的票面利率是多少？

7. 某公司刚刚支付了每股 2 元的股利，投资者对这类投资要求的必要收益率为 16%，如果预期股利会以每年 8%的速度稳定增长，该公司股票的现值为多少？

8. 某公司正在经历快速增长。该公司预计未来 7 年股息将以每年 25%的速度增长，然后稳定在 7%的水平无限期增长。投资者对其要求的必要收益率是 12%。如果刚刚支付的年度股息是 1.05 元，则股票的内在价值是多少？

【延伸阅读】

1. Rubinstein, M. *A History of the Theory of Investments: My Annotated Bibliography*. John Wiley and Sons, 2006.

2. 斯蒂芬·A. 罗斯，伦道夫·W. 威斯特菲尔德，布拉德福德·D. 乔丹. 公司理财：精要版·原书第 12 版. 北京：机械工业出版社，2020.

3. 理查德·布雷利，斯图尔特·迈尔斯，艾伦·马库斯. 财务管理基础：英文版·第 10 版. 北京：中国人民大学出版社，2022.

第五章

资本预算方法

【本章学习目标】

1. 掌握对目标项目进行投资决策的基本方法：净现值法、获利能力指数法、投资回收期法和内部收益率法等。

2. 掌握各种资本预算方法的优缺点。

3. 理解在资本限额情况下，获利能力指数法与净现值法出现矛盾的原因。

4. 掌握采用内部收益率法与净现值法对同一项目进行评价时出现矛盾的情况。

5. 理解评价一个“好”的投资决策方法的三个标准。

视频：NPV 法和 IRR 法的比较

引导案例

惠新公司正在考虑一个新项目的投资决策问题，根据公司财务部门人员估算，有关该项目的现金流量估计如表 5-1 所示：

表 5-1　现金流量估计　　单位：万元

年份	0	1	2	3
现金流量	−120	60	80	100

惠新公司对这类风险程度的投资要求的收益率为 10%。请判断公司是否应该投资该项目。如果大家完全没有学过金融学的知识，没有货币的时间价值的概念，那我们可能就会简单地将第 1、第 2、第 3 期的现金流相加，再减去第 0 期的现金投入，以此判断这个项目是否获利。这是一个没有金融学知识的人的思维，但是通过前面章节的学习，我们了解到货币是有时间价值的，即 3 年后的 100 万元在今天不应该是 100 万元，这 100 万元贴现后的值才是它今天真正的价值。那么在这个例子中，我们应该怎么做呢？

在之前的章节中，我们已经了解到公司金融所要解决的三个问题：公司应该进行怎样的长期投资？如何为这些投资项目进行融资？如何进行短期资产管理？在回答第一个问题的时候，我们要做的就是一个资本预算（capital budget）决策，也就是当公司拥有一定量资金的时候，我们要不要投资这个项目？由于实物投资具有不可逆的特点，项目投资上马后，一旦发现投资失误，很难进行变现。所以，为了回答资本预算问题，我们需要对项目的未来状况进行一些预测与分析，以此来辅助决定这个项目是否应该投资。投资决策的方法包括净现值法、获利能力指数法、投资回收期法和内部收益率法等。在本章，我们将对这些投资决策方法逐一进行介绍。

第一节　净现值法

一、净现值法的定义

以引导案例来说，考虑货币的时间价值后，我们应该如何计算该项目的未来现金流的现值呢？那就是要将第 1、第 2、第 3 期的现金流分别贴现到第 0 期，并将贴现后的价值相加，再减去第 0 期的支出，以此判断能否从这个项目中获利。这个解答思路其实就是我们本节要重点介绍的净现值法。

净现值（net present value，NPV）是指目标投资项目所产生的未来现金流的贴现值与项目投资成本贴现值之间的差值，即现金效益量总现值与现金投资量总现值的差值。净现值所反映的是进行一项投资所能创造或增加的价值究竟是多少。净现值法就是根据对目标项目计算出的净现值来评价投资项目。

那么，我们如何才能够计算出一个项目的净现值呢？首先，我们需要估计与这个项目相关的未来现金净流量；其次，我们需要估计该项目的风险程度，以此确定它对应的必要收益率；最后，根据确定的贴现率，将未来现金净流量进行贴现再减去初始投资成本，就可以计算出项目的净现值了。其计算公式为：

净现值＝未来现金净流量的总现值－初始投资额的总现值

即：

$$\mathrm{NPV}=\sum_{t=1}^{n}\frac{CF_t}{(1+k)^t}-CF_0 \tag{5-1}$$

式中，n 为项目预计年限，CF_t 为预计项目第 t 年的现金净流量，k 为贴现率，CF_0 表示项目的初始投资额。

根据计算出的结果，我们可以将潜在项目分为三种情况：第一，如果潜在项目的 NPV 大于 0，表明该项目产生的预期现金净流量不仅可以收回初始投资额，还可以为投资者提供超额收益，那么该潜在项目就是一个“好”的投资项目，应该被接受。第二，如果潜在项目的 NPV 等于 0，表明该项目产生的预期现金净流量刚好能够收回初始投资额，但没有产生超额收益。请大家注意，NPV 为 0 的项目也可以被接受，只是无法为投资者创造新价值。第三，若潜在项目的 NPV 小于 0，则表明该项目不仅无法为投资者创造价值，还无法收回初始投资额，意味着该项目是一个亏本的“坏”项目，应该被拒绝。

下面考虑资本限额问题，如果公司没有资本约束，为了最大化股东财富，公司应该接受所有 NPV 大于 0 的目标项目；但现实情况并非那么完美，公司的投资规模会受到融资规模的制约，也就是公司往往会面临资本限额，此时，公司为最大化股东财富，应该尽可能选择 NPV 最大的项目。

我们将净现值法总结如下：当 NPV 为正时，项目未来的现金流可以覆盖现在的投资支出，项目可以为股东创造价值，是值得投资的；反之，当 NPV 为负时，项目应该被拒绝。当不存在资本限额时，接受所有 NPV 为正的项目；当存在资本限额时，接受 NPV 最大的项目。

在引导案例中，该项目未来的预计现金流量以及项目风险程度所对应的必要收益率都已经给定。接下来，我们只需要根据 NPV 的计算公式来计算这个项目的净现值，即：

$$\frac{60}{1+10\%}+\frac{80}{(1+10\%)^2}+\frac{100}{(1+10\%)^3}-120\approx 75.8\text{（万元）}$$

计算出来的结果是一个正值，说明这个项目未来的投资收益可以覆盖投资成本，也就是说这个项目是盈利的，我们应该投资。

二、评价投资决策方法的三个标准

判断一个项目是否应该投资，除了本节所介绍的净现值法，我们还将学习到很多其他的方法。如何判断一个投资决策方法是不是一个好的项目可行性分析评价标准呢？在这里我们会优先考虑三个标准来对资本预算方法做出评价：

（1）这个方法是否考虑了货币的时间价值？

（2）这个方法有没有考虑到项目的风险程度的差异？

（3）这个方法能不能告诉我们这个项目是否创造了价值？

三、对净现值法的评价

净现值法是不是一个好的投资决策方法呢？我们来检验一下它是否满足了上述三个标准：

第一，净现值法考虑了货币的时间价值，因为净现值法不仅计算了现金流量的数额，而且考虑了现金流量发生的时间，有利于评价项目投资的经济性和时效性。在计算引导案例中的 NPV 的过程中，我们分别将第 1、第 2、第 3 期的现金流量用项目的风险收益率进行了贴现，将未来的 60 万元、80 万元、100 万元分别转换成了现在这个时点的价值。

第二，净现值法考虑了投资风险的影响，这是因为资本成本或投资者要求的收益率中包括了风险，对于风险较大的投资项目，可以选用较高的贴现率来进行计算，以反映风险对投资决策的影响。在以上对引导案例的计算过程中，我们使用的贴现率为 10%，是该项目的风险程度所要求的收益率。

第三，净现值法反映了股东财富绝对值的增加，因为 NPV 是目标投资项目所产生的未来现金流的贴现值与项目投资成本贴现值之间的差值，这与公司财务管理目标是一致的，因而这一方法是一种较为科学、广泛运用的资本预算方法。当 NPV 大于 0 时，说明未来可以从这个项目中收到的现金流的现值大于初始投资额，即该项目可以为股东创造价值；反之，若 NPV 小于 0，说明这个项目是亏损的，不能够为股东创造价值。

根据上述分析，关于我们评价一个投资决策方法的三个标准，净现值法全都满足了，所以我们应该将净现值法作为一个主要的投资决策方法。

但净现值法也存在一些局限性，如无法揭示各个投资项目本身可能达到的实际收益率是多少；另外净现值大小只能说明投资项目的盈亏总额，而不能说明单位投资的效益情况，因而在处理不同投资规模的决策问题时，就难以用净现值指标来评价各投资方案的效果。

【例 5-1】 设崇德公司在今年拥有 A、B 两个备选的潜在投资项目，且 A、B 为两个互斥的投资项目，崇德公司的财务部门需要对这两个项目进行分析，选择最优的一个项目进行投资。已知这两个项目的预期未来现金流量如表 5-2 所示：

表 5-2 预期未来现金流量 单位：元

项目	0	1	2	3	4	5
A	−200 000	70 000	70 000	70 000	70 000	70 000
B	−200 000	20 000	50 000	50 000	100 000	180 000

假设 A、B 两个投资项目的风险收益率为 10%，请分别计算项目 A 和项目 B 的净现值，并判断是否能够接受这两个项目？

解：由于项目 A 的净现金流是相同的，因此，可直接运用年金现值公式进行计算，查表得 $PVIFA(10\%, 5)=3.7908$，运用公式得：

$$NPV_A = 70\,000 \times 3.790\,8 - 200\,000 = 65\,356\ (\text{元})$$

由于项目 B 的现金流量不等，故分别按复利贴现，然后求和：

$$NPV_B = \frac{20\,000}{1+10\%} + \frac{50\,000}{(1+10\%)^2} + \frac{50\,000}{(1+10\%)^3} + \frac{100\,000}{(1+10\%)^4} + \frac{180\,000}{(1+10\%)^5} - 200\,000$$
$$= 18\,182 + 41\,322 + 37\,566 + 68\,301 + 111\,766 - 200\,000 = 77\,137\ (\text{元})$$

下面应该根据项目 A 与项目 B 的相互关系分情况讨论：

(1) 如果项目 A 和项目 B 是独立项目，由于二者的净现值都大于零，因此两个项目都可行；

(2) 如果两个项目是互斥项目，由于 NPV_B 大于 NPV_A，且两个项目的初始投资相同，所以应选择项目 B。

第二节 获利能力指数法

一、获利能力指数法的概念

在这一节，我们介绍本章第二个投资决策方法：获利能力指数法。获利能力指数

(profitability index，PI）又称盈利能力指数、现值指数，指的是目标项目在未来生产经营期间产生的所有预期未来现金流量的现值和初始投资的比率。它表示的是投资项目的相对盈利能力，代表的是投入 1 元初始投资所获得的未来收益的现值，能够反映投资效率的高低。如果某项目的获利能力指数为 1.1，则表示该项目针对每 1 元的投资，能够额外创造 0.1 元的价值。因此，获利能力指数大于 1 就表明项目可行。

要求一个项目的获利能力指数，和净收益法相同，第一步，我们需要估计该项目的初始投资额与未来现金流状况；第二步，我们需要估计这个项目的风险程度所对应的必要收益率；第三步，我们将项目的未来每一期的现金流量贴现，将贴现后的总额除以初始投资成本，所得到的比值就是该项目的获利能力指数。其计算公式为：

$$PI=\frac{\sum_{t=1}^{n}\frac{CF_t}{(1+k)^t}}{CF_0} \tag{5-2}$$

式中，n 为项目预计年限，CF_t 为预计项目第 t 年的现金净流量，k 为贴现率，CF_0 表示项目的初始投资额。

【例 5-2】 承接引导案例，惠新公司拟投资一个新的项目，该项目的存续期为 3 年，初始投资额为 120 万元，第 1 年年末的现金流入量为 60 万元，第 2 年年末的现金流入量为 80 万元，第 3 年年末的现金流入量为 1 000 万元。该项目适用的风险贴现率为 10%，请计算该项目的获利能力指数。

解：该项目未来 3 年内的现金净流量的贴现值求和加总为：

$$\frac{60}{1+10\%}+\frac{80}{(1+10\%)^2}+\frac{100}{(1+10\%)^3}\approx 195.8(\text{万元})$$

因为项目初始投资额为 120 万元，所以项目的获利能力指数为：

$$\mathrm{PI}=\frac{195.8}{120}\approx 1.63$$

结果表明每 1 元的初始投资额可以额外获得 0.63 元的超额收益。

二、获利能力指数法的应用

根据获利能力指数的计算公式，PI 有大于 1、等于 1 和小于 1 三种情况，其中，PI>1 相当于 NPV>0，表明该项目可以为公司增加额外的价值，实现股东财富最大化，是一个值得被投资的“好”项目；PI<1 相当于 NPV<0，表明该项目不仅没有为股东创造额外的价值，还导致初始投资无法全额回收，是一个不应该被投资的“坏”项目。所以，一般而言，我们应该选择 PI 值相对较高的项目。

我们可以将公司可供选择的目标项目分为两大类：第一类为互斥项目，指的是仅有一个项目可以被选择，即选择了项目 A 则不能再选择项目 B。例如你可以选择到哈佛大学读研究生，或者到斯坦福大学读研究生，但不能选择同时到这两所大学去深造。这时我们应该对所有可能的项目进行排序，选择最好的那一个。第二类为独立项目，指的是接受或者拒绝一个项目不会影响对其他项目的决策。

在应用获利能力指数法评价独立项目时，获利能力指数大于1，表明项目未来收益的总现值超过初始投资额的现值，项目可被接受，此时项目的净现值大于0；反之，项目不可行。因此，对于独立的投资项目，获利能力指数法与净现值法得到的投资决策结论是一致的。在评价互斥项目时，如果目标项目的投资规模相同，那么获利能力指数越大，净现值就越大，因此应该选择指数最大的项目。但当互斥项目的投资规模不同时，获利能力指数法与净现值法的评价结论有可能出现矛盾。我们通过下面的例子说明这一点。

【例5-3】 某公司计划将闲置资金用于投资新项目，现有两个项目可供选择。两个项目的投资成本与预期未来现金流的总现值如表5-3所示，且这两个项目为互斥关系。该公司应该如何做投资决策？

表5-3 两个项目的情况 单位：万美元

	项目A	项目B
投资成本	5	100
预期未来现金流的总现值	10	150

解：我们分别计算这两个项目的NPV与PI，得到的计算结果如表5-4所示：

表5-4 计算结果

	项目A	项目B
PI	2	1.5
NPV（万美元）	5	50

按照净现值法，我们应该选择项目B，但是项目A的获利能力指数更高。根据股东财富最大化的公司财务管理目标，当二者结果冲突时，我们应该以净现值法分析结果为准，也就是选择投资项目B，因为项目B能够为公司创造更多的价值。

【例5-4】 某公司正在考虑投资三个项目，这三个项目的情况如表5-5所示：

表5-5 三个项目的情况

	项目A	项目B	项目C
CF_0(百万美元)	−20	−10	−10
CF_1(百万美元)	70	15	5
CF_2(百万美元)	10	40	60
未来现金流累计贴现值（百万美元）	70.5	45.3	43.4
PI	3.53	4.53	4.34
NPV（百万美元）	50.5	35.3	33.4

注：CF_0数据中的负号表示支出，在计算PI时使用绝对值计算。

(1) 如果这些项目都是独立项目，公司该如何做投资决策？

(2) 如果这些项目互斥，公司应该如何选择？

(3) 如果这些项目相互独立，但是资金有限，公司应该如何选择呢？假如公司只有2 000万美元，情况如何？假如公司有3 000万美元呢？

解：(1) 如果这些项目都是独立项目，根据项目A、B、C的PI值都大于1，我们知道这些项目都可以给公司创造价值，所以我们三个项目都应该投资。

(2) 当这些项目互斥时，我们只能从中选择一个项目进行投资。显然，我们应该选择能给公司带来最多利润的项目，而NPV的含义就是一个项目能给公司创造的价值，所以我们应该选择NPV最高的项目，也就是项目A。

(3) 我们先分析公司只有2 000万美元资金的情况。根据这三个项目的初期投资成本，我们发现有四种投资方案可供选择：只投资项目A、只投资项目B、只投资项目C以及投资项目B+C。在回答第二问时，其实我们已经知道只投资项目A是优于只投资项目B或者只投资项目C的。现在我们只需要比较只投资项目A和投资项目B+C两种方案，投资项目A的NPV已经在题中给出，而投资项目B+C的NPV为35.3+33.4=68.7。根据选择NPV值最大的方案的原则，我们应该选择投资项目B+C。当公司拥有3 000万美元资金时，我们可以选择：只投资项目A、只投资项目B、只投资项目C、投资项目B+C、投资项目A+B、投资项目A+C。根据上面的分析，显然只投资一个项目是被占优的，我们只需要比较投资两个项目的投资组合方案。比较投资项目A+B、投资项目A+C，在同时投资项目A且项目B、C初始投资成本相同的条件下，我们可以直接比较项目B、C的获利能力指数，项目B的PI值较高，所能够带来的收益也更大，所以我们应该选择项目A+B这个组合。而投资组合A+B与B+C相比，显然项目A比项目C带来的收益更高，所以我们最终选择投资项目A+B。

由于净现值法与获利能力指数法采用的是相同的信息，在评价独立项目与同等规模下的互斥项目时，结论是一致的，而在评价规模不同的互斥项目时得到的结论有可能不同，此时应考虑公司的财务实力。在资金无限制的情况下，应以净现值为准；而在资金受限制的情况下，公司应按照获利能力指数的大小来选择净现值之和最大的投资项目组合，以保证公司获得最大的收益，增加股东财富，即在资金额受限的情况下，获利能力指数这一计量指标非常有用。但当该方法与净现值法判断结果产生冲突时，我们依然以净现值法判断结果为准。

三、对获利能力指数法的评价

通过学习获利能力指数法中获利能力指数的计算过程与净现值法中NPV的计算过程，我们可以发现这两个方法的联系非常紧密，区别只在于最后一个计算步骤，一个是相除，一个是相减，这也导致这两种投资决策方法在通常情况下的分析结果都是一致的。

同时，获利能力指数法非常易于交流，因为获利能力指数就代表了投资1元钱可以获得多少元的收益，非常便于理解。

另外，获利能力指数法考虑了货币的时间价值与项目的投资风险水平，能够真实地反映投资项目的投资价值。

最后，通过对例5-4的分析，我们可以发现，这种方法在资金有限时的分析是非常有效的，可以帮助我们选择最优的投资组合。

但是，这种方法也有不足之处。在对例 5-3 与例 5-4 第二问的分析中，我们可以发现，当项目为互斥关系时，在面临投资规模不同的潜在项目时，我们通过简单比较项目获利能力指数来做投资决策就非常容易导致决策错误。所以当项目互斥时，我们依然要以净现值法来作为判断标准。此外，获利能力指数法也无法反映投资项目本身的收益率水平。

第三节 投资回收期法

一、简单投资回收期法

接下来我们要介绍的这个投资决策方法叫做简单投资回收期法（simple payback period method），又称“投资返本年限法”“静态回收期法”。顾名思义，简单投资回收期法指的是分析一个项目需要多长时间可以收回它的初始投资名义金额，即通过计算项目投产后在正常生产经营条件下的收益额、计提的折旧额、无形资产摊销额来估算回收项目总投资所需要的时间，将其与预定的一个时间标准做比较，以此来判断是否投资该项目的一种决策方法。

要应用这种方法，第一步和净现值法是一样的，也就是估计该项目的现金流量，包括估计该项目的初始投资额，以及第 1 年、第 2 年、第 3 年等时间投资回收的现金流。然后从初始投资额中逐年扣减可收回的现金流，当初始投资额全部被回收的时候，我们比较所需要的时间与我们事先设定的时间标准的大小。若回收投资所需时间小于既定标准，那我们就接受这个项目。其计算公式为：

（1）如果项目每期的净现金流量相等：回收期＝初始投资额/每期净现金流量；

（2）如果项目每期的净现金流量不相等：回收期＝n＋第 n 期期末累计尚未回收额/第 $n+1$ 期净现金流量。

【例 5-5】 承接引导案例，惠新公司拟投资一个新的项目，该项目的存续期为 3 年，初始投资额为 120 万元，第 1 年年末的现金流入量为 60 万元，第 2 年年末的现金流入量为 80 万元，第 3 年年末的现金流入量为 100 万元。该项目适用的风险贴现率为 10%，且财务部门要求初始投资额必须在 2 年内收回，请计算该项目的简单投资回收期。我们应该投资这个项目吗？

解：初始投资额与未来现金流已给定（如表 5-6 所示），下面应该如何计算简单投资回收期呢？第 1 年收回 60 万元，用初始投资额 120 万元扣减第 1 年预计现金流，得到 120－60＝60 万元，数值为正，说明第 1 年的收益不足以全部收回初始投资成本；第 2 年收回 80 万元，继续从剩余初始投资成本中扣减，得到 60－80＝－20 万元，数值为负，表明初始投资额已全部收回。该项目的简单投资回收期为 1＋60/80＝1.75 年，小于既定时间标准 2 年，应该接受该投资项目。

表 5-6　简单投资回收期法的相关数据　　单位：万元

时间	现金流	累计收回现金流	初期投资额剩余未抵消值
第 0 年	−120	0	120
第 1 年	60	60	60
第 2 年	80	140	−20
第 3 年	100	240	−120

当然，该案例中的简单投资回收期并不绝对，具体需要看项目回款方式。如若项目按期平均回收，则此例中项目的简单投资回收期为 1.75 年；如若项目投资收益只在年底才能收回，则项目的简单投资回收期应该为 2 年。

二、对简单投资回收期法的评价

我们仍然用评价投资决策方法的三个标准来进行评判：

第一，简单投资回收期法有没有考虑货币的时间价值？答案是否定的。我们在计算目标项目的简单投资回收期时，直接用初始投资额减第 1 年、第 2 年、第 3 年的回收额，认为每一期的收益在现在看来就等于预期未来现金流的数值，并没有考虑货币的时间价值。

第二，简单投资回收期法有没有考虑项目的风险呢？当然答案仍然是否定的，因为在计算目标项目回收期的过程中，我们并没有用对应项目风险水平的贴现率对预期未来现金流进行贴现。

第三，简单投资回收期法有没有为企业提供价值创造方面的信息呢？从使用该方法的判断过程中，我们并不能知道这个项目能不能为投资者创造价值，所以这个方法也没有提供项目在价值创造方面的信息。因此，我们不应该将其作为一个主要的决策标准。

通过前面在案例中对简单投资回收期法的使用，我们可以看到，简单投资回收期法的优势和不足都很明显。优势在于：第一，这种方法十分易于理解，它就是一个投资成本多长时间能够收回的概念，非常简单。第二，它考虑到了远期现金流的不确定性。很多项目在后期预计现金流看上去非常吸引人，收益率高，但是中间时间太长，不确定性也高。所以，简单投资回收期法相当于将更多注意力放在了前期可以提前收回的现金流上。第三，简单投资回收期可以用于衡量投资方案的流动性风险。一般来讲，简单投资回收期越短，说明该项投资在未来时期内的风险越小，从而可避免将来经营环境变化的不利影响。

这种方法的不足之处也十分明显。第一，它忽略了货币的时间价值与未来现金流量的风险。第二，它的判断标准十分主观。到底是将两年作为既定时间标准还是一年或者两年半，这是一个非常主观的标准，没有一个理论可以证明这个回收期应该是多长时间，它其实取决于公司希望这个初始投资在几年内回本。第三，它忽略了回收期之后的现金流。第四，它不利于对研发项目的判断。很多研发项目在初期投资金额较大，回收期较长。如制药公司研发新药，研发时间较长，并且需要获得相关监管部门批准才可以上市。如果用简单投资回收期法来做决策，这类项目就都要被放弃了。

三、贴现投资回收期法

鉴于简单投资回收期法的缺陷，人们在其基础上又发展出了一个新的方法，叫做贴现投资回收期法（discounted payback period method），又称动态回收期法。这个方法相比于简单投资回收期法的主要区别在于它考虑了货币的时间价值，对未来的现金流进行了贴现。贴现投资回收期法计算初期投资额通过贴现后的未来现金流完全收回的时间，再将此时间与既定时间标准做比较，若贴现投资回收期小于既定时间标准，则接受此项目。

【例 5-6】 承接引导案例，惠新公司拟投资一个新的项目，该项目的存续期为 3 年，初始投资额为 120 万元，第 1 年年末的现金流入量为 60 万元，第 2 年年末的现金流入量为 80 万元，第 3 年年末的现金流入量为 1 000 万元。该项目适用的风险贴现率为 10%，且财务部门要求初始投资额必须在两年内收回，请计算该项目的贴现投资回收期。我们应该投资这个项目吗？

解：初始投资额与未来现金流已给定（如表 5-7 所示），下面应该如何计算贴现投资回收期呢？第 1 年收回 60 万元，用初始投资额 120 万元扣减第 1 年预计现金流的贴现值，得到 $120-60/(1+10\%)=65.45$ 万元，数值为正，说明第 1 年的收益不足以全部回收初始投资成本；第 2 年收回 80 万元，继续从初始投资成本中扣减第 2 年预计现金流的贴现值，得到 $65.45-80/(1+10\%)^2=-0.67$ 万元，数值为负，表明初始投资额已全部收回；第 3 年收回 100 万元，继续从初始投资成本中扣减第 3 年预计现金流的贴现值，得到 $-0.67-100/(1+10\%)^3=-196.47$ 万元。所以该项目的贴现投资回收期小于既定时间标准 2 年，应该接受该投资项目。同时，我们可以看到，由于我们需要对未来的现金流贴现，理论上用贴现投资回收期法会比用简单投资回收期法计算出来的回收期时间更长。

表 5-7 贴现投资回收期法的相关数据 单位：万元

时间	现金流	现金流贴现值	累计收回现金流贴现值	初期投资额剩余未抵消值
第 0 年	−120	−120	0	120
第 1 年	60	54.55 [$60/(1+10\%)$]	54.55	65.45
第 2 年	80	66.12 [$80/(1+10\%)^2$]	120.67	−0.67
第 3 年	100	75.13 [$100/(1+10\%)^3$]	195.80	−196.47

我们再来分析贴现投资回收期法是不是一个好的决策标准。第一，这种方法将未来的现金流进行了贴现，所以是有考虑货币的时间价值的；第二，在进行现金流贴现的过程中，使用的贴现率为针对目标项目的风险贴现率，所以这种方法对项目的风险大小进行了分析，因此它考虑了项目风险因素；第三，这种方法只能简单告诉我们收回初始投资成本的时间长短，并没有反映项目给公司创造多少价值，因此，我们依然不能将其作为一个主要的决策标准。

类似于简单投资回收期法，这种方法的优势在于十分便于理解。同时，相比于简单投资回收期法，它考虑到了货币的时间价值与项目的风险水平。另外，考虑到 NPV 为负的项目贴现投资回收期为无穷大，这种方法永远不会接受 NPV 为负的项目。

但是，与简单投资回收期法类似，这种方法的判断标准仍然较为主观，并且忽略了回收期之后的现金流状况，对长期投资项目的判断不利。使用这种方法，有可能会拒绝 NPV 为正的投资项目。

第四节　内部收益率法

一、内部收益率法的概念

内部收益率（internal rate of return，IRR）是使得目标项目流入资金现值总额与流出资金现值总额相等的利率。简单来说，IRR 就是使得项目 NPV=0 的贴现率。我们将项目未来的现金流进行贴现，让未来现金流的现值正好等于今天的初始投资额，据此来倒推项目的隐含贴现率。其计算公式为：

$$\begin{aligned}\mathrm{NPV}&=\frac{CF_1}{1+\mathrm{IRR}}+\frac{CF_2}{(1+\mathrm{IRR})^2}+\cdots+\frac{CF_T}{(1+\mathrm{IRR})^T}-CF_0\\&=\sum_{t=1}^{T}\frac{CF_t}{(1+\mathrm{IRR})^t}-CF_0=0\end{aligned}\tag{5-3}$$

式中，IRR 表示项目的内部收益率，CF_t 表示第 t 期期末的现金净流入，CF_0 代表初始投资额，NPV 代表项目的净现值。

由内部收益率的计算公式，我们可以看出这个指标反映了项目内在的属性，其大小完全是由项目本身的现金流量大小和发生次序决定的，本身并不受资本市场利率的影响。

内部收益率法（IRR 法，又称内含报酬率法、财务内部收益率法）就是通过比较项目内部收益率与项目风险对应的必要收益率（又称要求报酬率）的大小来判断项目是否值得投资的一个决策方法。在评价独立项目时，若计算出来的 IRR 大于必要收益率，那么我们就可以接受这个项目，否则，我们就应该拒绝这个项目。在评价互斥项目时，应选择内部收益率较高，且高于必要收益率的项目。

【例 5-7】　华明公司拟投资一个新的项目，该项目的存续期为 3 年，初始投资额为 180 万元，第 1 年年末的现金流入量为 60 万元，第 2 年年末的现金流入量为 80 万元，第 3 年年末的现金流入量为 1 000 万元。该项目适用的风险贴现率为 10%，请计算该项目的内部收益率，并判断项目是否值得投资。

解：我们首先计算该项目的 IRR，其公式为：

$$\mathrm{NPV}=\frac{60}{1+\mathrm{IRR}}+\frac{80}{(1+\mathrm{IRR})^2}+\frac{100}{(1+\mathrm{IRR})^3}-180=0$$

当 IRR=14%时，NPV=1.69 万元；

当 IRR=15%时，NPV=−1.58 万元。

使用插值法，求得 IRR=14.51%，由于 IRR>10%，故应该接受该项目。

同理，我们也可以借助净现值法来判断能否接受该项目：

$$\mathrm{NPV}=\frac{60}{1+10\%}+\frac{80}{(1+10\%)^2}+\frac{100}{(1+10\%)^3}-180=15.79\ (\text{万元})$$

NPV>0，故应该接受该项目。

下面我们来观察一下净现值曲线（NPV profile）。依然以例 5-7 为例，根据每期预计现金流状况，选用不同贴现率，计算对应的 NPV 值。我们将不同贴现率对应的不同 NPV 的计算结果在坐标轴中画出，结果如图 5-1 所示。

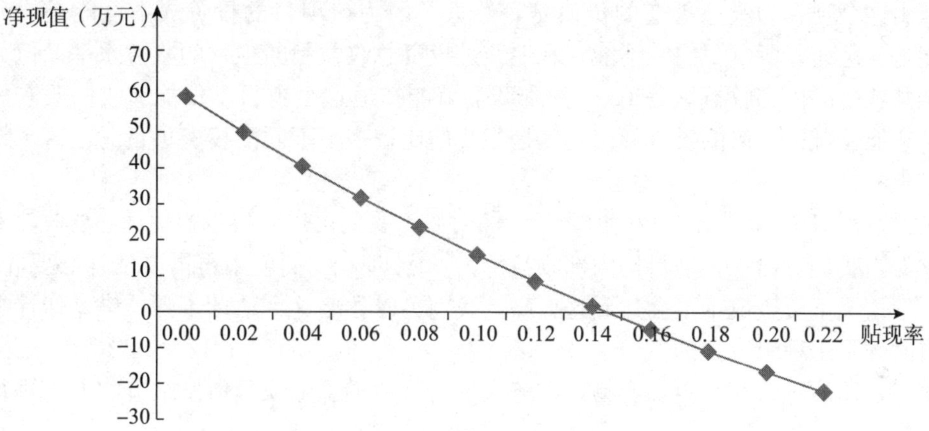

图 5-1 净现值曲线

我们可以看到净现值曲线与 x 轴有一个交点，当贴现率取该交点所对应的值时，NPV=0。在这个例子中，此处交点对应的贴现率就是 14.51%。也就是说，交点所对应的贴现率就是该项目的内部收益率。

在该交点的左侧，NPV>0，在该交点的右侧，NPV<0。也就是说，当必要收益率大于 IRR 时，项目 NPV 为负，应该拒绝此类项目，当必要收益率小于 IRR 时，项目 NPV 为正，应该接受此项目。在这个例子中，净现值曲线是一个常见的向右下方的曲线，净现值法与 IRR 法的分析结果是一致的。但在实际应用中，得到的结果并不总是这样，这两种方法的分析结果可能是背道而驰的，我们将在下一节中详细论述。

二、对内部收益率法的评价

我们首先使用评估资本预算方法好坏的三个标准来衡量内部收益率法。

第一，这种方法是否考虑了货币的时间价值？我们回顾一下 IRR 的求解过程，我们假定存在一个贴现率，使得将项目未来的现金流量贴现后的总额等于初始投资成本，那么在贴现的过程中，我们就已经考虑了货币的时间价值。

第二，这种方法有没有考虑到项目的风险程度的差异？答案是肯定的。因为内部收益率法的判断标准是比较项目 IRR 与必要收益率，而必要收益率的确定就需要考虑项目的风险程度。

第三，这种方法有没有提供项目关于价值创造的信息？这个问题乍看不是很直观，为了回答这个问题，我们回顾一下 IRR 与 NPV 的关系。当 IRR 大于必要收益率时，NPV 为正，也就是项目给投资者创造了价值；当 IRR 小于必要收益率时，NPV 为负，项目给投资者损失了价值。所以根据 IRR 与必要收益率的大小比较，我们是可以知道项目是否给公司创造了价值的。因此，IRR 满足了这三个标准，可以作为一种主要的投资决策方法。

使用 IRR 法进行项目评价有以下几个显著的优势：

第一，IRR 实际代表的是项目能够带给投资者的收益率，所以我们可以直观地了解项目的收益率大小。举个例子，当我们计算出某项目的净现值为 100 万元时，我们并不能直接判断出这个项目为股东创造的价值是否够大，因为该项目的投资成本可能是 10 万元，也可能是 1 亿元，所以我们并不能直观地通过投资总收益判断项目的收益水平。但如果告诉我们某项目的内部收益率是 100%，那我们就能知道这个项目不仅能够收回股东的投资成本，还能够赚回一倍的投资额。尤其是当我们比较多个不同的投资项目时，这个结果是非常直观的。

第二，当 IRR 计算出来的数值非常大的时候，我们可以直接省略估计必要收益率的步骤。比如当我们算出一个项目的内部收益率为 50%时，我们就不再需要估计必要收益率，因为一般情况下资金成本不会达到这么高。我们可以省略这个估计步骤，毕竟估计必要收益率有时候是工程量巨大的。

第三，IRR 理解起来更加容易，财务人员与其他不了解项目估值细节的人士进行沟通时会比较方便。

第五节　应用内部收益率指标遇到的问题

在讨论 IRR 与 NPV 的联系时，我们有提到用 IRR 法与 NPV 法去判断一个项目是否值得投资时，大多数时候两种方法分析出的结果是一致的，我们应该选择 NPV 大的、IRR 最高且大于必要收益率的项目。这是因为一般情况下，投资项目的净现值曲线是单调下降的，内部收益率的值只有一个。但是有时候，使用 IRR 法与 NPV 法分析得到的结果却是相反的。在下面我们要讨论的几种情况中，内部收益率的值可能不存在，或者虽然存在但无效，或者可能多于一个，导致用内部收益率对非常规项目进行评价时得出错误结论，内部收益率法失效。

一、非常规现金流

非常规现金流与常规现金流对应。常规现金流是由投资项目所产生的呈常规形态的现金流，即第一笔现金流为负数，表示投资支出，此后的现金流都为正，表示投资项目产生的未来收入。而非常规现金流指的是项目现金流正负符号变化次数多于一次的现金流。举例来说，一个房地产开发项目现在需要投入一笔钱，第 2 年、第 3 年都能够从该项目中获得一个正收益，到了第 4 年，该项目需要开发房屋的第二期了，此时又需要向该项目投入一定资金，而到了第5年，项目又开始获得正收益。整个项目的现金流符号为“负正正负正……”，现金流符号正负变化不止一次，这就是一个非常规现金流项目。

对于非常规现金流项目来说，存在的IRR可能有多个，反映在净现值曲线中，就是净现值曲线与x轴有多个交点。但如果用EXCEL或者金融计算器计算，只能够得到一个IRR，那么此时就非常容易做出错误的项目决策。我们用下面的例子来说明这一点。

【例5-8】 某项资源型投资项目的初始投入为90 000元，未来现金流预计如表5-8所示。

表5-8 现金流 单位：元

年份	1	2	3
现金流	132 000	100 000	−150 000

由于当地政府要求，当项目结束后，需恢复环境至原有状态，所以最后一期的现金流为负。如果该项目的必要收益率是15%，那么公司应该接受该项目吗？

解：如果我们用EXCEL中的计算公式或者用金融计算器计算，将得到IRR=10.11%。我们将10.11%与必要收益率对比，发现IRR比必要收益率小，所以我们应该拒绝此项目。但是若我们计算这个项目的净现值，将得到NPV=1 769.54元，是一个正值，所以根据NPV法，我们应该投资这个项目。

为什么例5-8会出现相反的结论呢？为了回答这个问题，我们来观察一下这个项目的净现值曲线。可以看到，这个项目的净现值曲线并非单调递减的，而是呈现一个开口向下的抛物线形状，与x轴有两个交点，对应的贴现率分别是10.11%与42.66%，也就是说，存在两个内部收益率（如图5-2所示）。而我们使用EXCEL中的计算公式或者金融计算器计算，只能够得到10.11%这一个IRR，而忽略了IRR=42.66%的可能，这就造成了我们的分析错误。所以大家一定要认识到，由于这个现金流是非常规现金流，我们要根据NPV法来做决策。

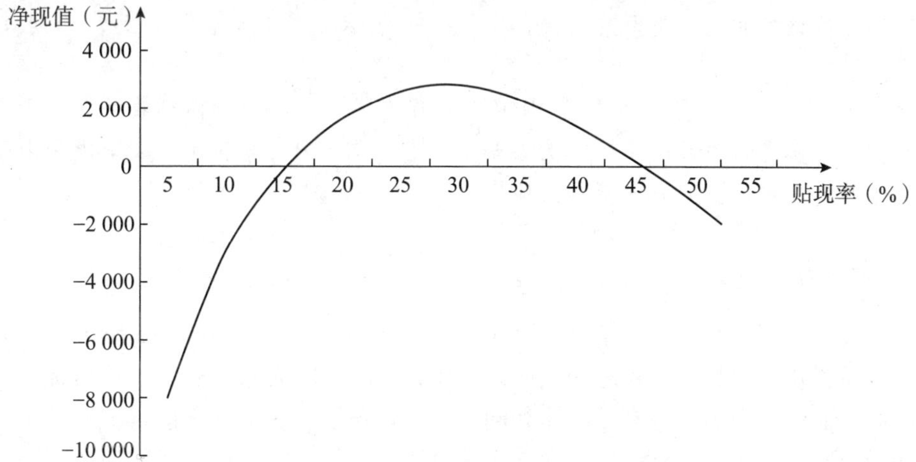

图5-2 多个IRR

结论：当内部收益率在 10.11%～42.66%时，项目的净现值为正，故当遇到有两个 IRR 的非常规现金流时，我们应选择介于两个 IRR 之间的值来接受此项目。

二、融资型项目现金流

前面我们遇到的那些项目都是投资型项目，也就是先有资金支出，再有资金流入，故当采用内部收益率法判断项目是否可以接受时，决策标准为内部收益率应高于必要收益率；但如果某项目是融资型项目，先有资金流入，再有资金支出，决策标准应该为内部收益率小于融资成本。我们通过下面的例子来说明这个问题。

【例 5-9】 某公司正在考虑投资闲置资金，有两个投资期限均为 1 年的项目可供选择，如表 5-9 所示。两个项目的必要收益率都是 10%，请问该公司应该投资哪个项目或者是否两个都投资？

表 5-9 相关数据

项目	初始投资额（元）	回收额（元）	IRR（%）	NPV（元）
A	−1 000	1 500	50	364
B	1 000	−1 500	50	−364

解：如果我们按照 IRR 法来简单进行判断，两个项目的 IRR 都为 50%，都大于必要收益率 10%，所以我们两个项目都投资。这样对吗？但是我们计算一下两个项目的 NPV，发现项目 A 的 NPV 为 364 元，而项目 B 的 NPV 为−364 元。所以，根据 NPV 法，我们应该投资项目 A，拒绝项目 B。

那么造成这种分析结果差异的原因是什么呢？我们观察两个项目的现金流，项目 A 的现金流就如同我们之前分析的案例一样，先流出再流入，而项目 B 的现金流却是先流入再流出。这说明，项目 A 是一个投资型项目，先投资再获取收益，项目 B 是一个融资型项目，先获得一定资金，再为这笔资金支付费用。所以对于项目 B 而言，IRR 并不是项目的投资收益率，而是对外支付的利率。所以，对于融资型项目来说，只有在 IRR 小于融资成本时，我们才应该接受这种类型的项目。这与一般的 IRR 法判断标准是相反的，我们需要特别注意。

结论：项目 A 为投资型项目，其 NPV 与贴现率成反比，由于内部收益率高于必要收益率，我们应该接受该项目；项目 B 为融资型项目，其 NPV 与贴现率成正比，由于内部收益率大于融资成本，我们应该拒绝该项目。

三、互斥项目

根据前面的内容，我们已经了解到互斥项目（mutually exclusive project）指的是不能同时进行的可供选择项目。项目之间之所以互斥，有时是因为它们对同一项目提出了不同的动工时间，有时是因为资源有限，比如同一块地，盖了写字楼就不能再盖酒店了。而在评价互斥项目时，内部收益率法可能会与净现值法得出相反的结论，我们通过下面的例子来说明这一点。

【例 5-10】 某公司有一笔资金可用于投资项目，有项目 A 与项目 B 两个项目可供选择，两个项目的预期现金流如表 5-10 所示。

表 5-10 预期现金流

单位：元

时间	项目 A	项目 B
第 0 期	−500	−400
第 1 期	325	325
第 2 期	325	200

项目 A 与项目 B 为互斥项目，且两个项目的必要收益率都为 10%。请问该公司应该选择哪个项目投资呢？

解：这里我们分别用 IRR 法与 NPV 法两种方法进行分析，计算两个项目的 IRR 与 NPV，结果如表 5-11 所示。

表 5-11 IRR 与 NPV

	项目 A	项目 B
IRR（%）	19.43	22.17
NPV（元）	64.05	60.74

如果我们还是简单地选择 NPV 较大、IRR 较高的项目，就会发现 IRR 法告诉我们应该投资项目 B，因为投资项目 B 的收益率更高，而 NPV 法却会告诉我们应该投资项目 A，因为项目 A 带给我们的收益更高。那么在这种时候我们应该如何抉择呢？

请大家比较以下两种说法的区别：100%收益率的项目和 50%收益率的项目，你会选择哪一个投资项目？如果 100%收益率的项目需要 1 美元的投资，而 50%收益率的项目需要 1 000 美元的投资，你会选择哪一个投资项目？显然，大家都会选择投资 1 000 美元赚取 500 美元，因为前者虽然投资收益率高，但由于投资成本低，所获得的收益金额依然很少。同样地，在这个问题中，由于关注的是公司财富总量最大，我们也应该选择投资项目 A。

如果你只可以选择一个项目（例如项目是互斥的），IRR 不能正确地对这类项目分级，因为它忽视了投资规模。所以，当可供选择的项目是互斥关系时，我们不能简单地关注项目 IRR 的大小，而要看最终能够从项目中获取的收益金额。

上面这个例子是互斥项目投资规模存在差异时的情况，现在我们看另外一个投资成本相同但现金流发生时间差别较大的项目案例。

【例 5-11】 设崇德公司在今年拥有 A、B 两个备选的潜在投资项目，且 A、B 为两个互斥的投资项目。崇德公司的财务部门需要对这两个项目进行分析，选择最优的一个项目进行投资。已知这两个项目的预期未来现金流如表 5-12 所示。

表 5-12 现金流 单位：元

项目	0	1	2	3	4	5
A	−200 000	70 000	70 000	70 000	70 000	70 000
B	−200 000	20 000	50 000	50 000	100 000	180 000

假设 A、B 投资项目的加权平均资本成本为 10%，计算项目 A 和项目 B 的 NPV 与 IRR，并比较两种决策方法得出的结果有何不同。

解：根据计算，崇德公司项目 A 和项目 B 的 NPV 和 IRR 如表 5-13 所示。

表 5-13 计算结果

项目	初始投资额（元）	NPV（元）	IRR（%）
A	200 000	65 355	22.11
B	200 000	77 137	20.15

由题意可知，A 和 B 是互斥项目，根据净现值法，由于 $NPV_B > NPV_A$，公司应选择项目 B；而根据内部收益率法，由于 $IRR_A > IRR_B$，公司应选择项目 A，结果产生了矛盾。为了进一步弄清其间的关系，我们分别计算不同资本成本下各方案的净现值，并将两个项目的净现值曲线用图 5-3 表示。

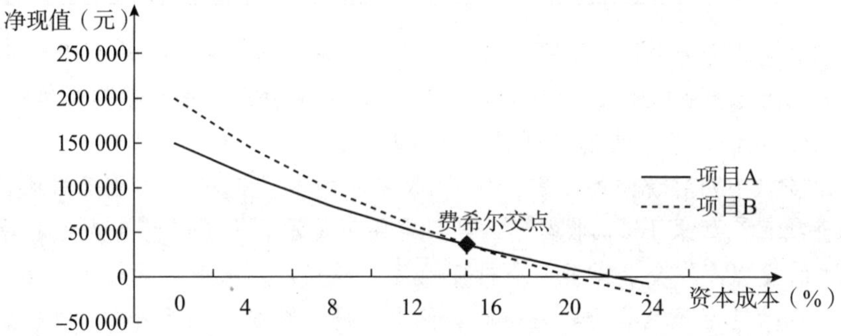

图 5-3 两个项目的净现值曲线

如图 5-3 所示，我们可以看到两个项目的净现值曲线有一个交点，这个交点对应的贴现率为 15.05%，我们将这个交点称为费希尔交点。在这个交点左侧（贴现率小于 15.05%时），项目 B 的净现值是高于项目 A 的；在这个交点右侧（贴现率大于 15.05%时），项目 A 的净现值是高于项目 B 的。同时，只有净现值大于 0 时我们才进行投资。所以，我们的答案是，当必要收益率在 0～15.05%之间时，应该选择投资项目 B；当必要收益率在 15.05%～22.11%之间时，应该投资项目 A；当必要收益率大于 22.11%时，两个项目都不应该投资。所以，在这种情况下，我们还是要借助净现值曲线来进行分析，否则，根据两个项目计算出来的 IRR，项目 A 的 IRR 大于项目 B 的 IRR，我们就会直接选择项目 A，从而有可能做出错误的决策。

通过对这三种情况进行分析，我们可以看到，当 IRR 法与 NPV 法分析结果产生冲突的时候，我们应该总是以 NPV 法为准，因为 NPV 直接计量了这个项目能够给公司创造多少价值，更加简便直接，且具有唯一解。

阅读材料 美国企业中各种资本预算方法的使用频率

根据本章我们对各种资本预算方法的分析，净现值法是最不容易犯错的资本预算方法，因此，它理应是公司 CFO 进行资本预算决策的不二之选，但现实并非如此。Graham and Harvey（2001）通过问卷调查的形式统计了 392 家美国《财富》500 强企业常用的资本预算方法。统计结果表明，多数受访者选择内部收益率法和净现值法作为其最常使用的资本预算方法，75.7%的 CFO 总是或几乎总是使用内部收益率法，74.9%的 CFO 总是或几乎总是使用净现值法。另外，在使用最广泛的五种资本预算方法中，任意选两个，其使用频率加起来都是超过 100%的，显然，有很多公司在实践中同时采用多种资本预算方法。

此外，在这项问卷调查中还发现了其他一些有趣的现象：超过半数的受访公司总是或几乎总是使用简单投资回收期法（见图 5－4），57%的 CFO 同时使用简单投资回收期法和净现值法。对此现象，目前较为主流的解读是：简单投资回收期法简单、直观、易行，同时简单投资回收期法可以获取有关项目流动性的信息，公司 CFO 先用简单投资回收期法对投资项目进行初步评估，再对适合的项目使用净现值法进行分析。

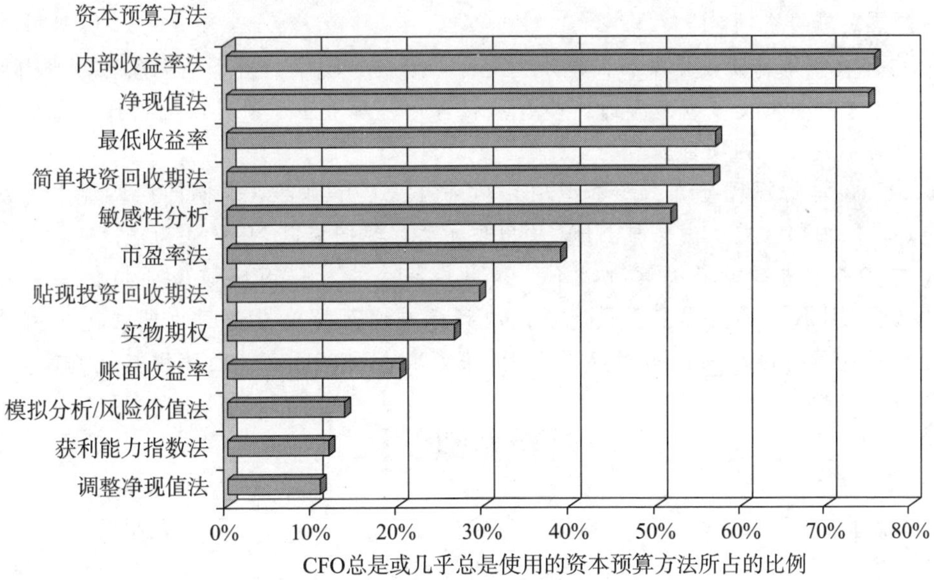

图 5－4 调查结果

资料来源：Graham，J. R.，and C. Harvey. “The Theory and Practice of Corporate Finance：Evidence from the Field，” *Journal of Financial Economics*，2001（60）：187－243.

【本章小结】

1. 公司的实物投资项目具有不可逆的特点，即项目一旦投资上马后，若投资失误，初始的投资额便无法回收。因此，在项目投资之前，财务部门需要对项目预期未来现金流进行分析预测，判断项目未来产生的收益是否能够收回期初的投资，并最大化股东价值，创造超额收益。这样的投资决策分析被称为“资本预算”。

2. 资本预算决策的基本方法包括净现值法、获利能力指数法、投资回收期法和内部收益率法等。

3. 判断某种资本预算方法是否良好需要考虑以下几个标准：这种方法是否考虑了货币的时间价值？这种方法有没有考虑到项目的风险程度的差异？这种方法能不能告诉我们这个项目是否创造了价值？

4. 净现值是指投资项目投入使用后，将经营期间及项目终结时的净现金流量，按一定贴现率折算为现值，减去初始投资现值后的余额。对于独立项目，净现值大于 0，说明项目可行；对于互斥项目，应选择净现值大于 0 中的最大者。

5. 获利能力指数是指投资项目未来收益的总现值与初始投资额的现值之比。它反映了投入 1 元初始投资所获得的未来收益的现值。项目该值大于 1 就可以被接受。

6. 简单投资回收期是指投资项目收回全部初始投资所需要的时间。贴现投资回收期指的是项目的贴现现金流量总和等于其初始投资所需要的时间。投资回收期法简单易行，但容易忽略长期投资项目。

7. 内部收益率是使投资项目的净现值等于 0 时的贴现率，对于独立项目，当内部收益率大于或等于项目的必要收益率时，投资项目可行；对于互斥项目，应选择内部收益率较高且高于必要收益率的项目。

8. 在面临非常规现金流、融资型项目现金流、互斥项目（规模问题、现金流发生时间问题）时，内部收益率法会与 NPV 法出现矛盾，我们应以 NPV 法为准。

9. 在实务中进行投资决策时，不能只考虑一个指标，而应该多项指标一起看。目前 NPV 法与 IRR 法是业界应用最广泛的决策标准，而简单投资回收期法是应用最广泛的次优投资决策标准。我们当然要以 NPV 法为准，但也可以辅助使用其他判断方法。

【重要概念】

资本预算	内部收益率法	互斥项目
净现值	简单投资回收期法	独立项目
净现值法	贴现投资回收期法	资本限额
内部收益率	获利能力指数法	

【思考题】

1. 在应用内部收益率法进行项目决策时，什么项目会出现与净现值法相矛盾的结果？

2. 在应用获利能力指数法进行项目决策时，什么情况下会出现与净现值法相矛盾的结果？

3. 请说明简单投资回收期法存在什么不足。

4. 请说明为什么说净现值法是最重要的资本预算方法。

5. 一项调查表明，有 1/3 年龄在 12～17 岁的学生承认曾经作弊，并且这一比重随学生年龄和成绩压力的增加而增加。如果一本名为《如何作弊：作弊者指南》的书能创造出正的 NPV，出版社应当出版这本新书吗？

6. 公司是否应当突破政府规定的环境规范最低限制来对环境负责，如果负担这种责任会减少股东的财富该怎么办呢？环境破坏仅仅是一种公司经营成本吗？

【练习题】

1. 某公司拟投资 10 万元购置、运输并安装生产设备，预计该项目当年投资当年完工，预计投产后每年获得净利 1.5 万元，年折旧率为 10%，且该项目对应的风险收益率为 12%，请计算该项目的简单投资回收期与贴现投资回收期，若该公司认为现金流在 4 年的时间里收回较为安全，请你确定该项目能否被接受。

2. 某企业投资一种新的产品，预计开始时总投资额为 400 万元，未来五年内给企业带来的现金流分别为 120 万元、130 万元、140 万元、150 万元、150 万元，已知投资人要求的最低收益率为 10%，请计算该项目的获利能力指数。

3. 某投资项目，当贴现率为 10%时，净现值为 500 元；当贴现率为 15%时，净现值为−480 元，请计算该投资项目的内部收益率。

4. 惠新公司正在考察 A、B、C 三个目标投资项目，根据财务人员估算，每个项目的现金流如表 5-14 所示，并且三个项目的风险一致，故适用相同的贴现率 10%。请根据适当的资本预算方法对 A、B、C 三个项目进行投资可行性分析。

表 5-14 现金流

单位：万元

项目	0	1	2	3	4	5
A	−100	50	50	−40	50	−50
B	−50	10	10	10	20	20
C	−200	80	80	60	−40	100

5. 卓越公司目前选定了三个目标项目准备投资，根据财务部门给出的有关信息，三个项目适用的风险贴现率相同，均为 12%，项目现金流如表 5-15 所示。

表 5-15　卓越公司三个目标项目的现金流　单位：万元

项目	0	1	2	3	4	5
A	−5 000	800	1 000	350	1 250	3 000
B	−7 500	1 250	3 000	2 500	5 000	5 000
C	−4 000	600	1 200	1 200	2 400	3 000

(1) 请分别计算上述项目的贴现投资回收期，若公司确定的基准回收期为 4 年，请判断哪些项目值得投资。

(2) 请分别计算上述项目的净现值，根据净现值法，请判断哪些项目值得投资。

6. 华明公司评估如表 5-16 所示 A、B 两个互斥项目。

表 5-16　互斥项目概况

项目	0	1	2	IRR
A	−400 万元	250 万元	300 万元	23%
B	−200 万元	140 万元	180 万元	36%

(1) 已知公司加权资本成本为 10%，低于项目 A 和 B 的内部收益率，请问这是否可以说明项目 A 与 B 均可以被接受？

(2) 已知项目 A 和 B 的风险相同，均适用 15%的风险贴现率。华明公司某员工认为应投资于 B 项目，因为它具有较高的内部收益率，请评价他的说法。

(3) 你认为华明公司应选择哪个项目进行投资，并说明理由。(不考虑资本限额。)

【延伸阅读】

1. 朱叶. 公司金融. 5 版. 上海：复旦大学出版社，2021.

2. 李曜，刘莉亚，邓辛. 公司金融. 2 版. 北京：中国人民大学出版社，2019.

3. 蒋屏. 公司理财. 3 版. 北京：中信出版社，2016.

4. Graham，J. R，and C. Harvey. "The Theory and Practice of Corporate Finance: Evidence from the Field," *Journal of Financial Economics*, 2001 (60): 187-243.

第六章

收益、风险与证券市场理论

【本章学习目标】

1. 了解收益和风险的概念。
2. 掌握证券投资组合收益和风险的计算方法。
3. 了解系统性风险和非系统性风险。
4. 理解贝塔系数的含义和性质。
5. 掌握资本资产定价模型和套利定价理论。

视频：分散化

引导案例

耶鲁模式由耶鲁大学捐赠基金首席投资官大卫·史文森创立。大卫·史文森建立的耶鲁模式历经几十年的检验，经历过2000年互联网泡沫和2008年金融危机，依旧具有稳健的回报和长期的超额收益。梳理耶鲁模式的业绩，其亮眼表现的动力来自三个方面：资产配置、择时和证券选择。

然而耶鲁大学捐赠基金在早期历史上曾因投资组合过度集中产生了灾难性后果。19世纪初，耶鲁大学捐赠基金错误地把大量资金投资于一家银行——雄鹰银行（Eagle Bank）。1825年，除了少数市政项目的股票外，耶鲁大学捐赠基金的其他全部资产都投资于雄鹰银行。结果，雄鹰银行后来倒闭，耶鲁大学捐赠基金投资的资产几乎全部付之东流。这次失败的投资经历导致耶鲁大学几乎破产，它所造成的严重后果一直持续了数十年。这一案例充分说明了集中投资的巨大风险。

资料来源：大卫·史文森. 机构投资的创新之路. 北京：中国人民大学出版社，2015.

企业在进行资本预算决策时，财务经理需要将未来的现金流贴现，这样才能反映出货币的时间价值。到目前为止，我们都还没有介绍项目现金流的贴现率是如何确定的。在确定项目现金流的贴现率之前，我们需要先理解资本市场上风险和收益的内在联系，也即投资的风险决定投资的必要收益率这一原理。

投资风险与收益并存，我国金融市场发展起步相对较晚，仍不成熟，对风险的关注尤为重要。习近平总书记强调，对存在的金融风险点，我们一定要胸中有数，增强风险防范意识，未雨绸缪，密切监测，准确预判，有效防范，不忽视一个风险，不放过一个隐患。企业管理者必须坚持底线思维，认识并重视系统性风险的存在，在参与市场获得收益的同时，防范风险的累积。

本章将围绕风险和收益这一对公司金融中的核心理念展开讨论。首先，讨论风险和收益的基本概念和度量方法；其次，讨论投资组合的风险和收益，介绍现代投资组合理论；最后，探讨资本市场上的资产收益率是如何决定的，介绍资本资产定价模型、因素模型和套利定价理论。

第一节　投资收益

投资收益是指在持有某项资产期间，该资产产生的收入与购买该资产的支出之差。投资收益一般包括两部分：一部分是资产在持有期间产生的直接现金收益；另一部分是持有期末与期初资产价值的变化，它被称为资本利得或资本损失。

以股票投资为例，假设投资者在年初以 P_0 的价格买入某公司的股票，并在年末以 P_1 的价格卖出，该公司在这一年派发了金额为 Div_1 的现金股利。[①] 该项股票的投资收益包括：持有股票期间得到的股利 Div_1，也即投资的直接现金收益；期末与期初股票的增值 P_1-P_0，也即资本利得。所以，股票的投资收益等于资本利得加股利。

上述投资收益是用绝对数值表示的，更通常地，我们会用投资收益率这种相对数值指标来衡量一单位投资资金所能获得的收益。对于前述股票投资，资本利得收益率为 $\frac{P_1-P_0}{P_0}$，股利收益率为 $\frac{Div_1}{P_0}$。将资本利得收益率与股利收益率相加，就得到这一年中投资于该公司股票的投资收益率，用 r 来表示，其计算公式为：

$$r=\frac{P_1-P_0}{P_0}+\frac{Div_1}{P_0}$$

更一般性地，我们用 P_{t-1} 表示 t 期期初（也即 $t-1$ 期期末）的股票价格，用 P_t 表示 t 期期末的股票价格，用 Div_t 表示持有期间（t 期）的股利所得，用 r_t 表示第 t 期的投资收益率，则：

$$r_t=\frac{P_t-P_{t-1}}{P_{t-1}}+\frac{Div_t}{P_{t-1}} \tag{6-1}$$

【例 6-1】　某公司股票年初价格为 40 元，年末价格为 50 元。在该年内，公司支付了每股 2 元的股利。该年该股票的收益率为多少？

① 我们假设现金股利在年末派发。

解：该年股票收益率为：

$$r=\frac{P_1-P_0}{P_0}+\frac{Div_1}{P_0}=\frac{50-40}{40}+\frac{2}{40}=25\%+5\%=30\%$$

其中，资本利得收益率为 25%，股利收益率为 5%。

假设投资者投资并持有一只股票 N 年，股票在持有期内第 t 年的收益率为 r_t，且投资者将每年年末的现金股利再投资到该股票上，则持有 N 年所获得的累计收益率为：

$$\text{持有期收益率}=(1+r_1)(1+r_2)\cdots(1+r_N)-1 \tag{6-2}$$

该收益率被称为持有股票 N 年的持有期收益率（holding period return）。例如，某股票在过去的 3 年中，每年的收益率分别为 10%、−5%和 12%，投资者持有股票 3 年的持有期收益率为：(1+10%)×(1−5%)×(1+12%)−1=1.10×0.95×1.12−1=17%。当然，这 17%的累计收益率隐含着将第 1 年的股利以−5%和 12%的收益率再投资 2 年，将第 2 年的股利以 12%的收益率再投资 1 年的假设。

图 6-1 展示了中国股票市场（以上证 50 指数为例）和国债市场（以上证国债指数为例）从 2005 年 9 月 30 日到 2020 年 9 月 30 日的持有期收益率。2005 年投资于上证 50 指数的 1 元钱 15 年后将变成约 4.07 元，收益率为 307%；投资于上证国债指数的 1 元钱 15 年后将变为约 1.68 元，收益率为 68%。

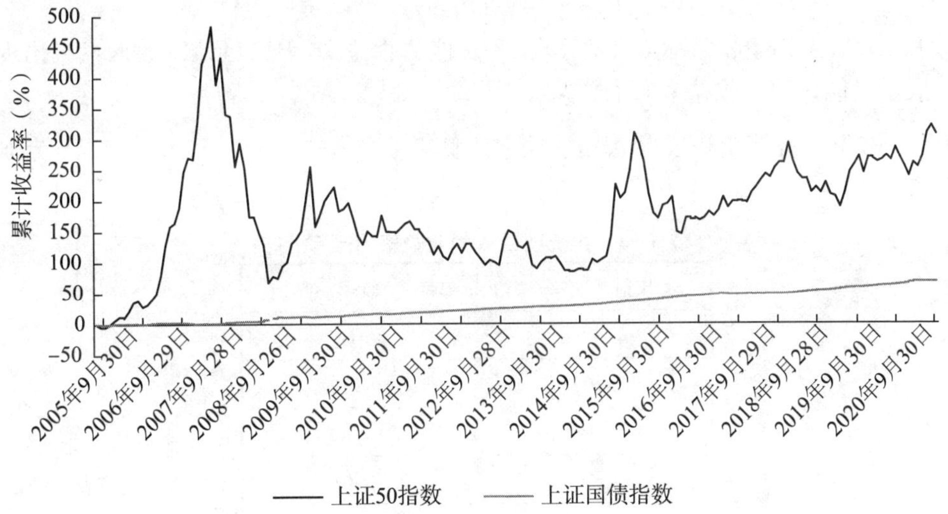

图 6-1 上证 50 指数和上证国债指数的累计收益率

资料来源：Wind 数据库。

第二节 投资风险

从图 6-1 可以看出，股票市场指数的累计收益率远高于国债市场指数，我们是不是就应该投资于收益率高的股票市场？为何有人愿意投资国债市场？这是因为我们还需要考虑另一个重要的因素：投资风险。

我们常常把未来收益的不确定性（uncertainty）称为风险（risk）。投资收益的不确定性是指未来的收益结果可能会偏离预期，投资者事先无法确定最终将会出现哪一种收益结果。不确定性可以分为两种类型：第一种是风险型不确定性，是指投资者虽然无法事先确定最终将出现哪种收益结果，但可以估计所有可能出现结果的概率分布；第二种是完全不确定性，是指投资者不仅无法事先确定最终将出现哪种收益结果，甚至也不了解可能出现结果的概率分布。

本书讨论的是风险型不确定性，也就是说，投资者可以事先确定投资收益可能结果的概率分布。在已知概率分布的情况下，我们一般用期望收益率和方差来描述投资收益率的平均值和离散程度。

一、期望收益率

投资的期望收益率，即投资收益率的期望值，是指所有可能的投资收益率的加权平均值，权重为各种收益率出现的概率。

离散型概率分布的期望收益率按下面的公式计算：

$$E(r)=\sum_{i=1}^{n} P_i r_i \tag{6-3}$$

式中，$E(r)$ 表示期望收益率，r_i 表示第 i 种可能的收益率，P_i 表示第 i 种收益率出现的概率，n 表示可能出现的收益率的个数。

【例 6-2】 若某投资项目 A 的收益率的概率分布如表 6-1 所示，项目 A 的期望收益率为多少？

表 6-1 投资项目 A 的收益率的概率分布

收益率（%）	概率
40	0.10
50	0.20
60	0.40
70	0.20
80	0.10

解：其期望收益率为：

$$E(r)=40\%\times0.10+50\%\times0.20+60\%\times0.40+70\%\times0.20+80\%\times0.10=60\%$$

二、方差和标准差

方差和标准差被用来描述各种可能的投资收益率相对于期望值的离散程度。投资收益率的方差通常用 $\mathrm{var}(r)$ 或者 σ_r^2 来表示：

$$\mathrm{var}(r)=\sum_{i=1}^{n} P_i\,[r_i-E(r)]^2=E\,[r-E(r)]^2=E(r^2)-E(r)^2 \tag{6-4}$$

其中，$\mathrm{var}(r)$ 为方差；$E(r)$，r_i，P_i 和 n 的定义同前。

标准差是方差的算术平方根，记作σ_r，又称波动率（volatility）：

$$\sigma_r=\sqrt{\mathrm{var}(r)} \tag{6-5}$$

【例 6-3】 请计算例 6-2 中项目 A 的收益率的方差和标准差。

解：项目 A 的收益率的方差为：

$$\begin{aligned}\mathrm{var(r)}&=(40\%-60\%)^2\times0.10+(50\%-60\%)^2\times0.20+(60\%-60\%)^2\\&\quad\times0.40+(70\%-60\%)^2\times0.20+(80\%-60\%)^2\times0.10\\&=0.012\end{aligned}$$

标准差为：

$$\sigma_r=\sqrt{0.012}=10.95\%\approx11\%$$

方差（或标准差）越大，说明各种可能的收益结果相对期望收益率的离散程度越大，即风险越大。由于方差（或标准差）的这种特性，尽管它不是度量风险的唯一指标，但从马科维茨（Markowitz，1952）开始，方差（或标准差）就被广泛用来度量投资风险。

表 6-2 给出了中国资本市场上三类证券指数从 2010 年 9 月到 2020 年 9 月的年化月度收益率的均值和标准差。结合图 6-1 可以看出，虽然投资于股票市场的平均收益率高于债券市场，但其风险也远高于债券市场。同时，在不同的投资类别中，随着平均收益率的增加，收益率的标准差也相应地上升。

表 6-2 中国资本市场证券指数的历史年化月度收益率的均值和标准差

	均值（%）	标准差（%）
创业板指数	14.42	32.77
上证 50 指数	7.94	24.19
上证国债指数	3.66	0.83

资料来源：Wind 数据库。

第三节 投资组合理论简介

前面介绍了单个证券的期望收益率和标准差的计算方法，在现实中，投资者往往不会将所有资金投资于一种资产，而是会同时持有多种证券或资产，也即持有投资组合（portfolio）。投资组合就是多种资产构成的资产集合。显然，风险厌恶型的投资者①总是希望选

① 我们通常假设人们对待风险的态度是厌恶风险的。

择高期望收益率、低风险的投资组合。现代投资组合理论的分析框架正是基于投资者对资产组合的期望收益率和标准差的选择。因此，我们需要学习如何计算投资组合的期望收益率和标准差。

一、投资组合的风险和收益

假设投资组合P由 N 种风险资产构成，这 N 种资产的收益率向量为 $(r_1, r_2, \cdots, r_N)$，投资组合中每种资产的价值的比重用权重向量 $(x_1, x_2, \cdots, x_N)$ 表示，满足 $\sum_{i=1}^{N} x_i = 1$。每个权重向量 $(x_1, x_2, \cdots, x_N)$ 就是一个投资组合。

投资组合中的每一种风险资产的收益率是一个随机变量，由这 N 种资产构成的投资组合的收益率也是随机变量，用 r_P 来表示投资组合的收益率，其等于组合中每种资产收益率的加权平均：

$$r_P = x_1 r_1 + x_2 r_2 + \cdots + x_N r_N \tag{6-6}$$

投资组合的期望收益率就是组合中每个证券期望收益率的加权平均，即：

$$E(r_P) = \mu_P = E\left(\sum_{i=1}^{N} x_i r_i\right) = \sum_{i=1}^{N} x_i E(r_i) \tag{6-7}$$

N 个证券构成的投资组合的方差由下式给出：

$$\mathrm{var}\,(r_P) = \sigma_P^2 = \mathrm{var}\left(\sum_{i=1}^{N} x_i r_i\right) = \sum_{i=1}^{N}\sum_{j=1}^{N} x_i x_j \mathrm{cov}(r_i, r_j) \tag{6-8}$$

其中，$\mathrm{cov}(r_i, r_j)$ 表示证券 i 和 j 收益率之间的协方差(covariance)。协方差衡量的是两个证券收益率相互影响的大小和方向。协方差为正意味着两个证券收益率同向变动；协方差为负意味着两个证券收益率反向变动；协方差为零意味着两个证券收益率线性不相关。协方差的计算公式为：

$$\mathrm{cov}(r_i, r_j) = \sigma_{ij} = E\left\{[r_i - E(r_i)][r_j - E(r_j)]\right\} = \rho_{ij}\sigma_i\sigma_j \tag{6-9}$$

其中，ρ_{ij} 为证券 i 和 j 收益率的相关系数（correlation)。相关系数的取值总是在－1 和 1 之间变动。相关系数等于 1，说明两个证券的收益率完全正相关；如果相关系数等于－1，则说明两个证券的收益率完全负相关。

由式（6－8）可以看出，投资组合的方差大小更多地取决于组合中各证券之间的协方差而非每个证券自身的方差（即证券自身与自身的协方差)。式（6－8）中投资组合的方差可以进一步写成：

$$\sigma_P^2 = \sum_{i=1}^{N}\sum_{j=1}^{N} x_i x_j \sigma_{ij} = \sum_{i=1}^{N} x_i^2 \sigma_i^2 + \sum_{i\neq j} x_i x_j \sigma_{ij} \tag{6-10}$$

或者

$$\sigma_P^2 = \sum_{i=1}^{N}\sum_{j=1}^{N} x_i x_j \sigma_{ij} = \sum_{i=1}^{N} x_i \left(\sum_{j=1}^{N} x_j \sigma_{ij}\right) = \sum_{i=1}^{N} x_i \sigma_{iP} \tag{6-11}$$

其中

$$\sigma_{iP}=\sum_{j=1}^{N}x_j\sigma_{ij}=\mathrm{cov}\left(r_i,\ \sum_{j=1}^{N}x_jr_j\right)=\mathrm{cov}(r_i,\ r_P)$$

也就是说，投资组合的方差可以写成 N 项方差与 N^2-N 项协方差的和［见式（6-10）］，也可以写成组合中每一个证券与组合收益的协方差的加权平均值［见式（6-11）］。因此，单个证券对组合风险的贡献取决于它与组合收益的协方差。

【例 6-4】 某投资组合由三只股票构成，这三只股票的权重和期望收益率以及两两之间的协方差如表 6-3 所示。请计算投资组合的期望收益率和标准差。

表 6-3 投资组合的基本情况

股票	权重	期望收益率	协方差		
			A	B	C
A	0.3	2%	0.25	0	0.05
B	0.4	3%	0	0.25	−0.02
C	0.3	1%	0.05	−0.02	0.25

解：投资组合的期望收益率为：

$$\begin{aligned}E(r_P)&=x_AE(r_A)+x_BE(r_B)+x_CE(r_C)\\&=0.3\times0.02+0.4\times0.03+0.3\times0.01=0.021=2.1\%\end{aligned}$$

投资组合期望收益率的方差为：

$$\begin{aligned}\sigma_P^2&=x_A^2\sigma_A^2+x_B^2\sigma_B^2+x_C^2\sigma_C^2+2x_Ax_B\sigma_{A,B}+2x_Ax_C\sigma_{A,C}+2x_Bx_C\sigma_{B,C}\\&=0.3^2\times0.25+0.4^2\times0.25+0.3^2\times0.25+2\times0.3\times0.3\times0.05+2\times0.4\\&\quad\times0.3\times(-0.02)\\&=0.0892\end{aligned}$$

投资组合期望收益率的标准差为：

$$\sigma_P=\sqrt{0.0892}=29.87\%$$

二、投资组合风险的分散化

在例 6-4 中，尽管每一只股票收益率的标准差都是 50%，但投资组合收益率的标准差只有 29.87%，远小于这三只股票收益率标准差的加权平均值。通常情况下，投资组合的收益率标准差都会小于组合中各个证券收益率标准差的加权平均值，这就是投资组合的风险分散化效应，这也是我们构建投资组合的原因。

关于投资组合的风险分散化效应，我们通过最简单的等权重分散化来说明。假设投资者持有一个包含 N 个证券的等权重投资组合，组合中每个资产的权重均为 $1/N$。由公式（6-10）可知，投资组合的风险为：

$$\sigma_P{}^2 = \frac{1}{N^2}\sum_{i=1}^{N}\sigma_i{}^2 + \frac{1}{N^2}\sum_{i\neq j}\sigma_{ij}$$

我们定义这 N 个证券收益率方差的平均值为 $\bar{\sigma}^2$，两两证券之间协方差的平均值为 $\overline{\text{cov}}$，也即：

$$\bar{\sigma}^2 = \frac{1}{N}\sum_{i=1}^{N}\sigma_i{}^2,\ \overline{\text{cov}} = \frac{1}{N^2 - N}\sum_{i\neq j}\sigma_{ij}$$

则投资组合收益率的方差为：

$$\sigma_P{}^2 = \frac{1}{N}\bar{\sigma}^2 + \frac{N^2 - N}{N^2}\overline{\text{cov}} = \frac{1}{N}\bar{\sigma}^2 + \left(1 - \frac{1}{N}\right)\overline{\text{cov}} \xrightarrow{N\to\infty} \overline{\text{cov}} \qquad (6-12)$$

这个式子说明了分散化对于投资组合风险的影响：投资组合收益率的方差包括两个部分——单个证券的平均方差和证券间的平均协方差。随着投资组合中证券数量 N 的增加，投资组合的分散程度增加，单个证券的收益率方差对投资组合收益率方差的影响会逐渐趋于消失，投资组合收益率的方差会无限接近于证券两两间协方差的平均值 $\overline{\text{cov}}$。

应用纽约证券交易所股票数据，图 6-2 直观地展示了投资组合分散化的影响。[①] 该图显示了随机抽取纽交所股票所构成的等权重组合的平均年度标准差随着投资组合中股票数量的增加而变化的情况。总体来说，随着加入组合的股票数量的增加，投资组合的标准差会下降。也就是说，通过构建投资组合，可以分散一部分风险，这部分被分散的风险被称

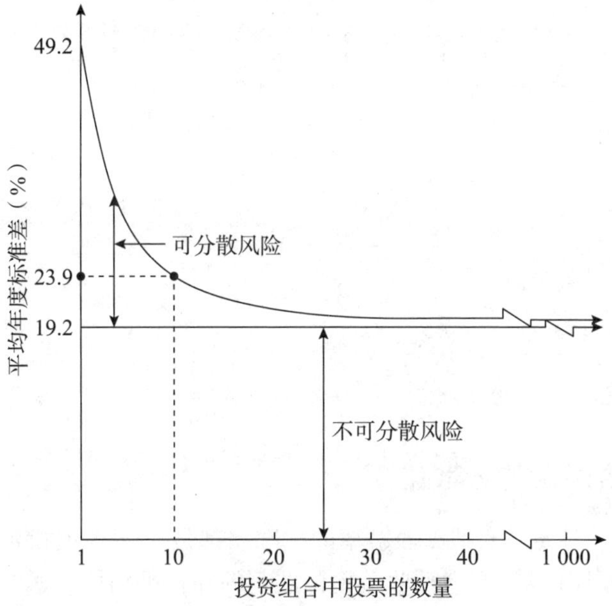

图 6-2　投资组合风险的分散化

① Statman, M. "How Many Stocks Make a Diversified Portfolio?" *Journal of Financial and Quantitative Analysis*, 1987 (22): 353-363.

为非系统性风险。但同时，组合的标准差无法下降到零，存在一个不能通过分散化来简单化解的最低风险水平。这部分无论组合中股票的数量如何增加都不能被分散的风险被称为系统性风险。对照式（6-12），当组合中证券数量足够多时，通过分散化能被消除的非系统性风险部分是单个证券收益率方差的平均值 $\bar{\sigma}^2$，而无法通过简单分散化消除的系统性风险部分则是两两证券间协方差的平均值 $\overline{\text{cov}}$。

也就是说，组合的风险可以分解为非系统性风险和系统性风险。类似地，我们也可以把单个证券收益率的风险分解为非系统性风险和系统性风险。前面我们说过，风险是未来收益率的不确定性。证券收益率的不确定性通常源于两类消息：一类为公司特有的消息，该类消息只影响本公司股票，不会影响其他公司股票或市场整体，例如某公司 CEO 意外丧生。另一类为关于整个市场的消息，该类消息会影响市场上所有公司的股票，例如通货膨胀率出乎意料地下降。公司特有的消息导致的股票收益率的不确定性被称为非系统性风险，又叫公司特有风险或特质风险。这类风险可以通过分散化在投资组合中被消除。关于整个市场的消息导致的股票收益率的不确定性被称为系统性风险，又叫市场风险或不可分散风险。这类风险不能通过投资组合的分散化被消除。

三、最优投资组合的选择

在理解了投资组合的期望收益率和风险的度量与计算之后，投资者将如何构造有效投资组合，并选择最优投资组合呢？下面我们就从仅包含两种风险资产时的投资组合选择讲起，然后讨论投资者在面对所有风险资产时的选择，最后学习既有风险资产又有无风险资产时的投资组合选择。

（一）仅包含风险资产时的投资组合选择

（1）两种风险资产构成的投资组合。

前面介绍过，组合的期望收益率是组合中每个证券期望收益率的加权平均，组合的方差是组合中每个证券与投资组合之间的协方差的加权平均。对于只有两种证券的投资组合来说，期望收益率和方差为：

$$E(r_P)=x_1E(r_1)+x_2E(r_2) \tag{6-13}$$

$$\sigma_P{}^2 = x_1{}^2\sigma_1{}^2+x_2{}^2\sigma_2{}^2+2x_1x_2\sigma_{12} = x_1{}^2\sigma_1{}^2+x_2{}^2\sigma_2{}^2+2x_1x_2\rho_{12}\sigma_1\sigma_2 \tag{6-14}$$

标准差为：

$$\sigma_P=\sqrt{x_1{}^2\sigma_1{}^2+x_2{}^2\sigma_2{}^2+2x_1x_2\rho_{12}\sigma_1\sigma_2}$$

可以看出，投资组合的期望收益率与两种资产之间的相关系数 ρ 无关，而投资组合收益率的标准差则与两种资产收益率之间的相关系数有关。也就是说，相关系数 ρ_{12} 的变化将改变投资组合的风险状况。下面我们针对 $\rho_{12}=1$，$\rho_{12}=0$，$\rho_{12}=-1$ 三种特殊情况分别讨论投资组合的期望收益率和方差随组合权重的调整而变化的情况。在以下讨论中假设不允许买空卖空，所以 $0\leqslant x_1$，$x_2\leqslant 1$。

① $\rho_{12}=1$。

当投资组合中的两个证券的收益率完全正相关时，组合的标准差可简化为：

$$\sigma_P=\sqrt{x_1^2\sigma_1^2+x_2^2\sigma_2^2+2x_1x_2\sigma_1\sigma_2}$$
$$=\sqrt{(x_1\sigma_1+x_2\sigma_2)^2}$$
$$=x_1\sigma_1+x_2\sigma_2$$

也就是说，组合的标准差等于每个证券标准差的加权平均。此时，分散化没有降低组合风险的效果。例如，当$\sigma_1=\sigma_2=\sigma$，$x_1=x_2=0.5$时，

$$\sigma_P=0.5\sigma+0.5\sigma=\sigma$$

组合收益率的标准差和单个证券的收益率的标准差相等。

② $\rho_{12}=0$。

当组合中两个证券的收益率之间不存在线性相关性时，组合的标准差为：

$$\sigma_P=\sqrt{x_1^2\sigma_1^2+x_2^2\sigma_2^2}$$

由于两个证券收益率不相关，可以通过分散化降低组合风险。例如，当$\sigma_1=\sigma_2=\sigma$，$x_1=x_2=0.5$时，

$$\sigma_P=\sqrt{0.25\sigma^2+0.25\sigma^2}\approx 0.71\sigma$$

组合比单个证券的收益率的标准差降低了大约30%。

③ $\rho_{12}=-1$。

当投资组合中的两个证券的收益率完全负相关时，组合的标准差为：

$$\sigma_P=\sqrt{x_1^2\sigma_1^2+x_2^2\sigma_2^2-2x_1x_2\sigma_1\sigma_2}=\sqrt{(x_1\sigma_1-x_2\sigma_2)^2}=|x_1\sigma_1-x_2\sigma_2|$$

此时，令$x_1\sigma_1-x_2\sigma_2=0$，即$x_1=\sigma_2/(\sigma_1+\sigma_2)$，$x_2=\sigma_1/(\sigma_1+\sigma_2)$时，两个证券的收益波动相互抵消，组合收益率的标准差将为零，组合的风险被完全消除。

【例6-5】 假设两个证券D和E，E的期望收益率为30%，收益率标准差为40%，D的期望收益率为10%，收益率标准差为15%，相关系数为ρ，投资者将1/4的资金投资于E，3/4的资金投资于D，该投资组合的期望收益率为：

$$\frac{1}{4}E(r_E)+\frac{3}{4}E(r_D)=\frac{1}{4}\times 30\%+\frac{3}{4}\times 10\%=15\%$$

收益率标准差为：

$$\sigma_P=\sqrt{\left(\frac{1}{4}\right)^2\times(40\%)^2+\left(\frac{3}{4}\right)^2\times(15\%)^2+2\times\frac{1}{4}\times\frac{3}{4}\times\rho\times 40\%\times 15\%}$$
$$=\sqrt{0.023+0.0225\rho}$$

若$\rho=1$，投资组合收益率的标准差为$\sqrt{0.023+0.0225\times 1}=21.33\%$。

若$\rho=-1$，投资组合收益率的标准差为$\sqrt{0.023+0.0225\times(-1.0)}=2.24\%$。

若$\rho=0$，投资组合收益率的标准差为$\sqrt{0.023+0.0225\times 0}=15.17\%$。

若$\rho=-0.4$，投资组合收益率的标准差为$\sqrt{0.023+0.0225\times(-0.4)}=11.83\%$。

图 6-3 给出了 $\rho=1$，$\rho=0$，$\rho=-0.4$ 和 $\rho=-1$ 时，由 E 和 D 构成的所有可能的投资组合，也称为投资可行集（feasible set）。图中横坐标为投资组合收益率的标准差，纵坐标为期望收益率。当 E 和 D 的相关系数为 1 时，两只股票收益率完全正相关，投资组合的风险等于两只股票风险的加权平均，意味着分散化没能降低组合的风险，因此，可行集为直线。当 E 和 D 的相关系数小于 1 时，分散效应会降低投资组合的风险，因此，投资可行集向左弯曲。另外，组合风险分散效应会随着 E 和 D 相关系数的减小而增加，因此，随着相关系数的减小，投资可行集向左弯曲的幅度越来越大。在相关系数为 −1 时，两只股票收益率完全负相关，投资曲线变为由两条射线构成的折线，并能在某个权重实现组合风险完全分散。

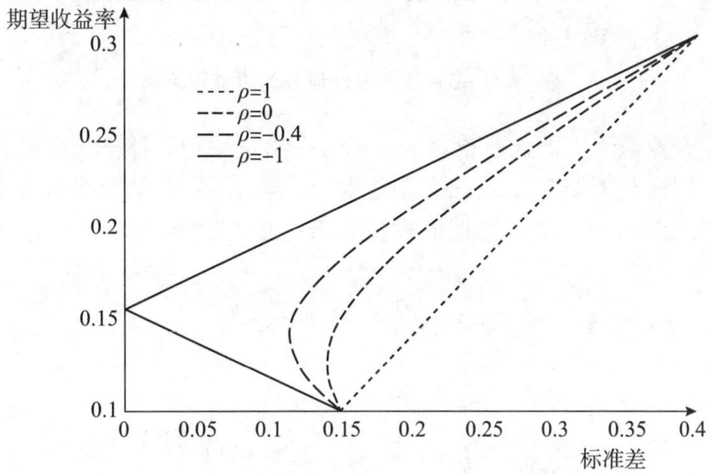

图 6-3　不同相关系数下两种风险资产构成的投资可行集

（2）多种风险资产构成的投资组合。

上面讨论了两种风险资产构成的投资组合的收益率和风险，下面介绍当投资组合包含多于两种证券时的情况。

由式（6-7），包含多种证券的投资组合的期望收益率是每个证券期望收益率的加权平均；组合收益的方差和标准差可以由式（6-8）得到。与包含两种证券时不同的是，多种风险资产在期望收益率-标准差平面上构造的投资组合的可行集不再是一条简单的曲线，而是如图 6-4 所示的一个有边界区域。这个区域里的不同点代表了不同权重组合下投资组合的期望收益率和风险。对每个给定的期望收益率，我们都能找到风险最小的投资组合所代表的点，这些点都位于投资可行集的左侧边界，被称为最小方差边界（minimum variance frontier）。在最小方差边界上的投资组合中，我们还能找到一个全局最小方差投资组合（global minimum variance portfolio），该组合是投资可行集里方差最小的组合，是投资可行集中最凸向左侧的那个点。

同样，对于给定的风险水平，我们能在可行集中找到期望收益率最大的组合，我们称之为有效组合，最小方差边界上的有效组合部分被称为有效边界。如图 6-5 所示，在最小方差边界上全局最小方差投资组合右上方的这一段曲线即为多种风险资产构成的投资组

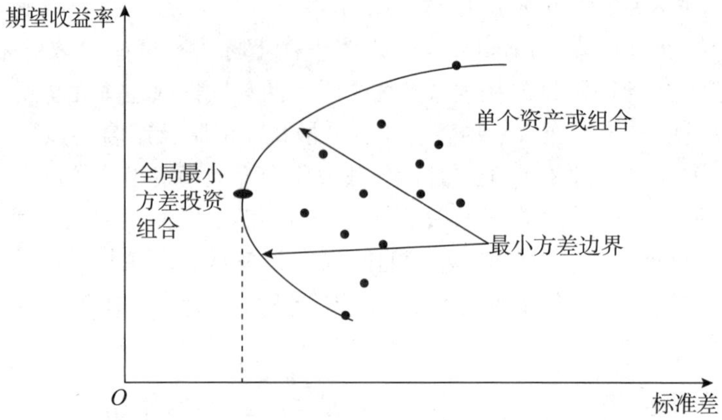

图 6-4　多种风险资产形成的投资可行集

合的有效边界。有效边界上的任意投资组合都是在给定期望收益率下标准差最小的投资组合，也是在给定标准差下期望收益率最高的投资组合。因此，如果投资者根据资产的期望收益率和标准差来选择，风险厌恶型的投资者选择的最优风险资产组合一定位于有效边界上。

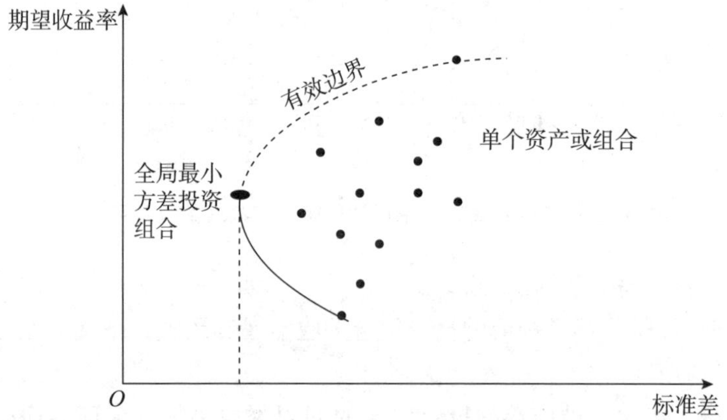

图 6-5　多种风险资产构成的投资组合的有效边界

（3）无差异曲线与仅包含风险资产时的最优投资组合。

为投资者带来相同效用水平的具有不同标准差和期望收益率的资产的集合被称为无差异曲线。如图 6-6 所示，I_1、I_2、I_3 为某个投资者的三条无差异曲线，每条无差异曲线上的所有组合对该投资者来说期望效用相同。对于风险厌恶型的投资者而言，为了得到相同的效用，资产或资产组合的风险越高，投资者所要求的期望收益率就越高，无差异曲线展示了投资者在风险与收益之间的权衡，因此，风险厌恶型投资者的无差异曲线在图 6-6 所示的期望收益率-标准差平面上斜率为正，并且，风险厌恶程度越高的投资者，其无差异曲线的斜率越大。同时，给定风险下期望收益率越高的资产组合和给定期望收益率下风险越小的资产组合带来的效用越高，因此三条无差异曲线的效用水平排序为 $I_3 > I_2 >$

I_1 。同一投资者的任何两条无差异曲线不能相交。

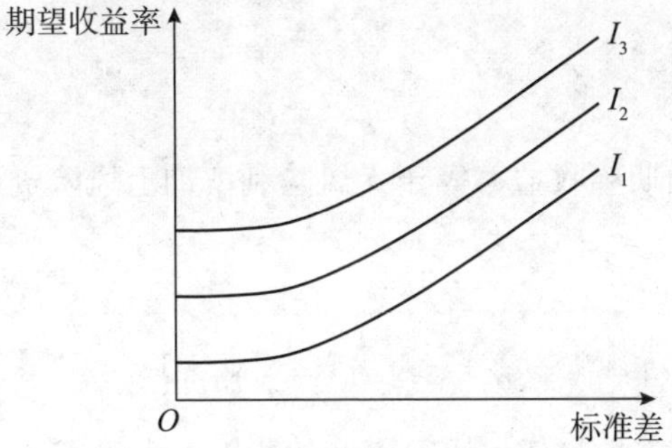

图 6-6 投资者的无差异曲线

之前我们说过，风险厌恶型的投资者选择的最优风险资产组合一定位于有效边界上。给定投资者的无差异曲线，投资者一定会选择有效边界上能够触及最高的无差异曲线的投资组合来最大化投资者的效用。也就是说，在只包含风险资产时，投资者的最优投资组合为图 6-7 所示的无差异曲线与有效边界相切的切点 P 所代表的风险资产组合。

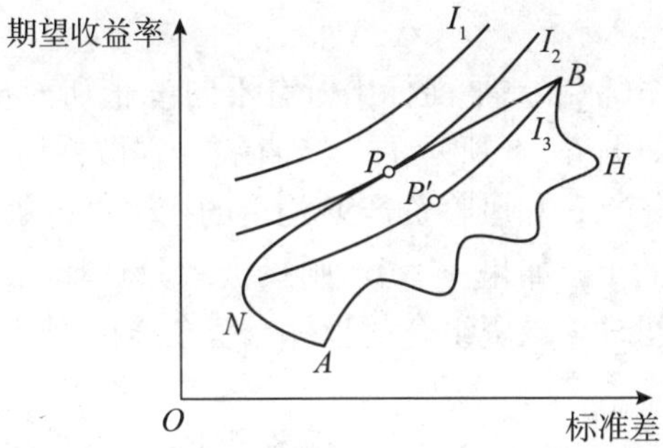

图 6-7 仅包含风险资产时的最优投资组合

(二) 包含无风险资产时的投资组合选择

在前面的分析中，我们考虑了投资者在只包含风险资产的组合中的选择问题。投资者会根据自己对风险和收益的偏好，选择有效边界上使自己效用最大化的投资组合，也即无差异曲线与有效边界的切点投资组合。下面我们将考虑投资者可以同时投资无风险资产和风险资产时的选择问题。

(1) 无风险资产和风险资产的组合。

假设投资者在无风险资产 F 和风险资产 P 之间进行资金配置，构造的投资组合定义为 C。无风险资产 F 的收益率为 $r_f=7\%$，标准差为 $\sigma_f=0$。风险资产 P 的期望收益率为 $E(r_P)=15\%$，标准差为 $\sigma_P=22\%$。因此，风险资产 P 的风险溢价①为 $E(r_P)-r_f=8\%$。

假设风险资产 P 和无风险资产 F 在投资组合中的权重分别为 y 和 $1-y$，则投资组合 C 的期望收益率为：

---

① 风险资产的期望收益率与无风险利率的差即为风险资产的风险溢价。

$$E(r_C)=y\cdot E(r_P)+(1-y)\cdot r_f=r_f+y\cdot[E(r_P)-r_f] \tag{6-15}$$

代入数据得到：

$$E(r_C)=7\%+y\cdot 8\%$$

也就是说，组合 C 的期望收益率等于无风险利率加上风险资产的风险溢价与风险资产权重的乘积。

组合 C 的方差为：

$$\sigma_C{}^2=y^2\sigma_P{}^2+(1-y)^2\sigma_f{}^2+2y(1-y)\sigma_{PF} \tag{6-16}$$

由于无风险资产的方差为零，与任何风险资产的协方差也为零，因此，上式化简为：

$$\sigma_C{}^2=y^2\sigma_P{}^2$$

我们假设不允许卖空风险资产 P，也即 $y>0$，所以，组合 C 的标准差为：

$$\sigma_C=y\cdot\sigma_P \tag{6-17}$$

代入数据得到：

$$\sigma_C=y\cdot 22\%$$

如果我们在期望收益率-标准差平面标出所有不同 y 值所对应的组合 C 的期望收益率和标准差的配对，将会是如图 6-8 所示的一条直线，它被称为资本配置线（capital allocation line），也即无风险资产 F 和风险资产 P 构造的投资可行集。当投资者只选择风险资产时，$y=1$，整个组合即为 P。如果 $y=0$，则投资者只选择无风险资产时，整个组合即为 F。当 y 介于 0 和 1 之间时，投资组合的坐标点落在连接 F 点和 P 点的直线上。

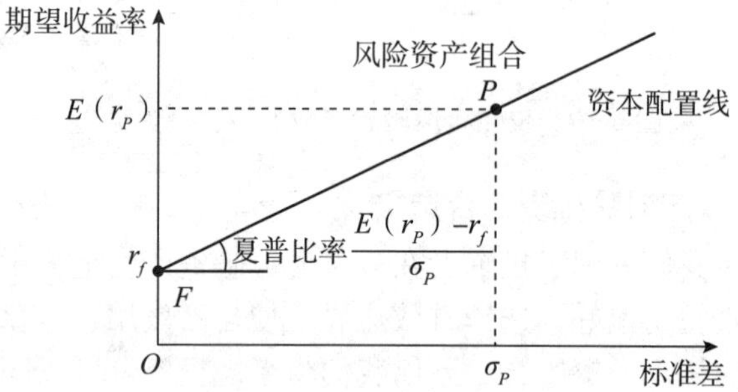

图 6-8　资本配置线

为了得到直线的方程，我们从组合 C 的标准差 $\sigma_C=y\cdot\sigma_P$ 中解出风险资产权重 $y=\sigma_C/\sigma_P$，代入组合 C 的期望收益率中，得到描述组合 C 的期望收益率与标准差之间权衡关系的资本配置线的表达式：

$$E(r_C)=r_f+\frac{E(r_P)-r_f}{\sigma_P}\sigma_C \tag{6-18}$$

资本配置线的截距为无风险资产的收益率 r_f，斜率为 $\frac{E(r_P)-r_f}{\sigma_P}$。这个斜率被称为夏普比率（Sharpe ratio），它衡量了每增加一单位风险（标准差）整个投资组合C增加的风险溢价。

【例 6-6】 某投资者的本金为 20 000 元，并以无风险利率借款 4 000 元，将所有资金投资于股票P。此时，我们得到了一个有杠杆的投资组合C，组合投资于股票P的权重为 $y=\frac{24\ 000}{20\ 000}=1.2$，投资于无风险资产F的权重为 $1-y=1-1.2=-0.2$，意味着无风险资产为空头头寸。

如果股票P的期望收益率 $E(r_P)=25\%$，标准差 $\sigma_P=50\%$，无风险利率 $r_f=3\%$，则组合C的期望收益率和标准差为多少？

解：该投资组合的期望收益率为：

$$E(r_C)=r_f+y\cdot[E(r_P)-r_f]=0.03+1.2\times(0.25-0.03)=0.294=29.4\%$$

该投资组合的标准差为：

$$\sigma_C=y\cdot\sigma_P=1.2\times0.5=0.6$$

其标准差高于股票P的标准差。这个投资组合在资本配置线图形上的位置位于组合P的右上方。

该投资组合的夏普比率为：

$$\frac{E(r_P)-r_f}{\sigma_P}=\frac{0.25-0.03}{0.5}=0.44$$

（2）最优风险资产组合的选择。

上面我们介绍了一种无风险资产和一种风险资产构造的投资可行集，也即资本配置线。现实中可供投资者选择的风险资产有很多，投资者可在无风险资产和由多种风险资产构成的组合之间构建投资组合。只要我们知道风险资产组合的期望收益率和标准差，就可以按照上面的方法构建其与无风险资产间的资本配置线。

如图 6-9 所示，连接无风险资产与风险资产可行集内任意一个资产组合的直线都构成了一条资本配置线，那么哪条资本配置线对投资者来说是最优的呢？在所有可能的资本配置线中，最优资本配置线一定是通过无风险资产与风险资产有效边界相切的那条切线，因为其斜率最大。我们知道资本配置线的斜率即夏普比率衡量了每单位风险（标准差）的风险溢价，而资本配置线上投资组合的风险溢价等于其风险（标准差）与夏普比率的乘积。因此，如图 6-9 所示，作为斜率最大的资本配置线，切线资本配置线上的投资组合会提供任意给定风险水平下的最高风险溢价。

对于所有投资者来说，无论其风险厌恶程度如何，通过无风险资产与风险资产有效边界相切的切线都是其最优资本配置线，因此切点组合都是其最优风险资产组合。同

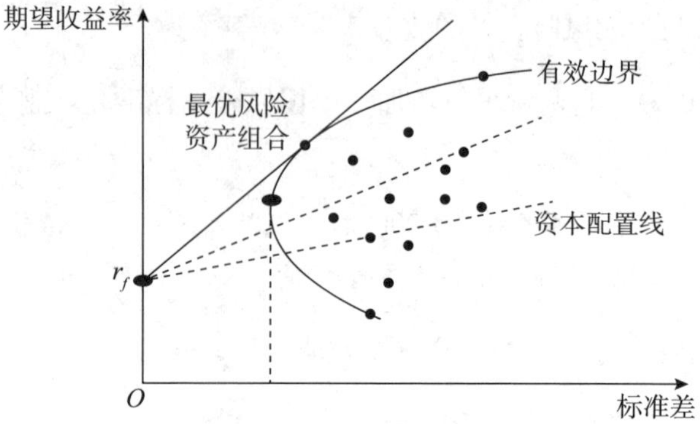

图 6-9　资本配置线与最优风险资产组合

时，经过无风险资产与切点组合的最优资本配置线也是包括无风险资产和多种风险资产构造的投资组合的有效边界，而切点组合是风险资产组合中唯一位于所有资产有效边界上的投资组合。

（3）最优投资组合的选择。

在图 6-7 中，我们分析了在只包含风险资产时，投资者选择的最优投资组合为无差异曲线与风险资产有效边界相切的切点所代表的资产组合。现在，在引入无风险资产后，我们知道包括无风险资产和风险资产在内所有资产的有效边界是通过无风险资产与风险资产有效边界相切的最优资本配置线。因此，此时投资者将根据其风险厌恶程度，选择最优资本配置线上能够最大化投资者效用的资产组合，也即最优资本配置线上能够触及最高无差异曲线的投资组合，如图 6-10 所示，这也就是投资者的无差异曲线与最优资本配置线相切的切点投资组合 C^*。此时的最优投资组合 C^* 中一部分资金（y^*）投资于最优风险资产组合 P^*，另一部分资金（$1-y^*$）投资于无风险资产 F。

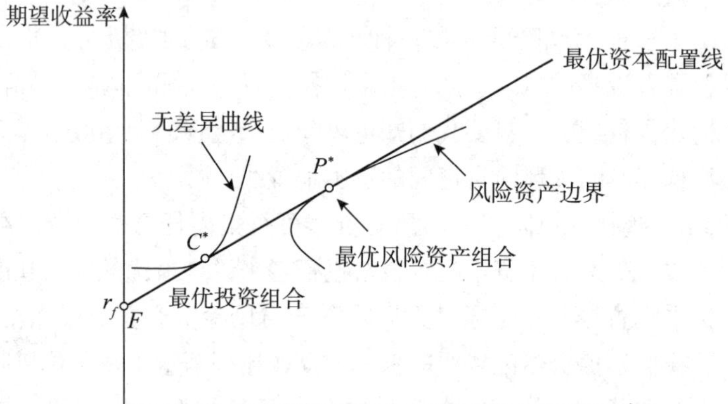

图 6-10　包含无风险资产和风险资产的有效边界和最优投资组合

第四节 资本资产定价模型

一、市场均衡与资本市场线

根据前面投资组合理论的分析，无论投资者的风险偏好如何，其选择的最优投资组合都是由无风险资产和风险资产有效边界的切点组合构成的。也就是说，所有投资者的最优资产组合中都包含了切点组合（最优风险资产组合）。下面，我们来分析市场均衡时切点组合的特征。

我们首先做出如下假设：

假设一：沿用前面投资组合理论分析的假设，所有投资者都根据资产的期望收益率和标准差来做出选择，最大化自己的效用。

假设二：所有投资者具有同质预期（homogeneous expectation）。同质预期意味着投资者对于风险资产的期望收益、方差以及两两之间的协方差有着相同的预期，这也意味着所有投资者面对着相同的风险资产的可行集和有效边界。

假设三：所有投资者能以相同的无风险利率借和贷。

基于以上三个假设，所有投资者面对着相同的风险资产有效边界和无风险利率，因此，也面对着相同的所有资产的有效边界和切点投资组合。上面我们分析过，无论投资者的风险偏好如何，他们的最优资产组合都将一部分资金（比例为 y^*）投入了切点组合，另一部分资金（比例为 $1-y^*$）投入了无风险资产。所以，只需要这两种基金（切点组合、无风险资产）就能满足所有投资者的需求，这一结论被称为分离定理（separation theorem）。

因为所有投资者都持有同一个风险资产组合——切点组合，因此，当市场均衡时，资本市场上的每一种风险资产都必然包含在切点组合中。如果市场上的某一种资产不在切点组合中，就意味着所有投资者都没有持有它，对其没有需求，这必然不是供需均衡的状态。需求的低下会使该资产的价格下降，期望收益率上升，从而提高投资者对其的需求，最终使其成为切点组合的一部分，达到均衡。同样，当市场均衡时，切点组合中每种风险资产的构成比重也必然与资本市场中各风险资产的比重相同，所以切点组合的构成与资本市场上风险资产的构成完全相同，也就是说，切点组合就是市场组合（market portfolio）。所谓市场组合，就是指所有风险资产的比重构成与其在市场中的价值比重构成相同的组合。市场组合中每一种资产的权重为：

$$x_i=\frac{\text{资产 } i \text{ 的市场总价值}}{\text{所有资产的市场总价值之和}}$$

市场组合的收益率为：

$$r_m=\sum_{i=1}^{N} x_i r_i \qquad (6-19)$$

根据以上分析，当市场均衡时，所有投资者持有的切点组合为市场组合，投资者根据自己的风险偏好，选择最优资产组合，在无风险资产与市场组合之间进行资本配置。此时的最优资本配置线是包括无风险资产与风险资产组合的有效边界，更是连接无风险资产与市场组合的直线，被称为资本市场线（capital market line），如图 6 - 11 所示。因为此时的资本市场线是包括无风险资产与风险资产组合的有效边界，所以其上的所有投资组合都是有效投资组合。根据之前介绍的资本配置线的方程，我们知道资本市场线的表达式为：

$$E(r_P)=r_f+\frac{E(r_m)-r_f}{\sigma_m}\sigma_P \tag{6-20}$$

式中，$E(r_m)$ 和 σ_m 分别表示市场组合的期望收益率和标准差，在实践中，我们通常采用股票市场上具有广泛代表性的指数作为市场组合的代理，例如，在美国市场用标准普尔500 指数代理市场组合。$E(r_P)$ 和 σ_P 分别表示资本市场线上投资组合的期望收益率和标准差。也就是说，在市场均衡时，有效边界上的投资组合的期望收益率由其总风险 σ_P 与市场组合的夏普比率的乘积，再加上无风险利率来决定。

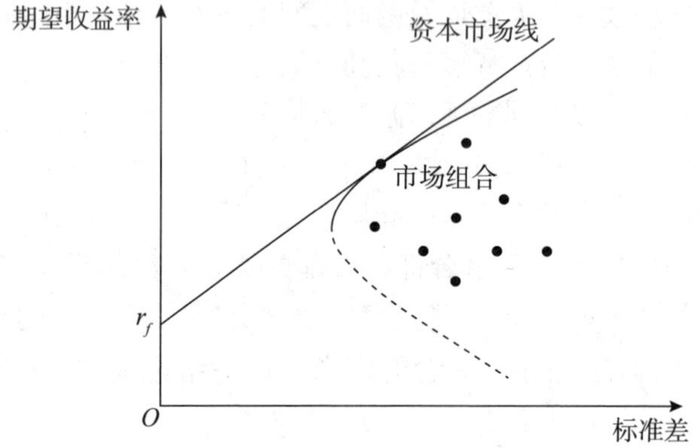

图 6 - 11　资本市场线

二、市场均衡时的资产期望收益率

我们知道，当市场均衡时，投资者唯一愿意持有的风险资产组合是市场组合。同时，我们也知道了有效边界（资本市场线）上的投资组合的期望收益率是如何确定的，那么，不在有效边界上的单个风险资产或组合的期望收益率怎么确定呢？

根据式（6 - 11），市场组合的总风险可以表达为：

$$\sigma_m^2=\sum_{i=1}^{N}x_i\operatorname{cov}(r_i,r_m)$$

也就是说，市场组合的总风险等于组合中每个风险资产的收益率与市场收益率之间协方差的加权平均。当市场均衡时，因为投资者持有的都是市场组合，任何单个风险资产只是作为市场组合的一部分出现在投资者的资产中，所以投资者承担的来自单个资产 i 的风险是其对市场组合的风险的贡献 $x_i\operatorname{cov}(r_i,r_m)$。

根据式（6－19），市场组合的期望收益率为：

$$E(r_m)=\sum_{i=1}^{N} x_i E(r_i)$$

其风险溢价为：

$$E(r_m)-r_f=\sum_{i=1}^{N} x_i[E(r_i)-r_f]$$

所以，对于投资者而言，来自资产 i 的收益为风险资产 i 对市场组合的风险溢价的贡献 $x_i[E(r_i)-r_f]$，则风险资产 i 对于投资者的收益风险比为 $\frac{x_i[E(r_i)-r_f]}{x_i\text{cov}(r_i, r_m)}=\frac{E(r_i)-r_f}{\text{cov}(r_i, r_m)}$。

当市场均衡时，投资者愿意持有市场组合，则任意两种资产的收益风险比都应该相同，否则将不是均衡状态。如果某一资产的该比例大于其他资产，则所有投资者都将倾向于购买该资产而卖掉或不投资其他资产，于是该资产价格将上升，收益率和收益风险比都将下降，直到这一比例相等，达到均衡状态。

如果任意资产的收益风险比都相等，则这一比例也一定等于市场组合的收益风险比。市场组合的收益风险比为 $\frac{E(r_m)-r_f}{\sigma_m^2}$，通常也被称为风险的市场价格，衡量的是投资者承担的单位风险的收益补偿。

通过以上分析，我们得出，当市场均衡时，单个资产的收益风险比应该与市场组合的相等：

$$\frac{E(r_i)-r_f}{\text{cov}(r_i, r_m)}=\frac{E(r_m)-r_f}{\sigma_m^2}$$

将上式变换一下，得到：

$$E(r_i)=r_f+\frac{\text{cov}(r_i, r_m)}{\sigma_m^2}[E(r_m)-r_f] \tag{6-21}$$

这里 $\frac{\text{cov}(r_i, r_m)}{\sigma_m^2}$ 等于资产 i 的收益和市场收益的协方差与市场收益方差的比值，反映了资产 i 的收益率相对市场组合收益率变动的敏感性，我们定义其为资产 i 的贝塔系数 β_i。

$$\beta_i=\frac{\text{cov}(r_i, r_m)}{\sigma_m^2} \tag{6-22}$$

贝塔系数反映了资产收益与市场共同变动的趋势和幅度，我们用贝塔系数来衡量资产 i 的系统性风险。在式（6－22）中，σ_m^2 表示市场组合的收益率方差，它度量了市场组合的风险。前面我们介绍过，非系统性风险可以通过分散化消除。市场组合是充分分散的投资组合，充分分散的投资组合没有非系统性风险，因此，σ_m^2 也度量了市场组合的系统性风险。$\text{cov}(r_i, r_m)$是资产 i 与市场组合的收益率协方差，衡量了资产对市场投资组合方差的贡献程度，也即资产 i 对市场组合系统性风险的贡献。根据式（6-22），市场组合本身的贝塔系数 $\beta_m=1$。也就是说，资产 i 的贝塔系数对系统性风险的度量是相对的，是将市场组合风险标准化为 1，单个资产相对于市场组合的系统性风险。例如，如果某证券的 $\beta=0.5$，则该证券的系统性风险为市场组合风险的一半，也意味着其收益率波动幅度为市场组合收益率波动幅度的一半。当某个证券的 $\beta=2$ 时，该证券的系统性风险相当于市场系统性风险的 2 倍，其收益率波动幅度也为市场组合收益率波动幅度的 2 倍。$\beta=0$ 不能代表证券无风险，而有可能是证券收益率波动与市场收益率波动无关。但是，如果证券无风险，β 一定为零。证券的贝塔系数的大小主要受企业收入的周期性、经营杠杆和财务杠杆的影响。

定义了贝塔系数后，式（6-21）可以表示为：

$$E(r_i)=r_f+\beta_i[E(r_m)-r_f] \tag{6-23}$$

前面说过，资产的非系统性风险在充分分散化的投资组合中会被消除，而其系统性风险是无法通过分散化消除的。因此，当市场均衡时，如式（6-23）所示，单个资产的期望收益率应该是对该资产系统性风险的合理补偿。式（6-23）被称为资本资产定价模型（capital asset pricing model，CAPM）[①]，它反映了单个资产的期望收益率与其系统性风险（贝塔系数）之间的关系。

CAPM 说明，当市场均衡时，资产的期望收益率取决于以下三个因素：

（1）无风险利率 r_f，它表示资金的纯时间价值。

（2）市场风险溢价（market risk premium，MRP）$E(r_m)-r_f$。市场风险溢价是持有市场组合的风险收益，市场组合的系统性风险 β_m 为 1，所以市场风险溢价反映了单位系统性风险应得的收益。

（3）资产的贝塔系数 β_i，衡量了系统性风险的大小。

风险资产的期望收益由两部分构成，一部分是资金的纯时间价值 r_f，另一部分是投资者因承担系统性风险应得的风险溢价—— $\beta_i[E(r_m)-r_f]$。承担系统性风险的风险溢价又与资产的贝塔系数 β_i 和市场风险溢价 $E(r_m)-r_f$ 成正比。

【例 6-7】 XYZ 股票的 β 为 1，ABC 股票的 β 为 1.5，市场的期望收益率为 11%，$r_f=5\%$。根据资本资产定价模型，XYZ 和 ABC 的期望收益率为多少？

解：XYZ 股票的期望收益率为：

$$E(r_{XYZ})=5\%+1\times(11\%-5\%)=11\%$$

ABC 股票的期望收益率为：

$$E(r_{ABC})=5\%+1.5\times(11\%-5\%)=14\%$$

---

① 在马科维茨建立的现代投资组合理论的基础上，William Sharpe（1964）、John Lintner（1965）、Jan Mossin（1966）和 Jack Treynor 于 20 世纪 60 年代各自独立地发现了资本资产定价模型。

三、证券市场线

我们可以将式（6－23）的 CAPM 方程用图形表达，如图 6－12 所示，在横轴为贝塔系数 β_i，纵轴为期望收益率 $E(r_i)$ 的平面上，CAPM 方程说明，当市场均衡时，所有证券都将落在一条直线上，这条直线的截距为无风险利率 r_f，斜率为市场风险溢价 $E(r_m)-r_f$，这条直线被称为证券市场线（security market line，SML）。

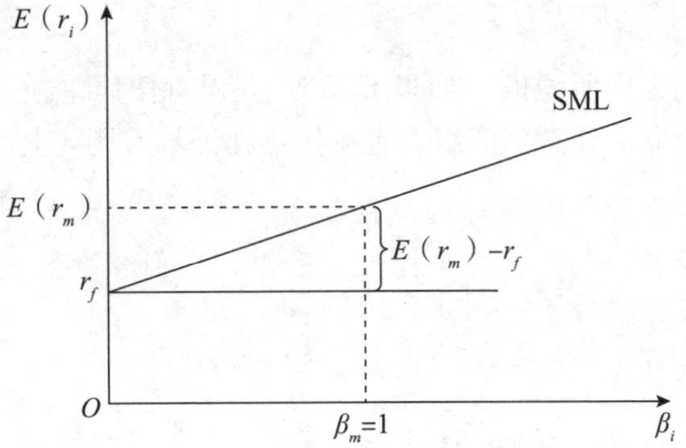

图 6－12　证券市场线

前面介绍资本市场线时我们提到，只有有效的投资组合才会落在资本市场线上，CAPM 方程告诉我们，当市场均衡时，任何风险资产都会落在证券市场线上。如果 CAPM 方程对任何单独资产都成立，那么它对任意资产组合也一定成立，也就是说任意资产组合也一定落在证券市场线上。

如果资产组合 P 中，我们知道每个证券的 β 系数，那么 P 的 β 系数就是各单个资产 β 系数的加权平均，权重为单个资产在 P 中的投资比例：

$$\beta_P = x_1\beta_1 + x_2\beta_2 + \cdots + x_n\beta_n \tag{6-24}$$

式中，β_P 为投资组合 P 的 β 系数；x_i 为投资组合 P 中资产 i 的投资比例；β_i 为资产 i 的 β 系数。此即贝塔系数的线性特征。我们以简单的两个证券的组合为例来验证这一特征。

根据贝塔系数的定义有：

$$\beta_P = \frac{\mathrm{cov}(r_P, r_m)}{\sigma_m^2}$$

而组合 P 的收益率是两个证券收益率的加权平均，我们得到：

$$\begin{aligned}\beta_P &= \frac{\mathrm{cov}(x_1 r_1 + x_2 r_2, r_m)}{\sigma_m^2} \\ &= \frac{x_1\mathrm{cov}(r_1, r_m) + x_2\mathrm{cov}(r_2, r_m)}{\sigma_m^2} \\ &= x_1\beta_1 + x_2\beta_2\end{aligned}$$

当市场均衡时，每个证券都满足 CAPM 方程式（6－23），我们将每个证券的 CAPM

方程左右两边都乘以其资产组合中的权重，并加总，根据贝塔系数的线性特征，我们就可以得到：

$$\begin{array}{l} x_1E(r_1)=x_1r_f+x_1\beta_1[E(r_m)-r_f] \\ +x_2E(r_2)=x_2r_f+x_2\beta_2[E(r_m)-r_f] \\ + \qquad\qquad \cdots \\ +x_nE(r_n)=x_nr_f+x_n\beta_n[E(r_m)-r_f] \\ \hline E(r_P)=r_f+\beta_P[E(r_m)-r_f] \end{array}$$

这也就验证了我们上面所说的，如果 CAPM 方程对任何单独资产都成立，那么它对任意资产组合也一定成立，任意资产组合也一定落在证券市场线上。

【例 6-8】 假定市场投资组合的风险溢价为 8%，标准差为 22%。一个资产组合 25%投资于上汽集团股票，75%投资于比亚迪股票，它们各自的 β 分别为 1.10 和 1.25，那么该资产组合的风险溢价为多少？

解：该资产组合的 β 为：

$$\beta_P=x_1\beta_1+x_2\beta_2=0.25\times1.10+0.75\times1.25=1.2125$$

资产组合的风险溢价为：

$$E(r_P)-r_f=\beta_P[E(r_m)-r_f]=1.2125\times8\%=9.7\%$$

第五节　套利定价理论

利用同一证券在不同市场上或者不同证券在同一市场上存在的价格差异，从中赚取无风险收益的行为被称为套利。当证券市场达到均衡时，证券价格是合理的，市场是没有套利机会的，这时的证券价格是均衡价格。在均衡价格下没有套利机会，这是资本市场最基本的原理。Ross（1976）[①]提出的套利定价理论（arbitrage pricing theory，APT）利用因素模型，结合无套利条件推导出资产组合期望收益率与风险之间的关系。因为套利定价理论是建立在因素模型基础上的，下面我们先简单介绍因素模型。

一、因素模型

我们总是可以将任何证券 i 的收益率分解为期望收益率和非期望部分之和：

$$r_i=E(r_i)+\varepsilon_i \tag{6-25}$$

式中，ε_i 的期望值为 0，标准差为 σ_i，它描述了证券收益的不确定性。

前面我们介绍过，个股收益率的风险可以分解为系统性风险和非系统性风险，其中系

① Ross, S. "The Arbitrage Theory of Capital Asset Pricing," *Journal of Economic Theory*, 1976 (13): 341-360.

统性风险是关于整体经济和市场的，无法通过分散化消除；而非系统性风险或者公司特有风险可以通过构造投资组合进行分散化。换句话说，证券收益的不确定性有两个来源：一是公共或宏观经济因素；二是公司特有因素。那么，我们可以将证券收益的不确定性 ε_i 分解成经济整体的不确定性（用 m 表示）和特定公司的不确定性（用 e_i 表示），此时，我们将式（6－25）改写为：

$$r_i = E(r_i) + \beta_i m + e_i \tag{6-26}$$

这被称为单因素模型，其中，宏观经济因素 m 度量未预期的宏观突发事件，其期望值为 0，标准差为 σ_m；e_i 衡量特定公司的突发事件，其期望值为 0，标准差为 σ_{ei}；m 和 e_i 是不相关的；β_i 衡量了各个证券对宏观经济冲击的不同敏感程度。

根据式（6－26），r_i 的方差可以写为：

$$\sigma_i^2 = \beta_i^2 \sigma_m^2 + \sigma_{ei}^2 \tag{6-27}$$

也就是说，证券 i 的总风险可以分解为系统性风险 $\beta_i^2 \sigma_m^2$ 和公司特有风险 σ_{ei}^2 。

同时，m 和 e_i 是不相关的，并且公司层面的突发事件在公司之间是不相关的，也就是说，$\mathrm{cov}(e_i, e_j) = 0$ ，所以证券 i 和 j 的协方差为：

$$\mathrm{cov}(r_i, r_j) = \sigma_{ij} = \mathrm{cov}(\beta_i m + e_i, \beta_j m + e_j) = \beta_i \beta_j \sigma_m^2 \tag{6-28}$$

单因素模型将影响收益的系统性风险限定为单一因素 m。但是，从现实经验来看，影响证券收益的系统性或宏观因素风险来源有很多，如经济周期的不确定性、利率或通货膨胀率的不确定性等，都不同程度地影响股票的收益，不同股票对不同因素的敏感性不同，所以，也许用多因素模型描述证券的收益率更合适。

假设影响证券收益的系统性风险因素有 k 个，记作 F_j ，$j=1, 2, \cdots, k$。证券 i 的收益率可以表达成：

$$r_i = E(r_i) + \beta_{i1} F_1 + \beta_{i2} F_2 + \cdots + \beta_{ik} F_k + \varepsilon_i \tag{6-29}$$

这就是多因素模型。其中，F_j 的期望值为 0；β_{ij} 是因素贝塔系数，表示证券 i 对第 j 个系统性风险因素的敏感性；ε_i 是证券 i 的特有风险，其期望值为 0。假设每个系统性风险因素与证券的特有风险满足下述条件：

（1）不同系统性风险因素之间相互独立；

（2）每个风险因素和证券特有风险之间相互独立；

（3）不同证券的特有风险之间相互独立。

式（6－29）的多因素模型表明，证券的风险包括两部分：一部分是系统性风险，来源于 k 个风险因素的变化。因为这些因素的变化影响所有证券的收益率，因此它们的波动产生的风险为系统性风险。另一部分是非系统性风险，来源于证券的独特风险 ε_i。在上述三个条件下，每个证券的独特风险只影响自己，与其他证券的收益率无关，因此，独特风险是非系统性风险。根据式（6－29）和上述条件，证券的收益率方差和协方差为：

$$\sigma_i^2 = \beta_{i1}^2 \sigma_{F1}^2 + \beta_{i2}^2 \sigma_{F2}^2 + \cdots + \beta_{ik}^2 \sigma_{Fk}^2 + \sigma_{\varepsilon i}^2$$

$$\mathrm{cov}(r_i, r_j) = \sigma_{ij} = \beta_{i1} \beta_{j1} \sigma_{F1}^2 + \beta_{i2} \beta_{j2} \sigma_{F2}^2 + \cdots + \beta_{ik} \beta_{jk} \sigma_{Fk}^2$$

二、套利定价理论

多因素模型仅仅是对影响证券收益的系统性风险因素进行描述，在式（6－29）中存在一个没有回答的问题—— $E(r_i)$ 的来源，换句话说，即是什么决定证券的期望收益率。这里我们需要一个均衡证券收益的理论模型。Ross（1976）提出的套利定价理论回答的就是这个问题。如同资本资产定价模型，套利定价理论预测了期望收益率与风险之间的证券市场线，但其得出证券市场线的方式与资本资产定价模型不同。

Ross（1976）的套利定价理论基于三个基本假设：

（1）因素模型能描述证券收益；

（2）市场上有足够多的证券来分散风险；

（3）完善的证券市场不允许无风险套利机会的存在。

基于以上假设，在多因素模型下，套利定价理论将推导出一条多因素证券市场线。

我们对每个系统性风险因素 F_j 均可以构建一个充分分散的投资组合 P_{Fj}，该投资组合的收益率对 j 因素的敏感度为 1，对其他因素的敏感度均为 0，这种投资组合被称为 j 因素的纯因子组合（factor portfolio），或者 j 因素的因素资产组合。纯因子组合 P_{Fj} 的期望收益为 $E(r_{PFj})$，风险溢价为 $E(r_{PFj})-r_f$。纯因子组合 P_{Fj} 可以看作风险因素 j 的跟踪投资组合，即该投资组合的收益跟踪 j 风险因素的变化，而与其他的风险因素来源无关。这样的纯因子组合总是可以构建出来的，因为相对于较少的风险因素而言，我们有大量的证券可供选择。纯因子组合将被作为推导多因素证券市场线的基准投资组合。

考虑一个包含 N 只股票的充分分散的投资组合 P，其收益满足多因素模型：

$$r_P=E(r_P)+\beta_1F_1+\beta_2F_2+\cdots+\beta_kF_k+\varepsilon_P$$

其中，$\varepsilon_P=\sum_{i=1}^{N}x_i\varepsilon_i$，$x_i$ 为每只股票的权重。假设该投资组合为等权重，即每只股票的权重 $x_i=\frac{1}{N}$，则该投资组合的独特风险为：

$$\sigma_{\varepsilon P}^2=\sum_{i=1}^{N}x_i^2\sigma_{\varepsilon i}^2=\sum_{i=1}^{N}\left(\frac{1}{N}\right)^2\sigma_{\varepsilon i}^2=\frac{1}{N}\sum_{i=1}^{N}\frac{\sigma_{\varepsilon i}^2}{N}=\frac{1}{N}\bar{\sigma}_{\varepsilon i}^2$$

上式中的 $\bar{\sigma}_{\varepsilon i}^2$ 为组合 P 中各证券非系统性风险的均值，当 N 足够大，投资组合充分分散时，$\sigma_{\varepsilon P}^2$ 将趋近于 0，也就是说，投资组合的非系统性风险趋近于 0，这就是分散化的结果。当各证券权重不相等时，这一性质依然成立。

根据以上分析，任何充分分散投资组合的 ε_P 期望值为 0，方差也趋近于 0，我们可以认为 ε_P 实际值也为 0。因此，我们得到：

$$r_P=E(r_P)+\beta_1F_1+\beta_2F_2+\cdots+\beta_kF_k$$

也就是说，所有充分分散的投资组合的收益率只受系统性风险因素的影响，而没有独特风险。

对于该投资组合 P，我们可以构造一个资产组合 Q，其包含的资产及权重如下：

β_1 投资于第 1 个因素的纯因子组合 P_{F1}；

β_2 投资于第 2 个因素的纯因子组合 P_{F2}；

……

β_k 投资于第 k 个因素的纯因子组合 P_{Fk}；

$1-\beta_1-\beta_2-\cdots-\beta_k$ 投资于无风险资产。

因为组合 P 和各个纯因子组合均为充分分散的投资组合，因此以这种方式构建的投资组合 Q 与投资组合 P 均没有独特风险，且具有相同的 β。也就是说，两者的风险来源完全相同，如果不存在套利机会，它们应该具有相同的期望收益率。

而投资组合 Q 的期望收益率为：

$$\begin{aligned}E(r_Q)&=\beta_1E(r_{PF1})+\beta_2E(r_{PF2})+\cdots+\beta_kE(r_{PFk})+(1-\beta_1-\beta_2-\cdots-\beta_k)r_f\\&=r_f+\beta_1[E(r_{PF1})-r_f]+\beta_2[E(r_{PF2})-r_f]+\cdots+\beta_k[E(r_{PFk})-r_f]\end{aligned}$$

所以，我们得到投资组合 P 的期望收益率为：

$$E(r_P)=r_f+\beta_1[E(r_{PF1})-r_f]+\beta_2[E(r_{PF2})-r_f]+\cdots+\beta_k[E(r_{PFk})-r_f] \tag{6-30}$$

这就是套利定价理论得到的多因素模型下的证券市场线。式（6-30）告诉我们，对于充分分散的投资组合，其风险溢价取决于其对每一个系统性风险因素的风险敏感度 β，以及这些因素的纯因子组合的风险溢价。显然，在形式上，这是资本资产定价模型下证券市场线的拓展。

【例 6-9】 假设有两个纯因子组合 1 和 2，期望收益率分别为 10%和 12%，无风险利率为 4%。现在考虑一个充分分散的投资组合 A，其对第 1 个因素和第 2 个因素的 β 分别为 0.5 和 0.75。如果不存在无风险套利机会，则投资组合 A 的期望收益率为多少？

解：第 1 个纯因子组合的风险溢价为：

$$10\%-4\%=6\%$$

第 2 个纯因子组合的风险溢价为：

$$12\%-4\%=8\%$$

根据套利定价理论下的多因素证券市场线，投资组合 A 的期望收益率为：

$$E(r_A)=4\%+0.5\times6\%+0.75\times8\%=13\%$$

上述分析告诉我们，如果不存在套利机会，所有充分分散的投资组合的期望收益率必须与其 β 成正比。但是式（6-30）这种关系能否告诉我们组合中所有单个证券的期望收益率的信息呢？答案是，如果所有充分分散的投资组合都满足这种关系，那么几乎所有的单个证券都肯定满足这种关系。

需要注意的是，套利定价理论本身没有告诉我们有哪些系统性风险因素。学术界常常从宏观经济指标和行业指标中寻找系统性风险因素。在多因素模型中，在 CAPM 中居核心地位的市场指数可能是其中一个系统性风险因素，也可能不是。例如，Chen，Roll 和

Ross（1986）提出的五因素模型就不包括市场指数，这五个系统性风险因素是[①]：

（1）行业生产增长率；

（2）预期的通货膨胀率；

（3）未预期的通货膨胀率；

（4）未预期的、长期公司债券与长期国债的收益率之差的变化；

（5）未预期的、长期国债与短期国债的收益率之差的变化。

阅读材料　利用套利定价理论确定资本成本

Elton，Gruber and Mei（1994）利用套利定价理论推导出了 Niagra Mohawk 公司的资本成本。他们假定相关风险由一些不可预测的因素构成，例如利率期限结构、利率、汇率、经济周期（用 GDP 衡量）、通货膨胀率以及其他宏观因素。

他们通过两步回归法估计出每个风险因素的风险溢价和公司对每个风险因素的 β 值。表 6－4 给出了其对上述六个系统性风险因素的风险溢价以及 Niagra Mohawk 公司对各个风险因素 β 值的估计值。

表 6－4　风险溢价和 β 值

因素	风险溢价（%）	β 值
利率期限结构	0.425	1.061 5
利率	－0.051	－2.416 7
汇率	－0.049	1.323 5
经济周期	0.041	0.129 2
通货膨胀率	－0.069	－0.522 0
其他宏观因素	0.530	0.304 6

注意有些风险因素的风险溢价为负值。这是由于因素的风险溢价是其纯因子组合的风险溢价，因此你不希望承担的风险因素的风险溢价是负的，而希望承担的那些风险因素的风险溢价是正的。或者说，市场上大部分证券对其因素敏感度为负的风险因素的风险溢价应该为负值，反之，市场上大部分证券对其因素敏感度为正的风险因素的风险溢价应该为正值 。例如，通货膨胀率的风险溢价就应该为负，这是因为，市场上大部分证券在通货膨胀率上升时收益率是下降的，其因素敏感度为负。如果有一个证券在通货膨胀率上升时收益率上升，在通货膨胀率下降时收益率下降，即使这个证券的期望收益率较低，低于无风险利率，你也愿意接受，因为它能对冲你的投资组合的通货膨胀风险，而无风险资产不能对冲你的投资组合的通货膨胀风险。通货膨胀率的纯因子组合正是这样一个证券组合，因此其风险溢价为负。反之，类似经济周期风险因素、市场风险因素等的风险溢价应该为正。

① Chen，N. F.，R. Roll，and S. A. Ross. “Economic Forces and the Stock Market，” *Journal of Business*，1986（59）：383－403.

因此，根据他们的估计，任何证券的期望收益率与其因素β值之间都存在以下关系：

$$E(r)=r_f+\beta_{利率期限结构}\times 0.425\%+\beta_{利率}\times(-0.051\%)+\beta_{汇率}\times(-0.049\%)$$
$$+\beta_{经济周期}\times 0.041\%+\beta_{通货膨胀率}\times(-0.069\%)+\beta_{其他宏观因素}\times 0.530\%$$

Niagra Mohawk 公司的β值位于表 6-4 中的最后一栏，因此它的资本成本为：

$$资本成本=r_f+1.0615\times 0.425\%-2.4167\times(-0.051\%)+1.3235\times(-0.049\%)$$
$$+0.1292\times 0.041\%-0.5220\times(-0.069\%)+0.3046\times 0.530\%$$
$$=r_f+0.71\%$$

换句话说，Niagra Mohawk 公司每月的资本成本比每月无风险利率高 0.71%，因此它的年度风险溢价为 0.71%×12=8.52%。

资料来源：Elton, E. J., M. J. Gruber, and J. Mei. "Cost of Capital Using Arbitrage Pricing Theory: A Case Study of Nine New York Utilities," *Financial Markets, Institutions, and Instruments*, 1994 (3): 46-73.

【本章小结】

1. 投资收益是指在持有某项资产期间，该资产产生的收入与购买该资产的支出之差，一般包括持有期间产生的直接现金收益和期末与期初的资本价值变化。持有股票的投资收益等于资本利得加股利。

2. 设 t 期期初（也即 $t-1$ 期期末）、t 期期末的股票价格分别为 P_{t-1} 和 P_t，Div_t 为 t 期的股利，则第 t 期的股票投资收益率 $r_t=\frac{P_t-P_{t-1}}{P_{t-1}}+\frac{Div_t}{P_{t-1}}$。

3. 股票在持有期内第 t 年的收益率为 r_t，且投资者将每年年末的现金股利再投资到该股票上，则持有 N 年所获得的累计收益率为持有期收益率$=(1+r_1)(1+r_2)\cdots(1+r_N)-1$。

4. 投资风险是指未来投资收益的不确定性。本书所说的不确定性为风险型不确定性，指投资者虽然无法事先确定最终将出现哪种收益结果，但可以估计所有可能出现结果的概率分布。

5. 投资的期望收益率是指所有可能的投资收益率的加权平均值，权重为各种收益率出现的概率。离散型概率分布的期望收益率为 $E(r)=\sum_{i=1}^{n}P_i r_i$，其中，$E(r)$ 为期望收益率，r_i 表示第 i 种可能的收益率，P_i 表示第 i 种收益率出现的概率，n 表示可能出现的收益率的个数。

6. 投资收益率相对于期望值的离散程度用方差和标准差来描述。投资收益率的方差为 $\mathrm{var}(r)=\sum_{i=1}^{n}P_i\left[r_i-E(r)\right]^2$。标准差 σ_r 又称波动率，$\sigma_r=\sqrt{\mathrm{var}(r)}$。

7. 投资组合就是多种资产构成的资产集合。投资组合的期望收益率为组合中每个证券期望收益率的加权平均，$E(r_P)=\mu_P=E(\sum_{i=1}^{N}x_i r_i)=\sum_{i=1}^{N}x_i E(r_i)$，$(x_1, x_2, \cdots, x_N)$ 为权重向量。N 个证券构成的投资组合的方差为 $\mathrm{var}(r_P)=\sigma_P^2=\mathrm{var}(\sum_{i=1}^{N}x_i r_i)=$

$\sum_{i=1}^{N}\sum_{j=1}^{N}x_i x_j \mathrm{cov}(r_i, r_j)$。其中，$\mathrm{cov}(r_i, r_j)$ 为证券 i 和 j 收益率之间的协方差，$\mathrm{cov}(r_i, r_j)=\sigma_{ij}=\rho_{ij}\sigma_i\sigma_j$，其中，$\rho_{ij}$ 为证券 i 和 j 收益率的相关系数。

8. 投资组合的风险可以分解为非系统性风险和系统性风险，单个证券收益率的风险也可以分解为非系统性风险和系统性风险。公司特有的消息导致的股票收益率的不确定性被称为非系统性风险，又叫公司特有风险或特质风险。这类风险可以通过分散化在投资组合中被消除。关于整个市场的消息导致的股票收益率的不确定性被称为系统性风险，又叫市场风险或不可分散风险。这类风险不能通过投资组合的分散化被消除。

9. 两种风险资产构成的投资可行集为满足 $E(r_P)=x_1E(r_1)+x_2E(r_2)$ 且 $\sigma_P{}^2=x_1{}^2\sigma_1{}^2+x_2{}^2\sigma_2{}^2+2x_1x_2\sigma_{12}=x_1{}^2\sigma_1{}^2+x_2{}^2\sigma_2{}^2+2x_1x_2\rho_{12}\sigma_1\sigma_2$ 的所有投资组合。

10. 多种风险资产构成的投资可行集在期望收益率-标准差平面上为一个有边界区域。对每个给定的期望收益率，都能在可行集中找到风险最小的投资组合所代表的点，这些点的连线被称为最小方差边界，最小方差边界上存在一个全局最小方差投资组合。对于给定的风险水平，我们能在可行集中找到期望收益率最大的组合，我们称之为有效组合，最小方差边界上的有效组合部分被称为有效边界。风险厌恶型的投资者选择的最优风险资产组合为有效边界上能够触及最高的无差异曲线的投资组合。

11. 无风险资产和一个给定风险资产构成的投资可行集被称为资本配置线。资本配置线的截距为无风险资产的收益率 r_f，斜率为风险资产的夏普比率 $\frac{E(r_P)-r_f}{\sigma_P}$。

12. 无风险资产和多个风险资产构成的投资可行集的有效边界为通过无风险资产与风险资产有效边界相切的切线，该切线为最优资本配置线，切点组合为最优风险资产组合。投资者将根据其风险厌恶程度，选择最优资本配置线上能够触及最高无差异曲线的投资组合作为其最优投资组合。

13. 如果我们假设所有投资者都根据资产的期望收益率和标准差来最大化自己的效用，所有投资者具有同质预期，所有投资者能以相同的无风险利率借和贷，则市场均衡时，通过无风险资产与风险资产有效边界相切的最优风险资产组合就是市场组合。所谓市场组合，就是指所有风险资产的比重构成与其在市场中的价值比重构成相同的组合。此时的最优资本配置线是包括无风险资产与风险资产组合的有效边界，也是连接无风险资产与市场组合的直线，被称为资本市场线。

14. 根据资本资产定价模型（CAPM），当市场均衡时，资产的期望收益率与其系统性风险的关系为 $E(r_i)=r_f+\beta_i[E(r_m)-r_f]$，其中 r_f 为无风险利率，它表示资金的纯时间价值；$E(r_m)-r_f$ 为市场风险溢价，是持有市场组合的风险收益；β_i 为资产的贝塔系数，衡量了系统性风险的大小，$\beta_i=\frac{\mathrm{cov}(r_i, r_m)}{\sigma_m^2}$。CAPM 方程在横轴为贝塔系数$\beta_i$，纵轴为期望收益率 $E(r_i)$ 的平面上表达为证券市场线（SML）。当市场均衡时，任何风险资产和投资组合都会落在证券市场线上。

15. 利用同一证券在不同市场上或者不同证券在同一市场上存在的价格差异，从中赚取无风险收益的行为被称为套利。

16. Ross (1976) 提出的套利定价理论有三个基本假设：(1) 因素模型能描述证券收益；(2) 市场上有足够多的证券来分散风险；(3) 完善的证券市场不允许无风险套利机会的存在。基于以上假设，在多因素模型下，套利定价理论得到多因素模型下的证券市场线 $E(r_P)=r_f+\beta_1[E(r_{PF1})-r_f]+\beta_2[E(r_{PF2})-r_f]+\cdots+\beta_k[E(r_{PFk})-r_f]$。其中 $E(r_{PFj})-r_f$ 为纯因子组合 P_{Fj} 的风险溢价。我们对每个系统性风险因素 F_j 均可以构建一个充分分散的投资组合 P_{Fj}，该投资组合的收益率对 j 因素的敏感度为 1，对其他因素的敏感度均为 0，这种投资组合被称为 j 因素的纯因子组合，或者 j 因素的因素资产组合。

【重要概念】

收益	资本利得	资本损失	投资收益率
持有期收益率	风险	期望收益率	波动率
系统性风险	非系统性风险	最小方差边界	全局最小方差投资组合
有效组合	夏普比率	市场组合	资本市场线
市场风险溢价	证券市场线	套利定价理论	

【思考题】

1. 什么是证券的系统性风险？什么是非系统性风险？
2. 什么是证券市场线？什么是资本市场线？两者有什么区别和联系？
3. 什么是风险资产的有效边界？
4. 资本资产定价模型与套利定价理论的假说和结论有什么区别和联系？

【练习题】

1. 表 6－5 中所列股票的期望收益率和标准差是多少？

表 6－5　基本数据

经济状态	各经济状态的概率	各经济状态下股票的收益率
萧条	0.1	－0.19
正常	0.6	0.14
繁荣	0.3	0.35

2. 假设资本资产定价模型成立，并且股票 A 的贝塔系数比股票 B 的贝塔系数大 0.21。根据表 6－6 所列信息，市场的风险溢价是多少？

表 6－6　基本信息

经济状态	各经济状态的概率	各经济状态下股票 A 的收益率	各经济状态下股票 B 的收益率
萧条	0.22	－0.12	－0.27

续表

经济状态	各经济状态的概率	各经济状态下股票A的收益率	各经济状态下股票B的收益率
正常	0.48	0.10	0.05
繁荣	0.30	0.23	0.28

3. 假设你管理一个风险资产组合，期望收益率为18%，标准差为28%，短期国债利率为8%。请计算并回答以下问题：

(1) 你的客户选择投资70%于你的风险资产组合，30%于短期国债。他的组合的期望收益率和方差是多少?

(2) 上接(1)，假设你的风险资产组合构成如表6-7所示：

表6-7 风险资产组合构成

资产	权重
股票A	25%
股票B	32%
股票C	43%

那么你客户的投资头寸是怎样的?

(3) 你的风险资产组合的夏普比率是多少? 你客户的呢?

(4) 画出你的风险资产组合与短期国债的资本配置线，斜率是多少?

(5) 假设你的客户投资于你的风险资产组合的权重为 y，期望收益率为16%，那么 y 是多少? 你的客户组合的收益率标准差是多少?

(6) 假设你的客户偏好在标准差不大于18%的情况下最大化期望收益率，那么他的投资组合是怎样的?

4. 一个养老金经理考虑3个共同基金。第1个是股票基金S，第2个是长期债券基金B，第3个是短期国债基金F，收益率为8%。股票基金S和长期债券基金B的参数如表6-8所示。

表6-8 股票基金S和长期债券基金B的参数

	期望收益率(%)	标准差(%)
股票基金S	20	30
长期债券基金B	12	15

S与B的收益率之间的相关系数为0.1，请回答以下问题：

(1) 两种风险基金S和B的最小方差投资组合的投资比例是多少? 这种投资组合收益率的期望值与标准差各是多少?

(2) 如果从基金F向由S和B构成的风险资产投资可行集曲线画一条切线，切点资产组合中S和B的构成分别为45%和55%，请问最优风险投资组合的期望收益率与标准差各是多少?

(3) 最优资本配置线下的夏普比率是多少?

(4) 某养老金投资者对他的投资组合的期望收益率的要求为14%是有效的，并且在最优资本配置线上。投资者投资组合的标准差是多少? 短期国债基金F的投资比例以及其他两种风险基金B和S的投资比例是多少?

(5) 如果投资者只用两种风险基金B和S进行投资并要求14%的收益率，那么他的组合投资比例是怎样的?

5. 根据下列四种资产组合的信息（见表6-9）回答问题：

表6-9 四种资产组合的信息

资产组合	期望收益率	标准差
A	20%	25%
B	10%	15%
C	15%	20%
D	10%	30%

(1) 在以上四种资产组合中，哪些肯定不是有效投资组合?

(2) “一个证券的标准差越大，其期望收益率越高。”这种说法对吗? 为什么? 投资者会持有资产组合D吗? 为什么?

(3) 假设无风险利率为7%，市场风险溢价为15%，请求出上述四种资产组合的贝塔系数。

(4) 假设现有另一个证券E，其标准差为25%，期望收益率为0。无风险利率为7%，会有投资者愿意持有证券E吗? 为什么?

6. 假设经济体只有繁荣和衰退两种状态，表6-10给出了某证券分析师对股票市场在繁荣和衰退时期收益率（%）的预期。

表6-10 预期情况

经济状态	市场收益率	股票A	股票B
衰退	5%	−5%	5%
繁荣	20%	40%	20%

(1) 两只股票的贝塔系数各是多少?

(2) 如果无风险利率为6%，市场繁荣和衰退的概率相同，则这两只股票的期望收益率为多少?

(3) 如果无风险利率为6%，市场繁荣和衰退的概率相同，画出这个经济体的证券市场线。

7. 考虑关于股票A和B的信息（见表6-11）。

表 6-11 股票 A 和 B 的信息

经济状态	各经济状态的概率	各经济状态下股票 A 的收益率	各经济状态下股票 B 的收益率
萧条	0.25	0.02	−0.25
正常	0.50	0.21	0.09
繁荣	0.25	0.06	0.44

如果市场的风险溢价是 7%，无风险利率为 4%。哪只股票的系统性风险更高？哪只股票的非系统性风险更高？为什么？

8. 假设有两个独立的经济因素 F1 和 F2，无风险利率为 6%，所有股票都包含有相互独立的公司特有风险，且股票标准差为 45%。表 6-12 显示了充分分散的投资组合。

表 6-12 投资组合信息

投资组合	F1 的 β 值	F2 的 β 值	期望收益率
A	1.5	2.0	31%
B	2.2	−0.2	27%

请问该经济体中的期望收益率-贝塔关系是怎样的？

【延伸阅读】

1. Markowitz, H. "Portfolio Selection," *Journal of Finance*, 1952 (7): 77-91.

2. Sharpe, W. "Capital Asset Prices: A Theory of Market Equilibrium under Conditions of Risk," *Journal of Finance*, 1964 (20): 425-442.

3. Ross, S. "The Arbitrage Theory of Capital Asset Pricing," *Journal of Economic Theory*, 1976 (13): 341-360.

4. Bodie, Z., A. Kane, and A. Marcus. *Investments*. 12th Ed. McGraw-Hill, 2020.

5. Elton, E. J., M. J. Gruber, and J. Mei. "Cost of Capital Using Arbitrage Pricing Theory: A Case Study of Nine New York Utilities," *Financial Markets, Institutions, and Instruments*, 1994 (3): 46-73.

6. Statman, M. "How Many Stocks Make a Diversified Portfolio?" *Journal of Financial and Quantitative Analysis*, 1987 (22): 353-363.

第七章

资本成本

【本章学习目标】

1. 掌握权益资本成本的计算方法。
2. 掌握债务资本成本的计算方法。
3. 理解发行费用对资本成本的影响。
4. 理解并掌握如何决定一个公司的总资本成本。
5. 了解项目资本成本的决定。

视频：加权平均资本成本

引导案例

1991年7月，先锋石油公司管理层和董事会面临的一个重要问题是对公司新投资项目的必要收益率进行决策。公司采用净现值法作为其资本预算准则，也就是说，公司接受所有净现值大于零的投资计划。而净现值是以某一合适的资本成本进行贴现的，那么如何决定合适的贴现率，也就是新投资项目的必要收益率就成为争论的焦点。

对于新投资项目的必要收益率，公司需要权衡两种可供选择的方案：(1) 单一必要收益率，将公司的加权平均资本成本（WACC）作为所有新投资项目的必要收益率；(2) 多重必要收益率，每一个必要收益率分别反映公司每一部门所处的经济领域中的风险-收益特征。由于公司的管理层决定将该必要收益率方案用于评估现有的经营和投资项目，因此，上述两种不同方案的争论就变得更为重要。

资料来源：哈佛商学院案例库。

在资本预算决策中，我们需要预测项目未来的现金流，并且确定合适的贴现率，才能计算项目的净现值。关于前者我们已经在第五章学习过，本章将介绍如何确定项目的贴现率。从第六章对风险和收益的讨论中，我们知道合适的贴现率取决于项目的风险。只有当一个项目的收益率高于资本市场在同等风险下所提供的收益率时，项目的净现值才会大于0。这个被要求的最低收益率也即出资人要求的必要收益率，被作为项目现金流的贴现率，被称为该项目的资本成本。资本成本是指筹资者为了筹集和使用资金而付出的代价，如向权益资本提供者（股东）分配的股利，向债务资本提供者支付的利息等。

公司在进行投资决策时，作为贴现率的资本成本是最重要的参数之一。为了追求股东财富最大化，公司应该尽量降低资本成本，其前提是合理地确定资本结构并正确地估算相应的资本成本。同时，中国企业的公司治理根植于中国特色社会主义的土壤。我们应坚持市场化改革方向，把市场经济规律优势转化为治理效能，坚持推进党的领导与遵循市场经济规律有机融合。因此，公司管理层与董事会在决定投资项目时，需要在科学测算资本成本的基础上，把握企业战略发展方向，与国家社会的需要相契合。

第一节　资本成本相关的概念

一、资本成本与必要收益率

企业的资本是指那些企业需要向资金供给者提供回报的资金来源，包括权益资本和债务资本。权益资本和债务资本的供给者向企业提供资金的实质是一种投资活动，其对投资收益的要求就是本书前面讲到的必要收益率或投资者要求的收益率。投资者的必要收益率就是筹资者的资本成本，两者是同一个问题的两个方面。在讨论投资问题时，我们强调的是投资收益；在讨论筹资问题时，我们强调的是资本成本。

企业的资本来自债务与股东权益两个渠道。这两类不同来源的资本投资者所承担的风险不同，要求的必要收益率也因此不同。通常来说，与债权人相比，股东承担的投资风险更大，因此，股东要求的投资收益率高于债权人，也就是权益资本成本要高于债务资本成本。这一点可以在第六章表6－2的数据中得到印证，我国债券市场上证国债指数的年化月度收益率均值为3.66％，低于上证50指数的7.94％，更远低于创业板指数的14.42％。

企业的筹资成本不仅包括向投资者提供的收益这种直接的资本成本，而且包括为筹措资金而发生的筹资费用，主要是股票和债券的发行成本。这些发行成本会对资本成本产生影响，我们也将讨论考虑发行成本后资本成本的变化。

二、财务政策和资本成本

一个公司所选择的债务和股东权益的特定组合，即它的资本结构，是一个管理变量。本书第九章将会介绍，在公司的资本结构改变后，不但公司资本中债务和股东权益的权重会发生变化，各类资本成本本身也要发生变化，因此，资本结构的变化将会导致公司整体资本成本的改变。在本章中，我们将会假设公司保持一个固定的负债权益比，这个比率反映了公司的目标资本结构。第九章将详细讨论公司如何选择这个比率。

从先前的讨论可知，公司的总资本成本反映了该公司所有资本的必要收益率。假设公司使用债务资本和权益资本，则它的总资本成本将会是债权人和股东所要求的必要收益率的组合。换句话说，一个公司的资本成本将会反映它的债务资本成本和权益资本成本。我们下面将分开讨论这两项成本。

第二节 权益和债务的资本成本

一、权益资本成本

确定公司的权益资本成本尤其是普通股的资本成本是很困难的，因为我们没法直接观察到一个公司的股东对他们的投资所要求的必要收益率，只能采用某些方法进行估计。本节我们介绍现金股利贴现模型法和资本资产定价模型法。

（一）现金股利贴现模型法

第四章股票估值里介绍的现金股利贴现模型式（4－23）可以用来估计普通股的资本成本。我们把式（4－23）整理如下：

$$P_E=\sum_{t=1}^{\infty}\frac{D_t}{(1+r_E)^t} \tag{7-1}$$

式中，P_E 为每股价格；D_t 为每期的预期现金股利；r_E 为普通股的资本成本。

如果普通股每期支付的现金股利没有任何规律，我们是无法直接利用式（7－1）推算出普通股的资本成本 r_E 的。为了估算普通股的资本成本，我们假设现金股利按照常数比例增长，也就是股价符合常数增长模型。

假设现金股利按固定速率 g 增长，则式（7－1）变为：

$$P_E=D_1/(r_E-g)$$

普通股资本成本 r_E 为：

$$r_E=\frac{D_1}{P_E}+g \tag{7-2}$$

式中，D_1 为第 1 期支付的现金股利，g 为现金股利增长率。

【例 7－1】 某公司股票的现金股利以每年 6%的速率增长，目前该公司股票的价格为每股 30 元，D_1 为每股 3 元，该普通股的资本成本为多少？

解：根据常数增长的现金股利贴现模型，有：

$$r_E=\frac{3}{30}+6\%=16\%$$

该普通股的资本成本为 16%。

利用现金股利贴现模型估计普通股的资本成本非常简单明了，但这种方法存在局限性。首先，现金股利贴现模型法只适用于稳定派发现金股利的公司，不适用于不派发或很少派发现金股利的公司。其次，这种方法估计的普通股资本成本对于股利增长率 g 和第 1

期现金股利 D_1 的估计值非常敏感，股利增长率增加一个百分点，普通股资本成本就增加一个百分点。最后，这种方法没有直接考虑投资风险的大小，不能体现风险决定必要收益率这个基本原则，不像之后将介绍的资本资产定价模型法，资本成本能对风险进行直接的调整。

（二）资本资产定价模型法

我们还可以利用第六章介绍的资本资产定价模型（CAPM）来估算普通股的资本成本。资本资产定价模型的最主要结论是，风险资产的期望收益率取决于这三项因素：

（1）无风险利率 r_f；

（2）市场风险溢价 $E(r_m)-r_f$；

（3）该资产的系统性风险，用 β 系数来衡量。

根据 CAPM 的 SML 方程，权益资本成本也就是股票的期望收益率等于无风险利率加上其风险溢价，即：

$$E(r_E)=r_f+\beta_E[E(r_m)-r_f]$$

为了使资本资产定价模型法与现金股利贴现模型法保持一致，我们将省略代表期望的 E，把资本资产定价模型法下的必要收益率 r_E 写成：

$$r_E=r_f+\beta_E(r_m-r_f) \tag{7-3}$$

利用 CAPM 法计算普通股资本成本的过程可分为以下四步：

（1）估计无风险利率 r_f。无风险利率可以用国债的当前收益率来估计，而且使用的国债的期限应当与考虑的项目的周期相匹配。对于长期项目而言，大多数从业者使用 10～30 年期的国债收益率作为无风险利率。

（2）估计该公司的 β_E 系数。在第六章我们介绍过，证券的 β 系数衡量资产的系统性风险。它等于资产的收益率与市场组合收益率的协方差同市场组合收益率方差之比，反映了资产的收益率相对市场组合变动的敏感性，即：

$$\beta_i=\frac{\text{cov}(r_i, r_m)}{\text{var}(r_m)} \tag{7-4}$$

我们可以直接利用这个公式来计算证券的贝塔值。

（3）估计股票市场的平均风险收益率（r_m-r_f），可用股票市场指数和国债在很长的时间区间里的历史平均收益率之差来估计。

（4）将上述数据代入式（7-3），求出该股票的期望收益率 r_E，即它的资本成本。

【例 7-2】 已知某公司股票的 β_E 系数为 1.2，市场收益率 $r_m=15\%$，无风险利率 $r_f=6\%$，则该公司普通股的资本成本为多少？

解：根据 CAPM 法，有：

$$r_E=6\%+1.2\times(15\%-6\%)=16.8\%$$

公司普通股的资本成本为 16.8%。

利用 CAPM 法估计普通股资本成本有以下两个优点：一是明确考虑了普通股投资的

风险，体现了风险决定收益；二是适用于几乎所有公司，只要能计算出β值。但这一方法的缺点也很明显：一是它需要估计市场的风险收益率和股票的贝塔系数，这两者的估计误差会影响普通股资本成本估计的准确性；二是此方法所需参数都是基于历史数据估算出来的，如果公司未来相对于过去有很大变化，利用历史数据估计出的资本成本将无法代表未来的期望资本成本；三是对于非上市公司来说，无法直接估计其股票的贝塔系数，只能用相似的上市公司的股票贝塔系数作为近似替代，然而，要找到真正相似的公司有时候也是很困难的。

【例 7-3】 中国工商银行股票的年收益率与上证综合指数的年收益率如表 7-1 所示，计算该公司股票的贝塔值。

表 7-1 中国工商银行股票和上证综合指数的年收益率

年份	中国工商银行股票的年收益率（%）	上证综合指数的年收益率（%）
2010	−33.10	−14.31
2011	9.57	−21.68
2012	5.34	3.17
2013	−15.21	−6.75
2014	84.24	52.87
2015	−0.88	9.41
2016	1.79	−12.31
2017	59.36	6.56
2018	−12.29	−24.59
2019	17.57	22.30

解：(1) 首先需要计算股票的平均收益率和市场组合的平均收益率。

股票的平均收益率为：

$$\bar{r}_i=\frac{-33.10\%+9.57\%+5.34\%-15.21\%+84.24\%-0.88\%+1.79\%+59.36\%}{10}$$

$$\frac{-12.29\%+17.57\%}{10}$$

$$=11.64\%$$

市场组合的平均收益率为：

$$\bar{r}_m=\frac{-14.31\%-21.68\%+3.17\%-6.75\%+52.87\%+9.41\%-12.31\%+6.56\%}{10}$$

$$\frac{-24.59\%+22.30\%}{10}$$

$$=1.47\%$$

（2）计算股票收益率和市场组合收益率的协方差。

$$\text{cov}(r_i, r_m)=\frac{\sum_{t=1}^{N}(r_{it}-\overline{r}_i)(r_{mt}-\overline{r}_m)}{N}$$

$$=\frac{(-33.10\%-11.64\%)\times(-14.31\%-1.47\%)+(9.57\%-11.64\%)}{10}$$

$$\frac{\times(-21.68\%-1.47\%)+(5.34\%-11.64\%)\times(3.17\%-1.47\%)}{10}$$

$$\frac{+(-15.21\%-11.64\%)\times(-6.75\%-1.47\%)+(84.24\%-11.64\%)}{10}$$

$$\frac{\times(52.87\%-1.47\%)+(-0.88\%-11.64\%)\times(9.41\%-1.47\%)}{10}$$

$$\frac{+(1.79\%-11.64\%)\times(-12.31\%-1.47\%)+(59.36\%-11.64\%)}{10}$$

$$\frac{\times(6.56\%-1.47\%)+(-12.29\%-11.64\%)\times(-24.59\%-1.47\%)}{10}$$

$$\frac{+(17.57\%-11.64\%)\times(22.30\%-1.47\%)}{10}$$

$$=0.057\,2$$

（3）计算市场组合的方差。

$$\text{var}(r_m)=\frac{\sum_{t=1}^{N}(r_{mt}-\overline{r}_m)^2}{N}$$

$$=\frac{(-14.31\%-1.47\%)^2+(-21.68\%-1.47\%)^2+(3.17\%-1.47\%)^2}{10}$$

$$\frac{+(-6.75\%-1.47\%)^2+(52.87\%-1.47\%)^2+(9.41\%-1.47\%)^2}{10}$$

$$\frac{+(-12.31\%-1.47\%)^2+(6.56\%-1.47\%)^2+(-24.59\%-1.47\%)^2}{10}$$

$$\frac{+(22.30\%-1.47\%)^2}{10}=0.048\,9$$

（4）计算股票的贝塔值。

$$\beta_i=\frac{\text{cov}(r_i, r_m)}{\text{var}(r_m)}=\frac{0.057\,2}{0.048\,9}=1.17$$

在进行贝塔值的估计时，也可以采用回归分析法，对股票收益率 r_i 和市场收益率 r_m 进行线性回归分析：

$$r_{it}=\alpha_i+\beta_i r_{mt}+\varepsilon_{it} \tag{7-5}$$

式中，r_{it} 是证券 i 在第 t 期的历史收益率，r_{mt} 是市场指数在第 t 期的历史收益率，ε_{it} 是回归的误差项。

式（7-5）有两个参数，斜率 β_i 和截距 α_i。斜率 β_i 就是股票的贝塔值，代表股票对市场风险的敏感度，其估计的公式为：

$$\hat{\beta}_i=\frac{\operatorname{cov}(r_{it}, r_{mt})}{\operatorname{var}(r_{mt})}$$

与 CAPM 中贝塔系数的定义一致。

通常我们可用股票在 5 年时间里的月度收益率对市场指数同一时期内的月度收益率进行回归来估计贝塔。[①] 图 7-1 为 2015 年 1 月到 2019 年 12 月间中国工商银行股票的月度收益率与上证综合指数月度收益率的散点关系图。图中给出了与中国工商银行股票和市场指数收益率的散点拟合程度最好的直线，贝塔就是这条直线的斜率，$\beta=0.70$。

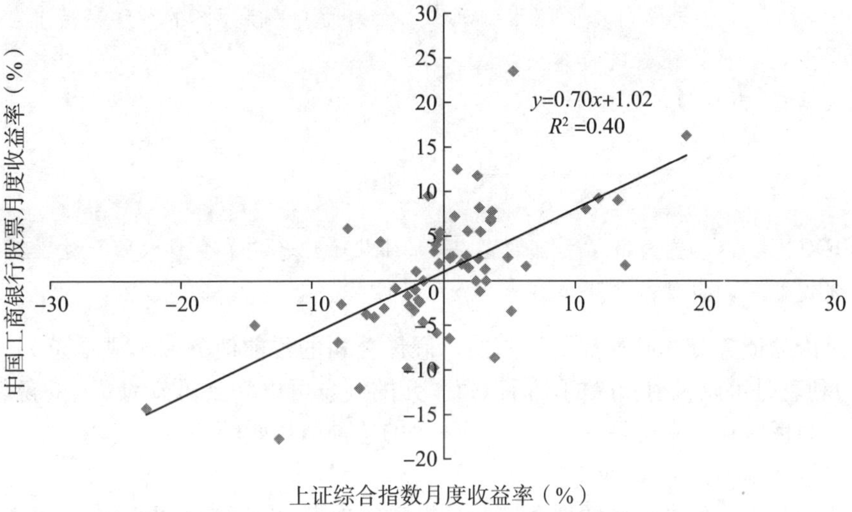

图 7-1 中国工商银行股票的回归分析与贝塔值估计

二、债务资本成本与优先股资本成本

除了普通股，企业还会利用债务以及优先股来为投资募集资金，确定这些来源的资本成本比确定普通股资本成本要容易。

（一）债务资本成本

当企业发行债券融资时，债券投资者要求的收益率由债券的到期收益率来反映，债券的资本成本就是其到期收益率。在第四章中我们看到，当企业折价或溢价而不是平价发行债券时，债券的票面利率不等于其到期收益率。因此，我们不能简单地把债券的票面利率当作债务资本成本。如果一个企业已有发行在外的债券，且准备发行类似的新债券筹措资金，则待发行债券的资本成本更接近已发行债券的到期收益率，而不是其票面利率。

① 如果你对回归分析不了解，可以参考任何一本计量经济学的入门教材。EXCEL 本身自带回归分析功能，你也可以直接使用。

债券的成本通常可以被直接或间接地观察到，这就是我们认为债务资本成本比普通股资本成本更容易确定的原因。对于有债券发行在外的企业，已发行债券的到期收益率就是其资本成本。如果企业没有发行在外的债券，我们可以观察类似企业的债券的到期收益率来估计其债务资本成本。如果企业已对债券进行了评级，市场上相同评级的流通债券的到期收益率可以作为将要发行的债券的资本成本。

我们可以利用式（4-19）求出债券的到期收益率：

$$P_D=\sum_{t=1}^{N}\frac{I}{(1+r_D)^t}+\frac{B}{(1+r_D)^N} \tag{7-6}$$

式中，P_D 为债券的市场价格，I 为债券每年的利息收入，B 为债券面值，N 为债券的期限，r_D 为债券的到期收益率，即债券资本成本。

【例 7-4】 某公司发行了面值为 1 000 元、票面利率为 8%的 5 年期债券，发行价格为 855.809 元，计算该债券的资本成本。

解：根据式（7-6），有：

$$855.809=\sum_{t=1}^{5}\frac{80}{(1+r_D)^t}+\frac{1\,000}{(1+r_D)^5}$$

利用 EXCEL 的内置函数“内部收益率”（IRR）或者“单变量求解”法，可以计算出债券的到期收益率，也就是其资本成本为 $r_D=12\%$。

目前讨论的债务资本成本都是税前的，假设公司的税前债务资本成本是 r_D，税率是 T_C，因为利息是可以税前扣除的，所以每 1 元的利息可以为公司节约 T_C 的税款，这样，每 1 元利息的税后利息支付是 $1-T_C$ 元，债务的这种节税效应被称为税盾效应。所以，债务的税后资本成本不是 r_D，而是 $r_D(1-T_C)$。

在资本预算中，如果贴现的现金流量是税后现金流，则相应的贴现率（资本成本）也应该采用税后资本成本，这样两者才是一致的。

（二）优先股资本成本

优先股每年支付的现金股利是固定的，且没有到期期限，是一种永续的融资（投资）。根据永续年金的现值公式，我们可以得到优先股的成本等于优先股的现金股利除以优先股的发行价格：

$$r_P=D_P/P_P \tag{7-7}$$

式中，r_P 为优先股资本成本；D_P 为优先股每期支付的固定的现金股利；P_P 为优先股发行价格。

【例 7-5】 某公司发行价格为 20 元的优先股，每股每年支付固定现金股利 1.5 元，该优先股的成本为多少？

解：根据式（7-7），优先股资本成本为：

$$r_P=\frac{1.5}{20}=7.5\%$$

与债券不同的是，优先股的股利是从公司税后利润中支付的，因此，优先股没有税盾效应。另外，由于优先股和债券的评级方式很类似，所以优先股资本成本也可以通过观察其他类似评级优先股的必要收益率来估计。

第三节　发行费用与资本成本

我们在前面提到过，通过股票和债券融资具有一定的发行成本，这些发行成本会对资本成本产生一定的影响。比如，如果股票的发行费用占发行收入的10%，则在投资者购买企业股票所支出的1亿元投资中，企业只能得到9 000万元。企业需要用这9 000万元的资金为投资者创造出1亿元投资所要求的必要收益率，这将增大企业的资本成本。如果投资者要求的必要收益率是20%，1亿元的投资每年要求的收益是2 000万元。企业要用手中得到的9 000万元创造出2 000万元的收益，也就是说，其投资收益率要达到2 000/9 000=22.22%，才能满足投资者20%的必要收益率要求。

在考虑发行成本后，企业的实际筹资额将小于名义筹资额。设股票的发行费用率为f_E，发行价格为P_E，则每股实际发行收入为$P_E(1-f_E)$。这样，式（7-1）变为：

$$P_E(1-f_E)=\sum_{t=1}^{\infty}\frac{D_t}{(1+r_E)^t} \tag{7-8}$$

按照常数增长的现金股利贴现模型法，上式即为：

$$P_E(1-f_E)=D_1/(r_E-g)$$

考虑发行成本的普通股资本成本为：

$$r_E=\frac{D_1}{P_E(1-f_E)}+g \tag{7-9}$$

【例7-6】　如果例7-1中公司普通股的发行费用率为10%，计算其资本成本。

解：已知该公司股票的现金股利按照每年6%的速率增长，目前该公司股票的市价为每股30元，D_1为每股3元，再考虑10%的发行费用率，根据式（7-9），该普通股的资本成本为：

$$r_E=\frac{3}{30\times(1-0.10)}+6\%=17.11\%$$

债券融资同样会有发行费用，设债券的发行费用率为f_D，则式（7-6）变为：

$$P_D(1-f_D)=\sum_{t=1}^{N}\frac{I}{(1+r_D)^t}+\frac{B}{(1+r_D)^N} \tag{7-10}$$

式（7-10）中的r_D即为考虑发行费用的债券资本成本。

【例7-7】　如果例7-4中公司债券的发行费用率为2%，计算该债券的资本成本。

解：已知该公司债是面值1 000元、票面利率8%的5年期债券，发行价格为855.809

元，发行费用率是2%，利用式（7-10），有：

$$855.809\times(1-0.02)=\sum_{t=1}^{5}\frac{80}{(1+r_D)^t}+\frac{1\ 000}{(1+r_D)^5}$$

$$838.693=\sum_{t=1}^{5}\frac{80}{(1+r_D)^t}+\frac{1\ 000}{(1+r_D)^5}$$

同样采用EXCEL的内置函数“内部收益率”（IRR）或者“单变量求解”法，可以求得此时债券的资本成本 r_D 为12.53%。

如果考虑公司的所得税税率 $T_C=20\%$，则该债券的税后资本成本为：

$$r_D(1-T_C)=12.53\%\times(1-20\%)=10.024\%$$

优先股在发行时也会有发行费用。如果优先股的发行费用率为 f_P，则根据式（7-7），考虑发行成本的优先股资本成本变为：

$$r_P=\frac{D_P}{P_P(1-f_P)} \tag{7-11}$$

式中，f_P 为优先股的发行费用率。

第四节　加权平均资本成本

我们已经了解了企业所有主要资本来源的成本，企业在考虑资本成本时，不仅要考虑各类资本的成本，更要考虑企业的总体资本成本，即加权平均资本成本。企业的资本包括权益和债务，这两类资本的比例被称为企业的资本结构。正如之前提到的，我们在考虑加权平均资本成本时，假设企业的资本结构是既定的某个目标资本结构。

一、加权平均资本成本的计算方法

加权平均资本成本（weighted average cost of capital，WACC）是企业各类资本的成本的加权平均，权重为该类资本在企业总资本中所占的比重。企业的资本来源主要包括普通股、优先股和长期负债等。加权平均资本成本的计算公式如下：

$$\text{WACC}=\sum_{i=1}^{n}W_i r_i \tag{7-12}$$

其中，W_i 为第 i 种资本占总资本的比重；r_i 为第 i 种资本的税后资本成本。可以看出，这里的加权平均资本成本是税后的，因为公式中各种资本的成本 r_i 都是税后资本成本。

如果企业只有权益资本 E 和债务资本 D，则企业的资本总额为 $D+E$，债务资本和权益资本所占比重分别为 $W_D=\frac{D}{D+E}$ 和 $W_E=\frac{E}{D+E}$。此时，式（7-12）简化为：

$$\text{WACC}=\frac{D}{D+E}r_D(1-T_C)+\frac{E}{D+E}r_E \tag{7-13}$$

式中，T_C 表示企业所得税税率。

如果企业的资本结构中包括债务资本 D、权益资本 E 和优先股资本 P，则企业的资本总额为 $D+E+P$，债务资本、权益资本和优先股资本所占比重分别为 $W_D=\frac{D}{D+E+P}$，$W_E=\frac{E}{D+E+P}$，$W_P=\frac{P}{D+E+P}$。此时，企业的加权平均资本成本为：

$$\text{WACC}=\frac{D}{D+E+P}r_D(1-T_C)+\frac{E}{D+E+P}r_E+\frac{P}{D+E+P}r_P \tag{7-14}$$

加权平均资本成本表示的是企业在目前的资本结构下，为了保证各种资本来源的投资者的收益率，利用现有资本必须赚取的总体收益率，同时也是企业进行与现有经营业务风险相当的投资的必要收益率。因此，如果企业要对现有业务进行扩张，或者投资与现有业务相同风险的其他项目，都应该用加权平均资本成本作为项目的贴现率。

【例 7-8】 根据表 7-2 所示的某公司资本结构和个别资本成本，计算该公司的加权平均资本成本。

表 7-2 某公司资本结构和个别资本成本

资本来源	金额（万元）	权重（%）	个别资本成本（%）
负债	1 000	50	6（税后）
普通股	1 000	50	16

解：该公司的加权平均资本成本为：

$$\begin{aligned}\text{WACC}&=\frac{D}{D+E}r_D(1-T_C)+\frac{E}{D+E}r_E\\&=50\%\times6\%+50\%\times16\%\\&=11\%\end{aligned}$$

二、加权平均资本成本权重的确定

加权平均资本成本权重的确定方式有三种：账面价值加权、市场价值加权和目标资本结构加权。

（一）账面价值加权

账面价值加权是根据企业资产负债表上显示的会计价值来衡量每种资本的权重。各种资本来源的账面价值获取方便，但账面价值反映的是历史信息，不一定符合企业未来的状况。一般来说，账面价值和市场价值之间存在较大差异，使用账面价值加权会扭曲资本成本。

（二）市场价值加权

市场价值加权是指根据当前负债和权益的市场价值衡量每种资本的权重。由于市场价值不断变动，负债和权益的比例也随之变动，计算出的加权平均资本成本会迅速变化。

（三）目标资本结构加权

目标资本结构加权是根据市场价值计量的目标资本结构衡量每种资本的权重。财务管理者决定的目标资本结构是对未来筹资比例的最佳估计。调查表明，大多数企业在计算资本成本时，采用按平均市场价值计量的目标资本结构作为权重。

【例 7-9】 某公司按照平均市场价值计量的目标资本结构是 40％的长期债务和 60％的普通股。长期债务的税后成本是 4％，普通股的成本是 16％。该公司的加权平均资本成本是多少？

解：该公司的加权平均资本成本为：

$$\begin{aligned}WACC &= \sum_{i=1}^{n} W_i r_i \\ &= 40\% \times 4\% + 60\% \times 16\% = 11.2\%\end{aligned}$$

在现实中，企业的实际资本结构经常会偏离目标资本结构。这是由于，一方面，如果每次融资都按照目标资本结构的比例，同时采用权益和债务资本融资，将会导致每类资本的筹资规模都很小，而权益和债务融资的费用中都有大量固定费用，这将造成筹资费用占比高，规模不经济；另一方面，由于市场条件的影响，比如在 A 股发行管制条件下，企业很难按照自己的意愿发行任意数量的股票，又或者在股票市场处于牛市时，股东可能会倾向于股权融资。因此，现实中的企业通常会交替使用股权和债务融资，在长期内保持一个合理的资本结构。

如果企业交替使用不同的融资方式，在做项目资本预算时，每次仍应使用加权平均资本成本而不是当次融资的个别资本成本作为投资决策分析的贴现率。例如，假设例 7-8 中的公司决定完全采用债务融资筹集 2 000 万元投资于项目 A，债务资本成本为 6％，项目 A 的内部收益率为 10％。一年后该公司又需要为项目 B 筹资 2 000 万元，其内部收益率为 13％。为了维持负债权益比为 1∶1 的目标资本结构，这次公司决定采用普通股融资，普通股资本成本为 16％。现在的问题是，该公司应该接受项目 A 和 B 吗？如果根据每次融资的个别资本成本来判断，公司会选择投资项目 A、拒绝项目 B，因为项目 A 的内部收益率高于当次融资的债务资本成本，而项目 B 的内部收益率低于当次融资的权益资本成本。这看似合理，但仔细思考一下，为什么公司一年前可以接受一个内部收益率为 10％的项目，一年后却要拒绝另一个内部收益率为 13％的项目？表面上看，这是因为一年前所筹资金的成本低，一年后所筹资金的成本高。但实际上，该公司一年前所筹资金的成本并不低，因为要维持目标资本结构，在进行债务融资后必然要进行股权融资。因此，债务资本的低成本是以后来权益资本的高成本为代价的，两者加权平均的资本成本是 11％。从整体上看，企业的资本成本既不是债务资本成本 6％，也不是普通股资本成本 16％，而是加权平均资本成本 11％，根据加权平均资本成本，应该拒绝投资项目 A，而选择投资项目 B。

三、运用加权平均资本成本解决资本预算问题

在本章的开头我们提到，在资本预算决策中，我们需要预测项目未来的现金流，并且确定合适的贴现率，这样才能计算项目的净现值。现在我们已经知道，公司在做项目资本

预算时，应该使用加权平均资本成本作为投资决策分析的贴现率。下面我们就可以运用加权平均资本成本来解决资本预算问题。

假设你刚刚当上一家大公司的总裁，你所面临的第一个决策是要不要推行一项修缮公司仓储配送系统的计划。这项计划将会花费公司 5 000 万元，预计在接下来的 6 年中，每年可以税后节约 1 200 万元。这是常见的资本预算问题。为了做出正确的决定，你调查资本市场提供的收益，并应用这些信息估算出了公司的加权平均资本成本。在我们用加权平均资本成本对现金流贴现来估算仓储项目的净现值之前，我们需要先确认我们所做的是对的。

根据风险决定必要收益率的原则，我们需要在资本市场上找到一个和仓储项目具有可比性的项目。为了具有可比性，这个项目应该和仓储项目具有相同的风险水平，处于同一个风险等级。一个公司的加权平均资本成本反映了公司所有资产作为一个整体时的风险水平以及目标资本结构。严格来讲，只有当提议的项目是公司现有的经营活动的翻版时，加权平均资本成本才算是合适的贴现率。

我们是否能够运用公司的加权平均资本成本对仓储项目估值取决于这个仓储项目是否和整个公司处于同样的风险等级。假设这个项目是公司整体业务中的一部分，在这种情况下，成本的节约和公司的一般现金流量具有同等的风险，那么这个项目也就和公司处于同一风险等级。一般来说，像仓储改造这样与公司现行营运密切相关的项目通常被认为是和公司处于同一风险等级的。

现在来看看你作为总裁要做些什么。假设公司的目标负债权益比是 1∶3，这意味着 $E/V=0.75$ 和 $D/V=0.25$。假设债务资本成本是 10%，权益资本成本是 20%，税率是 21%，那么加权平均资本成本是：

$$\begin{aligned}\text{WACC} &= (E/V)\times r_E + (D/V)\times r_D \times (1-T_C)\\ &= 0.75\times 20\% + 0.25\times 10\% \times (1-21\%) = 0.169\,8 = 16.98\%\end{aligned}$$

仓储项目的成本是 5 000 万元，并且预期每年税后现金流量（成本节约）是 1 200 万元，持续 6 年，那么净现值是：

$$\text{NPV} = -5\,000 + \frac{1\,200}{1+\text{WACC}} + \frac{1\,200}{(1+\text{WACC})^2} + \cdots + \frac{1\,200}{(1+\text{WACC})^6}$$

因为现金流量是以普通年金的形式呈现的，所以我们可以用 16.98%（WACC）作为贴现率来计算净现值：

$$\begin{aligned}\text{NPV} &= -5\,000 + 1\,200 \times \frac{1-[1/(1+0.169\,8)^6]}{0.169\,8} = -5\,000 + 1\,200 \times 3.591\,1\\ &= -690\ (\text{万元})\end{aligned}$$

那么公司应该执行该项目吗？运用公司的 WACC 算出的这个项目的净现值为负。这意味着，在相同的风险等级下，金融市场会有更好的项目。答案很明确：应该拒绝这个项目。

【例 7-10】 公司正在考虑一个项目，这个项目可以使第 1 年年末的税后成本节省

500 万元。节约额度以每年 5% 的比率增长。公司的负债权益比为 0.5，权益成本为 29.2%，债务成本为 10%。成本节约项目和公司的核心业务关系密切，所以这个项目可以视作和公司整体处于同一风险等级。公司应该执行这个项目吗?

解：假设公司税率是 21%，WACC 为：

$$\begin{aligned} \text{WACC} &= (E/V)\times r_E + (D/V)\times r_D \times (1-T_C) \\ &= (2/3)\times 29.2\% + (1/3)\times 10\% \times (1-0.21) = 22.10\% \end{aligned}$$

现值为：

$$PV = 500/(\text{WACC}-0.05) = 500/(0.221\,0-0.05) = 2\,924\ (\text{万元})$$

只有当成本小于 2 924 万元时，NPV 才能为正。

四、加权平均资本成本与绩效评估

绩效评估是 WACC 的另一个用途。这方面最著名的方法就是思腾思特（Stern Stewart）公司所发展出来的经济附加值（economic value added，EVA）法，许多大的国际公司像美国电话电报公司、可口可乐、桂格麦片和百力通等都采用 EVA 法来评价公司绩效。类似的方法还包括市场价值附加值（MVA）和股东价值附加值（SVA）。

贝内特·斯图尔特：关于 EVA

EVA 法及其他类似策略背后的理念很简单明了。假定我们投资 1 亿元资本（包括权益和债权）在公司中，而我们的 WACC 是 12%。如果我们将两者相乘，得到 1 200 万元。如果来自资产的现金流量少于这个数，从公司整体来看，就是在损耗价值；如果来自资产的现金流量多于 1 200 万元，公司就是在创造价值。

虽然像这样的价值评估策略在实践中总会遇到一定的困难，但通过关注价值创造，以 WACC 为基础的评估方法可以迫使员工和管理层关注真正的最终目标：提高股票价格。

第五节　部门和项目资本成本

在我们将加权平均资本成本作为企业资本预算中项目评估的贴现率时，隐含的一个假设是新的投资项目的风险与企业目前的整体经营风险大致相当。如果新的投资项目与企业目前的经营风险相差较大，则不宜再直接使用企业的加权平均资本成本作为该项目的贴现率。

一、证券市场线和加权平均资本成本

当新项目的风险状况显著异于企业现有业务的风险状况时，如果错误地使用公司目前的加权平均资本成本作为新项目资本预算的贴现率，会造成对新项目的错误投资决策。如果项目的系统性风险大于公司现有业务的系统性风险，用公司的加权平均资本成本作为贴现率可能会错误地接受本该拒绝的项目；反之，如果项目的系统性风险小于公司现有业务的系统性风险，会导致错误地拒绝本该接受的项目。图 7－2 说明了这种情况。

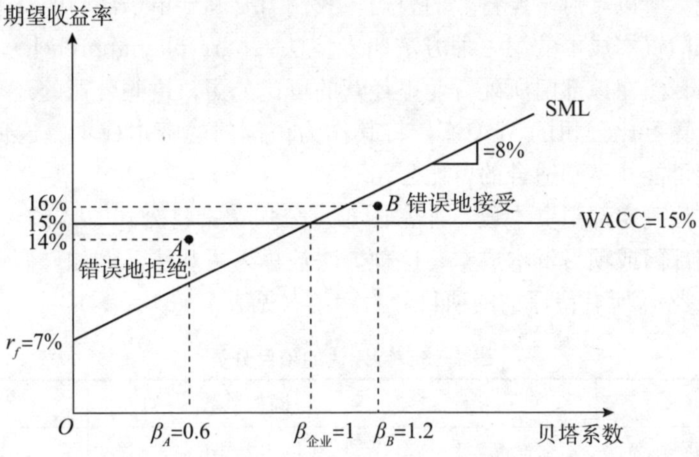

图 7－2 证券市场线（SML）和加权平均资本成本（WACC）

在图 7－2 中，我们画了一条证券市场线，无风险利率为 7%，市场风险溢价为 8%。假设公司资本全部来自权益，权益贝塔系数为 1。因为没有负债，公司的 WACC 与权益成本相同，均为 15%。

如果公司用 WACC 来评估它所有的投资，将拒绝任何收益率低于 15%的项目。但是，根据第六章，风险决定收益，定价均衡的项目应该落在证券市场线上。

对于项目 A，其贝塔 $\beta_A=0.60$，其期望收益率为 14%。根据 CAPM，其必要收益率为：

$$E(r_A)=r_f+\beta_A[E(r_m)-r_f]=7\%+0.60\times 8\%=11.8\%$$

其投资收益率高于必要收益率，因此这是一个值得投资的项目。如果我们用 WACC 作为公司所有项目的判断标准，这个项目就被错误地拒绝了。也就是说，用 WACC 作为取舍点的公司将会错误地拒绝净现值大于 0 但低于公司整体风险的项目。

项目 B 的贝塔 $\beta_B=1.2$，它的收益率为 16%。这并不是一个好项目，因为其收益率低于系统性风险水平决定的必要收益率［$E(r_B)=7\%+1.2\times 8\%=16.6\%$］。然而，如果我们用 WACC（15%）来评价它，将错误地接受它。因此，如果用 WACC 作为所有项目的判断标准，我们将会错误地接受一些净现值小于 0 但风险大于公司整体的项目。最终，使用 WACC 来评价所有项目的公司的风险将会越来越大，且倾向于接受净现值小于 0 的项目。

二、部门资本成本

对于跨行业经营的公司，上述应用 WACC 的问题将同样会在公司不同行业的部门中产生。例如，假设一个公司有两个不同行业的部门：一个是受管制的电话事业部；一个是电子制造事业部。电话事业部的风险比较低，而电子制造事业部相对风险比较高。

公司总体资本成本是这两个部门不同资本成本的混合。如果这两个部门争夺公司资源，而公司用整体的 WACC 作为判断标准，则风险更高的那个部门将会是“赢家”，因为其收益率通常情况下会更高；而风险较低的部门虽然可能有更高的价值，但因其收益率较低而只能被忽视。所以，对于跨行业的公司，我们需要确定单个部门的资本成本。

确定单个部门资本成本的第一种方法叫专注法（pure play approach）。我们需要寻找公开上市的、只专注在该部门所处行业里经营的可比公司，这些公司的经营风险与该部门的风险相当。计算可比公司的 WACC，将其作为该部门的资本成本。这种方法的难处在于，有时候我们可能找不到适合的可比公司。

因为用专注法确定部门资本成本非常困难，公司常常将公司总体的 WACC 进行主观的调整，以确定部门或项目资本成本，这种方法被称为主观法。例如，假设一个公司的总体资本成本为 14%，所有待评估的项目分为四类（见表 7-3）：

表 7-3　待评估的项目分类

类别	例子	调整系数（%）	贴现率（%）
高风险	新产品	+6	20
中等风险	成本节约，现有产品线扩张	+0	14
低风险	重置现有设备	−4	10
强制性	污染控制设备	不适用	不适用

所有项目要么进入三个风险等级，要么进入强制性类别。对于强制性类别，因为项目必须要执行，所以资本成本不相关。

如图 7-3 所示，在每一个风险等级中，一些项目的风险可能比另一些项目的风险高，像图 7-2 中一样，错误地接受或拒绝的风险仍然存在。但比较图 7-3 和图 7-2 会发现，在主观法下，潜在错误的可能性降低。例如，直接使用 WACC，点 A 所代表的项目将被错误地接受，而在主观法下，该项目被划分为高风险项目，其收益率低于调整后的必要收益率，因此被拒绝。总体来说，虽然主观法的风险调整相对较主观，分类也比较粗略，但比直接使用 WACC 要好。

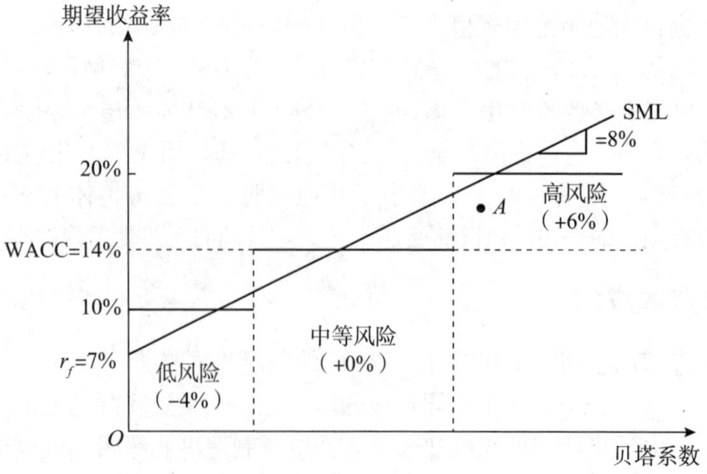

图 7-3　证券市场线（SML）和主观法

第六节　加权平均资本成本与企业价值估值

在为企业价值进行估值时，我们采用与仓库改造等个别资本项目预算类似的方法，但有一个问题需要处理。在企业价值估值中，我们经常会看到利息的扣除，因为企业有负债。我们在前面章节提到过，利息是融资成本，不是运营成本。不过，因为利息是税前扣除的费用，有债务融资的企业会比它没有债务融资时缴纳更少的税。在后面的章节中，我们将对此进行更多的讨论。

要计算来自资产的现金流，我们首先需要计算如果没有使用债务融资，该企业的税会是多少。为此，我们将息税前利润（EBIT）乘以企业的税率（T_C），得到企业的“应交”税金，我们将其称为调整后的税金，并标注为税金*（Taxes*）：

$$\text{Taxes}^* = \text{EBIT} \times T_C$$

接下来，我们将使用调整后的税金来计算来自资产的现金流量。我们将其称为来自资产的调整后的现金流CFFA*，我们的计算如下：

$$\begin{aligned}\text{CFFA}^* &= \text{EBIT} + \text{折旧} - \text{Taxes}^* - \text{净营运资本变动} - \text{净资本性支出}\\ &= \text{EBIT} + \text{折旧} - \text{EBIT} \times T_C - \text{净营运资本变动} - \text{净资本性支出}\end{aligned}$$

CFFA*通常被称为“自由现金流”，但正如之前提到的，“自由现金流”这个词语对不同的人有不同的含义，所以我们将坚持使用CFFA*，以避免混淆。

CFFA*的计算可以简化成：

$$\text{CFFA}^* = \text{EBIT} \times (1 - T_C) + \text{折旧} - \text{净营运资本变动} - \text{净资本性支出}$$

其中，EBIT×$(1-T_C)$是指如果企业没有使用债务，净利润应该是多少。前两项的和是经营现金流。

如果企业在稳定增长，可以使用增长型永续年金公式对其估值。例如，假设你预测下一年的CFFA*为1.2亿元，并且认为这个数字会以每年5%的速度无限增长，你估计企业的加权平均资本成本是9%，所以企业现在的价值（V_0）是：

$$V_0 = \text{CFFA}_1^* / (\text{WACC} - g) = 1.2/(0.09 - 0.05) = 30\ (\text{亿元})$$

总结一下，对一家企业价值的估值与对一个项目的估值大致类似，只是我们必须调整税金，以消除债务融资的影响。

我们还可以考虑非稳定增长的影响，假设从未来 t 时刻开始持续增长。在这种情况下，企业现在的价值为：

$$V_0 = \frac{\text{CFFA}_1^*}{1+\text{WACC}} + \frac{\text{CFFA}_2^*}{(1+\text{WACC})^2} + \frac{\text{CFFA}_3^*}{(1+\text{WACC})^3} + \cdots + \frac{\text{CFFA}_t^* + V_t}{(1+\text{WACC})^t}$$

式中，V_t 是企业在 t 时刻的价值，仍然使用增长型永续年金公式计算：

$$V_t = \frac{\text{CFFA}_{t+1}^*}{\text{WACC} - g}$$

注意，要得到 t 时期的值，需要用到 $t+1$ 时期期末的现金流。

【例 7-11】 某热门节目中的一位嘉宾正试图为她的新公司 Feline Fancy 筹集资金，该公司是一家制造猫玩具的公司。潜在投资者希望对这家非上市公司进行估值。公司所有者使用专注法确定适合公司的 WACC 是 8%。相关税率为 21%。

Feline Fancy 目前负债 4 000 万美元，发行在外股票有 350 万股，今年的销售额预计将达到 3 000 万美元。在接下来的 4 年里，这个数字预计将以每年 15%的速度增长。在那之后，预计销量将以 2%的增长率无限增长。EBIT 今年将达到 1 000 万美元。EBIT、折旧、净资本性支出以及净营运资本变动的增长速度将与销量的增长速度相同。你认为 Feline Fancy 整体价值如何？你会给它每股定价多少？

解：为了评估公司的价值，我们首先评估未来 5 年来自资产的调整后的现金流（见表 7-4）。

表 7-4 CFFA* 的计算 单位：百万美元

	第 1 年	第 2 年	第 3 年	第 4 年	第 5 年
EBIT	10.00	11.50	13.23	15.21	17.49
折旧	1.50	1.73	1.99	2.28	2.62
Taxes*	2.10	2.42	2.78	3.20	3.67
净营运资本变动	0.80	0.92	1.06	1.22	1.40
净资本性支出	2.40	2.76	3.17	3.65	4.20
CFFA*	6.20	7.13	8.21	9.43	10.84

由于调整后的现金流在第 5 年后将增长 2%，公司在第 5 年年末的价值为：

$$V_5 = 10.84 \times \frac{1+0.02}{0.08-0.02} = 184.28\ (\text{百万美元})$$

现在，我们可以通过使用加权平均资本成本将前 5 个调整后的现金流以及第 5 年的终值贴现到当前来找到公司的价值。通过这样做，我们发现：

$$V_0 = \frac{6.20}{1+0.08} + \frac{7.13}{(1+0.08)^2} + \frac{8.21}{(1+0.08)^3} + \frac{9.43}{(1+0.08)^4} + \frac{10.84+184.28}{(1+0.08)^5}$$
$$= 158.10\ (\text{百万美元})$$

为了计算权益的价值，我们减去 4 000 万美元的债务，得到总权益价值为 11 810 万美元。为了求出股价，我们用这个结果除以股票的数量（350 万股），得到的股价是：

股价 $= 11\ 810/350 = 33.74$（美元）

计算第 5 年年末公司价值的另一种常用方法是使用目标比率，类似于市盈率和市销率。例如，假设潜在投资者认为，当公司增速放缓时，合适的市销率为 3。第 5 年的销售额预计为 3 000×1.15^4 = 5 247 万美元（请注意，我们计算了未来 4 年的 3 000 万美元的复利，因为 3 000 万美元是第 1 年年底的销售额，而不是去年的销售额）。因此，新的终值估计为：

$$V_5 = 3\times 5\ 247 = 15\ 741\ (万美元)$$

在这个估计值下，公司现在的价值将是：

$$V_0 = \frac{6.20}{1+0.08} + \frac{7.13}{(1+0.08)^2} + \frac{8.21}{(1+0.08)^3} + \frac{9.43}{(1+0.08)^4} + \frac{10.84+157.41}{(1+0.08)^5}$$
$$= 139.81\ (百万美元)$$

减去 4 000 万美元的债务，除以股票的数量（350 万股），得出的股价为 28.52 美元。

【本章小结】

1. 企业的资本是指企业需要向资金供给者提供回报的资金来源，包括权益资本和债务资本。资金供给者要求的必要收益率就是企业的资本成本。

2. 资本结构是公司选择的债务和股东权益的特定组合。资本结构的变化会引起公司整体资本成本的改变。在本章分析资本成本时，我们假设公司保持一个固定的负债权益比，这个比率反映了公司的目标资本结构。

3. 权益资本成本可以通过常数增长的现金股利贴现模型和资本资产定价模型的 SML 方程来估计。由常数增长的现金股利贴现模型可知，普通股资本成本 $r_E = \frac{D_1}{P_E} + g$ ，其中，D_1 为第 1 期支付的现金股利，g 为现金股利增长率。由 SML 可知，$r_E = r_f + \beta_E(r_m - r_f)$，其中，$r_f$ 为无风险利率，β_E 为公司的贝塔系数，$r_m - r_f$ 为股票市场的平均风险收益率。

4. 债务资本成本为债券的到期收益率，r_D 可通过债券的定价公式 $P_D = \sum_{t=1}^{N} \frac{I}{(1+r_D)^t} + \frac{B}{(1+r_D)^N}$ 求出。其中，P_D 为债券的市场价格，I 为债券每年的利息收入，B 为债券面值，N 为债券的期限，r_D 为债券的到期收益率，即债券资本成本。对于有债券发行在外的企业，已发行债券的到期收益率就是其资本成本。如果企业没有发行在外的债券，可用类似企业的债券的到期收益率或者相同评级的债券的到期收益率来衡量。债务的利息是税前扣除的，有税盾效应，因此债务的税后资本成本是 $r_D(1-T_C)$ 。

5. 优先股资本成本可以通过永续年金的现值公式求出，$r_P = D_P / P_P$ 。其中，r_P 为优先股资本成本；D_P 为优先股每期支付的固定的现金股利；P_P 为优先股发行价格。优先股的股利是从公司税后利润中支付的，因此，优先股没有税盾效应。

6. 在考虑发行成本后，企业的实际筹资额将小于名义筹资额。在常数增长的现金股利贴现模型下，考虑发行成本的普通股资本成本为 $r_E = \frac{D_1}{P_E(1-f_E)} + g$ ，其中，f_E 为股票的发行费用率。假设债券的发行费用率为 f_D ，考虑发行费用的债务税前资本成本 r_D 可

由 $P_D(1-f_D)=\sum_{t=1}^{N}\frac{I}{(1+r_D)^t}+\frac{B}{(1+r_D)^N}$ 解出。如果优先股的发行费用率为 f_P，考虑发行成本的优先股成本为 $r_P=\frac{D_P}{P_P(1-f_P)}$。

7. 加权平均资本成本是企业各类资本的成本的加权平均，权重为该类资本在企业总资本中所占的比重。如果企业的资本结构中包括债务资本 D、权益资本 E 和优先股资本 P，企业的加权平均资本成本为 $\text{WACC}=\frac{D}{D+E+P}r_D(1-T_C)+\frac{E}{D+E+P}r_E+\frac{P}{D+E+P}r_P$。大多数企业在计算资本成本时，采用按平均市场价值计量的目标资本结构作为权重。

8. 只有当新的投资项目与企业整体经营风险大致相当时，才能将企业加权平均资本成本作为新项目资本预算的贴现率。确定部门资本成本可以采用专注法或者主观法。

【重要概念】

资本成本	资本结构	税盾效应	发行费用率
加权平均资本成本	经济附加值	专注法	主观法

【思考题】

1. 什么是加权平均资本成本？
2. 公司所得税税率对公司资本成本有什么影响？
3. 资本成本与投资者要求的收益率有什么关系？为什么？
4. 交替使用不同融资方式的企业，为什么不使用当次融资的个别资本成本作为投资决策分析的贴现率？

【练习题】

1. 假定某公司股票的 β 为 1.5，预期市场风险溢价为 9%，无风险利率为 6%。请问该公司的权益资本成本为多少？

2. 假设分析师预测某公司股利增长率为每年 6%，而上一次股利发放水平为每股 2 元。该公司股票当前价格为 15.65 元。请问该公司的权益资本成本为多少？

3. 某公司想要确定其债务资本成本。该公司对外发行的 18 年期的债券，市场价格为面值的 107%，每半年付息，息票利率为 6%。该公司的税前债务资本成本为多少？如果税率是 35%，则税后债务资本成本为多少？

4. 某银行的优先股发放固定股利 4.25 元，售价为每股 92 元，请问该银行的优先股资本成本为多少？

5. A 公司的目标资本结构为普通股占 60%，优先股占 5%，债务占 35%。其中权益资本成本为12%，优先股资本成本为5%，税前债务资本成本为7%，公司相关的税率为35%。请问该公司的WACC为多少?

6. 一个完全权益公司正在考虑以下项目(见表7-5):

表7-5 项目详情

项目	贝塔值	内部收益率(%)
A	0.60	8.8
B	0.85	9.5
C	1.15	11.9
D	1.45	15.0

无风险利率为4%，市场期望收益率为11%。请回答以下问题:

(1) 哪些项目的期望收益率高于公司的资本成本11%?

(2) 哪些项目将会被接受?

(3) 如果使用公司资本成本作为项目贴现率，哪些项目会被错误地接受或者拒绝?

7. 计算下列情况下的企业融资成本:

(1) 发行8年期债券，债券的面值为1 000元，票面利率为10%，发行价格为1 120元，发行成本为发行价格的5%，企业相关的税率为30%。

(2) 公司决定增发普通股，公司每股净资产的账面价值为15元，上年度每股现金股利为2元，公司预期现金股利在未来维持8%的增长率，公司目前的普通股股价为每股30元，预计增发价格与现在价格相等，发行成本为发行收入的10%。

(3) 公司准备发行优先股，优先股面值为100元，现金股利率为8%，优先股当前价格为120元，发行成本为当前价格的12%。

【延伸阅读】

1. 罗琦，王悦歌. 真实盈余管理与权益资本成本:基于公司成长性差异的分析. 金融研究，2015 (5).

2. 钱雪松，唐英伦，方胜. 担保物权制度改革降低了企业债务融资成本吗?:来自中国《物权法》自然实验的经验证据. 金融研究，2019 (7).

3. 徐明东，陈学彬. 中国上市企业投资的资本成本敏感性估计. 金融研究，2019 (8).

4. 徐明东，田素华. 转型经济改革与企业投资的资本成本敏感性:基于中国国有工业企业的微观证据. 管理世界，2013 (2).

5. 斯蒂芬·A. 罗斯，伦道夫·W. 威斯特菲尔德，布拉德福德·D. 乔丹. 公司理财:精要版·原书第12版. 北京:机械工业出版社，2020.

6. Miles, J. A., and J. R. Ezzell. "The Weighted Average Cost of Capital, Perfect Capital Markets, and Project Life: A Clarification," *Journal of Financial and Quantitative Analysis*, 1980 (15): 719-730.

第八章 有效市场假说

【本章学习目标】

1. 掌握有效资本市场的概念。
2. 掌握有效市场假说的三种形式。
3. 了解有效市场的基本条件。
4. 了解有效市场假说对于公司财务的含义。
5. 了解关于有效市场假说三种形式的实证检验。

视频：有效资本市场

引导案例

长期资本管理公司（Long-Term Capital Management，LTCM）曾经是美国华尔街首屈一指的对冲基金公司，其成立于1994年，1994—1996年收益率分别为28%、42%以及40%，1997年在东亚金融危机影响的情况下收益率仍达到了17%，在其成立后的五年间创造了对冲基金盈利的多项纪录，却在1998年年末破产。

长期资本管理公司的核心团队成员包括被誉为能“点石成金”的华尔街债务套利之父约翰·梅里韦瑟（John Meriwether），1997年因期权定价公式（布莱克-斯科尔斯-默顿公式）荣获诺贝尔经济学奖的罗伯特·默顿（Robert Merton）和迈伦·斯科尔斯（Myron Scholes），以及美国财政部前副部长及美联储前副主席戴维·马林斯（David Mullins）等。

这个精英团队深信资本市场是有效的，深信“不同市场证券间不合理价差生灭自然性”，即同一资产在不同市场间的定价应该是一致的，如果存在偏差，那么市场一定会进行自我调节，最终使套利机会消失。基于这一理念，这一团队将金融市场的历史资料、已有的市场理论、学术研究报告和市场信息有机结合在一起，建立起了一套较为完整的电脑数学自动投资模型，进行投资套利活动，并在成立的前几年在市场上一路高歌。然而，1998年，在亚洲金融危机之后，黑天鹅事件发生，模型预测应该收敛的“不合理”价差进一步发散，加之极高的杠杆，导致该公司巨额套利亏损，最终该公司走到了破产边缘。

现代公司金融市场的一个重要理论基石就是有效市场假说。在一个有效的资本市场中，公司股票的价格反映了所有可获取的市场信息，任何关于公司股票的财务和非财务信息都将及时有效地反映到股票的价格中。有效市场假说对于公司金融的意义表现在，由于财务决策制约着公司的行为和状况，而公司的状况必将被股票的市场价格所反映，因此，市场是否有效会影响公司的财务活动。本章将介绍有效市场的概念和有效市场中的价格行为，以及有效市场假说的三种形式，并针对三种形式的有效市场假说介绍其实证检验的证据。

第一节　有效市场的概念与有效市场中的价格行为

通常来说，资本市场的有效性（efficiency）可以分为运营有效性、信息有效性和资源配置有效性三个层次。

运营有效性是指证券市场能够以最低成本为参与者提供他们需要的各种产品与服务。有两个可以衡量证券市场是否具有运营效率的直接指标：一是价格能否自由地根据有关信息变动；二是与证券相关的信息能否充分披露、均匀分布，使每个投资者在同一时间内得到等量和等质的信息。价格的变动方式、信息的完整性及时效性影响着证券市场的资金调节和分配效率。资本市场的运营效率主要受到市场微观结构的影响，Easley and O'Hara (1995)① 认为，运营效率主要体现在流动性、低成本和透明性这三个方面。

信息有效性是指证券价格能够快速反映各种影响价格的信息，现行市场价格充分反映了所有可以获取的市场信息，在考虑了风险因素和交易成本之后，投资者不能根据市场信息获取超额利润。在一个富有效率的证券市场上，证券的价格能充分地反映所有有关信息，并根据新的信息做出迅速的调整。因此。证券的市场价格成为证券交易的准确信号。

资源配置有效性是指证券价格对资源配置的引导效率。Samuelson (1965)② 对市场的信息有效性和资源配置有效性进行了区分。从资本市场和实体经济的关系看，资本市场仅仅具有信息有效性是远远不够的。Beaver (1997)③ 曾指出：市场有效性并不包含社会需求性的含义，这种有效性只是讨论证券价格与信息之间的关系；简单地认为市场价格反映信息的有效性越强，所引致的间接的资源配置就会更合理的论断难以成立。

资本市场效率的三个层次具有逻辑联系。运营有效性是信息有效性和资源配置有效性的微观基础。从市场运作层面考察，交易时间和交易费用决定了资本市场的运作效率，从而影响到资产价格对信息流动的反应能力；而从信息流动的层面考察，只有证券价格充分反映了股票的内在价值，资源配置有效性的实现才成为可能。因此，信息有效性是资本市

① Easley, D., M. O'Hara. "Market Microstructure," in Jarrow, R. A., V. Maksimovic, and W. T. Ziemba. *Handbooks in Operations Research and Management Science*. North Holland Press, 1995.

② Samuelson, P. "Proof that Properly Anticipated Prices Fluctuate Randomly," *Industrial Management Review*, 1965 (6): 41-49.

③ Beaver, W. *Financial Reporting: An Accounting Revolution*. Prentice-Hall, 1997.

场效率体系的基石。

从本质上来讲，资本市场有效性理论探讨的是证券价格对相关信息的反应程度和速度，因此，本书讨论的资本市场有效性均针对信息有效性。也就是说，所谓的有效市场，是指资产的市场价格能够充分反映所有可以获取的信息的资本市场。

我们先通过一个例子来考察有效市场中证券价格如何反映信息。2018 年 8 月 20 日长盈精密（300115. SZ）被媒体报道拿下了苹果公司 MacBook 金属机壳订单，成为首家打入苹果机壳供应链的中国大陆企业，该订单将大幅提升公司的价值。在公布这一消息之前，长盈精密股票价格反映的只是该公司目前的盈利能力和增长潜力的价值，并没有反映该新订单所产生的价值。图 8－1 描绘了股票价格对信息冲击做出反应的几种典型模式，其中，信息发布的时间是第 0 日。

如果证券市场是有效市场，在公司公布新订单的消息时，如图 8－1 中实线所示，其股票价格将迅速上涨，瞬间将新订单带来的价值增量反映在新价格中。投资者从公开场合获取到这则消息后再买入该公司股票不可能获取超额利润，因为股票价格已经迅速对该新信息做出了反应。

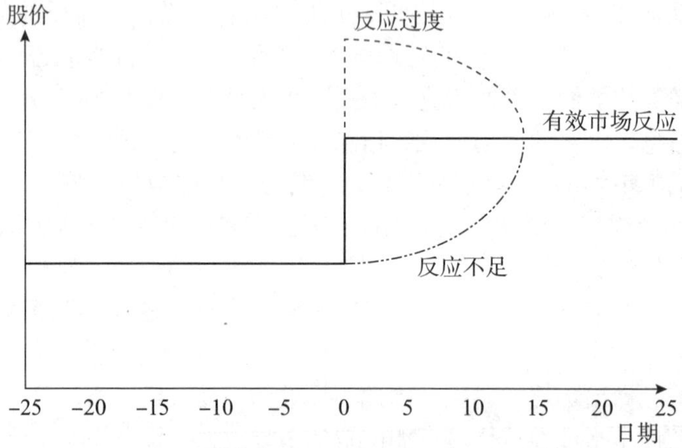

图 8－1　有效市场和非有效市场中股票价格对利好消息的反应

如果股票市场不是有效市场，股票价格对信息冲击做出的反应有两种类型。一种类型是股价起初反应过度（overreaction），然后逐渐调整到新信息决定的合理水平。如图 8－1 中虚线所示，对于新订单的利好消息，股价最初的上涨幅度超过消息本身带来的价值增量。然后，部分投资者意识到这一点并开始出售股票，股票价格逐渐回调到其内在价值。另一种类型是股价起初反应不足（underreaction），如图 8－1 中点划线所示，对于公司的意外利好消息，股价开始缓慢上涨，经过一段较长的时间后，股票价格才达到反映其内在价值的合理水平。

无论是反应过度还是反应不足，市场都存在获利机会。如果股价反应过度，投资者可以在股票价格超过其内在价值时卖空股票，并在股价回调到其内在价值之后买进股票以结束卖空头寸，从而获得超额收益。如果股价反应不足，投资者可以在获取利好消息之后，立即买进股票，并在股价上涨到内在价值之后卖出，以获得超额利润。

第二节 有效市场假说概述

有效市场假说（efficient market hypothesis，EMH）是由尤金·法玛（Eugene Fama）[1] 于1970年提出并深化的。有效市场假说认为，证券市场是信息有效市场，至少在实践中是这样。在有效市场中，证券价格充分反映了所有可以获得的市场信息，无论选择何种证券，投资者都只能获得与投资风险相当的正常收益，不能获取超额收益。

一、有效市场假说的三种形式

根据证券价格对不同信息的反应情况，Fama（1970）将证券市场的有效程度分为三个层次：弱有效（weak-form）市场、半强有效（semi-strong-form）市场和强有效（strong-form）市场。

（一）弱有效市场

如果证券的价格已经反映了其历史价格包含的所有信息，则证券市场是弱有效市场。在弱有效市场中，基于当前的证券价格预测其未来价格，等价于基于当前及之前的全部历史价格信息进行预测，因为历史价格信息已经反映在当前价格中了。因此，在弱有效市场中，技术分析（technical analysis）方法不能带来超额收益，因为它是通过研究证券价格的历史信息来推断其未来走势的。

定义股票第 t 期的收益率为 r_t，即 $r_t=(P_t-P_{t-1}+D_t)/P_{t-1}$，其中 P_t 为第 t 期期末的价格，D_t 为第 t 期分配的每股股利。如果股票收益率序列 $\{r_t\}$ 的自相关系数大于零，则在前一期价格涨幅高于期望水平的条件下，后一期价格涨幅高于期望水平的概率大于50%，此时股票价格表现出惯性。反之，如果股票收益率序列的自相关系数小于零，即在前一期价格涨幅高于期望水平的条件下，后一期价格涨幅低于期望水平的概率大于50%，股价表现为反转趋势。根据定义，在弱有效市场中，$\{r_t\}$ 的序列自相关系数应该等于零。也就是说，在弱有效市场中，股价走势既不会表现出惯性，也不会呈现反转。因为所有历史信息已被反映在当前价格中，能引起价格涨跌的只有不能被预测的新信息，因此，价格的变化也是随机不可预测的，人们常用随机游走（random walk）来描述弱有效市场中的股价走势，金融学家也常通过检验股票价格的自相关系数和随机游走来判断股票市场是否为弱有效市场。

大量证据表明，股价自相关系数绝对值接近于零（不显著异于零）时，股票价格与随机游走模型吻合。考虑到股票买卖的交易成本，投资者几乎不可能利用股价的自相关性或通过分析股票价格的历史走势获得超额收益。现有证据基本支持弱有效市场假说，本章后面将介绍这些实证证据。

（二）半强有效市场

如果当前证券价格已经反映了所有公开信息，则证券市场为半强有效市场。由于历史

---

① Fama，E. F. "Efficient Capital Markets：A Review of Theory and Empirical Work，" *Journal of Finance*，1970（25）：383－417.

股价信息属于公开信息，因此，半强有效市场一定是弱有效市场，也就是说，半强有效市场的有效程度高于弱有效市场。在半强有效市场中，各种信息一经公布，证券价格将迅速对新信息带来的价值增量做出反应，调整到新信息决定的内在价值水平。在半强有效市场中，任何利用公开信息预测的未来价格走势都是无效的，投资者无法通过分析公开信息来获取超额收益。

在半强有效市场中，基本面分析（fundamental analysis）方法不能带来超额收益。基本面分析是利用对宏观经济、行业以及公司的盈利、股利前景、风险等的分析来估计股票的内在价值（intrinsic value）。如果股票市场价格低于内在价值，则认为股票被低估，反之认为股票被高估，据此进行投资决策。基本面分析使用的都是公开信息，因此，如果市场是半强有效的，这种方法不能持续获得超额收益。

检验股票市场是否为半强有效市场的主要方法为事件研究（event study）法。公司会定期公布半年报和年报，还会不定期发布公告披露重大事项，包括重大投资、融资、分配、回购、并购、重组、关键管理人员的变动等。研究者选择这些事件消息发布前后一段时间作为时间窗口，分析窗口期内股票的异常收益率（abnormal return，AR）。异常收益率为股票的实际收益率与正常收益率之差。所谓正常收益率，是指在没有事件影响的情况下股票的收益率，最简单的测度方法是用市场平均收益率，即市场指数的收益率。此时股票异常收益率为：

$$AR_t = r_t - r_{Mt} \tag{8-1}$$

式中，r_t 为窗口期内股票的实际收益率，r_{Mt} 为同期市场指数的实际收益率。

另一种测度正常收益率的方法是采用 CAPM，此时股票的异常收益率为：

$$AR_t = r_t - (\alpha + \beta r_{Mt}) \tag{8-2}$$

式中，α 与 β 是根据 CAPM 估计证券市场线得到的截距项和贝塔系数。

在得到异常收益率后，将窗口期内每一个交易日的异常收益率加总，得到累积异常收益率（cumulative abnormal return，CAR），它度量了事件对股票收益率的总体影响。在半强有效市场中，事件消息发布之后，股票价格将立即对事件信息做出反应，因此事件公告只会影响公告当日的股票收益率，不会影响之后和之前的收益率。如果事件公告显著影响公告日之后的股票收益率，则证明市场不是半强有效市场。如果在事件公告日之前股票有显著异常收益率，则有可能发生了信息的泄露。

图 8－2 展示了 Keown and Pinkerton（1981）[①] 关于公司收购公告对目标公司股价影响的研究结果。我们可以从图中获得关于信息泄露的证据，因为在收购公告发布前，目标公司的股票已经有正的累积异常收益率，可能是部分投资者已经获悉了一些相关信息并进行了交易。在公告发布当日，累积异常收益率大幅上升。在公告日之后，累积异常收益率不再显著上升或下降。这表明，目标公司的股价对事件信息反应迅速且充分，该实证结果与半强有效市场假说一致。

---

① Keown，A. J.，and J. M. Pinkerton. "Merger Announcements and Insider Trading Activity：An Empirical Investigation," *Journal of Finance*，1981（36）：855－869.

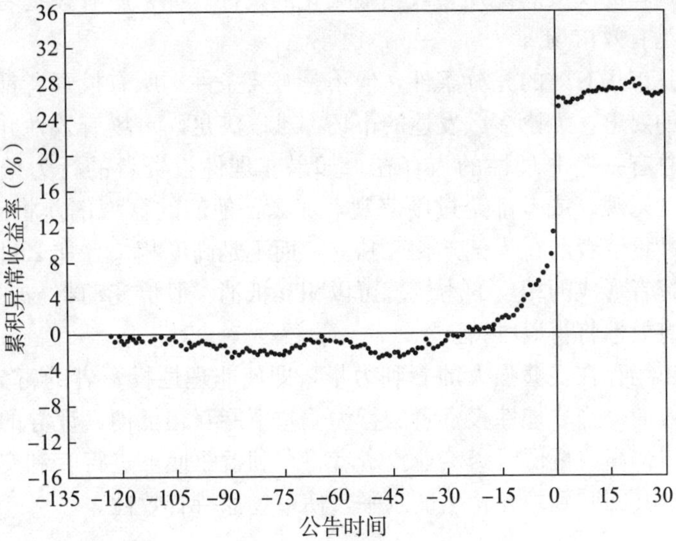

图 8-2　公告日前后股票累积异常收益率

（三）强有效市场

如果证券价格已经反映了市场上的所有信息，甚至包括仅公司内部人员知道的私有信息，则市场为强有效市场。强有效市场是对市场信息效率的最严格假设，如果包括私有信息在内的所有信息都已经反映在股价里，那么公开信息也一定反映在股价里了，所以强有效市场一定也是半强有效市场。在强有效市场中，投资者不仅不能利用公开信息获得超额收益，甚至也不能利用内幕信息来稳定地获取超额收益。所谓内幕信息，是指对公司股票价格有重大影响的尚未公开的信息，是公司层面最重要的私有信息。在现实中，各个国家的证券监管部门的主要使命之一就是打击内幕交易，这说明利用内幕信息是可以获取超额收益的，因此我们基本可以判断证券市场不是强有效市场。

【例 8-1】　如果你发现某公司的高级经理投资于该公司的股票获得了超额收益，这是否违背了弱有效市场假说？这是否违背了强有效市场假说？

解：高级经理可能获得公司的内部消息，根据内部消息可以获得超额收益，这说明市场不是强有效市场，因此违背了强有效市场假说。超额收益是建立在内部消息基础上获得的，不是基于对过去的价格和交易数据的分析，这并不违背弱有效市场假说。

二、有效市场的基本条件

关于有效市场的条件，Shleifer（2000）[①] 总结为以下三个：（1）理性的投资者；（2）独立的理性偏差；（3）套利行为。只要这三个条件中的任何一个成立，市场就是有效的。

所谓理性的投资者，是指当市场发布新信息时，投资者会以理性的方式调整自己对股

① Shleifer，A. *Inefficient Markets：An Introduction to Behavior Finance*. Oxford University Press，2000.

价的估计，且投资者的决策满足期望效用最大化的条件。如果所有投资者都是理性的投资者，那么市场将是有效市场。

投资者理性是市场有效的充分条件，但不是必要条件。所有投资者都为理性的投资者是一个非常苛刻的要求，无论多么发达的市场都难以满足，市场有效性并不要求所有投资者都是理性的，总有一些非理性的人存在。如果非理性投资者的行为偏差高度相关，例如，或者都是过度乐观，或者都是过度悲观，那么，他们的行为偏差将破坏市场有效性。但是，如果非理性投资者的行为偏差相互独立，而不是高度相关，那么过度乐观的投资者与过度悲观的投资者形成的相反的力量就可以相互抵消，股价变动将与在理性的投资者条件下一致，市场有效性将得以维持。

当然，如果市场存在足够强大的套利力量，即使非理性投资者的行为偏差高度相关，市场仍然会是有效的。当非理性投资者的行为偏差不能互相抵消，证券的价格因为投资者的非理性行为变得偏高或偏低时，专业投资者将在利益驱使下进行套利交易，从而纠正市场价格偏差，推动其回归到内在价值的水平，使市场保持有效性。

三、有效市场假说对公司金融的意义

有效市场假说对公司金融的意义表现在，由于财务决策制约着公司的行为和状况，而公司的状况必将被市场价格所反映，因此，市场是否有效会影响公司的财务活动。有效市场假说对公司金融的影响主要体现在以下几个方面。

（1）相信市场价格。

在有效资本市场中，财务管理者应当充分相信市场价格。有效市场假说告诉我们，市场价格包含了所有可用信息，是投资者对各种信息进行综合分析判断的结果。有效市场不会高估或低估股票的价格，因此，财务管理者要相信市场价格，不必担心其公司股价被高估或者低估。例如，当公司需要融资时，管理层会倾向于在其认为股价比较高时发行股票，这也就是所谓的股权融资的择时发行现象。如果市场是有效的，股价不会被高估或低估，择时发行将是徒劳无功的。另外，由于股价反映了投资者根据所有信息对股票价值的评估，因此管理层可以从股票价格和其变化中解读市场对公司决策的评价和反应。例如，在图 8－2 的例子中，在收购公告发布后，目标公司股价大幅上升，出现了显著为正的累积异常收益率，这说明投资者认为收购行为会提高目标公司股东价值。

（2）公司基本面决定股票价值。

在有效市场中，股票价格不偏不倚地反映了市场上的所有信息，所以股价是由公司的基本面决定的，它等于股票的内在价值。因此，只有能够改变公司基本面的行为才能影响股价，不改变公司基本面的公司行为不能影响股价。例如，有些公司的财务管理者会通过改变会计方法来改变公司对外披露的会计利润，比如变更折旧方法、存货计值方法、并购的会计处理方法等，但如果改变会计方法本身并不改变公司的现金流，在有效市场中这些行为就不能影响股票价值。同样，某些财务行为，例如股票分割或者并股，在不考虑其信号作用时，也不能改变公司的基本面。因此，如果市场是有效的，财务管理者不能通过股票分割或并股影响股票价格。

(3) 不能通过金融投机获利。

根据有效市场假说，市场上所有信息都已经反映在金融资产的价格中，因此，投资者无法长期、稳定地通过某种方法取得超额收益。这意味着财务管理者不能通过金融投机获利。例如，当公司在一段时间内拥有大量闲置资金时，A 股上市公司管理者有时会选择买卖股票，试图通过短期的投机交易获取超额利润。如果市场是有效市场，这种短期的投机交易行为是无法稳定获利的。再例如，不少 A 股上市公司需要利用金融衍生工具进行风险管理，但有些公司的管理者不只利用金融衍生工具对冲风险，还进行投机交易，试图通过预测资产价格的未来走势获取超额利润。如果市场有效，这类投机交易不仅会给公司带来巨大风险，也不能获得超额收益。

第三节 有效市场假说的实证检验证据

一、弱有效市场的实证检验：股票收益率的动量效应与反转效应

有效市场的早期检验是对弱有效市场的检验。如果投资者能通过分析股票的历史价格走势获取超额收益，则市场不是弱有效市场，这在本质上是对技术分析有效性的检验。

（一）短期收益

正如本章前面所介绍的，辨别股票价格趋势的一种方法是测度股票收益率的序列相关性。股票收益率序列的自相关系数显示了股票收益与过去收益的相关趋势。正的序列相关性意味着正收益倾向于跟随过去的正收益，这被称为动量效应（momentum effect）。负的序列相关性则表示正收益倾向于被负收益跟随，这被称为反转效应（contrarian effect）。Conrad and Kaul (1988)[①] 以及 Lo and MacKinlay (1988)[②] 分析了纽约证券交易所股票的周收益数据，发现收益率序列在短期内存在着正相关性，但相关系数很低，不能表明有交易机会的存在。

虽然整体市场指数的收益序列仅显示弱相关性，但市场表现好和表现差的板块却有着更加显著的动量效应。Jegadeesh (1990) 和 Lehmann (1990) 通过分析股价中期（持有期为 3～12 个月）的变动，发现近期不论表现好还是差的股票，其价格走势都将持续一段时间，股价变动表现出显著的动量效应。他们的结论为：尽管单只股票的价格是很难预测的，但由近期表现较好的股票构建的投资组合能跑赢其他股票组合。以上证据表明，价格的动量效应在整个市场和不同板块股票中均存在。

（二）长期收益

尽管研究表明，短期和中期股票收益率存在动量效应，但对市场整体跨越数年的长期收益的检验结果却显示为负的序列相关性，也就是说，市场整体在长期存在反转效应。一个可能的解释是趋势假说（fads hypothesis）。趋势假说认为股价会对事件产生过度反应，

---

① Conrad, J., G. Kaul. "Time-Variation in Expected Returns," *Journal of Business*, 1988 (61): 409 - 425.

② Lo, A., A. Craig MacKinlay. "Stock Market Prices Do Not Follow Random Walks: Evidence from a Simple Specification Test," *Review of Financial Studies*, 1988 (1): 41 - 66.

过度反应的矫正会使得股价在长期发生反转，即前期表现较好的股票在之后表现较差，而前期表现较差的股票则在之后表现较好。因此，矫正作用的存在使得正收益转变为负收益，即长期收益率序列的自相关系数为负。

对反转效应的另一种可能解释是市场风险溢价会随着时间的推移而变化。例如，当市场风险溢价和必要收益率升高时，股价会下跌。市场平均收益率上升到较高水平所导致的股价的下跌看上去就是股价的反转。也就是说，在过度反应与矫正作用表象之下实际上是股票价格对贴现率的理性反应。

除了整体市场长期收益的反转效应，许多关于个股的研究［例如，De Bondt and Thaler (1984)①；Chopra，Lakonishok and Ritter (1992)②］表明，在长期，个股的极端收益也会出现反转现象：过去表现最好的股票在随后时期内的收益将低于其他股票，而过去表现最差的股票未来的收益将超出市场平均。

De Bondt and Thaler (1984) 比较了美国股票市场过去五年风险调整收益率低的股票与风险调整收益率高的股票在未来五年的收益率，发现过去收益率低的股票未来的收益率要好于过去收益率高的股票，而且这个结果不能用风险补偿来解释。具体来说，如果将股票在近五年的风险调整收益率进行排序并分组构成投资组合，则基期“输的”投资组合（定义为风险调整收益率最差的 35 只股票）在未来的累积收益要比“赢的”投资组合（定义为风险调整收益率最好的 35 只股票）平均高出 25%。也就是说，如果投资者根据过去的股票收益率来构造投资策略，买进过去风险调整收益率低的股票，卖空风险调整收益率高的股票，那么未来五年会赢得超额收益。

因此，市场整体和个股都存在具有短期动量效应和长期反转效应的价格行为，对此的可能解释是短期过度反应（引起价格动量）可能会导致长期反向反应（市场识别过去的错误）。

二、半强有效市场的实证检验：市场异象

半强有效市场假设当前证券价格已经反映了所有公开信息，因此投资者无法通过分析公开信息来获取超额收益。由于基本面分析利用的都是除证券交易历史数据外的公开信息，因此我们可以通过考察基本面分析有效性来检验市场是否达到半强有效。令人惊奇的是，学者们发现，一些简单且易获取的统计数据，如股票市盈率或市值似乎能够预测股票的风险调整收益③，这类发现与半强有效市场假说相悖，因此经常被称为有效市场异象。下面我们介绍其中几种异象。

（一）规模效应

所谓的规模效应或小公司效应（small-firm effect），最早是由 Banz (1981)④ 提出的。

① De Bondt，W.，R. Thaler. “Does the Stock Market Overreact?” *Journal of Finance*，1984 (40)：793-805.

② Chopra，N.，J. Lakonishok，and J. R. Ritter. “Measuring Abnormal Performance：Do Stocks Overreact?” *Journal of Finance Economics*，1992 (31)：235-268.

③ 检验市场异象是否存在普遍需要对资产组合的业绩进行风险调整，正如前面事件研究法中所介绍的，大多数检验是利用资本资产定价模型进行风险调整。风险调整收益的检验是有效市场假说和风险调整过程的联合检验。

④ Banz，R. W. “The Relationship between Return and Market Value of Common Stocks，” *Journal of Financial Economics*，1981 (9)：3-18.

Banz (1981) 的实证研究发现，在 1931—1975 年期间，在进行了风险调整之后，纽约股票交易所交易的小公司股票的月收益率高于大公司股票的月收益率，二者之差平均为 1%。图 8-3 描绘了纽约证券交易所股票按各年度公司规模（即总流通市值）等分为 10 组后各投资组合的历史业绩。小公司股票组合在 1926—2011 年的平均年收益率始终处于较高水平。投资组合 10（最大规模组）与投资组合 1（最小规模组）的平均年收益率之差为 −8.52%。当然，小公司股票的风险更高，但即使运用资本资产定价模型进行风险调整之后，小公司股票组合仍然存在一个持续的收益率溢价。

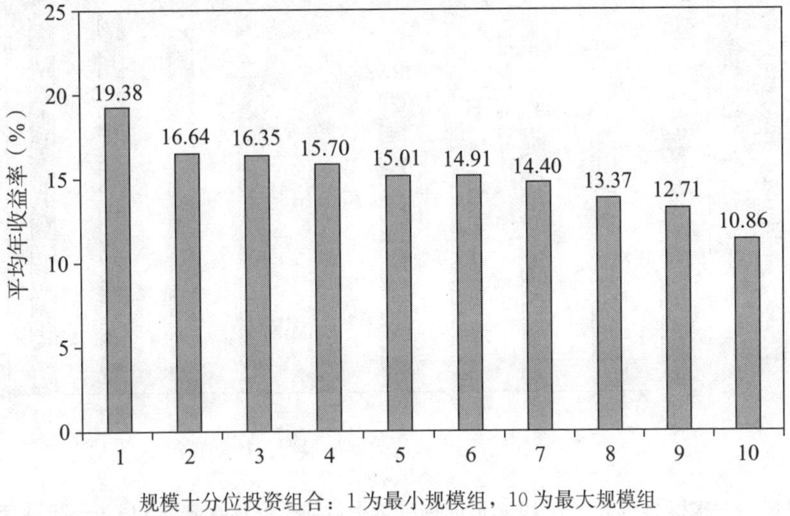

图 8-3 按股票市值规模分 10 组形成的投资组合的平均年收益率（1926—2011 年）

资料来源：使用肯尼思·弗伦奇（Kenneth French）的数据计算得出。

许多金融学家采用其他国家股票市场的数据进行分析，发现在 20 世纪的前 70～80 年里规模效应普遍存在。一些研究［Keim (1983)[1]、Reinganum (1983)[2]、Blume and Stambaugh (1983)[3]］发现规模效应几乎都发生在 1 月，准确地说是发生在 1 月的头两个星期。也就是说，规模效应实际上是“小公司的 1 月效应”。

（二）价值效应

Basu (1977)[4] 采用市盈率来预测股票收益率，通过分析 1956—1971 年的 1 400 家美国公司，发现在进行了风险调整之后，低市盈率股票的年收益率比高市盈率股票的年收益率高 7%。随后的许多研究发现，高股利收益率的股票或者高账面市值比的股票都具有偏

---

① Keim, D. B. “Size-Related Anomalies and Stock Return Seasonality: Further Empirical Evidence,” *Journal of Financial Economics*, 1983 (12): 13-32.

② Reinganum, M. R. “The Anomalous Stock Market Behavior of Small Firms in January: Empirical Tests for Tax-Loss Effects,” *Journal of Financial Economics*, 1983 (12): 89-104.

③ Blume, M. E., R. F. Stambaugh. “Biases in Computed Returns: An Application to the Size Effect,” *Journal of Financial Economics*, 1983 (12): 387-404.

④ Basu, S. “Investment Performance of Common Stocks in Relation to Their Price-Earning Ratios: A Test of the Efficient Market Hypothesis,” *Journal of Finance*, 1977 (32): 663-682.

高的收益率。例如，Fama and French（1992）[①] 证明，公司净资产的账面市值比是证券收益有力的预测工具。他们根据账面市值比把公司分为 10 组，并考察了每组的平均年收益率。图 8－4 是其结果的复制更新版本。账面市值比最高的 10 家公司平均年收益率为 16.87%，而最低的 10 家公司为 10.92%。收益率对账面市值比如此高的依赖性是与 β 值无关的，这意味着要么高账面市值比公司被相对低估，要么账面市值比是影响均衡期望收益的某风险因素的代理变量。

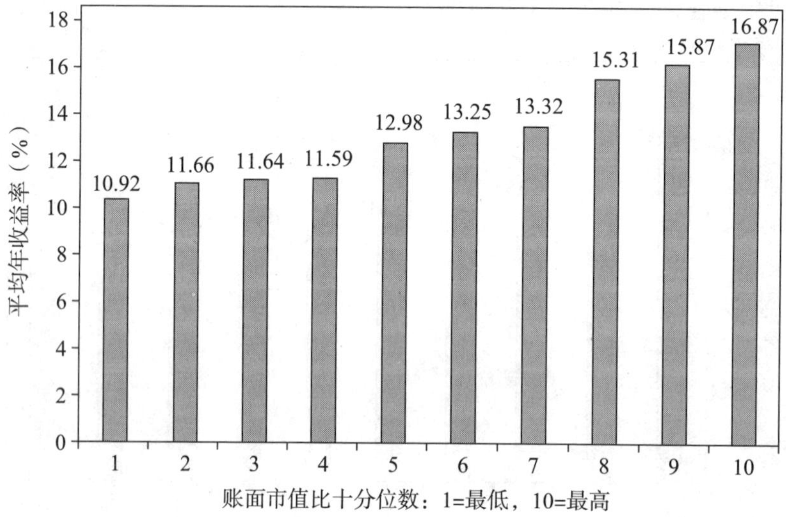

图 8－4　按账面市值比分 10 组形成的投资组合的平均年收益率（1926—2011 年）

资料来源：使用肯尼思·弗伦奇的数据计算得出。

这些研究成果所揭示的现象被称为价值效应（value effect），该现象普遍存在于其他主要股票市场。例如，陈信元等（2001）[②] 发现上海股票市场存在价值溢价。在综合了规模效应与价值效应的基础上，Fama and French（1992）提出了著名的三因素模型。

（三）股价漂移

有效市场的一个基本原则就是任何新信息都应该迅速地被反映在股票价格上。例如，当好消息传出时，股票价格会立马上涨。股价漂移（drift）是指，在事件公告披露后，股票价格对公告的信息内涵反应不足，经过一段时间之后，事件对股票价值的影响才能在股价上完全反映出来（参见图 8－1 中反应不足的情形）。股价漂移与有效市场假说不一致。早在 20 世纪 60 年代末，金融学家就已经发现，公司发布盈余公告之后，股价出现漂移，而不是迅速调整到位。Ball（1978）[③] 总结了早期发现的大量相关证据。近期的研究表明，

① Fama，E. F.，K. R. French. "The Cross Section of Expected Stock Returns," *Journal of Finance*，1992（47）：427－465.

② 陈信元，张田余，陈冬华. 预期股票收益的横截面多因素分析：来自中国证券市场的经验证据. 金融研究，2001（6）.

③ Ball，R. "Anomalies in Relationships between Securities' Yields and Yield-Surrogates," *Journal of Financial Economics*，1978（6）：103－126.

在极端利好或极端利空的盈余公告之后股价表现出明显漂移。

盈余公告中增量信息的价值可以通过公司公布的实际盈余与市场预期盈余的差额——意外盈余来进行衡量。市场预期盈余可以采用华尔街分析师们预测数据的均值，也可以基于以往盈余的变动趋势进行预测。Rendleman，Jones and Latane（1982）[①] 对盈余公告后的股价缓慢的反应做出了卓有成效的研究。他们计算了大量公司的意外盈余，并根据意外盈余对公司股票进行排序，以此为依据将公司分为10组，然后计算出每一组股票的异常收益。

与预期一致，所有组在盈利公告日（时间为0）都有一个很大的异常收益率（累积异常收益率有一个大的增长）。如果公司的意外盈余为正，那么股票的异常收益率也为正，反之亦然。在盈余公告日之后，意外盈余为正的公司的累积异常收益率持续增加，意外盈余为负的公司继续累积负的异常收益率。这些结果说明，市场对盈余信息的反应是逐步的，异常收益率会持续一段时间。

显然，一个人只要简单地等待盈余公告，然后购买有正意外盈余的公司股票，就可以获得异常收益。这是对未来持续趋势的一种精准预测，而这在有效市场中是不可能存在的。除了盈余公告之外，学术界还在其他事件公告中发现存在股价漂移现象。例如，公司发布公开市场股票回购公告之后，其股价也表现出长时间漂移。一般认为，事件公告之后的股价漂移反映了投资者的保守行为。

三、强有效市场的实证检验：内幕消息

前面提到过，在现实中，内部人员利用内幕消息交易公司的股票获得超额收益是不奇怪的，也就是说，我们不能期望市场是强有效的。Jaffe（1974）[②]、Seyhun（1986）[③]、Givoly and Palmon（1985）[④] 等的研究已经证明内部人员能够通过交易本公司的股票来获利。Jaffe（1974）是证实股票价格趋势在内部人员大量买进之后上升而在内部人员大量卖出之后下跌的最早的研究者之一。正因如此，各个国家的证券监管部门对于利用内部消息进行交易的行为都是限制和监管的。

其他投资者能否通过跟随内部人员的交易而获利？美国证券交易委员会要求所有内部人员登记他们的交易活动并在《内部人员证券交易与持有情况官方汇总》（以下简称《官方汇总》）中公布。从2002年起，内部人员必须在两个交易日内向证券交易委员会报告所发生的大宗交易。一旦《官方汇总》发布，其交易信息就变成了公开信息。如果市场是有效的，投资者会发现跟踪这些交易是不能获取超额利润的。Seyhun

中国资本市场的有效性

① Rendleman，R.，C. P. Jones，and H. A. Latane. “Empirical Anomalies Based on Unexpected Earnings and the Importance of Risk Adjustments，” *Journal of Financial Economics*，1982（10）：269-287.

② Jaffe，J. F. “Special Information and Insider Trading，” *Journal of Business*，1974（47）：410-428.

③ Seyhun，H. N. “Insiders’ Profits，Costs of Trading and Market Efficiency，” *Journal of Financial Economics*，1986（16）．189-212.

④ Givoly D.，D. Palmon. “Insider Trading and the Exploitation of Inside Information：Some Empirical Evidence，” *Journal of Business*，1985（58）：69-87.

(1986) 分析了《官方汇总》披露的每笔内部交易，得到的结论是：在公告日跟随内部人进行同向交易是徒劳的。尽管股价伴随着内部人买入信息的公布有一定的上涨趋势，但异常收益不足以覆盖交易费用。

【本章小结】

1. 资本市场的有效性可以分为运营有效性、信息有效性和资源配置有效性三个层次。本书讨论的资本市场有效性均针对信息有效性。

2. 有效市场是指资产的市场价格能够充分反映所有可以获取的信息的资本市场。

3. 有效市场假说认为，证券市场是信息有效市场。在有效市场中，证券价格充分反映了所有可以获得的市场信息，投资者只能获取与证券风险相当的正常收益，不能获取超额收益。

4. 如果证券的价格反映了其历史价格包含的所有信息，则证券市场是弱有效市场。在弱有效市场中，技术分析方法不能带来超额收益，股票收益率序列 $\{r_t\}$ 的自相关系数等于零。

5. 如果当前证券价格已经反映了所有公开信息，则证券市场为半强有效市场。在半强有效市场中，基本面分析方法不能带来超额收益。通常用事件研究法检验股票市场是否为半强有效市场。

6. 如果证券价格已经反映了市场上包括私有信息在内的所有信息，则市场为强有效市场。我们可以根据利用内幕信息可以获取超额收益这一点判断证券市场不是强有效市场。

7. Shleifer (2000) 认为理性的投资者、独立的理性偏差和套利行为是市场有效的条件，只要这三个条件中的任何一个成立，市场就是有效的。

8. 在有效资本市场中，财务管理者应当充分相信市场价格。在有效市场中，股价由公司的基本面决定。根据有效市场假说，市场上所有信息都已经反映在金融资产的价格中，投资者无法长期、稳定地通过某种方法获取超额收益。

【重要概念】

有效性	弱有效市场	半强有效市场	强有效市场
异常收益率	累积异常收益率	动量效应	反转效应
价值效应	股价漂移		

【思考题】

1. 什么是有效市场假说？
2. 有效市场假说分哪几种形式？它们分别是如何定义的？
3. 如果市场是有效的，那么不同时期的股票收益的相关系数将会怎样？

4. 有效市场假说对财务经理有什么启示?

【练习题】

1. 请评价下面的说法:“如果市场上所有股票都被公平定价,则所有股票都将提供相等的期望收益。”

2. 如果经济周期可以被预测,一只股票的β系数为正,那么该股票的收益率也可以被预测。请评论这个说法。

3. 下列哪一项与弱有效市场假说相矛盾?为什么?

(1) 内部人员获得超额利润。

(2) 每年1月,股票市场获得异常收益。

(3) 超过25%的公募基金优于市场平均水平。

4. 如果市场是半强有效市场,下面哪种方式可以赚取超额收益?

(1) 买进近期低于平均价格的公司的股票。

(2) 买进近期高于平均价格的公司的股票。

(3) 买进你提前得知其管理团队有改善的公司的股票。

(4) 买进低市盈率公司的股票。

5. 判断并解释下面哪些现象支持或违背了有效市场假说。

(1) 在某一年,有约一半的公募基金表现优于市场指数。

(2) 在某一年风险调整后的表现优于市场平均水平的基金经理下一年风险调整后的表现很有可能也优于市场平均水平。

(3) 在某一周表现良好的公司股票在下一周表现差。

(4) 1月份公布收益增加的公司股票在2月份跑赢市场。

(5) 1月份股票价格波动通常比其他月份更加剧烈。

6. 某公司股票收益率的指数模型回归方程如下,并且这一关系在长期内保持稳定:

$$r = 2\% + 1.5r_M$$

如果市场指数上涨了8%,该公司股票价格上涨了10%,请问该公司股票价格的异常收益率为多少?

【延伸阅读】

Fama, E. F. “Efficient Capital Markets: A Review of Theory and Empirical Work,” *Journal of Finance*, 1970 (25): 383-417.

第九章

资本结构与公司价值

【本章学习目标】

1. 掌握公司的主要融资渠道，了解股权融资与债务融资的差别。
2. 掌握股票的种类、发行程序及定价方式，理解企业上市的影响因素。
3. 了解债券的种类、发行，理解银行贷款及融资租赁的优缺点。
4. 掌握资本结构的含义及其与企业价值的关系。
5. 理解资本结构的主要理论和观点。

视频：MM 定理

引导案例

格力电器是一家集研发、生产、销售、服务于一体的国际化家电企业，是我国家电类标榜企业，在消费者心中，格力电器品质优良、形象颇佳。根据公司公告，格力电器 2012 年资产负债率达到 74.36%，近十年来尽管处于下降通道，但仍维持在 60%以上。尽管 2020 年因流动负债大幅减少，公司资产负债率降至 58.14%，但仍远高于行业 45%的平均值。在如此高的资产负债率下，格力电器并没有陷入债务危机。2020 年在全球经济受新冠肺炎疫情冲击的背景下，其营业收入仍接近 2 000 亿元，净资产收益率接近 20%。一般来说，公司的资本结构反映了其融资决策及借贷政策。对于公司来说，债务是一把双刃剑，合理的债务结构可以增加公司的收益，但债务过多也会增加公司破产的风险。那么，格力作为一家上市公司，为何不更多地通过股权进行融资，而要采取如此高的资产负债率呢？什么样的公司可以采用较高的资产负债率呢？什么样的公司适合低资产负债率呢？

资本结构是公司金融研究的三大问题之一。“巧妇难为无米之炊”，企业的创立及发展均离不开资金的支持。资金从何而来？如何确定不同融资途径的资金比重？如何降低融资成本？不同途径的资金会对公司价值造成什么影响？这些都是公司在筹集资金、确定公司资本结构时需考虑的内容。为使公司的融资结构更加合理，管理层需要掌握各种融资途径，了解各种融资渠道对公司价值和公司经营发展的影响，掌握如何更低成本和及时足额地进行融资。

相比于西方国家，我国金融市场起步较晚，1990 年我国才成立第一家证券交易所，诞生第一批上市公司。三十余年，峥嵘岁月稠，我国资本市场走过了 1990—2000 年从无到有的十年拓荒期，沪深交易所的成立标志着全国性资本市场正式形成。再到 2000—2010 年“摸着石头过河”的十年重生期，股权分置改革催生了 A 股市场创立以来持续时间最长、涨幅最大的牛市。2010 年后，我国经历着跨越式发展日益成熟期，资本市场发展进入快车道：“沪港通＋深港通”启动了境内外市场互联互通的机制；A 股部分纳入 MSCI 新兴市场指数和 MSCI ACWI 全球指数，进一步推动了我国金融改革及与国际接轨的步伐；设立科创板、推出注册制改革，我国多层次资本市场初具规模，进一步拓宽了企业的融资渠道。在这一阶段，金融科技也逐步渗入资本市场的建设中，间接推动了证券行业数字化转型和高质量发展，此外，信息获取的便捷化和交易成本的大幅降低也使得更多居民成为资本市场的投资者。走过三十余年，中国资本市场实现了从无到有、从封闭到开放、从单一股票市场到多层次体系，逐步成为参与人数最多、影响力辐射全球的大市场。在“深化资本市场改革”“继续完善我国资本市场基础制度”“全面提升资本治理效能”“规范和引导资本健康发展”①等思想的指引下，资本市场功能将得以有力发挥，未来我国资本市场地位将愈加重要。本章将结合我国资本市场发展历程，详细介绍企业的融资方式，剖析企业的资本结构选择，并阐述资本结构与公司价值之间的关系。

第一节　资本筹集

企业的融资方式按照资本属性不同可分为股权融资和债务融资。股权融资是指融资者以出让企业控制权为代价取得资本。投资者出让资金的使用权后成为受资企业的股东。股权融资包括风险投资、首次公开发行和股权再融资等。投资者凭其出让的资金成为受资企业的股东，股权资本形成了企业的所有者权益。债务融资是指企业以按时还本付息为代价取得资本，包括银行借款、发行债券和融资租赁等。投资者凭其出让的资金成为受资企业的债权人，债务资本构成了企业的负债。

企业在选择融资方式时，应综合考虑融资成本、融资风险、融资机动性和融资的方便程度四个方面。融资成本即企业筹集所需资金需要付出的费用，例如债券的利息、股票的股息、股票和债券的发行成本等。一般而言，股权融资成本高于债务融资成本。一方面，在股权融资中，投资者通过让渡资金使用权成为融资企业的股东，投资者作为剩余索取者能否从该项投资中获益取决于融资企业的经营情况，相比于在债务融资中投资者可以按时收回本金和利息，股权融资中的投资者面临的风险更大，故股权融资中的投资者要求更高

① 摘自习近平在主持中共中央政治局第三十八次集体学习时的讲话。

的风险收益。另一方面，股权融资比债务融资发行成本更高，所以股权融资成本高于债务融资成本。

融资风险主要从企业家的违约可能性以及是否有可能导致企业破产两点进行衡量。融资机动性是指企业在需要流动资本时能否顺利地筹集到，能否即时返还，并且不会因为提前还款而遭受损失。融资的方便程度可以从企业和投资人两种角度进行衡量。从企业角度看，融资的方便程度是指企业通过筹资能否获得对所需资本的自主权及其大小。从投资人角度看，融资的方便程度是指股东和债权人为公司提供所需资本的意愿程度以及条件是否严苛，手续是否烦琐。除此之外，企业也要考虑融资规模大小、企业发展阶段和经营状况、宏观经济环境等因素。

一、股权融资

（一）股票分类

通过发行股票筹集资金是股份有限公司进行股权融资的基本方式。股票作为一种有价证券，是持股人拥有公司股份、持有公司所有权的有效凭证。持有公司股票的股东既有参与公司重大事项决策、享有所有权收益等权利，也有遵守公司章程的义务。根据融资需求不同，股票的种类也有所差异。一般来说，股票可以按照股东的权利与义务的差异分为普通股和优先股。

普通股是指公司发行的代表股东享有平等的权利、义务，不加特别限制，股利不固定的股票，在股利支付和公司破产时不享有特别优先权。普通股股东有以下权利：首先是所有权。普通股股东能够按持股比例分享公司支付的股利。在公司破产清算时，在公司债务得以清偿后，股东有权按比例分享剩余财产。其次是投票表决权。普通股股东通过参与股东大会行使投票表决权。最后是优先购买权。那些打算新发行股票的公司必须首先将股票发行给现有股东，之后才发行给普通公众，优先购买权的目的是提供保护现有股东在公司所有权比例的机会。

优先股是相对普通股而言，在公司支付股利和公司破产清算时，能够优先于普通股获得收益的股票。优先股在发行时已经预先确定了股利，因此优先股具备一些债券方面的性质。优先股的股利一般可累积，如果公司没有按期发放优先股股利，需要向后结转，只有在支付了所有累积的优先股股利后，才能向普通股股东派发股利。优先股股东通常没有投票表决权，但如果公司没有按期支付优先股股利，优先股股东有时会被赋予一定的投票权，参与到与其有关事项的决策之中。

阅读材料　我国的普通股类别

除按股东权利和义务将股票分为普通股和优先股外，股票也有其他不同分类。

按照股票有无记名，可以分为记名股票和无记名股票。记名股票是在票面上记载了股东姓名的股票。这种股票除了股票上所记载的股东外，其他人不得行使其股权，且股份的转让有严格的法律程序与手续，需办理过户。无记名股票则只记载股票数量、编号和发行日期，并不记载股东姓名，股票的转让和继承也无须办理过户。《公司法》规定，向发起人、法人发行的股票，应当为记名股票。无记名股票是票面上不记载股东姓名的股票。

按照股票是否标明金额，可以分为面值股票和无面值股票。面值股票是在票面上标有一定金额的股票。持有面值股票的股东依其所持有的票面金额占公司股票发行总值的比例享有股东权利。无面值股票是不在票面上标出金额，只载明持股比例的股票。无面值股票的价值随公司财产的增减而变动，其所享有的股东权利大小依持股比例而定。《公司法》不承认无面值股票，规定股票应记载股票的面额，并且其发行价格不得低于票面金额。

按照投资主体的不同，可以分为国家股、法人股、个人股、外资股。国家股是有权代表国家投资的部门或机构以国有资产向公司投资而形成的股份。法人股是企业法人或具有法人资格的事业单位和社会团体以其可支配的财产向公司投资而形成的股份。个人股是社会公众或公司内部职工以个人合法财产投入公司而形成的股份。外资股是指国外和中国香港、中国澳门、中国台湾地区的投资者购买以人民币标明票面金额但以外币认购和交易，以向国内股份有限公司投资而形成的股份。

按照股票发行时间的顺序，可以分为始发股和新股。始发股是公司在设立时即发行的股票，新股是公司增资发行的股票。尽管两者在发行条件、价格、目的等方面存在一定差异，但其持有人作为股东的权利、义务相同。

按照发行对象和上市地区的不同，可以分为A股、B股、H股、N股和S股等。A股是供我国大陆地区个人或法人买卖的，以人民币标明票面金额并以人民币认购和交易的股票。B股、H股、N股和S股是以人民币标明票面金额并以外币认购和交易的股票，其中B股在中国境内上市流通，H股在中国香港上市流通，N股在纽约上市流通，S股在新加坡上市流通。

（二）股权融资方式

按照筹资的生命周期，公司的股权融资可以划分为风险投资、首次公开发行以及股权再融资三种。

1. 风险投资

要创立一家公司，初始资本通常由创始人或其直系亲属提供。随着公司的发展，公司必不可少地需要外部资金支持，融资渠道的选择将影响公司的成长和对公司的控制。尽管公司有机会通过资本市场公开发行股票筹集资金，但其通常需具备较强的经营实力且需满足一定的上市条件，这些处于初创期的小公司难以通过公开市场进行融资。此时，初创公司可以在非公开市场寻求天使投资、风险投资、机构投资者和公司投资者等的资金支持。[①] 其中，风险投资是初创公司最重要、最常见的资金来源。

我国的股票市场

风险投资（venture capital，VC）是为相对年轻、新创立、风险较高的公司提供资金并换以股权的私有资本。与天使投资由个别风险资本家用自己的钱倾向于投资小额风险投

① 在现实中，有许多成熟公司会投资初创公司。相比于其他类型的投资者，公司投资者除了出于获取金融投资收益目的外，还可能出于战略目的进行投资，如寻求战略合作或为未来并购作铺垫等。

资业务相比[①]，大多数风险投资公司为有限合伙企业，专门汇集不同来源、各类投资者的资金（如个人、退休基金、保险公司、大学捐赠基金等），再以合伙的方式，由基金管理人代为经营。通常，退休基金等机构投资者是有限合伙人，经营风险投资公司的管理者或风险投资者（venture capitalist）为普通合伙人。与直接投资初创公司相比，有限合伙人可以通过风险投资的多元化降低风险，也可以利用普通合伙人的专业知识和技能进行良好投资，从中获益。当然，有限合伙人也要为此支付一定的成本。除约定1.5%～2.5%的年度管理费外，普通合伙人还可以从取得的基金投资收益中享有20%～30%的附加收益。

对公司而言，每次筹资均可称为一轮融资，每轮融资均有其独有发行的证券，并附带特殊条款和规定。从总体上看，公司的风险资本融资可以分为六个阶段：1）种子资金阶段，筹集的资金用于设计研发产品；2）起步阶段，筹集的资金用于市场推广和产品开发等支出；3）第一轮融资，筹集的资金用于生产产品和销售；4）第二轮融资，筹集的资金用于补充公司的流动资金，一般适用于已生产一段时间但尚未盈利的公司；5）第三轮融资，筹集的资金用于公司扩张，加大其业务条线，第三轮融资又称"夹层融资"；6）第四轮融资，为即将公开上市的公司提供资金，又称"过桥融资"。在初始的"种子轮"后，公司通常会按字母顺序命名融资轮次，如A轮、B轮融资等，各投资机构将按投资金额及公司价值状况取得相应数量的股份，持股比例将为：

$$\text{持股比例}=\text{投资金额}/\text{投后估值}=\text{投资金额}/(\text{投前估值}+\text{投资金额}) \tag{9-1}$$

通过分阶段投资，风险投资将对创业公司群体产生重大影响。一般地，风险投资的周期平均为10年。从成立基金，到募集基金、寻找项目、筛选项目与进行尽职调查、对目标公司进行估值和投资，平均耗时5年。在将资金投入公司后，风险投资机构通常需要进行实际的指导，这可能会对公司起到关键的培育和监督作用。[②] 例如，风险投资机构可以为公司提供增值服务，深入参与公司，帮助整合供应商、客户、管理团队，给公司带来有价值的资源、技术等优势，扶持公司发展。该指导管理阶段一般发生在风险投资入驻后的第2～10年，待公司培育成熟、孵化成功，股权实现高额增值后，风险投资将"退出"标的公司，重新寻觅新的投资对象。常见的退出方式包括上市前的股权收购或转让、公司成功上市后的股票交易。通过出售股权或公司上市，风险投资可以获取盈利。

尽管风险投资机构可以为公司提供资金支持，但风险投资也伴随着高风险和高成本。作为投资收益，风险资本往往要求大量的控制权，如拥有较高的股权，在董事会中掌握多个席位（通常为三分之一董事席位），甚至可能任命一位或数位高级管理人员。由于风险投资机构的投资属性，其深入参与和日常干预使得其可能迫使公司过早上市，从而扭曲公司的正常经营决策和发展进程。因此，公司在引入风险投资时，除了考察风险投资机构的

---

① 天使投资通常发生在公司业务发展的早期阶段，由于评估公司价值难度较高，天使投资者通常持有可转换票据而不是股票。在典型的天使投资交易中，当公司初次使用股权融资时，天使投资者将获得可转换为股权的票据。票据持有人可以将其初始投资价值加上应计利息的数额按新投资者支付的价格的一定折扣（通常为20%）转换为股权。这样，即便企业家与天使投资者对公司估值不一致，投资交易仍可进行，可帮助公司获取成长所需资金。

② Bernstein, S., X. Giroud, and R. R. Townsend. "The Impact of Venture Capital Monitoring," *Journal of Finance*, 2016 (71): 1591-1622.

财务实力、关系网络等可能为公司提供资金、资源的能力外，还需关注风险投资机构的投资经验、管理风格及退出策略，以更好预期和评估风险投资对公司的综合影响。

【例 9-1】 假设某公司由创始人出资 100 万元设立，创始人拥有 80 万股股票。基于对外融资需要，公司首先向天使投资者出售 40 万股股票，随后将从风险投资机构融资。若风险投资人同意向公司投资 200 万元，投后估值为 800 万元。若该笔投资是风险投资人对该公司的第一笔投资，那么，风险投资机构的最终持股比例是多少？在向风险投资融资后，创始人的持股比例及其股票价值各是多少？

解：根据式（9-1），该风险投资人的持股比例为 200/800=25%。

要计算创始人持股比例，需要明确公司最终发行的股票总数。由于在风险投资前，公司已发行 80+40=120（万股），投前估值为 800-200=600（万元），因此，投前每股股价为 600/120=5（元/股），风险投资获得的股票数量为 200/5=40（万股）。那么，在风险投资后，公司共发行股票 80+40+40=160（万股）。

因此，在向风险投资融资后，创始人持股比例为 80/160=50%，其持有的股票价值为 50%×800=400（万元）。

阅读材料　我国的风险投资

根据全美风险投资协会的定义，风险投资是由职业金融家投入新兴的、迅速发展的、具有竞争潜力的企业（特别是中小企业）的一种权益资本。相比之下，经济合作与发展组织（OECD）对风险投资的定义更加广泛，即凡是以高科技与知识为基础，生产与经营技术密集的创新产品或服务的投资，都可以视为风险投资。总的来说，风险投资是指由职业金融家将金融资本投入新兴的、迅速成长的、具有巨大竞争潜力的、未上市的公司，在承担高风险的基础上为其提供长期股权资本和增值服务，培育企业快速成长，之后再通过企业上市、并购或其他股权转让方式撤出投资并取得高额投资收益的一种投资方式。在过去几十年中，风险投资部门的重要性日益凸显，在 20 世纪 90 年代快速增加，并于互联网繁荣时期达到顶峰。

我国的风险资本市场规模巨大，仅 2016 年股权投资募资总额就超过 1 万亿元，投资总额达 7 449 亿元，风险投资市场不容小觑。从资金来源看，高净值个人依然为中国股权投资机构募资最主要的资金来源，其占比为 19.7%，然而随着我国机构投资者数量的不断扩大，参与到 VC/PE 基金募集中的机构有限合伙人占比也在不断上升，尤其是大量设立于 2015 年的国家级和省市级政府引导基金在 2016 年开始进入投资期，成为 VC/PE 机构重要的资金来源之一。调研显示，政府引导基金已经成为投资机构募资计划的重要来源，占比达到 18.9%，仅次于高净值个人。此外，上市公司、市场化母基金和民营企业居于其后，占比分别为 17.1%、15.0%以及 12.1%。紧随其后的是国有企业和保险公司，占比分别为 9.2%和 2.1%。从机构申请政府引导基金募资计划看，超过六成机构已经申请政府引导基金。其中，已成功申请的机构数量占比为 20.4%，正在申请中的机构数量占比为 42.6%。

2. 首次公开发行

(1) 首次公开发行的步骤。

首次公开发行（initial public offering，IPO）是指公司第一次向公众公开发行股票，具体流程包含三个阶段，分别为准备阶段、执行阶段和发行上市阶段。所有阶段都需要由保荐代表人（主承销商）进行牵头。

第一，在IPO的准备阶段，召开承销前会议。对于大型的IPO，通常由多家承销商联合组成承销团（也称辛迪加），其中的一家承销商作为主承销商，负责此次发行的大部分事宜。承销前会议需确定主承销商和承销团成员，讨论承销合约（如承销差价和绿鞋期权[①]等）、融资规模、发行的证券种类等。会议内容需要经过董事会批准后，才能提交相关文件。

第二，在执行阶段，向监管机构提交发行注册登记，印发招股说明书草案。承销商负责IPO的市场营销，并帮助公司提交必要文件。因此，承销商在该阶段的主要工作包括尽职调查与辅导、文件准备及申报、核准和调研营销。尽职调查是指中介机构对公司及市场的有关情况及其真实性、准确性、完整性进行专业调查，如企业基本情况、发展历史及结构、人力资源、市场营销及客户资源、企业资源及生产管理、经营业绩、主营业务的行业分析、财务状况、利润及现金流量预测、债券和债务、不动产、重要资产及无形资产、涉诉事件等。而公司的招股说明书是面向投资者的主要促销文件，需要由承销商、律师和公司合作完成，并确保向投资者披露了监管机构所要求的各种信息。向监管机构提交注册登记后，将进入等待期。

第三，发行上市阶段主要包括以下内容：1）承销商安排路演，向潜在投资者推介公司股票，登记意向认购量，并最终确定发行价格。2）监管机构批准发行注册，承销商分发、出售股票。3）在公司上市后，承销商做市稳定价格。[②] 在公司成功上市后，公司股票可以在交易所公开进行交易。在许多情况下，承销商会承诺在股票发行后建立市场，通常指定一名分析师负责后市表现。承销商在新股发行后，可以通过回购股票或者行使绿鞋期权调节发售量，从而稳定公司股票价格，维护股票在二级市场的流动性。4）在公司上市后，发行公司、承销商和投资者将面临一定时期内的行为限制。在大多数情况下，股东面临禁售期限制（又叫牢笼协议）。禁售期限制是指内部人士（如风险投资或私募）或其他购买股票的股东在IPO之后特定一段时间（如180天）内不能对外出售股份，从而避免出现短时间内大量变现造成股价下跌的情况。在禁售期到期后，股东可以自由交易股票。另

① 绿鞋期权（又称绿鞋条款、绿鞋机制、超额配售选择权），是指股票上市后允许承销商以IPO价格超额发行一定比例（通常为15%）的股票的选择权。例如，某公司拟以10元发行200万股股票，绿鞋期权允许以10元额外发行30万股股票，承销商将对这230万股股票进行市场营销。假设在每股10元的价格下，所有230万股股票均售罄，即承销商卖空了绿鞋配售股份。若公司发行成功或股价上涨，承销商行使绿鞋期权，从发行公司购得超额的15%股票以对冲其超额发售的空头头寸，最终公司发行数量为230万股。若公司发行失败或股价下跌，承销商将不行使绿鞋期权，而是在二级市场中使用其超额发售股票获取的资金回购其超额配售数量的股份，对冲其空头头寸，承销商免于损失，也支撑了股价，公司最终发行数量为200万股。因此，绿鞋期权不仅能够维护承销商利益，避免损失，降低风险，也有助于稳定新股股价，增强投资者信心。

② 做市服务对发行公司和承销商均有益。流动性市场确保了通过IPO购买股票的投资者能够轻松交易这些股票。活跃的交易行为也增加了市场活力，发行公司可能计划发行更多股票，承销商也可从中获利。

一个期间限制为静默期限制，是指在IPO后的一段时间内，公司、主承销商与公众之间的所有沟通都必须仅限于正常的公告以及其他纯粹的实际事项。在静默期内，承销商的分析师不可以向公众推荐买入公司的股票。

阅读材料 **我国股票发行程序**

根据我国《上市公司证券发行管理办法》(2020年修订)的规定，上市公司申请发行股票须依照如下程序进行：

(1) 上市公司申请发行证券，董事会应当依法做出决议，包括本次证券发行的方案、本次募集资金使用的可行性报告、前次募集资金使用的报告及其他必须明确的事项，并提请股东大会批准。

(2) 股东大会就发行股票做出的决定，至少应当包括：本次发行证券的种类和数量；发行方式、发行对象及向原股东配售的安排；定价方式或价格区间；募集资金用途；决议的有效期；对董事会办理本次发行具体事宜的授权；其他必须明确的事项。

(3) 股东大会就发行证券事项做出决议，必须经出席会议的股东所持表决权的三分之二以上通过。向本公司特定的股东及其关联人发行证券的，股东大会就发行方案进行表决时，关联股东应当回避。上市公司就发行证券事项召开股东大会，应当提供网络或者其他方式为股东参加股东大会提供便利。

(4) 上市公司申请公开发行证券或者非公开发行新股，应当由保荐人保荐，并向中国证监会申报。保荐人应当按照中国证监会的有关规定编制和报送发行申请文件。

(5) 中国证监会依照下列程序审核发行证券的申请：收到申请文件后，五个工作日内决定是否受理；中国证监会受理后，对申请文件进行初审；发行审核委员会审核申请文件；中国证监会做出核准或者不予核准的决定。

(6) 自中国证监会核准发行之日起，上市公司应在十二个月内发行证券；超过十二个月未发行的，核准文件失效，须重新经中国证监会核准后方可发行。上市公司发行证券前发生重大事项的，应暂缓发行，并及时报告中国证监会。该事项对本次发行条件构成重大影响的，发行证券的申请应重新经过中国证监会核准。

(7) 证券发行申请未获核准的上市公司，自中国证监会做出不予核准的决定之日起六个月后，可再次提出证券发行申请。

---

(2) IPO的方式。

股票发行方式是指股份有限公司向社会公开发行股票时采用的销售方式，通常由证券机构进行承销。[①] 承销是指发行公司将股票销售业务委托给证券承销商代理，与之进行合作，选择拟将使用的销售机制。通常，股票承销有包销和代销两种方式。

---

① 依据我国《上市公司证券发行管理办法》，上市公司公开发行股票，应当由证券公司承销；对于非公开发行股票，发行对象均属于原前十名股东的，可以由上市公司自行销售。在自销模式中，股份有限公司自行直接将股票出售给认购股东。因此，公司可直接控制发行过程，节约发行成本。选择自销的公司通常是享有较高知名度、实力较为强劲的公司。

包销是由发行公司与证券承销商签订协议，全权委托承销商代理发售股票业务。在包销模式下，承销商一般会买入公司发行的全部证券（以低于发行价格的价格），再以发行价格转售给市场投资者。如果在规定的募股期限内，拟发行的股票没有被全部卖出，剩余的股票必须由承销商全部承购。若以较低价格出售，承销商须自行承担损失。因此，采用包销模式的公司能够快速筹集资本，无须承担发行风险，但因其需以低于发行价格的价格出售股票给承销商，发行成本较高。

我国企业上市流程及条件

代销是由证券机构代理股票销售业务，证券机构将尽最大努力按预先商定的价格销售股票。在代销模式下，承销商无须买入发行公司的证券，不保证股票会全部出清，而仅试图以最高的价格出售股票。若实际募股份数未能达到预定股份数要求，承销商没有承购剩余股份的责任，这些未售出的股票将归还给发行公司。因此，承销商无须承担股票未能全部售出的风险，发行风险由公司自行承担。

此外，公司还可以通过荷兰式拍卖（也称为统一价格拍卖）承销方式发行股票。在该模式下，承销商不用事先为证券设定固定发行价格，而是允许投资者在一段时间内进行投标，承销商在收到一系列特定认购数量和每股报价后，将最终价格设定为能使股票全部卖出的最高价格。出价等于或高于该价格的投资者成为中标人，均将支付该最终价格。若在该价格下，认股总数超过公司拟发行股份数，中标人将按比例取得股票。

【例 9-2】 假设 A 公司拟在 IPO 拍卖中出售 400 万股股票。在投标期结束前，A 公司的承销商收到如表 9-1 所示的投标信息，请计算 A 公司最终发行价格及发行收入。

表 9-1 投标信息

价格（元）	数量（万股）
10	100
9	125
8.5	175
8	225
7.5	200

解：按照投标信息，可以计算在各个价格投资者需求的股份累计数量，如表 9-2 所示：

表 9-2 价格与需求股份总数

价格（元）	累计数量（万股）
10	100
9	225
8.5	400
8	625
7.5	825

因此，若A公司想要向公众卖出400万股股票，定价为8.5元恰好可以实现。发行价格最终为8.5元，发行收入为8.5×400=3 400（万元）。

【例9-3】 假设某公司拟采用荷兰式拍卖方式发行640万股股票，现有A、B、C、D、E五组投资者竞标。若各投资者认股数量及出价如表9-3所示，请计算最终股票价格及各组投资者获得的股份数量。

表9-3 认股数量及出价

投资者	数量（万股）	价格（元）
A	150	16
B	100	14
C	250	12
D	300	11
E	350	10

解：基于以上信息，可计算在各个价格投资者需求的股份累计数量，如表9-4所示：

表9-4 价格与累计数量

价格（元）	累计数量（万股）
16	150
14	250
12	500
11	800
10	1 150

若按照累计数量可以发现，当定价为11元时可以将640万股股票全部卖出，A、B、C、D组投资者将支付相同的价格买入股票。然而，在11元的发行价格下，实际有800万股投标，大于拟发行股份总数640万股，因此需以发行股票和投标股票的比率进行分配。中标者的分配比率为640/800=0.8，中标者将以此比率取得相应竞标数量的股票，A、B、C、D组投资者将分别获得120万股、80万股、200万股、240万股股票。

（3）IPO的定价。

股票发行价格是发行公司的股票出售给认购者的价格，其定价合理性将影响发行公司、股东及承销商的利益。若股票发行价格定价过高，投资者风险增加，认购热情消退，承销商的发行风险和难度较大；若股票发行价格定价过低，可能损害原有股东的利益，也可能使筹资收入无法满足企业的资金需求。因此，制定合理的股票发行价格至关重要。[①] IPO的定价方式主要有以下三种。

---

① 《公司法》规定股票发行定价需要遵循一定原则，如股票发行价格可以等于或高于票面金额，但不得低于票面金额。以超过票面金额的价格发行股票的，须经国务院证券管理部门批准。

第一种方式是累计投标询价，它是实践中应用最广泛的定价方式，具体过程如下：发行公司和承销商将先合作对公司进行估价，一般通过预测5～10年的现金流量对其贴现计算现值，或者利用可比公司估值的方式确定一个价格区间。若两种方法得出的结果大相径庭，则往往以近期可比交易估值结果为主。在对公司进行估值时，还应结合外界环境因素和公司内在因素进行评价。内在因素包含销售利润率、资产收益率、公司战略、公司的商业模式和盈利模式、公司的定位等，外在因素则包含所发行市场的流动性、股市波动性、公众对股票的兴趣和对公司所在行业的看法和印象、类似上市公司的表现等，从而对公司进行估值。一旦确定价格区间，承销团会安排一系列的路演来试图了解市场对估值的看法。在路演过程中，公司高管和主承销商在全球主要资本市场宣传公司，并向大客户如机构投资者（共同基金、保险公司等）解释定价依据。路演结束后，投资者会向承销商说明其意向购买的股数。① 承销商汇总有意向的投资者的总需求后，将对价格进行调整以保证发行成功，最终确定发行价格。依据客户购买兴趣提出报价的过程也被称为簿记建档或询价。

第二种方式是定价发售，其基本做法是：承销商和发行公司在公开发行前商定固定的股票发行价格，再以该价格公开发售股票。若出现超额认购情形，股票按比例或以抽签方式分配。在该固定价格方式下，股票定价的合理性十分关键。一旦定价过高，需求不足，多余的股票只能由承销商买入，承销商需付出一定成本；定价过低又会使需求过量，可能使投资者遭受“赢家的诅咒”。

第三种方式是拍卖发售。在拍卖式IPO中，投资者直接参与投标，表明其意向申购的股份数量和愿意购买的价格，证券会出售给出价最高的投资者。但由于拍卖发售没有开展路演推介以传达价格和申购量的信息，拍卖形成的价格可能并不充分、合理，从而不利于股票的后市表现，因此拍卖发售并没有被广泛采用。

（4）IPO折价。

一般而言，IPO的超额收益率为正，即股票发行价格低于首日收盘价或市场真实价格，这也被称为“IPO折价”（IPO underpricing）。② 造成IPO折价的原因，一方面可能是承销商出于避免发行风险、法律风险的需要而降低发行价格，另一方面也可能是为吸引更多投资者购买股票而向投资者提供风险补偿。从承销商的角度看，高发行价格可能导致股票需求过少，发行失败风险较高，而发行失败不仅会使承销商承担购买剩余股票的风险和成本，还会使承销商的声誉受损。同时，高发行价格也可能伴随着IPO后股价下跌。一旦IPO后股价下跌，承销商不仅要承受自身持有的公司股票价值的亏损，也可能因高估股价而被投资者起诉。因此，为减少IPO后股价下跌带来的损失，承销商偏向于制定低于市场真实价格的发行价格。从投资者的角度看，IPO折价可以由“赢家的诅咒”进行解释。为了吸引更多投资者通过认购新股获利，发行方不得

我国新股发行制度及定价方式

① 尽管路演结束后客户对承销商做出的购买承诺不具约束力，但基于相互间的长期合作关系，客户会提供真实的购买需求，事后不会背离承诺。

② 除IPO折价外，IPO市场也存在长期表现弱势（long-run underperformance）、周期性（cyclicality）等“IPO之谜”。

不通过折价保证正的收益率。[①]因此，对发行公司和原有股东而言，IPO 折价具有高成本。

阅读材料 “赢家的诅咒”

在不完全市场中，信息存在不对称性，市场上包含掌握信息的投资者（知情投资者）和未掌握信息的投资者（不知情投资者）。掌握信息的投资者往往能利用其信息优势购买到具有投资价值的股票，而未掌握信息的投资者只能根据其他主体的行为做出判断。当股票价值较高、IPO 发行顺利时，股票需求数量将超过供应数量，投资者仅能按比例取得股份。当股票价值较低、IPO 表现不佳时，知情投资者的股票需求疲软，不知情投资者的投标将全部被满足。因此，不知情投资者最终购买到的往往是知情投资者所规避的、不具有投资价值的股票。也就是说，虽然投资者“赢”得了股票，但这些股票往往价值低下，即存在“赢家的诅咒”。不知情投资者在 IPO 中的收益将为负。当未掌握信息的投资者意识到这一“赢家的诅咒”时，就会退出市场。由于股票发行人需要吸引未掌握信息的投资者的投资，因此需要对其股票选择中的风险进行补偿。最终，发行公司通过降低新股发行价格来弥补未掌握信息的投资者所承担的风险，确保发行的顺利进行。

（5）IPO 决策。

IPO 意味着公司将从一家私人公司转变为上市公司，参与到资本市场的运作之中。那么，为什么公司要上市呢？公司申请上市的目的主要包括提高公司股票的流动性，拓宽资本获取渠道，形成稳定的资本来源，满足未来融资需求，获取资本市场定价，提高知名度，分散公司主要经营者的投资风险等。总的来说，IPO 能够为公司带来许多好处，如：1）提高公司发行股票的流动性和变现能力，增强股票吸引力；2）原始股东权益价值以倍数扩大，上市后原股东持有的资产至少增值一倍以上；3）提高公司知名度和形象，有利于吸引优质人才，上市公司期权的使用也能够大幅降低聘用成本，形成有效激励；4）有利于确定公司增发新股价格和公司价值；5）促进公司股权社会化，扩大投资者基础。

然而，公司上市也存在不利的方面。第一，股票发行成本高昂。尽管公司能够通过上市筹集到所需资金，但也需要承担较高的公开发行股票成本，包含以下几类：1）差价，在包销模式下，发行公司以低于发行价格的价格将股票出售给承销商，发行人得到的价格与公开发行价格之间的差额可视为公司的成本；2）其他直接费用，指发行人需要支付申请费、手续费、律师费等[②]；3）间接费用，如管理者为发行新股所花费的时间成本等；4）折价，首次公开发行的股票价格一般会在发行日后大幅上升，因为股票是按照小于上市后的有效价格出售的，该部分损失也属于公司的发行成本；5）绿鞋期权，绿鞋期权赋

---

① 此外，IPO 折价还可以从利益输送、从众假说等角度进行分析。例如，承销商可能有意压低股票发行价格，并利用其新股分配权将抑价的股票分发给与其有合作关系的公司高管。这样，待这些高管控制的公司日后有上市需求时便可能会把股票销售业务交由该承销商，并抑价发行其公司新股，实现利益交换。可见，承销商和发行企业的利益输送动机可能驱使其制定较低的发行价格，导致 IPO 折价。从众假说则认为，为首先吸引少量潜在投资者认购股票，进而吸引其他大量投资者进行认购，上市公司会有意将 IPO 定价偏低，从而利用投资者的从众效应提高发行成功概率。

② 税收等不属于承销费用，公司发行相关费用可以在招股说明书中查阅。

予承销商按发行价格买入追加股票的权利以补偿股票的超额配售，而承销商追加发行价格低于上市价格的股票，对公司而言也是一种发行成本。第二，上市将提高公司的信息披露压力。上市公司需要接受监管机构的严格监管，需要披露业绩信息等重要事项，并且必须持续满足上市后的经营业绩要求，维持上市条件，遵守上市公司相关规定，合规性成本高昂。同时，信息公开披露的要求也可能泄露公司的商业秘密。第三，上市使得投资者持股较为分散，不利于股东控制，削弱了投资者监督管理层的能力，从而引发代理成本问题。第四，股市的波动也可能对企业声誉产生不良影响，歪曲企业的实际表现，而管理层为追求短期股价表现也可能过于短视，导致做出非理性决策。第五，上市分散了企业的控制权，也迫使企业面临被恶意收购的风险和压力。在资本市场上，上市公司随时可能面临其他公司突如其来的并购要约。一旦发生并购，原有股东的控制权转移，管理层变更，可能导致公司发展目标和策略偏离，造成经营波动。因此，基于上市的收益、成本权衡，企业将做出上市与否的决定，寻求最佳的上市时机。

阅读材料　上市地点选择

金融市场的开放给予了公司多样的上市地点选择，本土上市、境外上市、交叉上市在实践中均不罕见。在选择上市地点时，公司需要综合考虑上市的难易程度，上市的后续发展，不同证券交易所提供的服务、上市门槛和监管要求，不同市场投资者的偏好特征，以最大化地获取公众资金支持，提高知名度和信誉，争取国际合作机会。例如，公司在选择境外发行市场时，就需要了解该市场换手率、股票市盈率等基本特征，关注股票的流通能力和估值，了解市场的监管环境和在本土的知名度，明确上市的具体流程，预估成本和收益。

3. 股权再融资

我国的 SEO 制度

由于投资机会分散于公司的整个生命周期，公司通常不会只进行一次公开募股。在首次公开发行之后，公司返回股票市场提供新股发售，被称为股权再融资（seasoned equity offering，SEO）。对于股权再融资，其发行流程与 IPO 相似，主要的区别在于在 SEO 中股价已然存在，无须像 IPO 一样设定发行价格。[①] 股权再融资一般有两种形式：增发（或称现金发行）和配股。增发是向社会公众发售股票，配股是向公司原股东配售股票。配股的发行成本平均要低于增发，对保护现有股东利益更为友好[②]，但由于承销商在增发中扮演更为重要的角色，增发的发行质量可信度更高。

为保证公司原有股东的所有权不会降低，公司在向一般公众发行新股前，必须将任何

① 另外，与 IPO 平均拥有正超额收益不同，当公司宣告进行 SEO 时，股票价格通常会下跌。

② 假设公司当前价值为 120 万元，发行在外流通股数量为 40 万股，每股价格 3 元。公司拟以每股 2 元的价格发行 10 万股，那么，在增发后，公司的价值为 140 万元，股票数量增加到 50 万股，每股价格为 2.8 元。这就说明，增发同样面临折价的问题，新股东将从旧股东处获取 0.2 元的收益。若公司采用配股的形式，现有股东均可以每股 2 元的价格购买额外股份。假定所有股东均行使优先认股权，配股后，公司价值为 140 万元，股票数量为 50 万股，每股价格为 2.8 元。但在此时，现有股东从新股票中获取了 0.2 元的收益，正好抵消旧股票价格下跌的负面影响。因此，相比于增发，配股对现有股东造成的损失较小。

新发行的普通股票先出售给现有股东，也即现有股东拥有优先认股权。这里涉及现有股东的认购价格与配股数量。认购价格即现有股东购买每一新股支付的价格。当认购价格低于股票市场价格时，股东就会选择认购配股发行的股票。购买每股股票需要的配股数量，即为现有发行在外的股票数量与新股数量的比值，其中拟发行的新股数量由公司计划筹集的资金除以认购价格得到。

假设某公司股票的市场价格为 20 元，公司希望筹集 50 万元资金用于新项目投资。若配股的认购价格为 10 元，公司需要发行 5 万股新股票。若公司现有发行在外的股票数量有 20 万股，那么，每个股东为取得一份新股需要交出 4 份（20/5＝4）配股和 10 元的认购价格。假设某股东正好在配股发行前拥有 4 份股票，配股前其持有的股票价值为 20×4＝80（元）。若该股东选择执行优先认股权，那么，该股东可以凭借持有的 4 份优先认股权，以 10 元的认购价格追加一份新股票，此时，其拥有的股票价值为 80＋10＝90（元），每股价格为 90/5＝18（元）。与之前的每股 20 元相比，发行后每股股票价格降低了 2 元。这也可以看出，在配股发行后，公司的股票价格会低于配股发行前的股票价格。

当然，现有股东也可以选择不行使认股权，而选择将其出售。这就要求，股东通过出售认股权所获取的收益应恰好能够弥补其股票价格下跌的影响。在上述例子中，若股东不行使优先认股权，配股发行后其持有股票的价值为 4×18＝72（元），那么，出售优先认股权的收益应为 80－72＝8（元），每股认股权的价格即为 8/4＝2（元），这正是配股前后股价的变动额。

因此，现有股东可以选择执行或出售优先认股权，在任何一种情况下，均不会从优先认股权发行中赚钱或赔钱。为避免认购不足而造成损失，优先认股权的发行通常采用余股包销的方式进行。

【例 9-4】 假设某公司流通在外的股份共有 100 万股，每股 14 元。目前公司打算以发行优先认股权的方式扩张筹资资本，拟筹集价值 400 万元的权益。若当前认股价格设定为每股 8 元，优先认股权的价值是多少？

解：配股前：

公司价值＝100×14＝1 400（万元）

购买一股新股所需的优先认股权份数＝100/(400/8)＝2

配股后：

股数＝100＋50＝150（万股）

公司价值＝1 400＋400＝1 800（万元）

每股价格＝1 800/150＝12（元）

优先认股权价值＝14－12＝2（元）

阅读材料 配股之谜

尽管配股发行一般比现金发行的成本低，但在实际中，公司往往会选择现金发行，该现象也被称为“配股之谜”。其可能的解释包括以下几种。首先，在现金发行中，承销商负责股票的发行，并且会提供更多的专业意见，这通常被认为比公司的配股发行更加可靠，有助于提升公众信心。其次，承销商往往会事先购买公司的所有股票，相当于为发行提供了保证，因此公司管理层更愿意选择现金发行。最后，现金发行融资效率更高，覆盖的投资者范围更广，这也是一个重要原因。

二、债务融资

公司除了可以通过发行股票进行融资外，还可以通过债券融资、银行贷款、融资租赁等方式进行债务融资，前两者是债务融资的主要方式。

（一）债券融资

1. 债券分类

（1）记名债券与无记名债券。

按券面是否记载债权人姓名，可以分为记名债券和无记名债券。[①] 记名债券是指债券上记载债权人的姓名或名称，并在发行单位或代理机构进行登记的债券，记名债券可以挂失。无记名债券是指在券面上无须注明债权人姓名，也不在公司名册上登记的债券。无记名债券的流动性较好，但不能挂失。一旦债券发生损毁或丢失，将无法证明持有人的身份。因而，无记名债券的安全性较差。

（2）有担保债券与无担保债券。

有担保债券是指以某种特定财产作为担保而发行的债券，主要有抵押债券、抵押信托债券和保证债券。[②] 无担保债券是指发行时无抵押担保品，完全凭企业的信用而发行的债券。这种债券按其信用程度的高低，可划分为信用债券、收益债券和附属信用债券。[③]在发行公司破产的情况下，有担保债券的持有人有权直接从抵押资产求偿，无担保债券持有人的权利则仅限于公司尚未作为其他债务抵押品的资产。

---

① 历史上大多数债券都是无记名债券，现今发行的几乎所有债券都是记名债券。两者在债券支付上有所差别。要获得债券付款，无记名债券持有人必须提供明确的所有权证明，如通过从债券上剪下一张息票并将其汇给代理机构，任何持有息票的人均有权获得付款。对于记名债券，债券支付过程更为明确。发行单位会保留一份债券持有人名单，当债券持有权发生变化时，代理人会随时通知发行方。在支付息票日，债券发行方基于登记的持有人名册，向所有持有人邮寄支票或将息票支付直接存入持有人的账户。

② 有担保债券包括：第一，抵押债券。它是指以土地、房屋、设备等不动产作为抵押担保而发行的债券。当债务人在债务到期不能按时偿还本息时，债券持有人有权处理抵押品作为抵偿。第二，抵押信托债券。它是以公司拥有的有价证券，如股票和其他债券作为担保品而发行的债券。发行人通常要将作为抵押品的有价证券交给债权人或委托有关信托机构保管，当债务人无力偿债时，由债权人直接处理或由信托机构代为处理抵押品并用于偿债。第三，保证债券。它是指由第三方担保的债券，不需要抵押任何资产。

③ 无担保债券包括：第一，信用债券，是指发行时没有具体的资产作为担保，仅凭公司的盈利能力作为保证的债券。但是，这类债券的持有人仍受到债券合约规定的各种条款的保护。一般只有信用良好的公司才有可能发行信用债券。第二，收益债券，是指只有在公司获利时才支付利息给投资者的债券。收益债券具有累积性质，即某一特定年度的未付利息可以累积起来，一旦公司盈利，就必须在盈利许可范围内支付累积利息，但累积期限一般不超过 3 年，其求偿权位于附属信用债券以及优先股和普通股之前。第三，附属信用债券是指求偿权仅次于其他债务的债券。一旦公司破产清算，那么只有当有担保和其他无担保的债权人得到全部偿付之后，附属信用债券的持有人才有可能从剩余资产中得到偿付。不过，作为债权人，其求偿权仍在优先股股东和普通股股东之前。

（3）次级债券与高级债券。

次级债券是指求偿权处于公司抵押债券和无抵押债券之后，但优于股权的债务形式，也是公司后续债券发行的优先级低于现存未偿债务时的新债务。在违约的情况下，公司未作为抵押品的资产首先用于偿还现有债务，待清偿后，再偿付次级债券的持有人。高级债券是偿付优先级高于其他债券级别的债券，高级债券的信用评级较高，利率较低。

（4）有偿债基金条款的债券与无偿债基金条款的债券。

有偿债基金条款的债券是指债券发行公司需要在发行期间设立一笔基金，以保证在债券到期时能够偿还债券本息。有偿债基金条款的债券信用等级往往更高，但可能会影响发行公司资金的周转。无偿债基金条款的债券是指公司的债券合约中未附有偿债基金条款的债券。虽然偿债基金会给公司带来财务负担，但它可以降低债券的风险和利率。

（5）含权债券与不含权债券。

含权债券是指债券合约中约定的赋予债券发行人或债券持有人一定权利的债券。主要包括以下几种类型：①可转换债券与不可转换债券。可转换债券是指根据债券合约规定，可以在一定时期按照事先规定的转换比率或转换价格转化为公司一定数量的普通股的债券。当公司经营业绩得到显著提升，股票价格上升较大幅度时，债权人可能会选择行使权利，以获得更多的收益。因此，相比同等条件下不含权的债券而言，可转换债券往往价值更高，因此票面利率更低。②可赎回债券与不可赎回债券。可赎回债券是给予发行公司一项权利，即发行公司可以按照债券发行时规定的条款，以一定的条件和价格提前赎回的债券。发行人在到期前执行赎回权，一般会按照高于债券面值的金额赎回，高出的部分被称为赎回溢价。由于可赎回权是赋予发行人的权利，不利于债券持有人，因此可赎回债券的价格要比不可赎回债券的价格低。当市场利率下降或者债券发行人信用评级上升时，公司可以用更低的利率进行融资，因此，在满足赎回条件的前提下，公司会行使赎回权。此时，债券持有人无法享受债券升值带来的资本利得收入，获得的资金也只能以较低的市场利率进行投资，面临投资风险。为了弥补债权人，发行公司需要给予可赎回债券持有人更多的风险补偿，即可赎回债券的票面利率高于同等条件下不可赎回的债券。③可回售债券与不可回售债券。可回售债券是债券持有人可以按照债券发行时规定的条款，以一定的条件和价格提前将债券卖给发行企业。当市场利率上升或债券发行人信用等级下降时，债券持有人会行使回售权，将债券卖回给企业。这不仅有助于规避债券继续下跌的风险，其获得的资金也可以按更高的利率进行重新投资。因此，可回售权有利于债券持有人，拥有可回售条款的债券的票面利率要低于同等条件下无回售条款的债券。

2. 债券合约

债券是一种合约，代表着债券发行人需要定期向债券持有人支付利息，并在到期日偿还本金。债券合约规定了各种条款，包括基本条款、偿付条款及许多限制性条款，以保护债券持有人的利益。

（1）债券的基本条款。

债券的基本条款包括票面金额、利率、期限、利息支付方式等内容。债券的票面金额亦称“本金”或“面额”。[①] 票面利率是债券的名义利率，一般会在债券票面上注明。债券期限是在债券发行时即已确定的发行公司偿还本金的年限。债券利息支付方式主要是指发行公司向债券持有人支付利息的方式，如采用一次性付息还是分次付息，分次定期支付是按年度、半年度还是季度进行支付。[②] 债券本息支付是发行公司必须履行的责任，若公司无力支付到期利息，债权人可以要求发行公司立即清偿债务。

（2）偿付条款。

偿债基金是指为清偿债券而设立的由债券信托人（一般是银行）管理的账户。通常，债券发行公司每年会向信托人支付一笔款项，同时信托人可以利用这笔资金在市场上进行再投资，但要保证在债券到期日能够偿还债券的本金和利息。偿债基金一般有必须支付的强制性基金、由发行人决定是否还款的非强制性基金两种。对于不同信用级别的债券，偿债基金条款的严格性也有所不同。对于次级债券，由于其信用级别较低，一般要求在债券期限内，支付给偿债基金的资金要足以在限期内分期等额赎回发行的全部债券；而对于高信用级别债券，其偿债基金的要求较低，一般只要在到期时能拿出偿付的资金即可。

（3）限制性条款。

为保护债权人的利益，债券合约中一般都设有限制性条款来限制债券发行人的行为。若公司未履行任一契约条款，将发生债券违约。限制性条款分为积极条款（规定公司必须要做的事情）和消极条款（规定公司不能做的事情），一般包括：

① 融资条款。新债券的发行会稀释现有债券的价值，因此限制性条款通常会限制新债券的规模或进一步负债的水平，同时也可能规定发行公司必须维持最低数额的营运资本。如果新债券没有担保，或者也没有优先于现有债券，这种稀释作用会更加明显。因此，该条款规定了公司可以发行新债券的金额以及在公司违约的情况下新债券持有人可以享受的对公司资产的求偿权，如限定公司所有新债券持有人对资产只拥有位于现有债券之后的次级求偿权。如果允许新债券持有人在公司破产时对资产的求偿权与现有债券持有人的优先顺序一样，那么新债券的数量往往要受到限制。

② 股利条款。该条款是对公司支付股利进行限制的条款。这是因为，一旦公司发行债券，股东将有动机以牺牲债权人的利益为代价增加股息。如果公司给股东支付了大量的现金股利，公司用于偿还债务的现金资产就会减少，导致公司偿债能力下降。在极端情况下，公司经营者在发行债券后立即清算公司资产，并把清算收入作为股利支付给股东。此时，股东获得公司资产价值以及债券收益，而债券持有人则一无所有，债券持有人利益受损。因此，债券合约通常会对公司的现金股利支付行为做出限制。

③ 资产条款。限制性条款通常会对债券发行公司在购买、处置资产时设有严格规定。例如，禁止公司投资新业务，或者限制公司的增长，或者规定出售的资产不得超过一定比例（10%或15%或更多）。另外，该条款还规定了债券持有人在公司违约时对公司资产享有的权利。高级债券的持有人有优先于次级债券持有人对公司资产进行清算或管理的权利，而次级债券持有人对公司资产的要求权靠后。

---

① 通常，我国债券的面值为100元，美国债券的面值为1 000美元。

② 我国债券利息支付频率是一年一次，美国等西方国家的债券多是每季度或半年支付一次利息。

④ 并购限制性条款。并购会造成公司的现金流量锐减，削弱其偿债能力，同时还会增加公司债务。若并购不当，也会增加公司的经营风险。这些都将使现有债权人的利益受到侵害。为防止此类情况发生，债券契约通常会对发行公司的并购行为做出限制。

⑤ 租赁限制性条款。对债权人而言，租金的支付也会减少公司的现金流量，降低债券的求偿权价值。因此，契约中也常包含限制租赁的条款。

（4）赎回条款。

发行公司可以按照债券发行时规定的条款，以一定的条件和价格提前赎回债券。若发行人在到期前执行赎回权，一般会按照高于债券面值的金额赎回，高出的部分被称为赎回溢价，赎回溢价的大小会随时间的推移而减小。

3. 债券发行

（1）债券发行方式。

公司债券发行一般包括私募发行和公募发行两种方式。私募发行是指发行公司将债券直接出售给投资者，公募发行是指公司采用承销服务、委托承销商代理向社会公众发行债券。两者各有利弊。一般来说，私募发行采用备案制，不必进行公开的信息披露，发行成本低，但由于其发行范围较小，募集资金可能不足。公募发行需要在证券监管机构注册，得到监管机构的批准，发行风险相对较低，容易筹集到所需资金。公司通常使用公募发行债券的方式。类似于股票发行，债券发行也必须编制募集说明书（但需载明债务契约）或发行备忘录，说明发行的细节。

依据发行价格与票面价值的关系，债券发行也可以分为平价、溢价、折价发行。平价是指债券发行价格等于债券的票面金额，溢价是指发行价格高于票面金额，折价是指发行价格低于票面金额。我国的公司债券一般按面值平价发行。债券发行价格的确定主要依据债券面额、票面利率、市场利率、债券期限等因素综合考虑。例如，市场利率越高，债券价格将越低。

我国的债券发行

（2）债券评级。

对于公开发行的债券，通常由具有资格的资信评级机构进行等级评定，评级结果将为债券投资者的投资选择提供重要参考。在评定过程中，债券评级机构一般采用定性和定量分析相结合的方法，主要基于公司财务状况、债券条款特征、公司发展前景等信息，做出风险判断，确定债券信用等级。在发布债券评级之后，债券评级机构也会对发行公司债券进行追踪调查和审查，考虑公司的经营状况、信用条件等是否发生重大变化。若确有必要修改（调高或调低）原定等级，评级机构将生成新的评级公告并通知公司。

公司债券等级结构主要由美国标准普尔公司和穆迪投资者服务公司提出。尽管两家信用评定机构采用的具体等级略有差别，但均包括三类九级。具体地，标准普尔公司的等级包括：①A类：AAA（最高级）、AA（高级）、A（上中级）；②B类：BBB（中级）、BB（中下级）、B（投机级）；③C类：CCC（完全投机级）、CC（最大投机级）、C（最低级）。穆迪投资者服务公司的等级包括：①A类：Aaa（最高质量）、Aa（高质量）、A（上中质量）；②B类：Baa（下中质量）、Ba（投机性）、B（不值得投资）；③C类：Caa（可能违约）、Ca（经常违约）、C（最低级）。在A类至C类债券中，信用等级逐级下降，债券信用风险逐级增加，一般认为只有 A 类债券值得投资。公司债券信用等级越高，发行利率越低，公司融资成本越小。

4. 债券融资决策

企业发行债券有利有弊，应该综合公司经营能力、融资规模等，选择最合适的融资方式。债券融资主要有以下优点：(1) 资金成本低。债券利息一般在税前扣除，可以减少企业的税收费用。(2) 保证企业控制权不分散。由于债权人不像股东一样拥有表决权，不参与企业实际的经营管理决策，因此不会分散企业控制权。(3) 便于调整资本结构。企业可以通过发行可转换债券、可赎回债券等，在必要时改变企业的资本结构，保持企业最佳的资产负债权益。

但同时，债券融资也有缺点：(1) 财务风险大。由于发行债券，企业需要定期支付利息，一旦经营不善，企业有可能无法按时偿还债务，甚至破产。(2) 筹资规模有限。企业利用债券融资通常会受到发行额度的限制。(3) 债券发行受到很多限制。例如，债权人为降低企业无法偿还债务的风险，通常会要求债券发行人不得举借新债、不得回购股票等，在一定程度上会影响到企业的正常运营。

(二) 银行贷款

银行贷款是指企业从银行或其他金融机构借入的资金，主要用于固定资产投资、更新改造、研究开发等方面，是企业筹集长期资金、进行非公开债务融资的一种重要方式。按照银行贷款有无抵押品作担保，可分为信用贷款和抵押贷款。在信用贷款中，企业不以特定的抵押品作为贷款担保，银行仅凭借企业的信用或某保证人的信用发放贷款。① 一般而言，获取信用贷款的企业资信较为优良。为保障贷款安全，银行也可以通过贷款合同对借款企业的行为进行限制，如要求企业将设备、不动产等作为抵押，提供抵押贷款。一旦企业违约，银行就可以处置抵押资产以补偿企业所欠款项。因此，相比于信用贷款，抵押贷款的安全性更高、风险更低。

贷款可以由单一银行提供信用额度，也可以由多家银行合作，共同提供银团贷款。通常，银团的主导银行（一般为大银行）牵头与公司谈判贷款条款，在与公司签订贷款协议后，主导银行再将该笔贷款的一部分出售给银团中的其他银行（大多是现金过剩但缺乏资源自行协商的小型银行）。在达成借贷一致意见后，公司与银行需要签订借款合同，规定借贷当事人各方权利和义务。与债券契约相近，借款合同也包括基本条款和限制性条款。②

相比于债券融资，银行贷款具有以下优势：(1) 银行贷款的资本成本较低。由于银行掌握企业更多的内部信息，信息不对称问题较轻，基于对企业未来发展前景的预测，银行可以对贷款进行合理定价。一般而言，银行贷款利率低于债券利率，且筹资费用较少，银

① 银行信用贷款常附带一些信用条件，如银行授信额度、补偿性余额等。银行授信额度是指银行给予公司在特定时间内信用承诺，公司与银行间正式或非正式协议规定的公司借款的最高限额。在授信额度内，公司可随时按资金需求向银行申请借款。补偿性余额是银行要求借款公司保持按贷款限额或实际借款额的 10%～20%留存银行，以此降低贷款风险。

② 根据规定，我国借款合同应具备以下基本条款：借款种类、借款用途、借款金额、借款利率、借款期限、还款来源及还款方式、保证条款、违约责任等。限制性条款则主要有一般性限制性条款（如要求企业持有一定现金及其他流动性资产、限制企业支付现金股利、限制资本支出规模、限制企业借入其他长期资金等）、例行性限制性条款（如向银行定期报送财务报表、到期债务及时偿付等）、特殊性限制性条款（如不得改变借款的规定用途等）三类。

行贷款有助于降低企业的融资成本。对中小企业以及小规模融资项目而言，采用银行贷款融资更为有利。(2) 银行贷款有利于保持企业经营战略的保密性。企业发行债券通常要求信息公开，这会导致企业经营战略容易被竞争对手知晓，不利于企业经营，影响其预期收益乃至企业价值，而银行贷款则不会泄露企业经营战略信息。(3) 银行贷款的筹资速度较快，弹性较大。企业进行长期银行借款，仅需企业提出申请，由银行进行审批后签订借款合同即可取得借款。与通过发行债券筹集资金相比，银行贷款一般融资周期较短，程序较为简单。同时，由于借款企业可以与银行直接商定或谈判贷款的数额、利率、期限等，在后续用款期间也可根据企业财务状况变化与银行进行再次协商以变更贷款条件，银行贷款筹资的灵活性更高。然而，与公开市场发行债券相比，银行贷款的筹资金额相对有限，限制性条款数量较多、较严格，银行监督更为紧密，企业承担较高经营压力。

(三) 融资租赁

租赁是承租人与出租人之间的一项合同或契约。出租人是资产的所有者，以收取租金为条件，将资产出借给承租人使用。承租人必须定期向出租人支付租金，以换取资产的使用权。在实践中，出租人大多是资产制造商或专门从事租赁业务的独立公司，承租人主要为各类企业，租赁对象一般是设备等固定资产。当前，租赁已成为企业进行资产融资的重要方式。

租赁可按性质分为经营性租赁和融资租赁。经营性租赁，又称营运租赁或服务租赁，是指出租人向承租人提供租赁设备，并提供设备维修等相关服务。对于经营性租赁，出租人无法通过租金收入得到全部补偿，出租人通常也需要维护、投保设备。经营性租赁的承租人拥有撤销租赁的权利，当资产对承租人的价值低于未来租金支付额的价值时，承租人可能执行撤销选择权。通常，经营性租赁为短期租赁，承租人以获得资产的短期使用权及出租人的技术服务为目的。融资租赁，又称财务租赁或资本租赁，是指出租人按照承租人的要求融资购买设备，为其提供设备使用。与经营性租赁有所不同，融资租赁的出租人一般不提供设备维护服务，而由承租人负责维修、投保事宜。同时，融资租赁具有长期特征，租期大多为设备使用年限的一半以上，因而能够满足企业的长期设备需求。另外，承租人不能随意退租。在规定租期内，非经双方同意不能中途解约。融资租赁的主要目的为融通资本，具有借贷的性质。

在融资租赁中，除了直接租赁外，还有两种特殊形式，分别为售后租回和杠杆租赁。售后租回是指公司向另一家公司出售意向使用的资产，再作为承租方将资产租回使用，按期支付租金。在该类租赁中，承租人从销售资产中获得现金，并且通过租回、支付租金也保留了对资产的使用权。杠杆租赁是指出租人除使用自身资金外，大部分通过以拟购买的资产作为担保向银行或其他贷款人进行借款，支付购买资产的初始资本，再通过收取的租金支付贷款利息和本金。在杠杆租赁中，当事人主要涉及出租人、承租人及贷款人三方，其中出租人兼具借款人的角色。一般而言，租赁收入高于借款成本，出租人可以从中获取杠杆收益。

若企业拟采用融资租赁方式筹措资产，应先选择合适的租赁公司，办理租赁委托，与租赁公司签订租赁合同。在合同中，一般会规定租赁设备的信息、产权归属、退租、保险、维护及相关服务费用等内容。在取得资产后，承租人将按合同规定在租期内向出租方支付租金。合同到期后，承租人将根据合同约定处置设备，采取续租、留购或退还的方式。

融资租赁作为一种特别的融资方式，与其他筹资方式相比，具有以下优点：(1) 融资租赁的租金费用可以在税前扣除，从而降低企业的税收支出，增加节税收益；(2) 融资租赁可以降低不确定性，融资租赁使得承租企业无须承担设备陈旧过时、资产价值折损风险，资产剩余价值波动风险由资产的所有者承担，因而风险承担能力较弱的小企业可能更愿意进行租赁而非购买资产；(3) 融资租赁的限制条件较少，企业需要满足一定条件才能发行股票或债券，而融资租赁对企业的基本条件限制较少；(4) 融资租赁中出租人比普通债权人能够更好回收资产，具有优先权和低风险，因而愿意为公司提供有力融资，降低公司的困境成本，增加债务融资能力。对于小企业或面临融资约束的企业而言，融资租赁的作用更加突出。然而，采用融资租赁筹资也具有一定成本，如承租方支付的租金总额通常会远高于设备价值。

阅读材料　股权融资与债务融资的比较

股权融资是指公司通过发行权益进行融资，而债务融资是指公司通过新增债务进行融资，两者具有诸多不同之处，例如：

(1) 资金的使用权不同。股权融资所筹集的资金一般不存在归还问题，可以长期且相对灵活地使用，公司无须承诺支付股利作为股东回报。债务融资所筹集的资金则需要定期还本付息，并且常附带较多限制性条款，使用灵活性较差。另外，债务偿付是公司的义务，若公司未能按时支付本息，可能陷入破产清算困境。

(2) 融资成本不同。从投资风险的角度看，股东是公司的剩余所有者，需待债务清偿后才能索取资产价值，而对债权人而言，公司必须偿还其本息，即便公司破产也处于优先求偿地位，因此，股权投资的投资风险通常要高于债权投资的投资风险，股权投资者将要求高风险溢价。另外，从税负的角度看，债务融资的利息在税前支付，具有抵税的作用，能够产生节税收益；而在股权融资中，股利支付在税后，同时存在企业所得税和个人所得税的“双重纳税”问题，存在一定的税收劣势。一般而言，权益资本成本要大于债务资本成本。

(3) 代理问题后果不同。股权融资将导致分散公司股权结构，稀释现有股东持股，降低了股东监督管理层的能力和动力，管理层懈怠渎职等代理问题恶化，同时，增大了公司的控制权转移风险和并购威胁。采用债务融资则能缓解一定的管理层代理倾向。由于公司负有定期还本付息的义务，若无法偿付将面临法律责任甚至破产，因此，债务融资的增加将迫使管理层努力工作，约束自身的私利行为。然而，一旦引入债务融资，投资者也可能会侵占债权人的利益，出现公司过度投资、投资不足、资产替代等问题。

(4) 市场预期不同。在信息不对称的情况下，投资者可能依据公司融资行为做出投资判断。公司负债比例上升说明管理层对未来收益有较高期望、对公司前景充满信心，同时可能努力工作以保证公司经营效益、避免破产。因此，在债务融资的情况下，市场预期公司未来收益会上升，市场价值就会增大。相反，股权融资可能引发

我国企业融资现状

投资者的负面反应。对于股权融资公司，一方面，市场可能认为其股价被高估，新发股票可能存在贬值问题；另一方面，进行股权融资也可能是公司试图通过提高权益水平降低杠杆以及财务风险的手段，股权融资将引发投资者的不良预期，损害公司市场评价，公司市场价值下降。

第二节 资本结构

一、资本结构与公司价值最大化

公司的资本结构指的是公司通过债务或股权融资的比例，公司经营的目标是最大化公司的价值。将这两个问题联系起来就是本节所探讨的内容：是否存在最优的资本结构使得公司价值达到最大。

对负债和权益资本比例的决策过程，即为资本结构的选择过程。为研究这一问题，美国的财务学家罗斯等人提出了“馅饼模型”（pie rule）。模型中所谓的“馅饼”是指公司价值，也就是资本总额。“馅饼”的大小取决于公司的资本总额在金融市场上的价值，而公司的价值是负债价值和权益价值之和。在不考虑税收的世界中，公司价值将由股东和债权人分割，如图 9－1（a）所示，无论公司采取何种资本结构，公司价值保持不变。在考虑了税收的世界中，公司价值不仅要分给股东与债权人，还有一部分会转为税收，因此，对投资者而言，公司价值是总价值扣除税收的部分，如图 9－1（b）所示。公司价值最大化的问题也就是最优资本结构的问题。

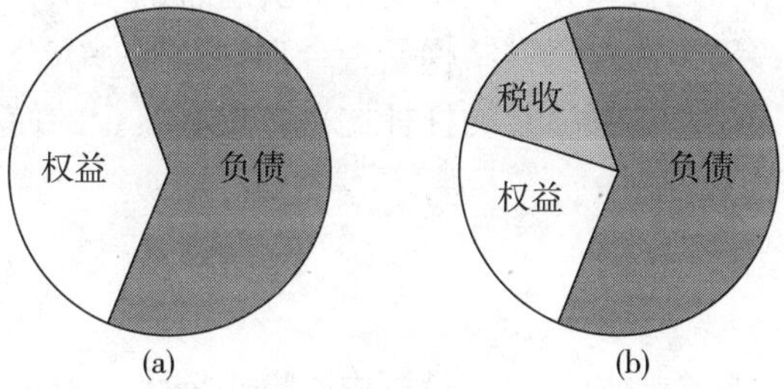

图 9－1 无税收、有税收世界的馅饼模型

那么，为什么投资者要关注公司价值最大化呢？这与股东财富最大化的目标是否存在冲突？假设目前一家公司的市场价值为 8 000 元，没有任何债务，共发行了 1 000 股普通股，每股价格为 5 元，并且不考虑税收的影响。进一步地，假设该公司通过借款3 000元为股东发放额外每股 3 元的股利，从而由无负债公司变为有负债公司（相当于资本重组，改变了公司的资本结构），但这不会直接影响公司的资产。

假设经济状态存在萧条、正常、繁荣三种可能情况，在不同情况下公司的价值有所差异。在第一种情况下，公司价值减少 2 000 元，下降到 6 000 元；在第二种情况下，公司价值保持不变，仍为 8 000 元；在第三种情况下，公司价值增加 2 000 元，提升到

10 000 元。在原无负债状态和三种可能情况下公司价值和投资者收益如表 9-5 所示。

表 9-5 公司价值与投资者收益

单位：元

	原无负债状态	价值下降	价值保持不变	价值上升
权益	8 000	3 000	5 000	7 000
负债	0	3 000	3 000	3 000
公司价值	8 000	6 000	8 000	10 000
公司价值净增加	**0**	**−2 000**	**0**	**2 000**
资本利得	0	−5 000	−3 000	−1 000
股利	0	3 000	3 000	3 000
股东净收益	**0**	**−2 000**	**0**	**2 000**

在这里，股东净收益最为重要。从表 9-5 可以看出，当出现第二种情况，公司价值保持不变时，股东得到的额外股利恰好被资本损失所抵消。在第一种情况下，公司价值下降 2 000 元，股东同样亏损 2 000 元；在第三种情况下，公司价值增加 2 000 元，股东也盈利 2 000 元。也就是说，公司价值的变动与股东净收益的变动是相同的，使得公司价值最大化的资本结构对股东而言也是最优的。如果管理层认为第三种情况最可能发生，毫无疑问，公司应该重新调整资本结构，增加负债以提升公司价值。资本结构的选择将取决于各种情况发生概率的比较。

从总体上看，资本结构是公司在一定时期的筹资组合的结果，公司价值的多寡是比较筹资方式的依据，也能够用于衡量资本结构是否合理。任何一家公司都需要关注自身资本结构，做好合理的融资安排，选择适宜的杠杆比率，提高资金的使用效率与盈利性。

二、杠杆

（一）公司杠杆

杠杆是一种将借入的资金追加到现有投资中，以小博大，有助于提高公司盈利性与资金营运效率的方式。公司理财中的杠杆效应主要体现在，由于特定费用（如固定成本、固定的利息支出）的存在，当某一财务变量以较小幅度变动时，另一相关财务变量会以较大幅度变动。杠杆效应有两种形式，分别为经营杠杆和财务杠杆。相对经营杠杆而言，财务杠杆的运用对公司来说更为重要。

1. 经营杠杆

经营杠杆（DOL）是指一单位营业收入（S）的变动（假设价格保持不变，只考虑数量的变动）能带来多少单位的息税前利润（EBIT）的变动。由于固定成本的存在，息税前利润变动率将大于产销量（Q）变动率。固定成本高而变动成本低的公司具有较高的经营杠杆，固定成本低而变动成本高的公司经营杠杆较低。经营杠杆的公式如下：

$$\mathrm{DOL}=\frac{\frac{\Delta \mathrm{EBIT}}{\mathrm{EBIT}}}{\frac{\Delta S}{S}}=\frac{\frac{\Delta \mathrm{EBIT}}{\mathrm{EBIT}}}{\frac{\Delta Q}{Q}} \tag{9-2}$$

公司利用经营杠杆而导致息税前利润变动所形成的风险被称为经营风险。由于经营杠杆放大了市场和生产等因素的变化对利润波动的影响，因此，经营杠杆系数越高，表明资产收益等利润波动程度越大，经营风险也就越大。

2. 财务杠杆

财务杠杆（DFL）是指一单位的息税前利润（EBIT）的变动能引起多少单位的每股收益（EPS）的变动。财务杠杆反映公司对债务融资的依赖性，与固定的财务费用有关，其公式可表示为：

$$\mathrm{DFL}=\frac{\frac{\Delta \mathrm{EPS}}{\mathrm{EPS}}}{\frac{\Delta \mathrm{EBIT}}{\mathrm{EBIT}}} \tag{9-3}$$

由式（9－3）可知，财务杠杆的作用发挥主要取决于资本结构。公司的债务融资占比越大，固定流出的利息支出越多，财务杠杆系数越大。而一般来说，财务杠杆系数越大，每股收益随息税前利润的变动幅度就越大，为公司带来的每股收益的扩张能力越强，权益资本的额外收益越高，但由此引发的财务风险也越高。基于上述理论，说明公司在进行融资决策时，不仅要尽量避免财务风险，还要合理地利用财务杠杆，选择合适的资本结构，争取所有者权益的最大化。

财务杠杆的影响也取决于公司的息税前利润水平。财务杠杆的作用是在公司通过负债或优先股筹集资金时，会给公司的权益所有者带来额外收益。若公司经营状况良好，使得公司投资收益率大于负债利息率，则获得财务杠杆正效应。若公司经营状况不佳，使得公司投资收益率小于负债利息率，公司所获得的投资收益不足以弥补所承担的利息支出，则获得财务杠杆负效应，甚至可能导致破产。接下来以一个例子对此进行说明。

假设公司目前无负债，计划以1∶1的负债权益比进行债务融资，回购公司的股票，利率为10%，股价为20元/股。在不考虑税收的条件下，公司整体财务状况如表9－6的上半部分所示。假设存在三种不同的经济状态，即经济衰退、正常经济预期及经济扩张情形，正常经济预期的资产收益率为18%，衰退期和扩张期的资产收益率则分别为8%、28%。各种可能经济状态下的公司财务状况如表9－6的下半部分所示。

表9－6 公司财务状况

公司整体财务状况		
	目前	计划
资产（元）	1 000	1 000
权益（元）	1 000	500

续表

公司整体财务状况						
	目前			计划		
负债（元）	0			500		
流通在外的股票数（股）	50			25		
不同经济状态下的公司财务状况						
	目前（无杠杆）			计划（有杠杆）		
	衰退	预期	扩张	衰退	预期	扩张
息税前利润（元）	80	180	280	80	180	280
利息（元）	0	0	0	50	50	50
息后收益（元）	80	180	280	30	130	230
每股收益（元）	1.6	3.6	5.6	1.2	5.2	9.2
股东权益收益率（%）	8	18	28	6	26	46

由表 9-6 可知，财务杠杆的作用将依赖于 EBIT 的水平。当 EBIT 较高（EBIT＝280 元）时，有杠杆公司的股东权益收益率较高（46%＞28%）；当 EBIT 较低（EBIT＝80 元）时，无杠杆公司的股东权益收益率较高（8%＞6%）。

表 9-6 中无杠杆与有杠杆情况下 EBIT 与 EPS 的关系如图 9-2 所示，虚线表示无负债公司，实线表示有负债公司，两条线的交点是盈亏平衡点或 EBIT 临界点，也就是在目前（无杠杆）和计划（有杠杆）两种方案下 EPS 相等时的 EBIT。处于盈亏平衡点时的 $EBIT^*$ 和 EPS^* 的数值可以通过计算得到。例如，令 $EBIT^*/50=(EBIT^*-50)/25$，可知 $EBIT^*=100$（元），$EPS^*=100/50=2$（元）。容易看出，若预期的 EBIT 高于 EBIT 临界点，举债对股东有利；反之，则对股东不利。

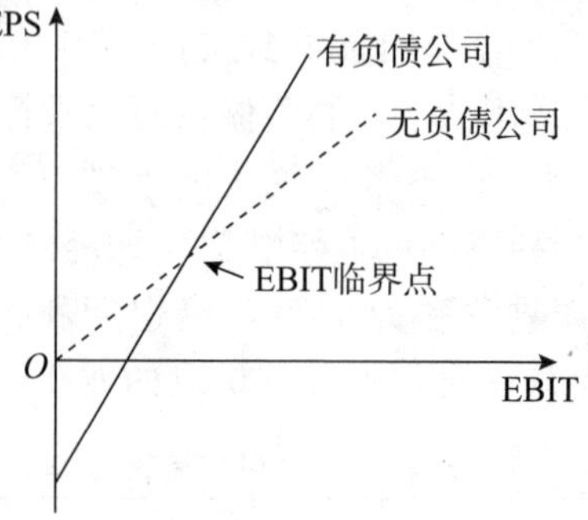

图 9-2　息税前利润与每股收益的关系

从图 9-2 也可以看出，相比于无负债公司，有负债公司的 EBIT-EPS 线更为陡峭。这是因为无负债公司发行债务以回购公司股票，在产生固定的利息负担的同时会导致流通在外的股数下降。由于参与分配的股份数少，盈利时每股收益较高，亏损时每股所承担的亏损也较多。因此，举债情况下的直线斜率更大，也即有负债公司的 EBIT 每增加一单位，会使 EPS 有更大幅度的上升。有税情况下的财务杠杆作用的证明和结论与上述分析相似。

因此，财务杠杆的价值与公司的息税前利润有关。在息税前利润较高的情况下，财务杠杆会提高股东收益。但是，财务杠杆的使用放大了公司的财务风险，导致股东风险增加，每股收益与净资产收益率的变动更加敏感。

（二）自制财务杠杆

从表 9-6 可知，在有负债情况下 EPS 的平均值为 5.2 元，在无负债情况下 EPS 的平均值为 3.6 元，这是否意味着举债对投资者更有利呢？需要注意到，公司有负债情况下的 EPS 的方差也要高于无负债情况下的 EPS 的方差，即负债可能加剧公司的盈余波动。那么，公司应该选择哪种资本结构才能更好地服务于股东财富最大化目标呢？有一种观点认为，股东与公司之间可以自行匹配，即便投资者存在不同的风险偏好，公司依然能够设定不同的资本结构吸引不同的投资者，提高公司的价值。例如，高杠杆的公司可以满足风险偏好型投资者的需求，低杠杆的公司可以满足风险厌恶型投资者的需求。但事实上，只要投资者能够以与公司相同的利率进行借贷，公司杠杆就无法为投资者创造额外的价值，因为投资者可以自制财务杠杆（homemade leverage），即通过自身增加或减少负债调整风险程度，满足自身风险偏好，自制杠杆成为公司杠杆的替代品。此时，公司杠杆不能为投资者带来额外的效益，因此也不能通过调整公司杠杆改变公司的价值，公司的资本结构对股东而言并不重要。以下例子可以说明这个问题。

在表 9-6 的例子中，对一个持有公司 100 股股票的股东而言，盈余信息将如表 9-7 所示：

表 9-7 计划的资本结构下的股东盈余信息

	目前（无杠杆）			计划（有杠杆）		
	衰退	预期	扩张	衰退	预期	扩张
每股收益（元）	1.6	3.6	5.6	1.2	5.2	9.2
每 100 股的利润（元）	160	360	560	120	520	920
净成本（元）	100×20=2 000			100×20=2 000		

假设公司采用了计划的资本结构（有杠杆），但该股东更偏好原资本结构（无杠杆），那么，投资者可以通过自制财务杠杆来满足现金流要求，产生与持有无杠杆公司股份相同的效果。例如，投资者可以出售 50 股股票，用所得的 1 000 元购入收益率为 10%的债券（若股东未持有股票，可直接构造 50 股股票、1 000 元债券的投资组合）。在自制杠杆下偏好无杠杆的股东的盈余信息如表 9-8 所示。

表 9-8 在自制杠杆下偏好无杠杆的股东的盈余信息

	衰退	预期	扩张
每股收益（元）	1.2	5.2	9.2

续表

	衰退	预期	扩张
每 50 股的利润（元）	60	260	460
可以获得的利息（利率为 10%；元）	100	100	100
净利润（元）	160	360	560
净成本（元）	50×20+1 000=2 000		

假若公司维持原有资本结构（无杠杆），但股东更偏好计划的资本结构（有杠杆），那投资者应该如何自制财务杠杆呢？由于计划的负债权益比为 1∶1，该投资者可以考虑借入 2 000 元，加上自身的 2 000 元，购入 200 股股票，即可获得预期的现金流量。在自制杠杆下偏好杠杆的股东的盈余信息如表 9－9 所示。

表 9－9　在自制杠杆下偏好杠杆的股东的盈余信息

	衰退	预期	扩张
每股收益（元）	1.6	3.6	5.6
每 200 股的利润（元）	320	720	1120
需要支付的利息（利率为 10%；元）	200	200	200
净利润（元）	120	520	920
净成本（元）	200×20－2 000=2 000		

从上述例子就可以看出，不管公司采用何种资本结构，投资者均可以相应地调整自身策略，以相同的成本和收入复制公司的现金流量，因此，资本结构并不能给股东创造额外的价值，投资者无法从公司财务杠杆中获利，同样也无法从自制杠杆中获利。有杠杆公司与无杠杆公司的价值相等（在上述例子中，两家公司价值均为 1 000 元），若不相等，那么投资者可以买入低价值公司的股票，通过自制杠杆而获取与高价值公司股票相同的现金流量。显然，这种情况不会持续。投资者会竞相模仿，均衡的结果将是价值趋同，低价值公司的价值上涨、高价值公司的价值下跌，套利机会消失。因此，采用何种策略或何种资本结构，对投资者而言没有区别。

【例 9－5】　假设市场上存在两家公司，分别为无杠杆公司 A 与有杠杆公司 B，其中 B 公司的负债权益比为 2/3。两家公司唯一的区别是有无负债，经营状况等其他条件完全相同，股票价格都是 50 元。在未来经济前景衰退、正常、繁荣这三种情况下，两家公司的 EPS 如表 9－10、表 9－11 所示。假设市场上有两位投资者：一位是风险偏好者，另一位是风险厌恶者。持风险偏好态度的投资者现在持有 24 股 A 公司的股票，但他希望持有一家经营状况与 A 公司完全相同，但负债权益比为 2/3 的公司的股票。持风险厌恶态度的投资者则正好相反，他希望持有一家经营状况与 B 公司完全相同的公司的股票，共 24 股，但他不希望自己投资的公司有任何负债。假设利率为 8%，两位投资者该如何通过自制财务杠杆实现自己的愿望呢？

表 9-10　无杠杆公司 A 在三种经济状态下的收益情况　单位：元

	衰退	正常	繁荣
EPS	2.5	5.0	7.5
40 股股票的利润	100	200	300
净利润	100	200	300

表 9-11　有杠杆公司 B 在三种经济状态下的收益情况　单元：元

	衰退	正常	繁荣
EPS	1.5	5.67	9.83
24 股股票的利润	36	136	236
净利润	36	136	236

解：(1) 加杠杆（风险偏好者）。

对于希望持有一家经营状况与 A 公司完全相同，但负债权益比为 2/3 的公司的股票的风险偏好投资者而言，可以按照有杠杆公司的资本结构进行复制。该投资者可以从经纪商处借入 800 元，加上自有资本 1 200 元，一共 2 000 元买入无杠杆公司 A 公司股票 40 股，每股 50 元。由表 9-12 可知，该投资者不需要购买 B 公司的股票，用自己的 1 200 元加上以 8%的利率借来的 800 元购买 40 股 A 公司的股票，和用自己的 1 200 元购买 24 股 B 公司的股票的成本与收益完全相同。

表 9-12　加杠杆策略在三种经济状态下的收益情况　单位：元

	衰退	正常	繁荣
无杠杆公司的 EPS	2.5	5.0	7.5
40 股股票的利润	100	200	300
利息支出（800×8%）	64	64	64
净利润	36	136	236

(2) 去杠杆（风险厌恶者）。

对于希望持有一家经营状况与 B 公司完全相同，但没有任何负债的公司的股票的风险厌恶投资者而言，可以通过去杠杆的方式自制杠杆。该投资者可以用 2 000 元的自有资金购入 24 股每股 50 元的 B 公司股票，花费 1 200 元，将剩余的 800 元按 8%的利率贷出。这种策略的初始投资成本为 2 000 元，由表 9-13 的最后一行可知，这种策略与购买无杠杆 A 公司 40 股股票的成本与收益完全相同。

表 9-13　去杠杆策略在三种经济状态下的收益情况　单位：元

	衰退	正常	繁荣
有杠杆公司的 EPS	1.5	5.67	9.83
24 股股票的利润	36	136	236

续表

	衰退	正常	繁荣
利息收入（800×8%）	64	64	64
净利润	100	200	300

因此，自制财务杠杆可以消除或者复制公司财务杠杆的影响，使得成本和收益相同。公司改变其资本结构不能对公司的价值造成影响，也不能吸引不同投资偏好的投资者，因而得出无杠杆公司的价值与有杠杆公司的价值相等的结论。

三、MM定理

MM定理是最能体现财务杠杆的理论，由莫迪利亚尼（Modigliani）和米勒（Miller）提出。[①]该定理包含两部分内容，分别是MM（无税）定理与MM（有税）定理。

（一）MM（无税）定理

前文举例说明了资本结构对股东收益并未产生影响。然而，该模型隐含一系列前提假设，包括：①存在完美的资本市场，不存在交易成本；②不考虑财务困境风险；③不考虑税收；④无杠杆公司与有杠杆公司有相同的经营风险，处于相同的风险等级；⑤对公司未来的息税前利润的估计完全相同；⑥公司发行的债务为永续债务；⑦个人能以与公司同样的利率借入资金，即无论借债额为多少，个人与公司均能以无风险利率进行借贷。[②] 如果不考虑公司所得税和破产风险，两个或两个以上的公司具有相同风险但资本结构不同，其公司价值是相同的。这是由于投资者可以按照与公司相同的利率进行借贷，因而其可以通过自制财务杠杆满足自己的风险偏好需求，任何有负债的公司或无负债的公司都无法通过改变其资本结构吸引投资者，进而改变其流通在外的证券的总价值。该观点正是MM定理的第一定理。

MM（无税）定理的命题Ⅰ：在完美的市场中，公司价值与资本结构无关，无杠杆公司的价值 V_U 与有杠杆公司的价值 V_L 相同。

$$\mathbf{V_U=V_L} \tag{9-4}$$

该定理可以用套利理论加以证明。假设两家公司的未来现金流完全相同，仅资本结构有所差异。现金流为永续年金，每期均为 C，所有现金流都用来支付股息。由于公司风险相同，若两家公司全部采用股权融资，那么，两家公司应具有相同的必要收益率。若其中一家公司有杠杆，另一家没有杠杆，且两家公司的价值也不相等，那么，投资者能否从中套利？

假设有杠杆公司的价值为 V_L，等于权益价值 E_L 与债务价值 D_L 之和。债务的资本成本为 R_D，无杠杆公司的价值为 V_U。如果 $V_L \neq V_U$，那么投资者可以通过构造以下策略

① 最初的MM定理是由美国经济学家莫迪利亚尼和米勒教授在1958年6月提出的，是《美国经济评论》中的《资本结构、公司财务与资本》一文所阐述的基本思想。修正的MM定理（含税条件下的资本结构理论）是莫迪利亚尼和米勒教授于1963年共同发表的另一篇与资本结构有关的论文的基本思想。

② 但在现实生活中，个人的借贷利率一般高于公司的借贷利率。

套利：

① 构建组合1：持有 a 比例的有杠杆公司的股权，此时需要的初始投入为 $a\times E_L$，获得的收入为永久现金流 $a\times(C-R_D\times D_L)$。

② 构建组合2：投资 aV_U 购买无杠杆公司的股权，其中 aD_L 来自贷款融资，此时需要的初始投入为 $a\times V_U-a\times D_L$，获得的收入为永久现金流 $a\times C-R_D\times a\times D_L$。

③ 由于组合1和2的现金流相同，因此 $V_U=V_L$，否则，若 $V_U>V_L$，投资者可以通过买入组合1、卖空组合2进行套利。在这种情况下，投资者的当期现金流为：

$$(a\times V_U-a\times D_L)-a\times E_L=(a\times V_U-a\times D_L)-a\times(V_L-D_L)=a\times(V_U-V_L)>0$$

未来的现金流支出为：

$$a\times(C-R_D\times D_L)-(a\times C-R_D\times a\times D_L)=0$$

因此，在均衡的情况下，无杠杆公司与有杠杆公司的价值应该相同，公司价值与资本结构无关。命题Ⅰ可以用图9-3表示。

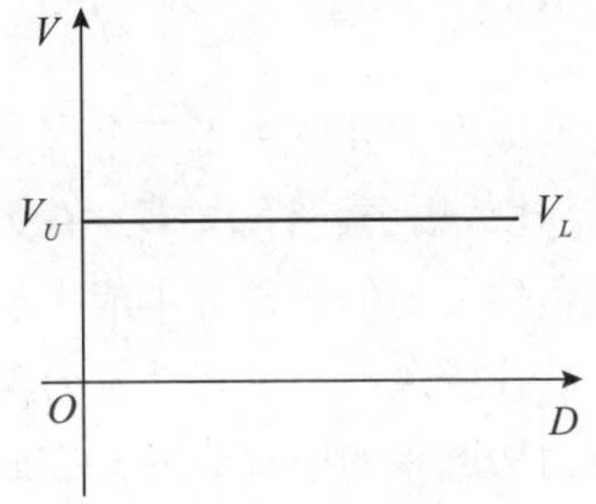

图9-3 MM（无税）定理的命题Ⅰ

一般而言，公司价值等于未来能获得的现金流量进行贴现后的现值。分子是公司未来能够获得的现金流量，一般用息税前利润（EBIT）表示。分母的贴现率考虑到公司的筹资方式既有股权又有债权，而且股权的资本成本高于债权的资本成本，一般用公司的加权平均资本成本（R_{WACC}）表示。加权平均资本成本从整体上度量了公司使用资金的成本，对于公司的资本结构的选择具有指导意义。因此，公司价值可以用 EBIT/R_{WACC} 表示。在无税收的情况下，加权平均资本成本等于权益资本成本与债务资本成本的加权平均，权益资本成本的权重为权益占公司融资的比例，债务资本成本的权重为债务占公司融资的比例。加权平均资本成本和公司价值的公式分别如下所示：

$$R_{WACC}=\frac{D}{D+E}\times R_D+\frac{E}{D+E}\times R_E$$

$$V_U=V_L=\frac{\text{EBIT}}{R_{WACC}}$$

MM（无税）定理的命题Ⅱ：在无所得税、无财务困境成本的情况下，公司的权益资本成本随负债权益比的增加而增加。权益资本成本与公司杠杆的关系为：

$$\boldsymbol{R_E=R_U+\frac{D}{E}\times(R_U-R_D)} \tag{9-5}$$

由于资本结构的变化不会影响公司的 EBIT，具有相同现金流的公司的价值完全相同，因此，公司的加权平均资本成本 R_{WACC} 也应该相等。由于低资本成本的负债增加所带来的财务杠杆的收益与高权益资本成本的上升刚好抵消，在无税的命题下，公司的加权平均资本成本（或资产的必要收益率）将保持不变。假设无负债（全权益）公司的加权平均资本成本为 R_U，依据加权平均资本成本的定义，可以得出：

$$\frac{D}{D+E}\times R_D+\frac{E}{D+E}\times R_E=R_{WACC}=R_U$$

整理上式左、右两边结果，即可推导出式（9－5）。

【例 9－6】 假设某公司当前无负债，融资成本为 15%。若公司计划的负债权益比为 2/3，利率为 9%，请计算公司负债融资后的权益资本成本（不考虑税收和财务困境成本）。

解：依据式（9－5），$D/E=2/3$，$R_U=15\%$，$R_D=9\%$，那么：

$$R_E=R_U+\frac{D}{E}\times(R_U-R_D)=15\%+\frac{2}{3}\times(15\%-9\%)=19\%$$

由式（9－5）可知，权益资本成本主要取决于三个因素：公司资产的必要收益率 R_U、债务的必要收益率 R_D、负债权益比或财务杠杆 D/E。在无税的假设下，负债公司的权益资本成本等于同一风险等级的无负债公司的权益资本成本加上风险溢价。其中，无杠杆公司的权益资本成本是公司所面临的业务风险，主要涉及公司资产的风险，而风险溢价是公司加杠杆后，由于还本付息的压力所产生的融资或财务方面的风险。股东是公司的剩余索取权人，当有债权人时，公司必须先满足债权人的利益，才能考虑股东的利益。当公司经营状况好时，有杠杆公司股东的收益较高；当公司经营状况差时，有杠杆公司股东的收益较低。因而，股东的风险会随着负债的增加而增加，$D\times(R_U-R_D)/E$ 是股东因承担风险而要求的额外收益率。

一般而言，R_U 高于 R_D，因此，杠杆的任何提高都会增加权益的必要收益率。权益资本成本与公司资本结构的关系如图 9－4 所示。

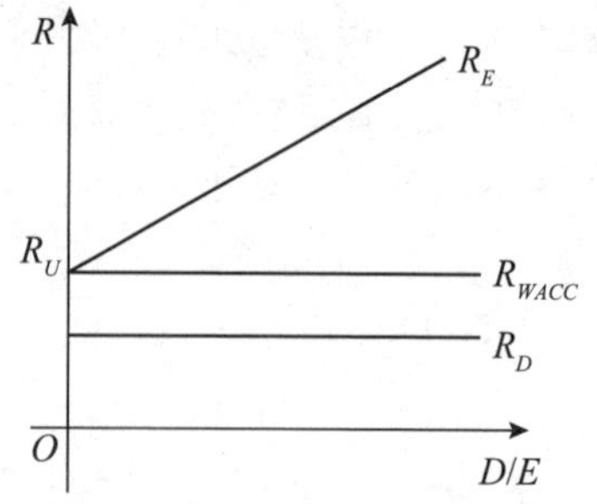

图 9－4 MM（无税）定理的命题Ⅱ

需要注意的是，这里的 R_U 代表无负债公司的资本成本，是一个点，而 R_{WACC} 则是公司的加权平均资本成本，是恒定的一条线，即 R_{WACC} 不随资本结构的变化而变化，公司的加权平均资本成本独立于资本结构。

根据命题Ⅱ，也可以推导出财务杠杆对系统性风险的影响。根据资本资产定价模型，资产和权益的收益率可以分别表示为：

$$R_U = R_f + \beta_U \times (R_m - R_f)$$
$$R_E = R_f + \beta_E \times (R_m - R_f)$$

其中，β_U代表公司资产的贝塔系数，用以度量公司资产的系统性风险大小；β_E代表公司权益的贝塔系数，用以度量公司权益的系统性风险大小。假定公司以无风险利率进行债务融资，即债务资本成本等于无风险利率，那么，将上述两个式子代入式（9-5），即可推导出无税条件下有杠杆公司的权益的贝塔系数与资产的贝塔系数的关系为：

$$\beta_E = \beta_U \times (1 + D/E) \tag{9-6}$$

与加权平均资本成本的计算公式相似，资产、负债、权益的系统性风险的关系也可以表示为：

$$\beta_U = \frac{D}{D+E} \times \beta_D + \frac{E}{D+E} \times \beta_E$$

假定债务以无风险利率取得，即 $\beta_D=0$，将其代入上式，同样可以得到式（9-6）。

【例 9-7】 假设某公司的权益贝塔系数为 0.2，负债的贝塔系数为 0，负债权益比为 2/3。假定公司计划将负债权益比提高到 1/1，请计算公司在资本结构调整后权益的贝塔系数（不考虑税收和财务困境成本）。

解：已知 $\beta_E=0.2$，$\beta_D=0$，$D/E=2/3$，则 $\beta_U = \frac{D}{D+E} \times \beta_D + \frac{E}{D+E} \times \beta_E = (3/5) \times 0.2 = 0.12$。

在新资本结构下，$D/E=1/1$，β_U仍为 0.12，β_D为 0，那么：

$$\beta_E = \beta_U \times (1 + D/E) = 0.12 \times (1+1/1) = 0.24$$

由此可见，在完美的资本市场中，管理者无法通过重新包装公司的证券来改变公司的价值，公司可以选择任意杠杆水平，公司价值和总资本成本保持不变，但权益资本成本会随着杠杆的提高而提高。

（二）MM（有税）定理

上一部分内容主要说明了在无税、无财务困境成本的世界中，公司价值、加权平均资本成本均与资本结构无关。接下来将讨论一个更接近现实生活的情境，纳入税收因素，分析在有税收的情况下公司价值与资本结构的关系。

首先观察两家公司，一家是没有负债的无杠杆公司 U，另一家是拥有 1 000 元债务的有杠杆公司 L，债务的利率为 8%，所得税为 30%。假设两家公司的息税前利润完全相等，均为 1 000 元，两家公司的财务状况如表 9-14 所示。

表 9-14　无杠杆公司与有杠杆公司的利润表　　单位：元

	无杠杆公司	有杠杆公司
息税前利润	1 000	1 000
利息费用	0	80
应税收益	1 000	920
所得税	300	276
净利润	700	644
公司现金流量	700	644+80

由表 9-14 可知，有杠杆公司比无杠杆公司少缴纳 24（=1 000×8%×30%）元的税收，该数额恰好等于公司现金流量的增加额［644+80-700=24（元）］。通常，将这部分由于债务的存在使得公司现金流量增加的部分称为债务的“税盾”（tax shield），它等于利息额（$D\times R_D$）与公司税率（T_C）的乘积。为什么债务具有税盾效应呢？其原因在于，债务的利息可以在税前予以扣除，因此，在其他条件不变的情况下，若公司增加负债，需要缴纳的所得税将减少，从而可以增加公司的现金流量。

为简单起见，假设公司永续负债，每年的负债额一直保持不变，相应的税盾效应也将持续，那么，税盾的价值将等于未来的税盾以合适的贴现率进行贴现后的现值。通常，贴现率为公司负债的利率。假设现金流量是永续性的，税盾的价值是：

$$PV_{tax\ shield}=\frac{D\times R_D\times T_C}{R_D}=D\times T_C \tag{9-7}$$

MM（有税）定理的命题Ⅰ：在有所得税、无财务困境成本的情况下，有杠杆公司的价值等于无杠杆公司的价值加上债务税盾的现值：

$$\boldsymbol{V_L=V_U+T_C\times D} \tag{9-8}$$

由于负债的利息支付可以用于抵税，债务降低了公司的应纳税额，增加了公司的现金流，因此，财务杠杆可以通过税盾增加公司的价值。债务税盾的现值增加，公司的价值也将提高。因此，在有税的情况下，有杠杆公司的价值就等于无杠杆公司的价值加上税盾的现值，相应的公式为：

$$V_L=V_U+PV_{tax\ shield}=V_U+D\times T_C$$

其中，$V_U=\text{EBIT}(1-T_C)/R_U$。也就是说，有杠杆公司的价值与财务杠杆正相关，公司负债越多，避税收益就越大，公司的价值也就越高。式（9-8）用图形表示参见图 9-5。

【例 9-8】　假设无杠杆公司 U 的资本成本是 10%，公司的年永续净现金流量为 700 元。目前公司考虑调整资本结构，计划进行 1 000 元的债务融资，利率为 8%。若公司税率为 30%，请计算公司在无杠杆与有杠杆情况下公司的价值。

解：无杠杆公司的价值为：

$$V_U=\text{EBIT}(1-T_C)/R_U=700/0.10=7\ 000\text{（元）}$$

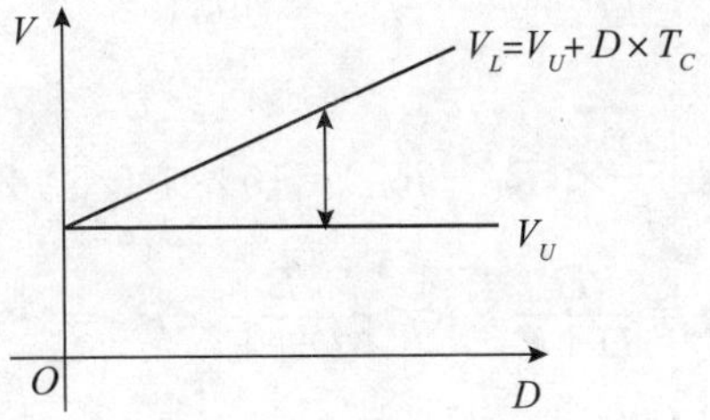

图 9-5 MM（有税）定理的命题Ⅰ

有杠杆公司的价值为：

$$V_L = V_U + D\times T_C = 7\,000 + 1\,000\times 0.30 = 7\,300\text{（元）}$$

MM（有税）定理的命题Ⅱ：在有所得税、无财务困境成本的情况下，公司的权益资本成本与公司杠杆的关系为：

$$\boldsymbol{R_E = R_U + \frac{D}{E}\times(R_U - R_D)\times(1-T_C)} \tag{9-9}$$

公司价值等于未来获得的现金流量的现值，分子是公司未来经营能够获得的现金流量，分母为能反映现金流风险的贴现率，即公司的加权平均资本成本。在有税的条件下，由于利息支出具有抵税效应，债务的税盾效应降低了债务的实际资本成本，由 R_D 变成 $R_D\times(1-T_C)$。因此，加权平均资本成本和公司价值的表达式分别如下：

$$R_{WACC} = \frac{D}{D+E}\times R_D\times(1-T_C) + \frac{E}{D+E}\times R_E \tag{9-10}$$

$$V_L = V_U + T_C\times D = \frac{\text{EBIT}\times(1-T_C)}{R_{WACC}} \tag{9-11}$$

由于公司的价值等于权益价值与债务价值之和，公司价值可以写成 $V_L=D+E$。结合式（9-11），可以得出：$E=V_U-D\times(1-T_C)$。由于等式左右两边价值相等，因此各自所能产生的现金流也将相同。假定现金流都是永续性的，根据永续年金公式，该现金流将等于价值乘以相应的收益率或资本成本，因此可以得到：

$$\begin{aligned} R_E\times E &= R_U\times V_U - R_D\times D\times(1-T_C) \\ &= R_U\times[E+D\times(1-T_C)] - R_D\times D\times(1-T_C) \\ &= R_U\times E + (R_U - R_D)\times D\times(1-T_C) \end{aligned}$$

在等式两边同时除以 E，即可得：

$$R_E = R_U + (R_U - R_D)\times\frac{D}{E}\times(1-T_C)$$

【例 9-9】 假设某公司为全权益融资，权益资本成本为 10%，年息税前利润为 1 000 万元。假设公司经营业务不变，现公司决定每年都借入 100 万元负债用于扩大规模，负债权益比为 1.5，债务资本成本为 8%，所得税税率为 30%。请分别计算无税与有税情况下的权益资本成本、加权平均资本成本与公司价值。

解：(1) 在无税的条件下：

权益资本成本 $R_E=R_U+\dfrac{D}{E}\times(R_U-R_D)=10\%+1.5\times2\%=13\%$；

加权平均资本成本 $R_{WACC}=\dfrac{D}{D+E}\times R_D+\dfrac{E}{D+E}\times R_E=\dfrac{3}{5}\times8\%+\dfrac{2}{5}\times13\%=10\%$；

公司价值 $V_L=\dfrac{EBIT}{R_{WACC}}=\dfrac{1\ 000}{10\%}=10\ 000$（万元）。

(2) 在有税的条件下：

权益资本成本 $R_E=R_U+\dfrac{D}{E}\times(R_U-R_D)\times(1-T_C)=10\%+1.5\times2\%\times0.7=12.1\%$；

加权平均资本成本 $R_{WACC}=\dfrac{D}{D+E}\times R_D\times(1-T_C)+\dfrac{E}{D+E}\times R_E=\dfrac{3}{5}\times8\%\times0.7+\dfrac{2}{5}\times12.1\%=8.2\%$；

公司价值 $V_L=\dfrac{EBIT\times(1-T_C)}{R_{WACC}}=\dfrac{1\ 000\times0.7}{8.2\%}=8\ 536.59$（万元）。

依据式（9-9），有杠杆公司的权益资本成本等于同一风险等级的无杠杆公司的权益资本成本加上税后的风险溢价。在有税收的情况下，由于债务税盾效应的存在，债务资本成本下降，由 R_D 变成 $R_D\times(1-T_C)$，但股东的风险仍然会随着负债的增加而增加，权益成本也与财务杠杆正相关。由于节税利益的存在，股东权益资本成本的上升幅度小于无税条件下的股东权益资本成本，因单位负债权益比增加导致的权益资本成本增加由 R_U-R_D 变成 $(R_U-R_D)\times(1-T_C)$。依据 MM（有税）定理的命题Ⅰ，公司价值将随着财务杠杆的使用而增加，这也就意味着公司的加权平均资本成本将随着财务杠杆的上升而降低。因此，在 MM（有税）定理中，权益资本成本 R_E 与 D/E 正相关，加权平均资本成本 R_{WACC} 与 D/E 负相关，如图 9-6 所示。

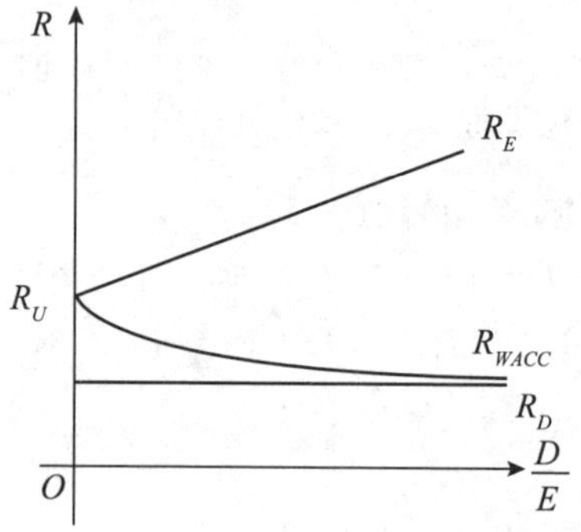

图 9-6　MM（有税）定理的命题Ⅱ

依据该定理，公司价值随负债的增加而增加，那么，要获得公司价值最大化，公司应全部通过债务进行融资，公司的最优资本结构是 100% 的债务融资。然而，在现实中，鲜有公司为100%负债，负债比率甚至不到50%。① 如果说单一公司选择低杠杆是管理层基于不良动机而故意为之，大多数公司都选择“次优”的低负债资本结构显然难以具有说服力。一个可能的解释就是公司举债也需付出代价，债务可能导致额外的成本和风险，如财务困境成本、清算、破产风险等。因此，公司在权衡债务的成本和收益后做出资本结构决定。

阅读材料　个人所得税的影响

在考虑税收对公司价值的影响时，除了考虑公司需要缴纳的企业所得税之外，还需要关注公司的股东所获股利的所得税与债权人所缴纳的利息所得税。这些个人所得税也会对公司的资本结构选择产生一定的影响。

假设公司的现金流为1元，企业所得税税率为T_C，个人股利所得税税率为T_E，个人利息所得税税率为T_D。如果这家公司是全权益公司（税后利润全部发放股利），股东的税后所得为$(1-T_C)\times(1-T_E)$元；如果这家公司是全债务公司（税后利润全部给投资者），债券持有人的税后所得为$1-T_D$元。因此，在不考虑财务困境的情况下，若$T_E=T_D$，此时$(1-T_C)\times(1-T_E)<1-T_D$，债权人收入大于股东。在这种情况下，公司应该发行债券而非股票，因为公司支付给股东的收入将被双重课税，而债券持有人的收入只在个人层面课税。即便不考虑个人所得税，股东的收入为$1-T_C$元，也要低于债券持有人的收入1元。只有当$(1-T_C)\times(1-T_E)=1-T_D$时，投资者不关心公司发行债券还是股票，公司发行何种证券无差别。

四、债务成本

前文MM定理假定公司面临无税或有税的要求，但不存在财务困境成本。然而，更接近现实的情况是，公司必须就其债务承担还本付息的义务，未能偿付利息或本金将使得公司陷入违约状态，债权人被赋予处置公司资产的特定权利；在极端情况下，债权人可能要求公司破产以从剩余资产中取偿。② 债务融资导致的破产风险特征使得其与股权融资存在显著差别。那么，破产本身是否就是公司不愿意使用债务的原因呢？需要注意到，偿债是公司的固有义务，破产风险在MM（无税）定理假定的环境中仍然存在。也就是说，即

① 此外，选择零负债或全权益融资的公司并不罕见，相关讨论参见 Agrawal，A.，and N. J. Nagarajan. “Corporate Capital Structure，Agency Costs，and Ownership Control：The Case of All-Equity Firms，” *Journal of Finance*，1990 (45)：1325 - 1331.

② 1986年12月2日，我国通过《中华人民共和国企业破产法（试行）》，但该法仅适用于全民所有制企业，对非全民所有制企业则适用《中华人民共和国民事诉讼法》第十九章“企业法人破产还债程序”。《中华人民共和国企业破产法》于2006年8月27日通过，自2007年6月1日起施行，该法案将适用范围扩展到所有企业法人。美国则于1978年颁布《破产改革法》，准许公司申请“第7章清算”和“第11章重组”的破产保护。在清算中，受托人可以通过拍卖公司资产进行清算，清算所得收入用于支付债权人。与之相比，重组更为常见。在重组中，公司管理层可以提出重组计划，规定了债权人将获得偿付的情况，其间管理层继续经营业务。该计划必须由债权人投票并经破产法院批准，若没有一致的重组计划，法院最终可以强制执行“第7章清算”规定，对公司进行清算。

便存在破产的可能性，公司仍然可以选择任意的资本结构而不影响公司价值。这是因为，在完美的资本市场中，当债务融资不利时，公司仍然可以从权益融资获得替代的资金支持，破产只是将公司的控制权由股东转移给了债权人，并未改变投资者获得的总价值。在这一假定下，债务融资与权益融资无异，资本结构并不重要。然而，在现实生活中，破产是一个漫长且复杂的过程，将给公司和投资者带来直接或间接的成本。正是因为这些高昂的破产成本，公司可能不得不放弃高负债的资本结构。

（一）破产的直接成本

尽管破产法规为公司破产的有序进行提供了指引，但破产的过程仍然非常复杂且耗时。通常，破产也会涉及许多法律、会计等专业问题，公司需要雇用外部专业人士如律师、会计师、顾问、评估师等，或将公司托管给第三方机构（如资产管理公司），从而支付高昂的专家费用或代理费用。除公司支付破产费用外，债权人也需要为破产付出成本，如从公司提出破产重组计划至债权人最终取得偿付的等待时间价值等。无论是公司的资金花费还是债权人承担的成本，破产都将降低投资者最终获得的价值。因此，破产的直接成本可以定义为在破产过程中发生的、与清算或重组直接相关的成本，包括律师费、管理费、其他职业性费用及破产行政管理事务成本等。由于这些与破产程序相关的直接成本大多与公司规模无关，虽然其绝对数额较大，但从占比来看，破产的直接成本通常仅为破产前公司价值的 3%～4%。①

（二）破产的间接成本

与实际破产处理过程中发生的直接成本不同，破产的间接成本大多与公司的财务困境（无论公司是否申请破产）相关，是公司因无法履行债务义务陷入财务困境而引发的一系列负面效应。破产的间接成本难以准确计量，但往往高于直接成本，占公司价值的10%～20%。②

破产的间接成本或财务困境成本主要包括：（1）客户的流失。由于濒临破产的公司的资信状况恶化及经营能力下降，客户可能因担心未来服务（如维护、保修等）受到影响而减少产品购买。（2）供应商的流失。由于财务困境公司的支付能力较弱，供应商为降低自身销售风险可能不愿意为其供货。（3）员工的流失。由于陷入困境的公司无法通过长期合同为员工提供工作保障，现有高质量关键员工可能会选择辞职，或公司不得不裁员。（4）资产低价抛售。为避免破产，陷入财务困境的公司可能会选择大量迅速抛售资产以筹集资金脱困，资产出售的价格可能低于最优水平。③因此，财务困境可能导致公司受到的利益相关者的支持减少，付出高昂的成本，影响公司正常营运，损害公司价值。

（三）债务的代理成本

在取得投资收益上，股东与债权人存在根本差别。债权人获取固定的利息收入，关心

---

① 关于破产直接成本的讨论，参见 Warner，J. “Bankruptcy Costs：Some Evidence，” *Journal of Finance*，1977（32）：337－347；Weiss，L. A. “Bankruptcy Resolution：Direct Costs and Violation of Priority of Claims，” *Journal of Financial Economics*，1990（27）：285－314。

② Andrade，G.，and S. N. Kaplan. “How Costly is Financial（Not Economic）Distress? Evidence from Highly Leveraged Transactions that Became Distressed，” *Journal of Finance*，1998（53）：1443－1493.

③ 除了财务困境将导致公司利益相关者流失、承担高昂成本外，破产也可能是公司与利益相关者谈判的工具或手段，借此违背员工福利承诺等。

的重点是公司能否按时足额偿还债务，享有对破产清算资产的优先求偿权。股东则是在债权人之后对公司价值具有剩余索取权，当公司经营良好时，股东可以获取高额收益，而当公司经营欠佳时，股东收益微薄甚至一无所有。这一差异也导致股东和债权人对投资项目的风险偏好明显不同。当公司陷入财务困境时，股东和债权人的利益冲突加剧。在服务股东利益的目标下，管理层可能会选择有利于股东而牺牲债权人利益的策略，引发债务相关代理成本。

在公司面临财务困境的状况下，股东与债权人之间的代理问题常表现为以下三种：

（1）冒高风险：财务困境公司往往倾向于冒高风险。假设公司濒临破产且拥有一个高风险项目和一个低风险项目，若选择低风险项目，盈利将先偿付给债权人，股东获利很少甚至无利可图；若选择高风险项目，一旦投资成功，股东可以获得高额利润，即便投资失败也是由债权人承担损失。因此，当公司陷入财务困境时，股东可以从高风险决策中获益（只要风险够大，即便投资项目的净现值为负，股东仍然可能获益）。这就说明，负债激励了股东采用更高风险资产替代低风险资产（“资产替代”问题），或驱使公司进行负净现值的投资（“过度投资”问题），两者可能导致公司风险增加、价值减损。

（2）投资不足：当公司面临财务困境时，股东会发现新投资的结果经常是以牺牲股东的利益为代价来补偿债权人。若股东为新项目提供融资，即便项目的净现值为正，获利的一部分需要分给债权人，债权人可能获得全部补偿，而股东所获收益可能不足以弥补其投资成本。因而，在公司陷入财务困境的状况下，股东倾向于不投资净现值为正的项目（“债务积压”或“投资不足”问题），而放弃或错过有价值的投资机会将不利于公司价值提升。

（3）撇脂：在财务困境中，股东也有强烈的动机从公司提取现金，如股东可能要求公司支付额外股利或其他分配，想方设法将资产转移到自己手中，增加收益，减少留给债权人的剩余。

以上三种代理成本就说明了负债的使用可能导致股东侵占债权人的利益，扭曲公司决策，但需要注意的是，这些代理成本只有在公司财务困境的情况下才会发生。债务代理成本的大小随着公司债务规模的增加而增加，并最终由股东承担。

阅读材料　债务代理成本的缓解

尽管股东能够从利己策略中获利，但债权人意识到该种可能性后将采取措施保护自身利益，在公司进行债务融资时可能就已事先做出投资调整，如减少债务金额、缩短债务期限、提高利率或对公司经营行为进行特定限制等。由此导致的公司价值下降将减少可分配给股东的金额，股东最终承担代理成本。

为降低债务代理成本的负面后果，股东可能会采取以下两种措施：（1）保护性条款。保护性条款是股东和债权人之间签订的协议，包括消极条款和积极条款两大类。消极条款限制或阻止了公司可能采取的行动，如限制公司的股利支付额、公司不能将其任一部分资产抵押给其他债权人、公司不能兼并其他公司、未经债权人同意不能出售或出租主要资产、公司不可发行其他长期负债等。积极条款规定公司所同意采取的行动或必须遵守的条件，如公司同意将其营运资本维持在某一最低水平、公司必须定期提供财务报表给债权人等。通过签订保护性条款，股东做出相应承诺，债权人的利益得到一定保障，债权人将提供更友好的贷款条件，由此降低公司破产成本，最终提高公司价值。(2) 债务合并。将债务集中在少数人手中，可以减少不同债权人在公司破产时的相互竞争，降低财务困境下的谈判成本，从而有利于公司。此外，债权人也可以购买公司股票。股东与债权人身份的一致性可以减少两者之间的利益冲突，从而缓解债务代理成本。

第三节　资本结构理论

一、权衡理论

在 MM（有税）定理中，公司有所得税但无财务困境成本，债务融资可以为公司带来税盾收益，能够增加公司价值。依据该定理，公司应尽量多地使用债务融资，以充分利用债务的税收优势。然而，进行债务融资的公司若未能按时偿债，将陷入财务困境，面临破产清算风险。对高杠杆公司而言，负债增加导致的破产或财务困境成本甚至可能足以抵消其税盾收益。考虑到过高的负债可能引发违约和财务困境问题，破产成本和风险较高，公司需要进一步将利息的税盾效应与财务困境成本结合起来，以确定能够最大化公司价值的负债金额（最优负债额）。公司在进行资本结构决策时，将权衡债务的节税收益与财务困境成本，这也被称为资本结构的“权衡理论”。这一理论也可以用于解释为何大部分公司都倾向于保持较低的负债以及为何不同行业的公司之间会存在巨大的资本结构差异。

根据权衡理论，有杠杆公司的价值（V_L）等于无杠杆公司的价值（V_U）加上债务税盾的现值减去财务困境成本的现值。图 9－7 描绘了公司价值与债务额之间的关系。在较低的债务水平下，公司出现财务困境的可能性较小，负债的影响主要来自税盾效应，债务的边际收益大于边际成本，公司价值随债务的增加持续提高。在较高的债务水平下，公司出现财务困境的可能性增加，负债带来的节税效应可能不足以抵消财务困境成本，负债的边际成本超过边际收益，公司价值将随债务的增加而下降。当边际收益等于边际成本时，公司价值达到最大值，此时的 D^* 为最优的债务额，为公司的目标负债水平 D^*。[①]

公司的加权平均资本成本与资本结构之间的关系如图 9－8 所示。在负债权益比达到 D^*/E^* 之前，由于债务的税盾好处，税后债务资本成本低于权益资本成本，加权平均资本成本随着负债的增加而下降；在达到 D^*/E^* 后，财务困境成本增加，加权平均资本成本上升。公司债务额在 D^* 点时公司价值最大，在这一点的加权平均资本成本 R_{WACC}^* 也是最低的，与 D^* 点相对应的资本结构 D^*/E^* 即为公司最优的资本结构。通过选择最优的资本结构，公司可以最小化加权平均资本成本，实现公司价值最大化。

① 对于不同财务困境成本的公司，最优债务额也有所差异。在给定相同税率的情况下，财务困境成本低的公司的最优债务额将高于财务困境成本高的公司。因此，各行业财务困境成本的不同在一定程度上也解释了不同行业公司间资本结构的差异。当然，资本结构的选择也要考虑到公司的现金流风险。基于权衡理论的思想，现金流安全、稳定、可预测的公司的最优资本结构即最优负债权益比将高于现金流波动大的公司。

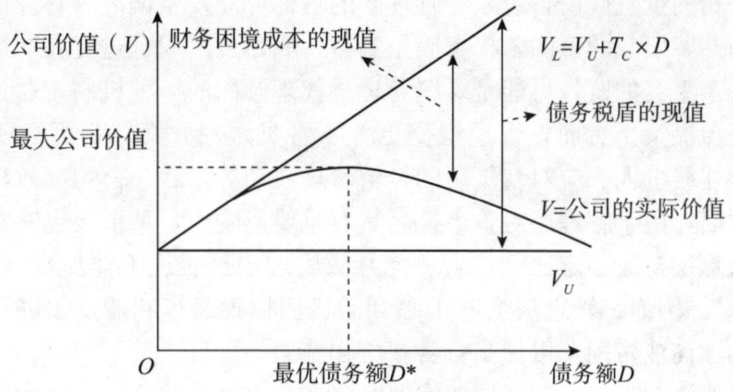

图 9-7　权衡理论与公司价值

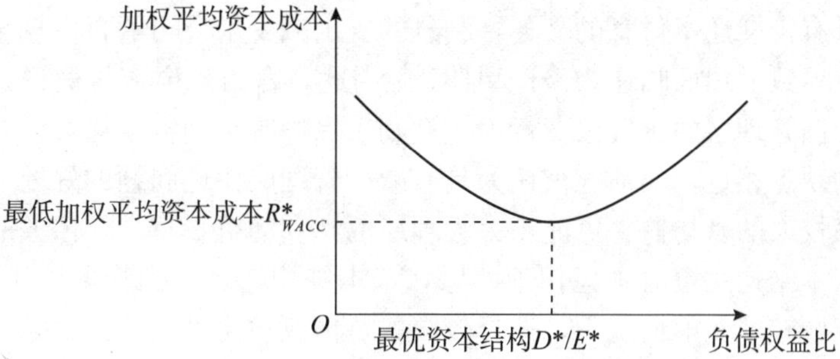

图 9-8　权衡理论与加权平均资本成本

因此，从本质上看，权衡理论认为公司存在一个最优资本结构，公司在进行资本结构决策时将锚定目标资本结构。若实际资本结构偏离了目标资本结构，公司会调整自身资本结构以使其接近目标资本结构水平，从而最大化公司价值。当负债权益比过高时，公司在进行新的融资方式选择时，可以选择股权融资，以缓解公司的财务负担和破产风险。反之，若负债权益比过低，公司可以增加债务融资，有效发挥债务的抵税作用，提高公司的盈利能力。

基于权衡理论，可以得到以下几点启示：

（1）所得税税率高的企业可以多负债。在其他条件不变的情况下，所得税税率越高，企业负债的税盾效应越大。

（2）经营能力强的企业可以多负债。企业的经营能力越强，发生财务困境的可能性越小，从而引起的财务困境成本也越低。

（3）拥有较多有形资产的企业可以多负债。这是因为在发生财务危机的时候，有形资产减损较少，所以拥有有形资产较多的企业的负债率往往高于拥有较多无形资产的企业。例如，房地产企业的负债率普遍较高。

二、代理理论

在所有权和经营权分离的情况下，股东和管理层之间存在委托-代理关系。由于管理层通常只拥有公司的少数股份，股东与管理层的目标可能发生偏离。管理层可能因追求自身利益最大化而违背股东的意图，损害股东利益，如懈怠渎职、过度在职消费等，产生管理层代理问题。董事会的监督可能是缓解管理层代理倾向的一种机制，通过评估管理层的管理表现做出任免决策。然而，管理层变更并不常见。一方面，变更管理层具有较高成本，需要搜索潜在候选人、应对变更后的经营管理波动等，除非公司绩效极差，管理层变更较少。另一方面，由于管理层对董事提名具有重要影响力，董事会也常常被管理层所控制。另外，若管理层持股一定比例，就可能导致管理层虽表现不佳却难以被替换的问题，产生“堑壕效应”。因而，管理层会基于私利动机而牺牲股东利益，如进行大规模、无利可图的投资，构建商业帝国，以提高自身薪酬和威望。

由于投资需要资金支持，管理层的浪费行为在现金充裕的公司中更为明显。公司拥有的自由现金流量越多，管理层可控制的资源越丰富，越可能发生错误收购，从而激发更严重的代理问题。当公司的流动性较紧张时，管理层则会较积极地管理公司，提高绩效。由于公司对债务具有定期还本付息的义务，利息的支出减少了公司的自由现金流量，未能履行偿付义务也将导致公司面临违约破产风险。[①] 因此，自由现金流量假说认为，负债在一定程度上能够抑制管理层的投资浪费行为，有利于保护股东利益、提升公司价值。与自由现金流量假说的观点相近，负债也被认为具有减少管理层代理问题的好处。在公司处于高杠杆水平时，债权人的密切监督可能约束管理层的私利动机。总之，债务的治理作用将促使公司在进行资本结构决策时考虑代理问题，资本结构选择受到管理层代理问题的影响。在管理层代理问题较严重的情况下，选择较高的负债权益比可能是有利的。

三、债务信号理论

MM 定理假定管理层和投资者拥有相同的信息，然而，在实践中，管理层负责公司的日常经营，往往具有信息优势，管理层与投资者之间存在信息不对称。这就使得公司的行为将影响投资者对公司的评估和判断。公司可能通过调整资本结构传递有关盈利和风险的信息。如前分析，债务具有利息税前扣除的特征，能够为公司带来税盾收益，但同时，过高的债务也将增加公司的破产风险。因此，一般说来，预期盈利较少的公司会采用较低水平的负债，以避免陷入财务困境；盈利能力较强的公司则可能会偏好较高的负债，从而充分利用债务的税盾效应，所有能用于抵扣税负的利息额最多等于公司的所有税前利润。在信息不对称的情况下，投资者由于信息劣势，可能会将公司改变杠杆的行为视作一个信号：债务融资实际上是公司通过承诺在未来支付本金和利息来表达对未来现金流的信心。由于业绩较差的公司通过高负债模仿盈利强的公司需要付出高昂代价（未来违约和财务困境风险），债务融资将是公司显示实力的一个可信信号。公司利用杠杆向投资者传递利好信息，也被称为债务信号理论。[②]

---

① Jensen, M. C. “Agency Costs of Free Cash Flow, Corporate Finance, and Takeovers,” *American Economic Review*, 1986 (76): 323-329.

② Ross, S. A. “The Determination of Financial Structure: The Incentive-Signalling Approach,” *Bell Journal of Economics*, 1977 (8): 23-40.

四、优序融资理论

由于公司与投资者之间存在信息不对称，投资者往往通过公司的股票发行行为来判断股价表现。从管理层的角度来看，当公司股价被低估时，公司将倾向于使用留存收益或债务为项目融资，而非发行新股；相反，当公司股价被高估时，公司将倾向于进行股权融资，而非使用留存收益或债务融资为项目提供资金。因此，当公司宣告发行新股时，投资者将认为公司股票被高估，市场反应常常为负。在股价下降到足以抵消权益发行的利益之前，投资者将不会购买，这往往会导致股价下跌幅度甚至超过正常水平。股价的下跌将阻却公司发行股票，股权融资成为公司最后的融资手段，只有股价被极大高估的公司才有动机进行股权融资。鉴于信息不对称（逆向选择）的影响，公司为新项目融资时，将倾向于首先使用内部融资（留存收益），以避免向投资者传递不良信号，减少投资者的怀疑。若公司内部资金不足而需要外部融资时，将优先选择债务融资，最后考虑股权融资。公司融资行为遵循“内部融资—债务融资—股权融资”的次序，这也通常被称为优序融资理论或啄序理论。①

优序融资理论是除权衡理论之外另一种非常流行的公司资本结构理论。但是，与权衡理论认为公司存在最优资本结构不同，优序融资理论则暗含公司不存在明显的最优资本结构，每个公司将根据自身资金需求选择财务比率。此外，权衡理论认为盈利强的公司应更多利用负债融资获取税盾和财务杠杆的好处，而优序融资理论则认为盈利公司由于内部拥有较多现金流、外部融资需求较少，将有较少的负债。② 对于权衡理论与优序融资理论哪个更符合现实中公司的资本结构决策，目前尚未有定论。

五、市场择时理论

市场择时理论认为，公司的资本结构部分取决于过去寻求融资时存在的市场条件。③在信息不对称的情境下，管理者的融资选择将取决于他们是否认为公司目前被投资者低估或高估。在非理性的股票市场中，当股票价格被高估的时候，理性的管理者会选择发行更多的股票；当股票价格被低估的时候，理性的管理者会选择回购股票。管理者依赖市场条件进行融资决策，公司的资本结构是公司历史上有意的市场择时行为的累计结果，因而，市场择时理论也未表明公司将存在目标最优资本结构。与先前理论相比，市场择时理论突破了传统资本结构理论的理性人假设和完全套利假设，为解释公司融资决策行为提供了一个全新的视角。

---

① Myers, S. C., and N. S. Majluf. “Corporate Financing and Investment Decisions When Firms Have Information That Investors Do Not Have,” *Journal of Financial Economics*, 1984 (13): 187 - 221.

② 此外，优序融资理论认为公司偏好闲置的财务资源。在信息不对称的情况下，如果公司发行更多的股票，可能会使投资者认为当前股价被高估从而导致股价下跌。公司发行债务则不会出现这种情况，因此，管理者首先依靠外部债务融资。举债的极限就是财务危机的发生，公司应该在财务危机发生之前就提前准备好现金，这就是闲置财务资源所隐含的观点。

③ Baker, M., and J. Wurgler. “Market Timing and Capital Structure,” *Journal of Finance*, 2002 (57): 1 - 32.

【本章小结】

1. 风险投资是初创公司普遍采用的融资方式，一般通过股权收购或转让以及公司上市后的股票交易退出。

2. 首次公开发行是指企业首次公开进行股权融资，首日超额收益率通常为正，出现折价发行现象。IPO 可以采用包销、代销以及荷兰式拍卖的方式进行。

3. 股权再融资是上市公司发行新股份，包括配股和增发两种形式。配股的发行成本一般低于增发。平均而言，当公司宣告进行 SEO 时，股价会下跌。

4. 公司发行的债券可以依据不同标准分为：记名债券与无记名债券；有担保债券与无担保债券；次级债券与高级债券；有偿债基金条款的债券与无偿债基金条款的债券；含权债券与不含权债券。

5. 债券合约通常具有基本条款、偿付条款和许多限制性条款，限制性条款一般包括融资条款、股利条款、资产条款、并购限制性条款、租赁限制性条款等。

6. 租赁是公司的一种特殊融资方式，可以分为经营性租赁和融资租赁。除直接租赁外，融资租赁还包括售后租回和杠杆租赁两种特殊形式。

7. 公司杠杆包含经营杠杆和财务杠杆两种形式。经营杠杆是指一单位营业收入的变动能带来多少单位的息税前利润的变动，财务杠杆是指一单位的息税前利润的变动能引起多少单位的每股收益的变动。相比经营杠杆，财务杠杆的运用对公司更为重要。

8. 依据 MM（无税）定理，在完美的市场（无所得税、无财务困境成本）中，公司价值与资本结构无关，无杠杆公司的价值与有杠杆公司的价值相同（命题Ⅰ）：

$$V_U = V_L$$

并且，公司的权益资本成本随负债权益比的增加而增加（命题Ⅱ），权益资本成本与公司杠杆的关系为：

$$R_E = R_U + \frac{D}{E} \times (R_U - R_D)$$

9. 依据 MM（有税）定理，在有所得税、无财务困境成本的情况下，有杠杆公司的价值等于无杠杆公司的价值加上债务税盾的现值（命题Ⅰ）：

$$V_L = V_U + T_C \times D$$

公司的权益资本成本与公司杠杆的关系为（命题Ⅱ）：

$$R_E = R_U + \frac{D}{E} \times (R_U - R_D) \times (1 - T_C)$$

10. 公司进行债务融资，必须就其债务履行还本付息的义务，否则公司将陷入违约或财务困境状态，面临破产风险。债务的成本主要包括破产的直接成本、间接成本及债务代理成本。其中，破产的直接成本主要是与清算或重组直接相关的成本，包括律师费、管理费、其他职业性费用及破产行政管理事务成本等；破产的间接成本主要与财务困境相关，包括客户、供应商、员工等利益相关者的流失以及资产低价抛售等；债务的代理成本主要指因财务困境引起的股东与债权人之间的利益冲突，主要表现为资产替代或过度投资、投资不足与撇脂问题。

11. 公司的资本结构选择可用不同的理论进行解释，主要包括权衡理论、代理理论、债务信号理论、优序融资理论和市场择时理论。权衡理论认为，公司在进行资本结构决策时，将权衡债务的节税收益与财务困境成本，公司存在最优资本结构。代理理论认为，负债能够减少公司的自由现金流，从而缓解管理层的投资浪费倾向，公司资本结构受到代理问题的影响。债务信号理论认为，债务融资是公司向投资者传达对未来现金流有信心的可信信号。优序融资理论认为，公司融资行为遵循“内部融资—债务融资—股权融资”的次序，即公司将首先使用内部融资，其次选择债务融资，最后才是股权融资。市场择时理论认为，公司的融资决策依赖于市场条件，资本结构是公司历史上市场择时行为的累计结果。

【重要概念】

股权融资	债务融资	普通股	优先股
风险投资	首次公开发行	包销	代销
荷兰式拍卖	累计投标询价	定价发售	拍卖发售
股权再融资	次级债券	可转换债券	可赎回债券
可回售债券	限制性条款	经营性租赁	融资租赁
资本结构	经营杠杆	财务杠杆	财务困境成本
债务的代理成本	最优资本结构		

【思考题】

1. 为什么公司在 IPO 时会折价发行股票？
2. 为什么在公司宣告 SEO 时股价会下跌？
3. 公司上市的主要收益和成本是什么？
4. 债券融资的优点和缺点是什么？
5. 债券评级与公司债券发行成本存在何种关系？
6. 公司违反债务合约条款会产生什么后果？
7. 经营性租赁和融资租赁的主要区别是什么？
8. 如何计算公司的加权平均资本成本？
9. 在完美的资本市场中，杠杆与权益资本成本存在什么关系？
10. 在考虑税收的情况下，资本结构如何影响公司价值？
11. 权衡理论的主要观点是什么？
12. 关于公司资本结构的理论主要有哪些？
13. 信息不对称如何影响公司的资本结构选择？

【练习题】

1. 假设现有一个刚成立的公司，创始人初始投资金额为 50 万元，拥有 120 万股股票。该公司拟邀请一个风险投资机构进行投资。该风险投资机构计划投资 100 万元，并希望在投资后能获取公司 40%的股份。在该轮融资中，每股价格是多少？在风险投资后，公司的价值是多少？

2. 某公司拟采用拍卖式 IPO 上市，发行 150 万股股票。目前已收到的投标情况如表 9-15 所示，请计算最终的发行价格及发行收入。

表 9-15　投标情况

价格（元）	数量（万股）
15	28
14.6	35
14.2	40
14	47
13.5	42
13.25	48

3. 某公司计划进行配股融资，假定公司当前股价为 60 元，在外流动股数为 900 万股，拟通过配股筹集的资金为 1 500 万元，认购价格为 50 元。认购一股新股需要多少份认股权？

4. 假设某公司当前无负债且其权益资本成本为 15%。若该公司考虑进行债务融资来回购公司股票，目标的负债权益比为 1∶2，债务融资成本为 7%。请计算该公司有杠杆的权益资本成本。

5. 假设某公司债务（永续）为 80 万元，借贷利率为 6%，边际所得税税率为 25%，请计算该公司的税盾价值。

6. 某公司的权益资本成本为 14%，债务资本成本为 8%，公司所得税税率为 25%。若公司的负债权益比保持为 1，请计算该公司的加权平均资本成本。

【延伸阅读】

1. Bernstein, S., X. Giroud, and R. R. Townsend. "The Impact of Venture Capital Monitoring," *Journal of Finance*, 2016 (71): 1591-1622.

2. Agrawal, A., and N. J. Nagarajan. "Corporate Capital Structure, Agency Costs, and Ownership Control: The Case of All-Equity Firms," *Journal of Finance*, 1990 (45): 1325-1331.

3. Warner, J. "Bankruptcy Costs: Some Evidence," *Journal of Finance*, 1977

(32): 337-347.

4. Weiss, L. A. "Bankruptcy Resolution: Direct Costs and Violation of Priority of Claims," *Journal of Financial Economics*, 1990 (27): 285-314.

5. Andrade, G., and S. N. Kaplan. "How Costly is Financial (Not Economic) Distress? Evidence from Highly Leveraged Transactions that Became Distressed," *Journal of Finance*, 1998 (53): 1443-1493.

6. Jensen, M. C. "Agency Costs of Free Cash Flow, Corporate Finance, and Takeovers," *American Economic Review*, 1986 (76): 323-329.

7. Ross, S. A. "The Determination of Financial Structure: The Incentive-Signalling Approach," *Bell Journal of Economics*, 1977 (8): 23-40.

8. Myers, S. C., and N. S. Majluf. "Corporate Financing and Investment Decisions When Firms Have Information That Investors Do Not Have," *Journal of Financial Economics*, 1984 (13): 187-221.

9. Baker, M., and J. Wurgler. "Market Timing and Capital Structure," *Journal of Finance*, 2002 (57): 1-32.

第十章

公司价值评估

【本章学习目标】

1. 掌握对杠杆企业进行估值的三种基本方法：调整净现值法、权益现金流量法与加权平均资本成本法。

2. 理解三种估值方法各自的特点及适用条件。

3. 掌握调整净现值法在杠杆收购中的应用。

引导案例

2014 年 9 月，特斯拉公司宣布将投资 50 亿美元在内华达州建造一个超级电池工厂，特斯拉选择内华达州的一个原因是包括 12.5 亿美元税收减免的一揽子交易。公司如何评价这一补助与其他类似的补助所带来的财务上的好处呢？

1996 年在深交所挂牌上市的西王食品公司属于食品饮料行业，其主要产品是各类食用油；Kerr 公司成立于 1998 年，是加拿大最大的运动保健品公司，主要从事运动产品的研发和销售，其产品销往世界各地。2016 年，西王食品公司首期收购 Kerr 公司 80%的股权，并在其后三年的时间内后续收购 Kerr 公司剩余的 20%的股权。收购 Kerr 公司对于西王食品公司来说是不是一项好的投资？如何确定一个合理的收购价格呢？

在这一章，我们将讲解在进行项目评估时，如何应用调整净现值法、权益现金流量法和加权平均资本成本法来进行资本预算，对杠杆企业进行估值，从而回答以上问题。

在 MM 定理的假设前提下，公司的投资决策与融资决策完全分离，但实际上公司的投融资活动是相互作用的。现实中的公司大多都要利用财务杠杆，因此对公司的价值评价需要考虑财务杠杆的影响，除了在资本结构章节中我们所提到的财务杠杆为公司所带来的税收好处和财务困境成本及代理成本之外，还可能会有其他方面的因素影响我们对公司价值的评判，比如政府补贴。

第一节 公司估值简介

公司估值（company valuation）是指着眼于公司本身，对公司的内在价值进行评估。公司的内在价值取决于公司的资产及其获利能力。公司估值的对象是公司价值。公司估值广泛应用于筹集资本、收购合并、公司重组、出售资产或业务等场合。

比如现在A公司计划扩张其业务线，通过市场调研，准备收购B公司，那么A公司的财务经理就要思考两家公司并购后的价值是否大于A公司与B公司价值之和；C公司决定精简业务，考虑出售旗下的一个子部门，为了与买家谈判，争取对自己有利的出售价格，C公司也需要对该部门的价值进行评估；另外在公司准备上市时，为了设定合理的发行价格，投资银行也必须通过尽职调查评估公司的价值。由此我们可以看到，对公司进行价值评估在很多场合是十分必要的。

公司价值是预期自由现金流量以加权平均成本贴现的现值，它体现了资金的时间价值、公司风险水平和持续发展能力的高低，公司价值越高，给予利益相关者收益的能力就越高。从会计角度来看，公司的价值体现为负债加所有者权益，而从企业价值角度来看，公司的价值应该是债务价值与股东权益价值之和，它们略有不同。

公司价值主要有四种价值形式：账面价值、清算价值、市场价值和内在价值。注意我们前面章节中讲授过的债券估值、股票估值以及本章的公司价值评估，都是对内在价值进行估计。

账面价值（book value）是会计核算中以历史成本原则为计量依据，按照权责发生制确认的资产价值。这种估价方法不考虑现时资产市场价格的波动，也不考虑资产的收益状况，所以其缺点是只考虑了各种资产在入账时的价值而脱离现实的市场价值。

清算价值（liquidation value）是指在公司撤销或解散时，资产经过清算后，每一股份所代表的实际价值。在理论上，清算价值等于清算时的账面价值，但由于此时公司的大多数资产只以低价售出，再扣除清算费用后，清算价值往往小于账面价值。

市场价值（market value）是指公司资产在公允交易市场上的价格，它是买卖双方竞价后产生的双方都能接受的价格。

内在价值是企业未来现金流量的贴现值，决定企业内在价值的基本变量不是过去的账面资产价值和现在的账面盈余，而是企业未来获取自由现金流量的规模和速度。

公司的市场价值和内在价值在一般情况下是存在差异的，因为很多因素会对市场价值产生影响。但内在价值与市场价值有密切的联系，如果市场是有效的，此时公司资产在任何时候的价格都反映了公开可得的信息，则内在价值与市场价值应当相等；如果市场不是完全有效的，一项资产的内在价值与市场价值会在一段时间里不相等。投资者估计了一种资产的内在价值，并与其市场价值进行比较，如果内在价值高于市场价值，则认为资产被市场低估了，他会决定买进。投资者购进被低估的资产，会使该资产价格上升，回归到资产的内在价值。市场越有效，市场价值向内在价值的回归越迅速。

公司估值是投融资交易的前提，在财务模型的基础上进行公司估值是一种重要的研究方法，它可以帮助我们将对行业和公司的认识转化为具体的投资建议；预测公司的策略及其实施对公司价值的影响；深入了解影响公司价值的各种变量之间的相互关系；判断公司的资本性交易对其价值的影响。

第二节　加权平均资本成本法

一、加权平均资本成本

评估杠杆企业公司价值的第一种方法是加权平均资本成本法（weighted average cost of capital method，简称 WACC 法）。根据前面章节我们对资本成本的介绍，加权平均资本成本是公司各种融资方式的成本与该类融资在公司全部融资额中所占比重的乘积之和。一般情况下，公司的资金来源于债权人和股东，此时，加权平均资本成本的计算公式如下：

$$\text{WACC}=\frac{D}{D+E}\times R_D\times(1-T_C)+\frac{E}{D+E}\times R_E$$

其中，WACC 表示公司的加权平均资本成本，公司有债务资本 D 与权益资本 E，资本总额为 $D+E$，税前债务资本成本为 R_D，公司适用的所得税税率为 T_C，权益资本成本为 R_E。

【例 10-1】　加权平均资本成本的计算。

惠新公司拟购置一套新型自动化生产线，公司拟按照负债占 50%、股东权益占 50% 的目标资本结构对该项目进行融资。对债务融资部分，公司计划用银行贷款解决，贷款年利率为 10%，所得税税率为 25%。股东权益部分用增发新股的方式解决，公司的贝塔系数为 1.5，无风险利率为 5%，市场平均收益率为 10%。请求出该项目的加权平均资本成本。

解：银行贷款的成本为 10%×(1−25%)＝7.5%。

新发普通股的成本为 5%＋(10%−5%)×1.5＝12.5%。

加权平均资本成本为 WACC＝50%×7.5%＋50%×12.5%＝10%

在正式介绍加权平均资本成本法之前，我们有必要了解这种方法基本的假设条件：

假设条件 1：假设项目层面的风险与公司层面的风险相同。在该假设下，对项目价值进行评估，可以采用与公司相同的贴现率水平。

假设条件 2：假设公司的负债权益比固定。在该假设下，当公司接受一个新项目时，我们可以很容易地确定公司的负债规模，并且此时公司的加权平均资本成本不会随财务杠杆变动而变动。

假设条件 3：假设公司税是唯一的市场摩擦。在该假设下，财务杠杆对公司估值的影响完全来自利息的税盾，即在这里，我们暂不考虑发行成本、财务困境成本和委托-代理成本等其他市场摩擦。

下面我们通过例 10-2 来了解 WACC 法的具体操作流程。

【例 10-2】 WACC 法。

星辉公司是一家生产家居服饰的公司，该公司目前准备上马一条新的服装生产线。据估计，这条生产线能够运转 4 年，而后可能会由于技术进步而被淘汰。据公司市场部门测算，该生产线每年能够为公司创造 6 000 万元的新增销售额，生产成本和运行费用分别为 2 500 万元和 900 万元。为帮助员工熟悉新的生产线，需要投入培训费用 600 万元。设备购置费用为 2 400 万元，设备采用直线折旧法计提折旧，折旧年限为 4 年。假设该生产线不需要额外投入净营运资本，公司适用的边际税率为 40%。

资本成本有关数据如下：该项目的借款成本为 $R_D=8\%$，市场上的无风险利率为 $R_f=4\%$，市场指数收益率为 $R_m=12\%$，贝塔系数为 1.5，项目的目标负债权益比为 1∶4。

请根据以上信息，采用 WACC 法对该项目价值进行评估。

解：根据对现金流量估算知识的学习，我们知道培训费用属于项目相关现金流量，且应该在生产线正式投入使用前对员工进行技能培训，故我们在进行项目现金流量评估时，应该在第 0 年减去这部分支出，同时考虑其税收抵扣作用。设备每年的折旧额为 600 万元，首先列出项目的预计利润表与预计现金流量表，如表 10-1 和表 10-2 所示。

表 10-1 预计利润表 单位：万元

年份	0	1	2	3	4
销售收入	0	6 000	6 000	6 000	6 000
一生产成本	0	2 500	2 500	2 500	2 500
一培训费用	600	0	0	0	0
一运行费用	0	900	900	900	900
一折旧	0	600	600	600	600
=息税前利润	−600	2 000	2 000	2 000	2 000
一企业所得税	−240	800	800	800	800
=净利润	−360	1 200	1 200	1 200	1 200

由于设备原值为 2 400 万元，4 年后其账面价值为 0，例题背景中并没有涉及设备 4 年后可供出售的市场价值，我们默认为 0，所以无须考虑其税后净残值。项目自由现金流量 (FCF) =来自资产的现金流量 (CFFA) −资本性支出 (CapEx) −营运资本净增加 (ΔNWC)，其中 CFFA=EBIT×$(1-T_C)$+Dep，Dep 为折旧。由此，我们得出星辉公司该项目的预计现金流量表如表 10-2 所示。

表 10-2 预计现金流量表 单位：万元

年份	0	1	2	3	4
净利润	−360	1 200	1 200	1 200	1 200
+折旧	—	600	600	600	600

续表

年份	0	1	2	3	4
=CFFA	—	1 800	1 800	1 800	1 800
−资本性支出	2 400	—	—	—	—
−ΔNWC	—	—	—	—	—
=FCF	−2 760	1 800	1 800	1 800	1 800

① 由项目资本成本的有关数据得，负债的税后成本为：

$$R_D\times(1-T_C)=8\%\times(1-40\%)=4.8\%$$

② 根据 CAPM，股东所要求的必要收益率为：

$$R_E=R_f+\beta_i\times(R_m-R_f)=4\%+1.5\times8\%=16\%$$

③ 根据公式，可以计算得到项目的加权平均资本成本为：

$$\begin{aligned}\text{WACC}&=\frac{D}{D+E}\times R_D\times(1-T_C)+\frac{E}{D+E}\times R_E\\&=\frac{1}{5}\times8\%\times(1-40\%)+\frac{4}{5}\times16\%=13.76\%\end{aligned}$$

④ 最后，采用 WACC 对项目的自由现金流量进行贴现，即可得出该项目为企业创造的现金流量的价值：

$$\begin{aligned}V_L&=\frac{1\,800}{1+13.76\%}+\frac{1\,800}{(1+13.76\%)^2}+\frac{1\,800}{(1+13.76\%)^3}+\frac{1\,800}{(1+13.76\%)^4}\\&=5\,270.59\text{（万元）}\end{aligned}$$

由于项目的价值（5 270.59 万元）大于当前的期初净现金支出（2 760 万元），所以项目的净现值为 2 510.59 万元，可以被投资。

下面，我们对 WACC 法进行杠杆项目估值的步骤进行总结：

（1）计算自由现金流量：

$$\text{FCF}=\text{EBIT}\times(1-T_C)+\text{Dep}-\text{CapEx}-\Delta\text{NWC}$$

（2）计算加权平均资本成本：

$$\text{WACC}=\frac{D}{D+E}\times R_D\times(1-T_C)+\frac{E}{D+E}\times R_E$$

（3）计算杠杆项目的价值：

$$V_L=\sum_{t=1}^{N}\frac{\text{FCF}_t}{(1+\text{WACC})^t}$$

在使用 WACC 法对杠杆项目进行估值时，需要注意以下两点：①由于我们假设了项目的风险水平与公司层面的风险水平相同，所以可以使用公司的加权平均资本成本对项目的自由现金流量进行贴现；②由于贴现率是公司债权人与股东整体要求的必要收益率，所以被贴现的现金流也要是公司整体自由现金流量，故项目的自由现金流量不需要减去利息支出，因为利息支出属于对债务人的回报。

二、贝塔系数与财务杠杆

在 MM 定理不存在企业所得税和破产成本的条件下，我们得出了普通股股票的贝塔系数与企业杠杆之间的关系：

$$\beta_E = \beta_A(1+D/E)$$

式中，β_E 代表有杠杆公司权益的贝塔值，β_A 代表不受杠杆影响的公司资产的贝塔值，D/E 衡量了公司财务杠杆水平的高低。

证明过程如下：

根据 CAPM，有：

$$R_A = R_f + \beta_A(R_m - R_f)$$

式中，β_A 表示公司的资产贝塔系数，计量了公司资产的系统性风险大小。

由 MM（无税）定理的命题Ⅱ，有：

$$R_E = R_A + (R_A - R_D) \times \frac{D}{E} \rightarrow \left(1+\frac{D}{E}\right) R_A = R_E + R_D \times \frac{D}{E}$$

$$\frac{E}{V} \times \frac{V}{E} R_A = \frac{E}{V} R_E + \frac{D}{E} \times \frac{E}{V} R_D \rightarrow R_A = \frac{E}{V} \times R_E + \frac{D}{V} \times R_D$$

将上面公式中的 R_A 替换 CAPM 中的R_A，并且假定负债是无风险的（$R_D = R_f$），则有：

$$\begin{aligned} R_A &= \frac{E}{V} \times R_E + \frac{D}{V} \times R_D = R_f + \beta_A(R_m - R_f) \\ &= \frac{E}{V} \times R_E + \frac{D}{V} \times R_f = R_f + \beta_A(R_m - R_f) \end{aligned}$$

$$\frac{E}{V} \times R_E = R_f - \frac{D}{V} \times R_f + \beta_A(R_m - R_f) \rightarrow R_E = R_f + \beta_A(R_m - R_f) \times \frac{V}{E}$$

$$R_E = R_f + \beta_A(1+D/E)(R_m - R_f)$$

又根据 CAPM 可以得出：

$$R_E = R_f + \beta_E(R_m - R_f)$$

对比这两个公式，故 $\beta_E = \beta_A(1+D/E)$。

但在现实中，公司需要缴纳所得税，所以有必要考虑在存在所得税情况下权益贝塔与公司财务杠杆的关系。美国芝加哥大学教授罗伯特·哈马达（Robert Hamada）将 CAPM 与 MM（有税）定理相结合，导出举债企业的股本成本率的计算公式，并将哈马达公式代入 CAPM 中，得到：

$$\beta_L = \beta_U[1+(1-T_C)(D/E)]$$

式中，β_L 表示有负债企业的贝塔系数，β_U 表示无负债企业的贝塔系数，也称为资产的贝塔系数（β_A），T_C 表示公司税率，D 表示资本结构中的负债额，E 表示资本结构中的股本额，D/E 表示负债权益比，反映债权人与股东在企业资金供应中的相对贡献。

由 CAPM 可知，证券的风险可分为两部分：非系统性风险和系统性风险。非系统性风险属于公司特有风险，可以通过构建投资组合予以分散；而系统性风险的大小是通过 β 来度量的。相应地，公司总资产的风险也是由非系统性风险和系统性风险两部分构成的，因此对特定投资项目进行风险调整，贴现率可按 CAPM 来计算，或通过调整 β 来调整股东的必要收益率，最终达到调整总的加权平均资本成本的目的。

哈马达公式给出了我们调整 β 系数的方式，它可以用于分析财务杠杆对企业 β 系数的影响。由上述公式，在 CAPM 和 MM（有税）定理的假设条件下，企业由 β_L 来度量的市场风险取决于在 β_U 中反映出来的经营风险和在杠杆率 D/E 中反映出来的财务风险。

【例 10-3】 哈马达公式。

惠新公司是一家生产家居用品的制造企业，公司当前的负债权益比为 2∶5。假设公司的债务是无风险的，其利率水平为 11%，公司的贝塔系数为 1.1。目前市场的平均收益率为 16%，公司适用的所得税税率为 30%。惠新公司正在考虑生产电子产品，而星辉公司是一家生产电子产品的制造企业，该公司的负债权益比为 1∶2，贝塔系数为 1.6。惠新公司为此项目融资的结构保持不变，请计算该公司评价这一新项目所用的资本成本是多少？

解：因为惠新公司融资结构中有债务，为新项目融资的结构保持不变，所以这一资本成本即为加权平均资本成本。已知债务成本，所以此题的关键就是要求股东的必要收益率。首先，惠新公司考虑进入一个新的生产领域即电子产品领域，而不同领域的风险是不同的，从而反映在贝塔系数上也会不同。因此，不能直接用公司原有的贝塔系数计算公司的股东必要收益率，而要选择一家类似公司，求得资产的贝塔系数。

其次，星辉公司是生产电子产品的，基于新行业的信息，$\beta_L = 1.6$，负债权益比是 1∶2，可求得资产的贝塔系数 β_U：

$$\beta_U = \frac{\beta_L}{1+(1-T_C)(D/E)} = \frac{1.6}{1+(1-30\%)\times(1/2)} = 1.185$$

再次，运用星辉公司的 β_U，根据惠新公司的资本结构，即负债权益比为 2∶5，可计算出惠新公司的负债 β_L 如下：

$$\beta_L = \beta_U[1+(1-T_C)(D/E)] = 1.185\times[1+(1-30\%)\times(2/5)] = 1.516\,8$$

新项目的权益资本成本基于 CAPM 求得：

$$R_E = R_f + \beta_L(R_m - R_f) = 11\% + 1.516\,8\times(16\% - 11\%) = 18.584\%$$

最后，根据公司的资本结构，求得项目的 WACC 为：

$$\text{WACC} = 11\%\times(1-30\%)\times 2/7 + 18.584\%\times 5/7 = 15.47\%$$

结论：所计算出来的贴现率为15.47%，反映了特定项目的系统性风险。因此，在评估生产电子产品时，应该用这一资本成本。

第三节 权益现金流量法

一、权益现金流量法的含义

在使用WACC法对杠杆项目的价值进行评估时，我们需要计算整个项目的自由现金流量，并且在计算自由现金流量时，我们忽略了利息支付和债务本金的偿还，最终用WACC对自由现金流量进行贴现，得到了项目为公司创造的价值增值。通过前面知识的学习，我们了解到公司金融活动的目标是股东财富最大化，显然，WACC法并不能为我们提供杠杆项目对股东价值影响的有关信息。因此，既然我们关心的是投资项目如何提高股东的财富水平，那为何不直接关注那些最终流向权益的现金流呢?

我们在这里要介绍的第二种企业估值方法为权益现金流量（flow to equity，FTE）法。这种方法只关注最终流向股东的现金流量，而从项目自由现金流量中剔除了那些来自或流向债权人的现金流，所以贴现率就不应该使用公司的WACC了，而应该使用杠杆项目的权益资本成本。

在使用权益现金流量法对杠杆项目进行价值评估时，我们首先要明确何为流向股东的自由现金流量。股权自由现金流量（free cash flow to equity，FCFE）是企业支付所有营运费用、再投资支出、所得税和净债务支付（即利息、本金支付减发行新债务的净额）后可分配给企业股东的剩余现金流量，即公司经营活动产生的现金流量在扣除业务发展的投资需求和对其他资本提供者的分配之后能够分配给股东的现金流量。权益现金流量法就是在股权自由现金流量的基础上计算企业或项目的股权价值。

二、权益现金流量法的计算

采用FTE法对杠杆企业或项目进行估值的第一步是确定项目为股东带来的自由现金流量，即股权自由现金流量。其计算公式如下：

股权自由现金流量＝企业自由现金流量－债权人现金流量
＝企业自由现金流量－税后利息支出－偿还债务本金＋新借债务
＝企业自由现金流量－税后利息支出＋债务净增加

其中，债务净增加＝新借债务－偿还债务本金＝$D_t - D_{t-1}$。

根据企业自由现金流量的计算公式，我们进一步可以得出股权自由现金流量的计算公式如下：

股权自由现金流量＝企业自由现金流量－税后利息支出＋债务净增加
＝税后净利润＋折旧与摊销－净营运资本增加－资本性支出
－税后利息支出＋债务净增加

下面我们通过例 10－4 来了解 FTE 法的具体操作流程。

【例 10－4】 FTE 法。

沿用例 10－2 的案例背景，星辉公司是一家生产家居服饰的公司，该公司目前准备上马一条新的服装生产线。据估计，这条生产线能够运转 4 年，而后可能会由于技术进步而被淘汰。据公司市场部门测算，该生产线每年能够为公司创造 6 000 万元的新增销售额，生产成本和运行费用分别为 2 500 万元和 900 万元。为帮助员工熟悉新的生产线，需要投入培训费用 600 万元。设备购置费用为 2 400 万元，设备采用直线折旧法计提折旧，折旧年限为 4 年。假设该生产线不需要额外投入净营运资本，公司适用的边际税率为 40%。

资本成本有关数据如下：该项目的借款成本为 $R_D=8\%$，市场上的无风险利率为 $R_f=4\%$，市场指数收益率为 $R_m=12\%$，贝塔系数为 1.5，项目的目标负债权益比为 1∶4。

请根据以上信息，采用 FTE 法对该项目价值进行评估。

解：我们可以得到 FCFE 与企业自由现金流量（FCFF）的关系如下：

$$\text{FCFE}=\text{FCFF}-\text{利息支出}\times(1-T_C)+\text{债务净增加}$$

由此可见，计算股权自由现金流量最重要的是需要得出债务的净增加额，根据表 10－2，我们最终计算得到项目自由现金流量，分别用项目的加权平均资本成本向前进行贴现，即可得到每年年末的项目价值，又因为负债权益比为 1∶4，由此可以计算出每一期的借款能力，最终债务的净增加值为后一期的借款能力减去前一期的借款能力。计算过程及结果如表 10－3 所示。

表 10－3 项目的借款能力 单位：万元

年份	0	1	2	3	4
自由现金流量	−2 760	1 800	1 800	1 800	1 800
杠杆价值 V_L	5 270.59	4 195.82	2 973.17	1 582.28	—
借款能力 D_t	1 054.118	839.164	594.634	316.456	—
净借入 D_t-D_{t-1}	1 054.118	−214.954	−244.530	−278.178	−316.456

在企业估值中有一个重要假设，即企业要维持一个恒定的负债权益比，否则就不能使用一个恒定的加权平均资本成本对项目不同时间点的现金流进行贴现。为维持恒定的负债权益比，我们要不断地对杠杆水平进行调整，所以需要计算不同时间点上的借款能力，则每一期的借款能力用公式表示为：

$$D_t=\frac{D}{D+E}\times V_L^t$$

式中，$D/(D+E)$ 代表企业目标的负债价值比，V_L^t 代表不同时间点上的杠杆项目的价值。利用该公式可以计算出星辉公司的借款能力。若净借入 $D_t-D_{t-1}>0$，说明当期企业提高了净负债的水平；若净借入小于 0，说明企业减少了当期负债或持有了更多现金。利息的税盾作用如表 10－4 所示。

表 10-4　利息的税盾作用　　单位：万元

年份	0	1	2	3	4
借款能力 D_t	1 054.118	839.164	594.634	316.456	—
利息（R_D =8%）	—	84.329	67.133	47.570	25.316
税盾（T_C =40%）	—	33.732	26.853	19.028	10.127

通过表 10-4 得到了该杠杆项目的净借款额与借款利息之后，我们就可以调整预计利润表，如表 10-5 所示。我们可以发现，FTE 法与 WACC 法最大的不同在于需要减去利息支出，因为利息支出属于该项目提供给债权人的回报，计算 FCFE 时需要从公司整体自由现金流量中减去。

表 10-5　预计利润表　　单位：万元

年份	0	1	2	3	4
销售收入	0	6 000	6 000	6 000	6 000
－生产成本	0	2 500	2 500	2 500	2 500
－培训费用	600	0	0	0	0
－运行费用	0	900	900	900	900
－折旧	0	600	600	600	600
＝息税前利润	－600	2 000	2 000	2 000	2 000
－利息	0	84.329	67.133	47.570	25.316
税前利润	－600	1 915.670	1 932.867	1 952.430	1 974.680
－企业所得税	－240	766.268	773.147	780.972	789.872
＝净利润	－360	1 149.402	1 159.720	1 171.458	1 184.808

借助预计现金流量表，在净利润的基础上，我们只需要加上设备的折旧额，就可以得出来自资产的现金流量，因为折旧并不是企业真正的现金流出。对比表 10-6 与表 10-2，我们可以发现 FTE 法下的预计现金流量表与 WACC 法下的预计现金流量表最大的区别在于需要加上净借入项，由此得到股权自由现金流量。

表 10-6　预计现金流量表　　单位：万元

年份	0	1	2	3	4
净利润	－360	1 149.402	1 159.720	1 171.458	1 184.808
＋折旧	—	600	600	600	600
＝CFFA	—	1 749.402	1 759.720	1 771.458	1 784.808
－资本性支出	2 400	—	—	—	—
－ΔNWC	—	—	—	—	—
＋净借入	1 054.118	－214.954	－244.530	－278.178	－316.456
＝股权自由现金流量	－1 705.882	1 534.448	1 515.190	1 493.280	1 468.352

FCFE 表明了公司每年到底有多少额外的现金可以用来支付股利或回购股票，现金流是流向权益部分的自由现金流，那贴现率就应该选择与之相匹配的权益资本成本，在这里就是 $R_E=16\%$，由此计算得到项目的价值为：

$$V_L=-1\,705.882+\frac{1\,534.448}{1+16\%}+\frac{1\,515.190}{(1+16\%)^2}+\frac{1\,493.280}{(1+16\%)^3}+\frac{1\,468.352}{(1+16\%)^4}+2\,760$$
$$=5\,270.59\text{（万元）}$$

将例 10－4 的结果与上一节我们利用 WACC 法对该项目进行估值的结果进行对比，大家可以发现，这两种方法得出的结果是完全相同的。

总结：使用权益现金流量法对杠杆项目或杠杆公司进行估值要遵循如下步骤：

第一步，计算杠杆企业或杠杆项目的现金流量：

$$\text{FCFE}=\text{FCFF}-\text{利息支出}\times(1-T_C)+\text{债务净增加}$$

第二步，确定权益资本成本 R_E：

$$R_E=R_U+D/E\times(1-T_C)\times(R_U-R_D)$$

第三步，计算杠杆企业或杠杆项目的价值：

$$V_L=\sum_{t=1}^{n}\frac{\text{FCFE}_t}{(1+R_E)^t}+\text{初始投资}$$

三、FTE 法的评价

FTE 法是对杠杆企业的税后现金流量中属于权益所有者的部分进行贴现。杠杆现金流量（LCF）是指扣除利息和所得税后的属于权益所有者的剩余现金流量，贴现率是杠杆企业的权益资本成本。由于财务杠杆的提高导致权益所有者的风险增大，所以杠杆企业的权益资本成本 R_E 大于无杠杆企业的权益资本成本 R_U。

另外，在 FTE 法中，只评估流向权益所有者的那部分现金流量的价值，故在计算现金流量时需要扣除利息支出。因此，在进行资本预算分析时，需要从初始投资额中扣减项目的债务融资资金。

FTE 法主要有如下两大优点：一是 FTE 法可以直接计算出项目的权益价值，相比之下，WACC 法和 APV 法计算的是企业价值，需要剔除资本结构的其他部分才能够得到权益价值；二是 FTE 法更加透明，能够让投资者清晰看到项目是如何提高股东的财富水平的。但 FTE 法也有它的缺陷：首先，它的最大缺陷是我们在使用 FTE 法的时候，必须在进行投资决策前就先计算出企业的借款能力，只有这样，才能确定利息和净借入额；其次，使用这种方法有前提条件，即要保持负债权益比恒定，这就要求将项目的负债和权益同时计算出来。

与 WACC 法一样，如果项目的风险和负债权益比在项目整个寿命期内保持不变，则权益资本成本将保持不变。在这种情况下，运用 FTE 法也很容易计算。但如果负债价值比逐年变化，则权益资本成本就会随之变化，即 FTE 法中的分母会随之发生变动，这将使计算变得很繁杂，误差也会随之增大。因此，当负债价值比随时间而不断变动时，FTE法将不太适用。

第四节 调整净现值法

一、调整净现值法的含义

调整净现值法（adjusted present value method，APV 法）首先由迈尔斯（Myers）提出。在调整净现值法下，项目的每项现金流量分为两部分：第一部分为无杠杆作用下（全部为权益资本）的经营现金流量；第二部分为与项目债务融资有关的现金流量。一个项目为杠杆企业创造的价值（APV）等于一个无杠杆企业的项目净现值（NPV）加上债务融资的连带效应（side effect）的净现值（NPVF），用公式表示为：

APV＝NPV＋NPVF

债务融资的连带效应一般包括以下四个方面的影响：

（1）债务的节税效应。根据有关资本结构理论章节中的介绍，假设公司发行永续债务，债务的总价值为 D，在公司适用的所得税税率为 T_C 的情况下，负债额 D 为公司带来的税盾的现值为 $T_C \times D$。

（2）债券的发行成本。公司向投资者公开发行公司债券，要借助投资银行的帮助，对于投资银行为公司债券成功发行所付出的时间和努力，公司要给予补偿，这就是债券的发行成本。它减少了公司实际的贷款额度，由此降低了项目的价值。具体而言，发行成本是指公司发行股票或债务时，向印刷商、律师、投资银行及其他单位支付的费用。

（3）财务困境成本。随着负债额度的增加，公司的债务违约风险会上升，甚至由于过高的财务杠杆陷入破产困境，导致公司破产倒闭。财务困境带来的直接破产成本与间接破产成本都会降低公司的价值。

（4）债务融资的利息补贴。若企业的债务融资来源于政府，企业从政府部门借得的款项利率较低，或者企业获得政府税收优惠政策，比如发行债券的利息是免税的，免税债券的利率大大低于应税债券的利率，则这种借款利率上的优惠会使项目或企业的价值增加。

尽管以上这四个方面的影响都很重要，但其中债务的节税效应在实际中影响最大，因此我们先通过例 10－5 了解债务的节税效应对企业价值的影响，暂时忽略其余三个方面的效应。

【例 10－5】 APV 法。

沿用例 10－2 的案例背景，星辉公司是一家生产家居服饰的公司，该公司目前准备上马一条新的服装生产线。据估计，这条生产线能够运转 4 年，而后可能会由于技术进步而被淘汰。据公司市场部门测算，该生产线每年能够为公司创造 6 000 万元的新增销售额，生产成本和运行费用分别为 2 500 万元和 900 万元。为帮助员工熟悉新的生产线，需要投入培训费用 600 万元。设备购置费用为 2 400 万元，设备采用直线折旧法计提折旧，折旧年限为 4 年。假设该生产线不需要额外投入净营运资本，公司适用的边际税率为 40%。

资本成本有关数据如下：该项目的借款成本为$R_D=8\%$，市场上的无风险利率为$R_f=4\%$，市场指数收益率为$R_m=12\%$，贝塔系数为 1.5，项目的目标负债权益比为 1∶4。

请根据以上信息，采用 APV 法对该项目价值进行评估。

解：如表 10－7 与表 10－8 所示，使用 APV 法估计杠杆项目的价值时编制预计利润表与预计现金流量表的过程与 WACC 法是完全相同的，区别在于项目自由现金流量适用的贴现率是不同的。在 APV 法下，应采用全权益资本成本对项目自由现金流量进行贴现。所以，我们的关键点在于如何确定全权益资本成本。

表 10－7　预计利润表　　单位：万元

年份	0	1	2	3	4
销售收入	0	6 000	6 000	6 000	6 000
－生产成本	0	2 500	2 500	2 500	2 500
－培训费用	600	0	0	0	0
－运行费用	0	900	900	900	900
－折旧	0	600	600	600	600
＝息税前利润	－600	2 000	2 000	2 000	2 000
－企业所得税	－240	800	800	800	800
＝净利润	－360	1 200	1 200	1 200	1 200

表 10－8　预计现金流量表　　单位：万元

年份	0	1	2	3	4
净利润	－360	1 200	1 200	1 200	1 200
＋折旧	—	600	600	600	600
＝CFFA	—	1 800	1 800	1 800	1 800
－资本性支出	2 400	—	—	—	—
－ΔNWC	—	—	—	—	—
＝FCF	－2 760	1 800	1 800	1 800	1 800

当投资者持有整个公司时，所要求的必要收益率仅依赖于公司的整体风险，由于我们假设该项目的风险与公司其他项目的风险一致，其全权益资本成本就等于公司整体的资本成本。只要公司的融资决策不改变公司的整体风险，则无论公司是不是一个杠杆企业，其税前加权资本成本都是一样的。

回顾在有关资本结构理论章节中我们对 MM（无税）定理的介绍，在无税情况下，债务的低成本可以被承担了更高风险而上升的权益资本成本所抵消，所以从整体上看，在无税的情况下，财务杠杆对加权平均资本成本无影响。由于我们只考虑了税盾收益，而税盾是通过杠杆来影响项目的价值的，因此，要求无杠杆项目的价值，相当于讨论无税情况下资本成本的问题，所以全权益资本成本就是无税情况下项目的加权平均资本成本，用公式表示如下：

$$R_U=\frac{D}{D+E}R_D+\frac{E}{D+E}R_E=\text{PretaxWACC}$$

在例 10-5 中，$R_U=0.2\times8\%+0.8\times16\%=14.4\%$，所以，无杠杆项目的价值为：

$$V_U=\sum_{t=1}^{n}\frac{\text{FCFF}_t}{(1+R_U)^t}=\frac{1\,800}{1+14.4\%}+\frac{1\,800}{(1+14.4\%)^2}+\frac{1\,800}{(1+14.4\%)^3}+\frac{1\,800}{(1+14.4)^4}$$
$$=5\,201.965\text{（万元）}$$

当然，通过 WACC 法中对哈马达公式的介绍，我们也可以通过卸载财务杠杆的方式来求得权益资本成本：

$$\beta_U=\frac{\beta_L}{1+(1-T_C)D/E}=\frac{1.5}{1+(1-40\%)\times1/4}=1.304$$

$$R_E=R_f+\beta_i\times(R_M-R_f)=4\%+1.304\times8\%=14.4\%$$

下一步，则需要计算税盾的现值 PV，公司 t 期的税盾为 $T_C\times R_D\times D_{t-1}$，其中，$T_C$ 代表公司所得税的边际税率；R_D 代表债务成本；D_{t-1} 代表公司上一期的借款能力。

从表 10-9 可以看出，要保持负债权益比是恒定的，企业要根据项目的预期现金流的波动调整资本结构，进而调整借款能力，而税盾又是随企业借款能力的波动而波动的，因此，税盾的风险与项目本身的风险是一致的。如果企业保持一个目标杠杆比率，则它未来的利息税盾收益风险等同于项目现金流的风险。因此，可以使用项目的无杠杆资本成本作为贴现率。

表 10-9 项目的借款能力 单位：万元

年份	0	1	2	3	4
自由现金流	−2 760	1 800	1 800	1 800	1 800
杠杆价值 V_L	5 270.59	4 195.82	2 973.17	1 582.28	—
借款能力 D_t	1 054.118	839.164	594.634	316.456	—
净借入 D_t-D_{t-1}	1 054.118	−214.954	−244.530	−278.178	−316.456

利息的税盾作用如表 10-10 所示。

表 10-10 利息的税盾作用 单位：万元

年份	0	1	2	3	4
借款能力 D_t	1 054.118	839.164	594.634	316.456	—
利息（$R_D=8\%$）	—	84.329	67.133	47.570	25.316
税盾（$T_C=40\%$）	—	33.732	26.853	19.028	10.127

由此，可求得项目的税盾现值为：

$$PV(\text{税盾})=\frac{33.732}{1+14.4\%}+\frac{26.853}{(1+14.4\%)^2}+\frac{19.028}{(1+14.4\%)^3}+\frac{10.127}{(1+14.4)^4}=68.63\text{（万元）}$$

杠杆项目的价值为：

$$V_L=\text{APV}=V_U+PV(\text{税盾})=5\ 201.965+68.63=5\ 270.595\text{（万元）}$$

由此可见，通过 WACC 法、FTE 法、APV 法三种方法计算得出的项目价值基本一致，结果略有差异的原因在于中间过程的四舍五入。

下面，我们对应用 APV 法对杠杆项目进行估值的步骤做如下总结：

第一步，以无杠杆权益资本 R_U 作为贴现率，对自由现金流量进行贴现得到全权益价值 V_U，在负债权益比为常数的情况下，有：

$$R_U=\frac{D}{D+E}\times R_D+\frac{E}{D+E}\times R_E=\text{PretaxWACC}$$

第二步，计算税盾的现值：首先确定 t 期的税盾 $T_C\times R_D\times D_{t-1}$；在负债权益比为常数的条件下，以无杠杆资本成本 R_U 作为贴现率，求税盾的现值。

第三步，计算杠杆项目的价值：$V_L=\text{APV}=V_U+PV(\text{税盾})$。

二、债务融资效应举例

在例 10-5 中，我们仅考虑了债务的税收收益，而根据前面内容的介绍，债务融资对企业或项目价值会产生四个方面的影响。一方面，债务能够为企业带来税盾价值；另一方面，债务也会使公司陷入财务困境，产生财务困境成本与代理成本，进而会影响企业价值。尽管财务困境成本与代理成本会影响公司的价值，然而将其量化比较困难。本小节的举例我们除了考虑债务的节税效应外，还额外涉及发行成本与利息补贴。

【例 10-6】 APV 法的应用。

B 公司正在考虑一个投资额为 1 000 万美元的投资项目，项目生命周期为 5 年，按直线法提取折旧，每年折旧额为 200 万美元。每年现金收入减去现金支出为 320 万美元。公司的所得税税率为 30%，无风险利率为 10%，全权益资本成本为 20%。

B 公司能够得到一笔 5 年期的一次性偿还的贷款，这笔贷款在扣除发行成本后的余额是 750 万美元，按无风险利率 10%计息。预计发行成本为总贷款额的 1%。

请根据以上信息，利用 APV 法对该项目进行评价。

解：根据例 10-6 提供的信息，得到该项目简化的预计现金流量表，如表 10-11 所示。

表 10-11　预计现金流量表　　单位：万美元

年份	0	1	2	3	4	5
收入减支出	—	320	320	320	320	320
一折旧	—	200	200	200	200	200
=息税前利润	—	120	120	120	120	120

续表

年份	0	1	2	3	4	5
一企业所得税	—	36	36	36	36	36
=净利润	—	84	84	84	84	84
+折旧	—	200	200	200	200	200
=CFFA	—	284	284	284	284	284
一资本性支出	1 000	—	—	—	—	—
FCFF	−1 000	284	284	284	284	284

根据表 10-11，我们首先得到无杠杆的全权益价值：

$$V_U=\sum_{t=1}^{n}\frac{\mathrm{FCFF}_t}{(1+R_U)^t}=\frac{284}{1+20\%}+\frac{284}{(1+20\%)^2}+\frac{284}{(1+20\%)^3}+\frac{284}{(1+20\%)^4}+\frac{284}{(1+20\%)^5}=849.334\ (\text{万美元})$$

因此，若该项目为全权益融资，扣除期初投资 1 000 万美元，该项目并不能为公司创造价值，该项目不会被接受。但使用债务融资之后，债务融资的连带效应会对公司价值带来进一步的影响。

根据 B 公司项目数据，B 公司能够为该项目筹集到一笔 5 年期的贷款，已知发行成本是总贷款额的 1%，而这笔贷款在扣除发行成本后的余额为 750 万美元，则总贷款额度为 750÷(1−1%)=757.575 8（万美元），所以年利息为 757.575 8×10%=75.757 6（万美元）。税后利息支付为 75.757 6×(1−30%)=53.03（万美元）。由于 B 公司需要一次性偿还本金、分期偿还贷款，故每期的贷款支付如表 10-12 所示。

表 10-12　贷款支付　　单位：万美元

年份	0	1	2	3	4	5
贷款总额	757.575 8	—	—	—	—	—
利息支付	—	75.757 6	75.757 6	75.757 6	75.757 6	75.757 6
税后利息	—	53.03	53.03	53.03	53.03	53.03
本金偿还	—	—	—	—	—	757.575 8

在这里，我们把借入的贷款总额作为现金流入，将税后利息支付和本金偿还作为现金流出，则借款融资为 B 公司带来的净现值为：

$$\mathrm{NPV}(\text{借款})=\text{借入款项}-\text{税后利息支付}-\text{本金偿还现值}$$
$$=757.575\,8-\frac{53.03}{10\%}\times\left[1-\left(\frac{1}{1+10\%}\right)^5\right]-\frac{757.575\,8}{(1+10\%)^5}=86.155\ (\text{万美元})$$

下面考虑债券的发行成本，由于债券的发行成本是 B 公司实际负担的成本，有真正的现金流出，所以会给公司带来节税效应，与发行成本有关的现金流量如表 10-13 所示。

表 10-13　发行成本　　单位：万美元

年份	0	1	2	3	4	5
发行成本	7.575 758	—	—	—	—	—
摊销额	—	1.515 151 6	1.515 151 6	1.515 151 6	1.515 151 6	1.515 151 6
节税额	—	0.454 55	0.454 55	0.454 55	0.454 55	0.454 55

按照 10%的无风险利率贴现，则发行成本产生的节税额的现值为：

$$\frac{0.454\,55}{10\%}\times\left[1-\left(\frac{1}{1+10\%}\right)^{5}\right]=1.723\,1\text{（万美元）}$$

净发行成本为：

$$7.575\,758-1.723\,1=5.852\,658\text{（万美元）}$$

在这种融资情形下，该项目的调整净现值为：

$$\begin{aligned}APV&=\text{全权益价值}-\text{债务的净发行成本}+NPV(\text{借款})-\text{初始投资额}\\&=849.334-5.852\,658+86.155-1\,000=-70.36\text{（万美元）}\end{aligned}$$

下面我们继续讨论非市场利率融资的情形：

【例 10-7】　非市场利率融资。

沿用例 10-6 的案例背景，B 公司正在考虑一个投资额为 1 000 万美元的投资项目，项目生命周期为 5 年，按直线法提取折旧，每年折旧额为 200 万美元。每年现金收入减去现金支出为 350 万美元。公司的所得税税率为 30%，无风险利率为 10%，全权益资本成本为 20%。

假设政府认为 B 公司的项目有一定的社会效益，统一按照 8%的利率向 B 公司发放贷款 750 万美元，并由地方政府承担全部发行成本。

请根据以上信息，利用 APV 法对该项目进行评价。

解：由于 B 公司目前可以获得地方政府提供的低息贷款，且全部发行成本均由地方政府承担，所以 B 公司一定会放弃我们前面讨论的那一笔贷款而选择地方政府提供的这笔贷款，这笔贷款的相关现金流量如表 10-14 所示。

表 10-14　利息偿还　　单位：万美元

年份	0	1	2	3	4	5
贷款总额	750	—	—	—	—	—
利息支付	—	60	60	60	60	60
税后利息	—	42	42	42	42	42
本金偿还	—	—	—	—	—	750

在这里，我们把借入的贷款总额作为现金流入，将税后利息支付和本金偿还作为现金

流出，则借款融资为B公司带来的净现值为：

$$\begin{aligned} \text{NPV(借款)} &= \text{借入款项}-\text{税后利息支付}-\text{本金偿还现值} \\ &= 750-\frac{42}{10\%}\times\left[1-\left(\frac{1}{1+10\%}\right)^5\right]-\frac{750}{(1+10\%)^5}=125.096\ (\text{万美元}) \end{aligned}$$

注意：我们在上式中计算借款带来的净现值时，并没有按照政府提供的较低利率8%进行贴现，而是采用10%的无风险利率进行贴现，这是由于10%是在不享受政府贴息的情况下贷款应该负担的利率，我们将其看做公平的市场利率。

在享受政府贴息的情况下，项目的净现值为：

$$\begin{aligned} \text{APV} &= \text{全权益价值}-\text{债务的净发行成本}+\text{NPV(借款)}-\text{初始投资额} \\ &= 849.334-5.852\,658+125.096-1\,000=-31.42\ (\text{万美元}) \end{aligned}$$

三、APV法在杠杆收购中的应用

杠杆收购（leveraged buy-out，LBO）是指公司或个体利用收购目标的资产作为债务抵押，收购另一家公司的策略，即杠杆收购是一种获取或控制其他公司的方法。杠杆收购的突出特点是，收购方为了进行收购，大规模融资借贷去支付（大部分的）交易费用。通常为总购价的70%或全部。同时，收购方以目标公司资产及未来收益作为借贷抵押。借贷利息将通过被收购公司的未来现金流来支付。

阅读材料　杠杆收购的发展历史

杠杆收购于20世纪50年代初露端倪，正式产生于70年代的美国，并迅速成为具有巨大影响力的并购模式。

20世纪60年代前后，里根的经济刺激政策导致垃圾债券交易市场蓬勃发展，推动了大量的公司并购重组。据估计，在1979—1989年间，共计发生了2 000多起杠杆收购，总价值超过2 500亿美元。当时从事杠杆并购的活跃私募基金包括KKR、黑石、凯雷等。在这一时期，垃圾债券市场的发展为杠杆收购提供了有力的资金支持。另外，这一阶段的杠杆收购又以大量恶意进行资产拆卖、解雇员工和组织大规模的重组活动而闻名。

1989年，随着KKR完成对雷诺兹-纳贝斯克（RJR Nabisco）高达314亿美元的收购，杠杆收购达到了阶段性高峰。到20世纪90年代初，由于债券市场经历了大规模信用危机、失败案例增加、投资者信心缺失等问题，杠杆收购开始逐步陷入低谷。

从1992年开始，杠杆收购活动又开始恢复生机，大型收购再次活跃。1996年交易额达到了242亿美元，再次达到一个高峰。这期间得益于IPO市场的繁荣，交易价格再次上涨；另外也源于经济增长，在收购后能够更好地实施价值创造。这一时期的交易相对保守，杠杆率较之前有所下降。1998年年末，由于高收益债券市场关闭，杠杆收购进入低潮。21世纪初期，杠杆收购告别了高增长时期，开始平稳发展。

2005—2007年中期，杠杆收购再次呈现爆发式增长，无论是数量还是规模，均创下了历史最高水平，同时所投资的行业范围更加多元化。私募股权基金更为专注欧洲市场和其他地区。随着2007年年底金融危机的爆发，私募股权基金最为辉煌的时代结束，交易数量及交易额都有较大幅度的下滑，直到最近几年又重新回升。

在杠杆收购中，权益投资者希望能够按规定时间表清偿债务。权益投资者知道企业的债务比例会逐年下降，并能够预测未来经营所需的债务融资量。在这种情况下，由于资本结构一直发生变动，APV法比WACC法更加适用。我们通过下例了解APV法在杠杆收购中的应用。

【例10-8】 APV法在杠杆收购中的应用。

启明资本为一家收购型的私募股权基金，经过市场调研，启明资本将惠康公司列为有利的杠杆收购的潜在目标，并且近三个月惠康公司的股价一直在25元/股的价位上下波动。启明资本管理层决定以每股32元的价格要约收购惠康公司。

启明资本为了保证收购活动的成功率，以及收购后对惠康公司进行更加有效的经营，对惠康公司及其所在的行业做了全面的调查和分析。目前惠康公司共对外发行股票100万股，持有债务20 000万元。启明资本认为，收购完成后伴随着惠康公司每年偿债，公司债务逐年减少，并计划第5年以后债务保持在公司价值的20%（与所在行业债务水平一致）。

惠康公司在无杠杆情形下的股权收益率为15%，且预测5年后其无杠杆现金流稳定地按每年5%的比率增长，公司税前的平均债务成本为$R_D=10\%$，公司适用的所得税税率为35%。表10-15列示了启明资本对惠康公司5年内无杠杆现金流的预测。

表10-15 惠康公司的经营现金流 单位：万元

年份	1	2	3	4	5
营业收入	4 000	5 000	6 000	7 000	8 000
一运营成本	2 000	2 300	2 600	3 000	3 500
一折旧	500	500	500	500	500
＝EBIT	1 500	2 200	2 900	3 500	4 000
一所得税	525	770	1 015	1 225	1 400
＝税后利润	975	1 430	1 885	2 275	2 600
＋折旧	500	500	500	500	500
＝CFFA	1 475	1 930	2 385	2 775	3 100
一资本性支出	500	510	520	530	540
一营运资本净增加	160	180	200	220	240
＝无杠杆现金流	815	1 240	1 665	2 025	2 320

在收购策略上，启明资本计划在收购过程中大幅提高目标惠康公司的财务杠杆，这一过程也使公司同时享有其高利息带来的节税利益。为此，启明资本特意发行了约2.5亿元公司债，并且需每年支付一定的高额利息费用。注意，在杠杆收购的过程中，一般是以启

明资本组建的壳公司（收购方）为发行主体，收购完成后，壳公司与惠康公司合并，则债务由惠康公司（被收购方）承担。表 10-16 列示了杠杆收购的预计利息费用和节税额。

表 10-16 预计利息费用和节税额 单位：万元

年份	1	2	3	4	5
预计利息费用	3 000	3 100	3 200	3 300	3 400
节税额	1 050	1 085	1 120	1 155	1 190

请根据 APV 法判断收购价格是否合理。

解：我们根据表 10-15 和表 10-16 中的数据应用 APV 法来计算惠康公司作为杠杆收购目标的企业价值。评估分以下四步进行：

第一步：计算未来 5 年的无杠杆现金流的现值。对这些现金流按必要的资产收益率进行贴现，惠康公司的全权益资本成本为 15%，因而，无杠杆现金流的现值是：

$$\frac{815}{1+15\%}+\frac{1\ 240}{(1+15\%)^2}+\frac{1\ 665}{(1+15\%)^3}+\frac{2\ 025}{(1+15\%)^4}+\frac{2\ 320}{(1+15\%)^5}=5\ 052.33\text{（万元）}$$

第二步：计算惠康公司 5 年以后的无杠杆现金流的现值。因为惠康公司第 5 年以后的无杠杆现金流稳定地按每年 5%的比率增长，所以这些现金流在第 5 年年末的价值等于一个永续增长额的贴现值，根据戈登公式，有：

$$\frac{2\ 320\times(1+5\%)}{15\%-5\%}=24\ 360\text{（万元）}$$

同第一步一样，按公司的资产收益率 15%，该值贴现到第 1 年年初的现值为：

$$\frac{24\ 360}{(1+15\%)^5}=12\ 111.225\ 3\text{（万元）}$$

所以，企业总的无杠杆价值是 5 052.33+12 111.225 3=17 163.555（万元）。

第三步：计算第 1 年到第 5 年利息的节税额的现值。按税前的平均债务成本 $R_D=10\%$贴现，根据表 10-16 所列的数据，可计算出节税额的现值为：

$$\frac{1\ 050}{1+10\%}+\frac{1\ 085}{(1+10\%)^2}+\frac{1\ 120}{(1+10\%)^3}+\frac{1\ 155}{(1+10\%)^4}+\frac{1\ 190}{(1+10\%)^5}=4\ 220.49\text{（万元）}$$

第四步：计算第 5 年以后利息节税额的现值。最后需要计算第 5 年以后该公司由于债务融资所带来的节税额的现值。因为公司负债逐年减少，并计划第 5 年以后保持在公司价值的 20%的水平，公司在目标资本结构下第 5 年后的价值就可以采用 WACC 法计算，该价值包括全权益价值和节税价值。第 5 年以后，如果惠康公司的资本结构中 20%为负债，那么其 WACC 的计算过程为：

$$\begin{aligned}R_E&=R_U+\frac{D}{E}\times(1-T_C)\times(R_U-R_D)=15\%+\frac{1}{4}\times(1-35\%)\times(15\%-10\%)\\&=15.812\ 5\%\end{aligned}$$

$$\text{WACC}=\frac{D}{D+E}\times R_D\times(1-T)+\frac{E}{D+E}\times R_E$$
$$=20\%\times10\%\times(1-35\%)+80\%\times15.8125\%$$
$$=13.95\%$$

这样第 5 年年末公司的有杠杆终值可计算如下：

$$\frac{2\,320\times(1+5\%)}{13.95\%-5\%}=27\,217.877\text{（万元）}$$

公司的有杠杆终值是无杠杆终值与利息节税价值之和，所以有：

$$\text{节税价值(第 5 年年末)}=V_L\text{(第 5 年年末)}-V_U\text{(第 5 年年末)}$$
$$=27\,217.877-24\,360=2\,857.877\text{（万元）}$$

再按债务成本 10%折算成第 1 年年初的价值：

$$\frac{2\,857.877}{(1+10\%)^5}=1\,774.517\text{（万元）}$$

全部的节税价值为：

$$4\,220.49+1\,774.517=5\,995.007\text{（万元）}$$

把以上各部分加总，得到收购计划中惠康公司的总价值为：17 163.555+5 995.007=23 158.562（万元），从中减去负债的市场价值 20 000 万元，得到权益价值为 3 158.562 万元，除以流通在外的普通股股数，即每股为 31.59 元，从而启明资本制定的收购价格 32 元/股是一个比较合理的价格。

通过例 10－8 中介绍的将 APV 法应用于杠杆收购的价值评估，我们发现，随着收购进程的发展，债务不断被偿还，利息税盾逐年递减，WACC 则逐年增加，因此需要计算各年的加权平均资本成本，也就是在企业资本结构不断变化的情况下不存在一个固定不变的资本成本。可见，APV 法相比于 WACC 法与 FTE 法的适用性更加广泛。

阅读材料　西王食品公司成功收购 Kerr 公司

1996 年在深交所挂牌上市的西王食品公司属于食品饮料行业，控股西王食品（深圳000639）、西王特钢（香港 01266）和西王置业（香港 02088）三家上市公司以及西王财务公司，其主要产品是各类食用油；Kerr 公司成立于 1998 年，是加拿大最大的运动保健品公司，主要从事运动产品的研发和销售，其产品销往世界各地。

2016 年，西王食品公司首期收购 Kerr 公司 80%股权，并在其后三年的时间内后续收购 Kerr 公司剩余的 20%股权。在首期交易中，西王食品公司合计出资 16.92 亿元人民币，刨除 10.05 亿元对外贷款以及西王财务公司 6 亿元的授信，西王食品公司在此次杠杆并购项目中仅需投入 8 775 万元自有资金。

另外，与其合作的投资公司（春华资本公司）共出资 5.64 亿元，收购资金合计约22.57 亿元人民币，约合 3.38 亿美元，西王青岛公司对外贷款 16.75 亿元人民币，约合 2.5 亿美元，总计 5.88 亿美元，用以支付此次杠杆并购交易对价，收购 Kerr 公司首期 80%的股权。

西王食品公司自身仅筹措 8 775 万元的资金就完成了对 Kerr 公司 39 亿元的前期收购，正是利用了多种渠道来获得融资。本次交易引入了私募股权投资、对外贷款、财务公司授信、非公开发行股票等方式筹集资金，巧妙地利用资金的杠杆完成了交易。因此，对于杠杆并购项目，企业应通过分析自身的实际情况进行综合的考虑评估，利用各种融资方式的优势进行合理、恰当的融资安排。

资料来源：孙铭珠．上市公司杠杆收购研究——以西王食品海外并购为例．哈尔滨：哈尔滨商业大学，2019.

阅读材料 **我国的杠杆收购发展现状**

在经济全球化的浪潮下，国际市场竞争愈演愈烈，全球资源在不断的配置中得以优化，杠杆收购作为加速资源优化配置的重要手段发挥着不可或缺的作用。

随着我国市场经济的不断发展，杠杆收购吸引了金融业内人士的关注。近年来，虽然我国资本市场发展迅速，企业并购数量不断增长，出现了京东方杠杆收购韩国 HYDIS、美国太平洋联盟集团杠杆收购好孩子童车等成功案例。然而，我国目前仍然以普通收购居多，杠杆并购的规模和发展速度并不突出。

在国内，由于金融市场不发达，例如股票市场规模较小、监管力度不够，债券市场发展滞后且缺乏统一有效的流通市场，交易规模小，投机倾向大。这些因素导致融资渠道不畅、融资工具缺乏，制约了杠杆收购的发展。

目前，我国中介机构的专业化程度欠缺。投资银行作为最主要的中介机构，在收购中的地位和作用非常重要。目前国内的投资银行和私募股权机构的专业化程度欠缺，缺乏进行杠杆收购的核心竞争力，这些不足严重阻碍了我国企业杠杆收购活动的正常开展。

在监管上，金融业监管和分业监管的空隙仍然较大，杠杆收购存在结构性的问题。在不少企业难以通过此方式融资的同时，国内许多杠杆收购案却存在严重违法事实。目前国内关于企业收购兼并的程序与相关事项的法律条款规范，基本上不利于开展杠杆收购，缺乏支持性的相关法律法规制度。

我国正处于经济结构、企业结构调整与重组的关键时期，而杠杆收购凭借它低成本扩张、加速资源优化配置的优点成为我国企业合并和资产重组的重要方式，促进了中国企业在国际资本市场的发展。

资料来源：闫小雷，付建华．杠杆收购在我国的发展现状和成因以及对策．金融时报，2007-05-22；赵欣欣．对我国上市公司杠杆收购现状研究．现代经济信息，2016 (14).

四、调整净现值法的总结

根据 APV 法进行杠杆项目价值评估的计算公式，APV＝无杠杆作用项目价值＋项目融资价值，对这两部分分别进行估价，得出最终项目价值，其中，对现金流量进行分类是为了采取不同的贴现率。APV 法首先假设项目全权益融资，算出一个基本现值，然后根据计划采取的财务策略引起的价值增减进行调整，得出最后的调整现值。APV 法避免了将不同性质的资本成本加权平均可能引起的较大误差，而且各种价值创造过程清晰明了，有利于管理层对价值创造过程的管理和监督。

APV 法是分别估计全权益情况下的项目净现值和债务融资的连带效应的净现值。在估计全权益情况下的项目净现值时，是利用全权益资本成本对项目的税后无杠杆现金流量进行贴现，而债务融资的连带效应主要是债务的节税效应等。APV 法通过把节税效应的净现值作为单独的一项考虑进来，体现了财务杠杆带来的税收利益。债务融资的连带效应越多、越重要，APV 法就越有用。

另外，在 APV 法中，评估的是流向整个项目的无杠杆现金流量的价值，故在现金流量中并不扣除利息费用的支出，因而初始投资额中包括了项目的债务和权益融资资金。

相比 WACC 法与 FTE 法，APV 法具有以下优势：第一，使用这种方法的假设条件比 WACC 法更为宽泛，只需要有一个目标的负债权益比，而负债权益比不一定为常数；第二，能够很直观地看到税盾部分对杠杆项目的贡献，有利于管理层明确是否必须为新项目进行杠杆融资；第三，APV 法有很好的拓展性，可以涵盖诸如财务困境成本、代理成本和发行成本等更多的市场非完美性。其缺陷主要是计算复杂，APV 法需要分别计算无杠杆项目价值和税盾的现值，要同时计算项目的负债和价值。

由于 APV 法的运用是以未来各期的负债水平为基础的，当未来各期的负债水平能准确地知道时，运用 APV 法很容易计算。但如果未来各期的负债水平不确定，即使负债价值比保持一定，也很难运用 APV 法进行项目的估价。

第五节　WACC 法、FTE 法、APV 法的应用与比较

一、三种方法的比较

本章我们主要对杠杆项目（或企业）估值的三种方法即 WACC 法、FTE 法、APV 法进行了详细的介绍。下面根据本章前面内容的学习，我们对这三种方法进行简单的总结。

（1）APV 法。

APV 法可用下面的式子描述：APV＝NPV＋NPVF。一个项目为杠杆企业创造的价值（APV）等于一个无杠杆企业的项目净现值（NPV）加上债务融资的连带效应的净现值（NPVF），这种效应一般包括以下四个方面的影响：债务的节税效应、债券的发行成本、财务困境成本、债务融资的利息补贴。若企业永久经营，APV 法的计算公式为：

$$\sum_{t=1}^{\infty} \frac{UCF_t}{(1+R_U)^t} + \text{债务融资的连带效应} - \text{初始投资额}$$

式中，UCF 是无杠杆企业的现金流；R_U 是无杠杆企业的贴现率。

（2）FTE法。

FTE法是资本预算的另一种方法，这种方法只对杠杆企业项目所产生的属于权益所有者的现金流量进行贴现，贴现率为权益资本成本 R_E。FTE法的计算分三个步骤进行：第一步：计算有杠杆现金流量（LCF）；第二步：计算 R_E；第三步：估价。

（3）WACC法。

评估项目的价值的第三种方法是WACC法。之所以要用WACC法，是因为杠杆企业项目既有债务融资又有权益融资，其融资成本是债务资本成本和权益资本成本的加权平均数。若企业永久经营，其项目净值的计算公式为：

$$\sum_{t=1}^{\infty}\frac{\mathrm{UCF}_t}{(1+\mathrm{WACC})^t}-\text{初始投资额}$$

下面我们对这三种估值方法进行具体的比较。由于这三种方法都是用来解决杠杆企业估值问题的，所以对同一个项目估值的计算结果是相同的，它们计算杠杆项目或企业价值的原理也基本相同，都是首先确定适用的方法，其次确定使用该方法对应的未来自由现金流量，再次确定对于该自由现金流量进行贴现的利率水平，最后求得项目或企业的价值。

具体而言，在WACC法中，计算的项目现金流量为全部的现金流量，贴现率为加权平均资本成本；在FTE法中，计算的项目现金流量为股权自由现金流量，贴现率则为对应的股权资本成本；在APV法中，计算项目的价值主要分为两步，首先计算无杠杆价值，其现金流量为公司整体自由现金流量，贴现率为无杠杆企业的资本成本，然后计算利息税盾的现值，两者价值之和即为该项目的价值。

这三种估值方法的不同主要体现在以下三个方面：

（1）从估价使用的自由现金流量来看，在这三种方法中，APV法和WACC法比较类似。这两种方法的分子均为无杠杆现金流量。但是，APV法用全权益资本成本 R_E 贴现现金流得到无杠杆项目的价值，然后加上了负债的节税现值，得到有杠杆情况下的项目价值；WACC法则将无杠杆现金流量按加权平均资本成本贴现。

（2）在估价的主体上，FTE法看起来与其他两种方法差异甚大。对于APV法和WACC法，在最后一步均扣减了初始投资额；而在FTE法中，只扣除公司自己投资的部分。这是因为在FTE法中我们只评估流向权益所有者的那一部分的现金流量（LCF）的价值。相反，在APV法和WACC法中我们评价的是流向整个项目的现金流量（UCF）的价值。由于LCF中已经扣减了利息支出，而UCF不扣减利息支出，因此，相应地，在初始投资额中也应扣减债务融资的部分。这样，该法同样可以得出与前面两种方法相同的结果。

（3）从资本结构的角度，在使用WACC法与FTE法时，一般假设项目维持一个不变的资本结构，而APV法则不需要此假设。APV法可以更加方便地分析在未来项目资本结构改变的情况下，公司价值会如何受到负债权益比的影响。同时，APV法还可以考虑债务融资带来的代理成本、发行成本等更加复杂的情形，而WACC法与FTE法无法体现这一点。

二、方法应用

在实践中，对于特定情形下的企业估值，总是有某一种方法更便于计算，在某些情况下有些方法则不适用。

下面，我们具体来看一下这三种方法在现实中的应用场景。首先，什么时候采用 WACC 法与 FTE 法更加合适呢？如果某项目的风险在其整个寿命内保持不变的话，我们可以假设无杠杆资本成本 R_U 保持不变。另外，如果负债权益比在整个项目寿命内也保持不变的话，则权益资本成本 R_E 和加权平均资本成本也将保持不变。在这种情况下，不论是 FTE 法还是 WACC 法都较容易计算。但如果负债权益比会逐年发生变化，则权益资本成本 R_E 和加权平均资本成本也会逐年变化。在这种情形下，FTE 法和 WACC 法中使用的贴现率每年发生变动，这就使计算变得十分繁杂，误差也随之增大。因此，当杠杆项目或企业的资本结构（负债权益比）随时间的推移不断变动时，FTE 法和 WACC 法的计算就很困难。

我们再来看一下在什么场合下，应用 APV 法对项目进行评估更加合适呢？APV 法的计算是以未来各期的债务水平为基础的。当未来各期的债务水平能被准确地预知时，APV 法比较容易计算，但当未来各期的债务水平不确定时，这种方法就会变得复杂。但在负债权益比一定的情况下，债务水平随杠杆项目（或企业）价值的变化而发生变化，而未来一年中杠杆项目（或企业）的价值是难以预测的，因此未来的债务水平也难以预测。

比如在例 10－8 中启明资本杠杆收购的例子，企业一开始有大量的债务，但数年后很快清偿，而早在安排杠杆收购时，私募股权基金（收购方）就拟好了债务清偿的时间表，所以很容易预测未来年份的债务和税盾收益，便于计算 APV。在这种情况下，由于负债权益比不固定，所以 WACC 法和 FTE 法就难以运用，另外在涉及非市场利率融资和发行成本的情况下，运用 APV 法处理会更容易。

总结而言，公司在选择估值方法对杠杆项目或企业价值进行评估时，通常遵循的准则为：若企业将其目标负债价值比运用于项目的整个寿命期，宜采用 WACC 法或 FTE 法。若在项目整个寿命期内负债绝对水平都已知，宜采用 APV 法。APV 法通常适用于一些特殊的情形，如贴息、杠杆收购和租赁。WACC 法和 FTE 法则普遍适用于更加一般的资本预算情形，在一般的资本预算情形下，APV 法是相对次要的方法。

【本章小结】

1. 加权平均资本成本法是将无杠杆企业的税后现金流用 WACC 贴现，得到未来现金流的现值，从而计算项目净现值。该方法通过 WACC 来调整债务对项目价值的影响。

2. 权益现金流量法是资本预算的另一种方法，这种方法只对杠杆企业项目所产生的属于权益所有者的现金流量进行贴现，贴现率为权益资本成本 R_E。该方法有以下几个步骤：①计算有杠杆现金流量；②计算 R_E；③估价。

3. 根据调整净现值法，一个项目为杠杆企业创造的价值等于一个无杠杆企业的项目净现值加上债务融资的连带效应的净现值，这种效应一般包括以下四个方面的影响：①债务的节税效应；②债券的发行成本；③财务困境成本；④债务融资的利息补贴。

4. APV法、FTE法和WACC法这三种方法都是为了解决在存在债务融资的情况下企业如何估价的问题，且三种方法得出的估计值是一样的。但是，三种估价技术存在显著差异。在实践中，在特定的条件下总是有某一种方法更便于计算，有时候有些方法可能根本就无法计算。

5. 对企业估值方法的选择需要考虑管理者制定负债政策的目标是想使负债绝对水平保持不变呢，还是想使负债权益比保持不变。当公司有一个明确的目标负债权益比时，WACC法和FTE法比APV法更适用。若在项目整个寿命期内负债绝对水平都已知，宜采用APV法。APV法通常适用于一些特殊的情形，如贴息、杠杆收购和租赁。

6. 哈马达公式可以用于分析财务杠杆对企业贝塔系数的影响，将哈马达公式代入CAPM中，得到：$\beta_L=\beta_U[1+(1-T_C)D/E]$。

【重要概念】

调整净现值法　　债务融资的利息补贴　　加权平均资本成本法

债务的节税效应　　权益现金流量法　　哈马达公式

债券的发行成本　　有杠杆现金流量　　杠杆收购

财务困境成本

【思考题】

1. 对杠杆企业进行估值常用的三种方法是什么？它们分别怎么对企业进行估值？

2. 杠杆企业的四种融资效应分别是如何影响企业价值的？

3. FTE法进行杠杆企业估值的主要步骤是什么？

4. WACC法、FTE法、APV法三种估值方法的差异是什么？各自适用的条件有哪些？

5. 若估值结果与证券市场定价存在差异，这种差异的可能原因是什么？

6. 如何理解贝塔系数与企业财务杠杆的关系？

【练习题】

1. 惠康公司是一家经营稳健、处于成熟阶段的公司。预计未来销售收入将永久稳定在每年23 500 000元，可变成本为销售收入的60%，税率为40%，该公司每年末将把所有盈利都作为股利发放。该公司的负债权益比为0.45。公司无杠杆的权益必要收益率为17%，债务的税前成本为9%。

（1）如果公司全部由权益融资，公司的价值为多少？

（2）当公司有杠杆时，权益资本成本是多少？

（3）用WACC法对公司进行估值。

(4) 用 FTE 法对公司进行估值。

2. 汇美公司有 20 000 000 股流通在外的普通股，目前的交易价格为每股 25 元。公司的债务公开交易的价格是其面值的 95%，已知债务价格面值为 180 000 000 元。债务的税前成本是 10%，权益资本成本为 20%。假设所得税税率为 40%，公司的加权平均资本成本是多少?

3. 惠康公司目前有 20 亿元的借款以及 5 500 万股股票，每股股票的市价为 12.5 元，由于当前公司风险较高，其发行的债券评级为 B，税前利率为 11%。下一年度公司管理层希望将资产负债率水平调整到 50%，这样可以使公司发行的债券评级为 A，税前利率下降为 8%。已知股票的 β 系数为 1.8，长期公债利率为 5%，市场组合的风险溢价为 5%，公司适用的所得税税率为 40%。

(1) 计算当前该公司的加权平均资本成本。

(2) 计算调整负债率后该公司的加权平均资本成本。

4. 星辉公司是一个全权益公司，其正在考虑一个 200 万元的投资，目前计划使用全负债筹资，该投资额将在 5 年内按直线折旧法进行折旧。该项目预期在这 5 年每年可以产生税与折旧前收益 600 000 元，该投资并不会增加公司的风险水平。公司可以从当地的银行获得一个 5 年期的、利率为 10%的贷款来为该项目融资。所有的本金将在第 5 年年末一次性偿还。银行会索取债券发放成本 40 000 元，这可以在 5 年内分期支付。如果公司全部依靠权益为该项目融资，那么该公司的资本成本将是 12%。公司税率为 40%。请使用调整净现值法来决定公司是否应该承担此项目。(注：在本题中，折旧的税盾收益按照 10%的贷款利率进行贴现。)

5. 考察皮尔森公司的一个项目。假定该公司全部使用权益融资，增量税后现金流量的时间和规模分布如表 10-17 所示。

表 10-17 现金流量

时间	0	1	2	3	4
现金流量 (美元)	−1 000	125	250	375	500

现在，假定公司为该项目筹集到了一笔 $R_B=8\%$ 的负债共计 600 美元，皮尔森公司的税率是 40%，无杠杆公司的权益资本成本 $R_0=10\%$。请根据权益现金流量法计算该公司的价值。

6. 星辉公司与智康公司成立了一家合资企业，计划进行一个水利工程项目。各种设备的初始投资是 9 000 万元，其全部支出可在其 5 年的生命周期内按直线折旧法进行折旧。从第 1 年年末起 20 年内，预计该项目每年可以带来息、税和折旧前盈余 1 500 万元。公司税率是 30%。在全权益的情况下，项目的必要收益率是 12%。该企业债券的税前成本是 10%。为了鼓励对国家基础设施的建设，政府将为该项目提供补贴，其将为该项目提供 3 500万元的 15 年期、每年利率为 5%的贷款。所有的本金将在第 15 年年末一次性支付。该项目的调整净现值是多少? (注：在本题中，折旧的税盾收益按照 10%的贷款利率进行贴现。)

7. 宏远公司的股票收益率和市场组合的收益率之间的协方差为 0.050 0。市场组合的收益率的标准差为20%，而市场风险溢价为8%。该公司在外发行有价值5 000万元的债券，到期收益率为7%。同时该公司还有流通股400万股，每股价格为30元。该公司的CEO认为公司当前的负债权益比是最优的。公司税率为30%，短期国债收益率为4%。公司正在考虑购入价值为4 800万元的额外设备。在无杠杆情况下，在未来5年时间，这些额外设备能够带来的现金流量为1 500万元/年。购买该设备不会增加公司的财务风险。

(1) 请使用加权平均资本成本法决定宏远公司是否应该购买该设备。

(2) 假设该公司决定全部用债务融资来购买该设备，那么该计划的资本成本应该为多少？为什么？

8. 已知A公司的资本结构为$2/3E$，$1/3D$，$\beta_L=1.5$，$R_f=8\%$，$R_m=15\%$，$T_C=40\%$。现有一个研发项目资金来源采取保守态度：$90\%E$，$10\%D$。若该项目的β_U与公司其他资产的β_U相同，按新的筹资结构$90\%E$，$10\%D$，其股东的必要收益率是多少？

若A公司认为新项目的风险高于公司现有风险，它找到一家专门从事研发项目的公司。这家公司从事的项目与A公司计划项目的风险水平相近，资本结构为$80\%E$，$20\%D$，$T_C=35\%$，$\beta_L=1.6$。根据上述信息计算A公司在新项目的投资中股东的必要收益率。

【延伸阅读】

1. 朱叶．公司金融．5版．上海：复旦大学出版社，2021.

2. 李曜，刘莉亚，邓辛．公司金融．2版．北京：中国人民大学出版社，2019.

3. 斯蒂芬·A. 罗斯，伦道夫·W. 威斯特菲尔德，布拉德福德·D. 乔丹．公司理财：精要版·原书第12版．北京：机械工业出版社，2020.

4. 蒋屏．公司理财．3版．北京：中信出版社，2016.

5. 理查德·A. 布雷利，斯图尔特·C. 迈尔斯，弗兰克林·艾伦．公司金融：原书第12版·基础篇．北京：机械工业出版社，2012.

6. 乔纳森·伯克，彼得·德马佐．公司理财精要．北京：中国人民大学出版社，2009.

7. 牟辉，周英．企业会计准则与公司估值．财会通讯：理财版．2008 (8).

8. 郭丽虹，王安兴．公司金融学．3版．上海：上海财经大学出版社，2019.

9. Berk，J.，and P. DeMarzo. *Corporate Finance*：*The Core*. 4th Ed. Pearson Publication，2016.

第十一章

股利与股利政策

【本章学习目标】

1. 了解各种股利的类型及优缺点。
2. 掌握现金股利的发放程序及发放现金股利对公司股价的影响。
3. 掌握有关股利政策对公司价值影响的两种观点。
4. 理解各种股利政策的类型及优缺点。
5. 了解影响公司股利政策的因素。

视频：股利政策无关论

引导案例

1996—1998年，青岛啤酒在全国范围内进行了大量的重组、收购活动，在全国进行产业布局。在此阶段，青岛啤酒的股利分配意愿不强。青岛啤酒采用零股利分配政策，此阶段没有现金股利，也没有股票股利。

在1999—2011年的成长阶段，青岛啤酒的股利支付意愿较前一个时期有了明显的增强，且在此期间股利分配率呈现缓慢下降的态势。在1999年股利分配率超过了90%，达到了峰值96.62%，1999年后它呈现稳步下降的趋势，在2010年仅为15.35%。成长期的平均股利分配率高达57.45%，甚至高于成熟期的30.06%和衰退期的39.07%，表现出了强烈的股利分配意愿。

2012—2014年，青岛啤酒步入成熟期。在这几年，青岛啤酒每一年都进行了现金股利分配，且每一年的股利分配率十分相近，表现出了特别强烈的股利分配意愿。在此阶段青岛啤酒的股利分配采用分发现金股利的方式，青岛啤酒在成熟期的股利分配率较为稳定，且达到相对较高的股利分配率30.06%。

2015—2019年，青岛啤酒在每一年里都进行了股利分配，且股利分配率较高。其坚持采取现金股利分配方式，这段时期的平均股利分配率为39.7%且呈现增长的态势。

青岛啤酒股利政策的转变说明了什么？为什么不同阶段的股利分配政策不同？

资料来源：甯玉琛．产品生命周期视角下企业股利分配政策的研究——以青岛啤酒为例．成都：四川师范大学，2020.

到目前为止，在前面的章节中，我们已经学习了公司应该如何进行资本预算决策，如利用净现值法选择投资项目，利用预计现金流量表和利润表来分析项目现金流等；公司应该如何进行资本结构决策；公司最优的资本结构应该如何确定；在不同的情况下，公司应该负债多少；公司权益的构成如何；公司有哪些融资渠道；等等。

另外，公司资本结构理论还包括一部分内容，介绍公司给投资者提供的回馈：公司从投资者那里募资，然后利用募集到的资金进行项目投资，待项目结束，公司获得了投资收益之后，应该给投资者一定的回馈。对于债权人来说，公司要支付本金和利息。对于股东来说，公司要支付股利，那么公司应给股东支付多少股利呢？比如公司今年实现的净利润为 1 000 万元，应该把这 1 000 万元都派发给股东吗？还是只派发一部分？或是全部都不进行派发呢？这属于公司金融中股利政策的有关内容。

公司在选择和确定股利政策时，需要关注两大问题：一是现金股利支付是否会影响股东财富？二是何种股利政策能最大化股东财富？在这一章，我们来学习股利支付形式、股利与公司价值、股利政策类型等有关股利政策的内容。

第一节 股利的类型及其支付方法

股利政策是指将公司税后利润在支付股利和增加留存收益之间进行合理分配的理论。其中，股利分配是指公司按照国家有关法律法规以及公司章程的规定，在兼顾股东、债权人及其他利益相关者的利益基础上，将实现的部分利润分配给公司股东的行为。股利政策对于企业来说非常重要，股利政策的调整将会影响公司未来的可投资资金以及股东权益规模与结构。不当的股利政策甚至可能会让一个公司陷入破产倒闭的风险之中，大家乍听上去可能觉得这个说法很夸张，但下面 Studebaker 公司的例子就会告诉大家，这是有可能发生的。从这个例子我们可以看出，股利政策对一家公司来说是非常重要的。当然，在正式讨论公司应该采取怎样的股利政策之前，我们有必要先来熟悉一下股利的发放形式与程序。

阅读材料　Studebaker 公司的高股利政策

20 世纪 20 年代，汽车行业十分繁荣，但是随着 30 年代的经济大萧条，行业受到巨大冲击，当时 Studebaker 公司在汽车行业相对比较弱小，在大萧条冲击下遭受的损失就更大。公司的 CEO 认为仅靠发股利就可以增加股票的价值，即公司给股东发放的分红越多，股东就越依赖公司，从而公司的股票价格就会随之上涨。因此，他实行了一项高股利的股利政策：将 Studebaker 公司的股息支付率从 20 世纪 20 年代初的 43%一下提高至 1929 年的 91%，即在公司利润的 100 美元中，有 91 美元要分给股东当作股利。

随着大萧条的到来，公司的销售额和利润都在下降，但是公司依然保持高股利政策，在1930年和1931年都保持股利不变。这导致了1930年Studebaker公司的股利支付率达到了500%。股利支付率是公司的股利除以利润，因为公司保持以前的高股利分红的水平，股利支付率的分子保持不变，但分母随着大萧条的影响而大幅下降，所以公司的股利支付率大幅上升到500%。这意味着，公司即使仅盈利1美元，也仍要分5美元的股利给投资者。

1931年，Studebaker公司的股利支付率仍然高达350%。到了1932年，公司在已亏损870万美元的情况下依然支付数百万美元的股利。受到大萧条冲击的Studebaker公司的现金流原本就非常紧张，公司却依然保持如此慷慨的股利政策，这导致公司现金流急剧短缺，财务状况也遭受十分严重的损害。最后Studebaker公司在1933年3月申请破产重组。可悲的是，CEO认为是自己将公司带入困境，三个月后饮弹自杀。

一、现金股利

现金股利（cash dividend）是指公司以现金形式将净利润的一部分向股东进行派发，它是公司最主要的股利支付形式。我国上市公司在披露年报或中报时，会以公告形式披露本年度的利润分配方案，包括现金股利的分配计划。例如，格力电器2020年度财务报表中披露："经2020年6月1日年度股东大会决议，本公司向全体股东派发现金股利，每10股派发现金人民币12.00元（含税）。"现金股利又分为正常现金股利、额外现金股利、特殊现金股利、清算股利等。

1. 正常现金股利

正常现金股利指的是直接支付给股东的现金股利，通常每季度均有。通常来说，一家成熟的公司每个季度都会向股东进行股利的支付，比如每个季度每股支付1元，当然股利收益在很多国家是需要交所得税的。

2. 额外现金股利

额外现金股利意味着该笔金额是额外支付的，未来可能不会再次出现。比如某公司因为本年度盈利大幅上升，或者其他利好原因，可能会额外支付一笔股利，在正常每个季度支付每股1元股利的基础上，在这个季度每股再额外支付1元的股利。

3. 特殊现金股利

特殊现金股利与额外现金股利类似，但是绝对不会再次出现，是一次性的，而额外现金股利有可能未来还会出现。比如某公司收到了一笔政府补贴，或出售了一个子公司，抑或是由于其他一些原因导致公司账上突然多了一大笔钱，那么这笔钱可能作为一个特殊现金股利发放给公司股东。

4. 清算股利

清算股利是指公司进入破产清算程序，其某些部分或全部被卖出，公司将卖掉剩的钱直接返还给股东。比如某公司一共有2 000万元资产，进入破产清算程序，偿还完债权人应得的本金和利息后，公司还剩余500万元，那这500万元就将以清算股利的形式直接平均分派给股东。

二、现金股利的发放程序

现在来介绍一下我国股利支付的一般程序。按发生的时间先后进行排序，股利支付的重要时点包括股利宣告日、股权登记日、除息日和股利发放日等。

(1) 股利宣告日 (date of declaration) 是指公司董事会将股利支付情况予以公告的日期。股份公司董事会根据定期发放股利的周期举行董事会会议，讨论并提出股利分配方案，由股东大会讨论通过后，正式宣告股利的发放方案，宣布方案的这一天被称为宣告日。在当日，股份公司应登记有关股利负债（应付股利）。

(2) 股权登记日 (date of record) 是指有权领取本期股利的股东资格截止登记日。上市公司在派发现金股利时，需要定出某一天，界定哪些主体可以参加分红，定出的这一天就是股权登记日。也就是说，在股权登记日这一天收市后仍持有该公司的股票的投资者是可以享有此次分红的股东，届时将所应派送的现金红利划到这部分股东的账上。

(3) 股权登记日后的第一天就是除权日或除息日 (ex-dividend date)，这一天购入该公司股票的股东不再享有公司此次分红配股。投资者在哪一天成为股东才能够得到股利，并不是以股利宣告日为准，而是以股权登记日为准，被登记在册的股东都可以收到公司发放的股利。所以，如果投资者想得到一家上市公司的分红，就必须弄清楚这家公司的股权登记日在哪一天，否则就会失去现金分红的机会。除权日与除息日是同一概念，两者的差别只在于前者涉及非现金形式的权益，后者则涉及现金股息（包括可选择收取新股代替现金的股息）。

(4) 股利发放日 (date of payment) 是指将股利实际支付给股东的日期，又称付息日。以登记在册的股东为准，即使股东在股利发放日前已经将其所持股票抛售，仍有权获得股利。

【例 11-1】 股权登记日与除息日。

(1) 如果 4 月 2 日是某上市公司的股权登记日，请问投资者在 4 月 2 日当天才买入的该公司股票能参与现金分红吗?

解：只要在股权登记日当天收盘后依然持有的股票，就能得到赠送的分红。假如第二天把股票卖了，还是可以得到赠送的分红。总之，只要在股权登记日 4 月 2 日收盘后依然持有的股票，就能获得赠送的分红。

(2) 如果 5 月 3 日是某上市公司的股权登记日，而公司在 5 月 11 日进行现金分红，请问投资者可否在 5 月 11 日卖出之前持有的股票而获得股票现金分红?

解：5 月 3 日收盘后还持有股票就说明投资者被登记在册，5 月 11 日投资者就有参与现金分红的权利，因此，投资者可以在 5 月 11 日收到公司派发的红利。

阅读材料　美的集团 2020 年度的利润分配

2021 年 4 月 30 日，美的集团发布的 2020 年业绩报告披露，2020 年，公司营业总收入为 2 857.10 亿元，同比增长 2.27%；实现归属于母公司的净利润 272.23 亿元，同比增长 12.44%。公司董事会审议通过的 2020 年度利润分配预案为：以公司截至该报告披露之日总股本 7 047 686 070 股扣除回购专户上已回购股份后（公司已累计回购公司股份 131 190 961 股）的股本总额 6 916 495 109 股为基数，向全体股东每 10 股派发现金 16 元（含税），不以公积金转增股本。

股权登记日：2021 年 6 月 1 日。

除息日：2021 年 6 月 2 日。

股利发放日：2021 年 6 月 24 日。

美的集团股利发放程序如图 11－1 所示。

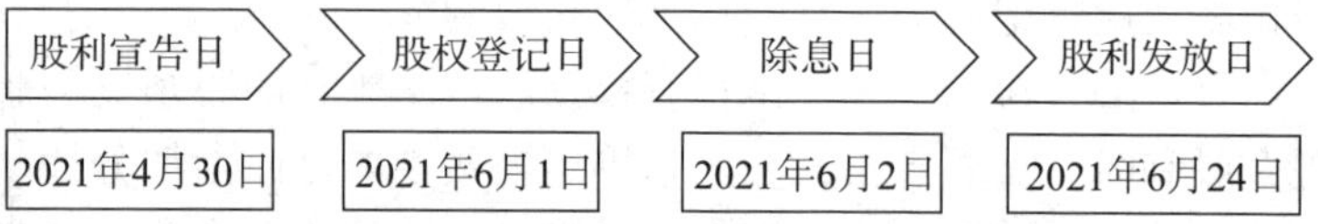

图 11－1　美的集团股利发放程序

资料来源：美的集团 2020 年度业绩报告、美的集团 2020 年度利润分配实施公告及相关公开资料。

但是需要注意，由于各国证券登记结算方面的差异，不同国家的股权登记日和除息日的时间先后存在差异。比如在美国，除息日在股权登记日之前，一般为股权登记日之前的两个营业日，在除息日之前购买的股票可以得到将要发放的股利，在除息日当天及以后购买的股票则无法得到当期的股利。下面我们通过一个材料来了解这一差异。

阅读材料　美国上市公司股利发放程序

图 11－2 为美国一家公司的股利发放程序。该公司于 10 月 25 日宣告发放股利，股利发放日为 12 月 7 日，股权登记日为 11 月 5 日，除息日为 11 月 2 日，11 月 1 日为除息前一日。

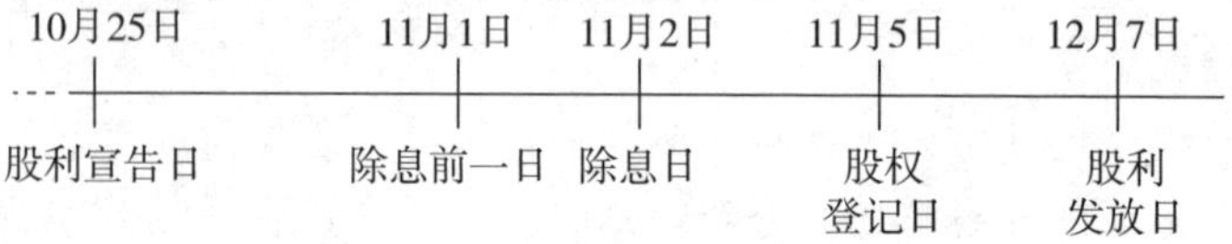

图 11－2　美国一家公司的股利发放程序

1）股利宣告日——董事会宣告股利，形成公司的一项负债。

2）除息日——在股权登记日之前的两个营业日，在该日或之后买股票，则不会收到股利，此日股价降低的幅度与股利金额相等。

3）股权登记日——在此日被登记的股票持有人将来会收到股利。

4）股利发放日——支票被邮寄。

问：股东什么时候购买公司股票才能够拿到股利呢？

解析：大家可能会认为只要在股权登记日之前买入该公司的股票，就可以拿到现金红利，但其实不是这样的。由于要通过清算系统、结算系统去进行登记，从投资者买入公司股票到其姓名出现在股权登记簿上需要 2～3 个交易日的时间，所以在股权登记日当天购买公司股票的股东姓名不会出现在11月5日当天的股权登记簿上。如果投资者想要获得该公司的股利，应于11月1日，也就是除息日的前一天买入股票，才会在股权登记日出现在股东的名册上，之后才会获得股利支付。但如果投资者在除息日当天买入，就不能够享受到股利发放。

通过上面的阅读材料，大家可能会有疑问：投资者是不是会为了收到现金股利而都选择11月1日到二级市场上去购买公司的股票呢？答案是否定的。这是由于虽然在11月1日持有公司股票会享受到现金股利，但是在11月2日公司的股价会除息，股票的每股价格会下降与每股股息差不多同样的金额。在完美的资本市场中，股票价格在除息日当天会下降每股股利那么多。

如图11－3所示，某公司当前的股价为12元/股，在公司对外宣告每持有一股股票发放2元的现金股利的消息后，假设现实环境为有效市场，即不存在信息不对称和交易成本等，那么一般在除息日开盘后前几分钟，该公司的股价就会从12元/股下跌至10元/股。如果投资者在除息前日买入该公司的股票，需要花12元/股，会收到2元/股的股息。如果在除息日买入该公司股票，就只需要10元/股，但收不到现金红利，显然，这两种方式对于投资者来说本质是一样的。当然这只是一个理论的假设值，现实世界会存在信息不对称和交易成本等问题。

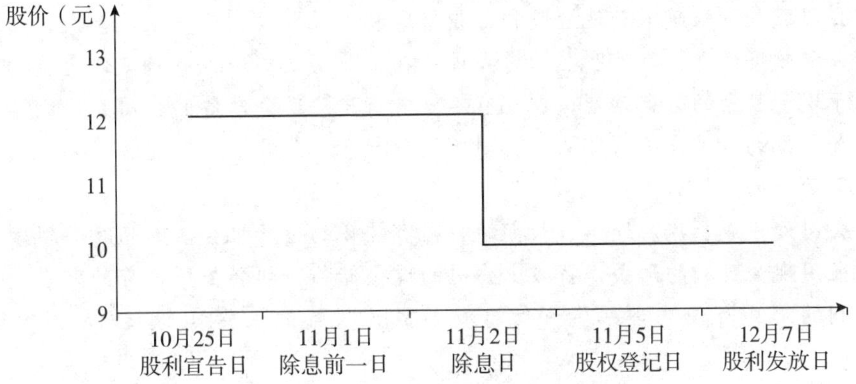

图11－3 除息日股价走势

三、其他股利形式

1. 股票股利

除了现金股利之外，还有一些其他常见的股利形式，最普遍的就是股票股利。股票股利（stock dividend）是指股份公司以派送本公司股票的方式来代替现金向股东派息，通常是按投资者持有股票的比例派发给股东。股票股利也称为送股，比如股东每持有10股当前股票，仅能获得1股额外的公司股票，这叫做公司按10送1向股东派发股票股利。如果投资者拥有100股，当公司宣告10%的股票股利时，投资者将得到额外的10股。所以当公司发放额外股利的时候，会增加流通的股票数，同时股价理论上也会有所下降。比如一个 10 送 10 的股票股利，股价理论上会变成原来的一半。

股票股利的好处在于公司送股并不会消耗公司内部的资金，但是增加了公司流通在外的股份数。股东得到股票股利，实际上是向公司增加投资，即增加了公司的股本，但减少了留存收益，可以理解为公司将本属于股东、可以分派现金的留存收益转换为公司新增资本金，因此，向股东发放股票股利是一种典型的内部融资。

在我国，股票股利的派送力度通常用“送转”的多少来衡量。小规模的股票股利是指送股比例小于 20%～25%，比如每 10 股送一股或两股；大规模的股票股利是指送股比例高于 30%。“高送转”是我国一些上市公司所偏好的股利分配方式，如 10 送 10、10 送 20 等，一旦有上市公司“高送转”，众多投资者都将蜂拥而上，这些公司的股价就会暴涨，这是我国股市的一大异象。理论上，股票股利与股票分割都是会计上的处理，不会影响公司价值，但实证研究证实股票股利的宣告将造成很大的正面市场股价反应。许多学者对上市公司“高送转”的动机从各个角度进行了分析，提出了信号传递理论、流动性理论等。但在中国，股价的涨幅太大，已经不足以用这些理论来解释，更多的原因是投资者的一种非理性。

阅读材料　为什么有些上市公司较少发放现金股利，而是发放股票股利？

上市公司股利分配政策有现金股利、股票股利、混合股利三种主流模式，而不同公司对于股利分配政策的选择具有明显的差异性。在企业实践中，拥有充足现金流的上市公司往往倾向于现金股利的分配政策；但也有不少持有充足现金储备的公司采用股票股利的分配方式，如早期的苹果公司（1987—2011 年）、特斯拉公司等。导致这些公司选择股票股利分配政策的原因是什么呢？

（1）公司处于成长期。处于成长期的公司有较多的投资机会，因而对于现金的需求量较大，如采用现金股利的形式，将减少公司的现金储备，削弱公司内部的融资能力，而采取股票股利的形式可使内部融资和留存收益成为投资的主要资金来源，同时避免股权稀释。

（2）增强投资者信心。发放股票股利向市场表明了公司自身的成长性，传递了关于公司未来发展前景的良好信息，从而增强了投资者的信心。同时，增发股票降低了每股市价，促进了股票的交易和流通，有利于吸引投资者的投资。

（3）减少应缴纳税款。普遍地，通过股票股利获利的税率明显低于现金股利的税率。在美国，两种股利分配方式应纳税税率差距在 15%左右。因此采用股票股利的分配方式能够明显减少纳税额。

由此可以发现，以股票股利为主要股利分配政策的公司有较强的扩张与投资需求；且发放股票股利能够传递对公司发展的乐观预期，增强投资者信心，维护股东利益。

资料来源：廖文斌. 公司不发放现金股利的原因及合理性探究. 南昌：江西财经大学，2019；陈炜，张军奎. 上市公司股利政策影响因素的实证分析. 金融与经济，2002（3）.

2. 股票回购

股票回购（stock repurchase）是指上市公司利用现金等方式，从股票市场上购回本公司发行在外的一定数额的股票的行为。一般情况下，公司将回购的股票作为库存股保留，它仍属于发行在外的股票，但不参与每股收益的计算和分配。库存股日后可用于企业发行可转换债券、作为员工福利计划，或在需要资金时将其出售等用途。

股票回购只能作为一种特殊的股利分派方式，因为投资者通过股票市场可以向公司之外的其他投资者出售股票，同样可以取得现金收入。只有当公司以较高的价格回购投资者所持股票时，投资者才能获得公司给予股东的实惠。由于股票回购这种方式带来的未来股价走势和股东利益均不确定，在现实中，投资者基本不认同这种公司利润分配方式。有关股票回购的更多内容，我们将在第四节进行探讨。

3. 实物股利

实物股利（dividend in kind）是指公司以现金以外的实物资产支付股利，如公司的实物产品等。比如箭牌口香糖公司每 10 股给股东发放一盒口香糖；南方食品的分红公告为每 1 000 股送一盒新产品“黑芝麻乳”给股东试吃；2013 年 4 月 16 日，人福医药公告称，持有公司 1 000 股以上（含 1 000 股）股票的股东，可在杰士邦安全套、祖卡木颗粒（感冒药）和“爱卫”艾滋病快速自检试剂中三选一。

公司采用实物股利支付形式，主要是基于以下考虑：一是减轻现金支付压力。采用实物股利支付形式不会增加公司的现金流出，因而可以减轻公司的现金支付压力。二是保持公司股利政策的稳定性。当公司财务出现暂时困难时，采用实物股利支付形式可以保持公司股利政策的稳定性。

在这一节，我们主要介绍了股利的类型，包括现金股利、股票股利、股票回购、实物股利，还介绍了正常发放现金股利的标准程序。在除息日当天买入公司的股票是收不到股利的，而在这一天卖出股票的股东是能够收到股利的，所以如果投资者希望收到公司股利，就需要在除息日前一个交易日买入公司股票。当然关于投资者要不要选择收股利这个问题，我们后面会介绍，它受到个人所得税的税率、对现金的偏好、风险的不确定性等各种因素的影响。

第二节 股利政策与公司价值

一、股利政策与公司价值的关系

上一节我们为大家介绍了股利的类型以及发放股利的程序，本节主要讨论股利政策对公司价值而言到底是否重要，以及多发股利或者少发股利对公司价值有没有影响。总体来说，对于这个问题的观点有两种，一种认为股利政策对公司价值是没有影响的；另一种则认为股利政策对公司价值是有影响的，股利政策非常重要。

按照股利贴现模型（DDM），公司的股票价格或者价值就等于未来股利的贴现，股利发放额当然会对公司价值产生影响。如根据股息永久增长的股票定价模型，即戈登公式

$P=D_1/(r-g)$，增加现金股利分配额D_1，可以增加分子的数值，进而提高股票价格，增加股东财富。但是，股票价格的高低不但与上述公式的分子有关，还与分母有关。因为公司的股利政策是在支付股利和留存资金进行再投资之间做出的决策，而再投资会给企业带来增长机会，所以即使公司的 D_1 下降了，但只要增长率 g 增加，公司的股票价值还是可以保持不变的。我们可以用下面的逻辑链表述此过程：股利↑→再投资资金↓→$g=b\times ROE$↓（其中 b 为留存比率，ROE 为净资产收益率），公司派发股利后，下期股利上升与增长率 g 下降两方面作用正负抵消，故公司价值与股利政策无关。

因此，如果公司能够通过投资带来股东财富的增加，未来带来更高的股利的话，今天股利的下降并不一定会带来股票价值的下跌，所以有观点认为股利政策是无关的。

股利政策归根到底探讨的是公司要不要支付股利的政策，即公司要不要把收益的一部分作为股利派发给股东。如果公司不派发股利，会不会被股东认为这是一个一毛不拔的公司？是否只有多派发股利的公司才是好公司？本章之前 Studebaker 公司的例子已经告诉我们并不是这样的，Studebaker 公司因为过度慷慨地发放股利，最终陷入了破产倒闭的困境之中。而另外一家我们熟知的公司苹果公司 2017 年第三季报显示，公司的现金储备已经达到了 2 615 亿美元，这个数值比英国和加拿大两个国家的外汇储备加起来还要多，可谓已经做到了富可敌国。

二、股利政策无关论

1961 年，米勒和莫迪利亚尼提出了著名的 MM 定理，该定理指出，在满足一定假设的前提下，公司的资本结构与其价值无关。同理，在股利政策方面，米勒和莫迪利亚尼认为，在严格的假设条件下，股利政策并不会对公司价值产生影响。股利政策无关论（irrelevant dividend view）的基本观点是：在给定公司投资政策和资本结构的前提下，公司价值完全由投资政策所决定的获利能力决定，而与盈利的分割方式无关，股利政策只影响公司的筹资方式。

1. 假设条件

（1）完美市场假设。该假设意味着资本市场上没有税收，没有交易成本，没有破产成本；不存在信息不对称，即任何投资者都是价格接受者，拥有相同的信息，且公司的资产是给定的，公司无法操纵资产价格。

（2）理性行为假设。该假设意味着市场上的每个投资者都追求个人财富最大化，投资者对股利收益与资本利得收益具有同样的偏好。

（3）分离假设。该假设意味着公司的投资决策是事先决定了的，不会随股利政策的改变而改变，即股利政策这一决定与投资政策独立。

2. 理论逻辑

假设资本市场上存在甲、乙两家公司，其中这两家公司的风险水平相同，当前的经营现金流（息税前利润）相等，确定的投资政策支出水平相同。但目前这两家公司的股利支付情况不同：甲公司实行 50%的股利支付率政策，乙公司实行 20%的股利支付率政策。

由于这两家公司的风险水平相同，因此贴现率（期望收益率）一定相同；两家公司当前的现金流相同，即$EBIT_1=EBIT_2$；两家公司未来的投资支出水平相同，即$I_1=I_2$。根据我们已经学过的知识，公司期末价值仅取决于未来的投资水平、预计现金流量与风险贴现率，由股利政策无关论的假设条件，投资政策与股利政策相分离。所以，在上述情况均相同的背景下，两家公司的现值相等，即 $PV_1=PV_2$ 。

这样，我们就简单证明了除当期股利发放水平不同，其他方面（包括未来预期经营现金流量、未来投资决策支出、公司风险）均相同的两家公司的价值一定相等，公司价值不会受到当期股利政策的影响。

【例 11-2】 股利政策无关论。

惠新公司管理层目前正在考虑未来的股利分配政策，已知该公司在接下来的两年内每年有 100 000 元的现金流，目前有两种股利分配方案供公司选择：它可以每年支付 100 000 元的股利，也可以今年支付 90 000 元，另外 10 000 元进行再投资，下一年发放 11 000 元的股利。投资者要求 10%的收益率。

(1) 分别计算两种股利政策方案下的公司价值。

(2) 假定管理者决定在第一年发放 11 000 元的股利，这对公司价值会有什么影响?

解：(1) 固定股利下的市场价值为：

$$\frac{100\,000}{1+10\%}+\frac{100\,000}{(1+10\%)^2}=173\,553.7\text{（元）}$$

再投资条件下的市场价值为：

$$\frac{90\,000}{1+10\%}+\frac{110\,000}{(1+10\%)^2}=172\,727.3\text{（元）}$$

(2) 因为公司在第一年只有 100 000 元的现金流，管理者必须通过发行债务或权益来筹集资金。假定管理者决定发行权益来募集 10 000 元，这部分权益的必要收益率是 10%。第二年新股东会要求得到 11 000 元的现金流，从而给原股东留下 89 000 元。

对于原股东而言，总价值依然是：

$$\frac{110\,000}{1+10\%}+\frac{89\,000}{(1+10\%)^2}=173\,553.7\text{（元）}$$

从例 11-2 可以看出，如果公司能够赚取股东要求的收益率，取得要求的收益，那么其何时发放股利就不重要了，管理者可以发放任何水平的股利。

3. 自制股利

假设现实环境是一个完美的资本市场，公司的资产是给定的，没有税，没有交易成本，不存在信息不对称，公司的投资是已经确定好的，且公司的投资不取决于公司的财务政策，没有破产成本。在这些假设下，我们就可以得到结论：股利政策与公司价值是无关的。因为投资者可以自制股利，比如投资者可以用收到的股利来增持股票，或者卖掉股票来抵消公司的股利决策，最终使得公司发不发股利对投资者来说是没有影响的。接下来，我们用另一个令人信服的案例说明股利政策是无关的。换言之，股利政策对公司价值将不产生影响，因为投资者可通过自制股利实现任何他们希望得到的收益现金流。

【例 11－3】 自制股利。

星辉公司当前的股票价格为 42 元/股，预期将发放每股 2 元的现金股利。某投资者拥有 80 股该公司的股票，他希望能得到每股 3 元的股利。请写出该投资者的自制股利策略。

解：该投资者的自制股利策略为在除息日卖出 2 股股票，每股 3 元与 2 元股利的对比如表 11－1 所示。

表 11－1 自制股利

单位：元

	自制股利	每股 3 元股利
现金股利	2×80＝160	3×80＝240
出售股票所得	2×(42－2)＝80	0
现金总额	160＋80＝240	240
持股价值	(42－2)×(80－2)＝3 120	(42－3)×80＝3 120

该投资者的期初财富为：

$$42\times80=3\ 360\ (\text{元})$$

如果获得每股 3 元的股利，他的全部财富仍为：

$$(42-3)\times80+3\times80=3\ 360(\text{元})$$

获得每股 2 元股利并在除息日卖出 2 股股票后，他的全部财富仍是：

$$(42-2)\times(80-2)+2\times(42-2)+2\times80=3\ 360(\text{元})$$

通过不同的股利政策，管理者可以实现任何股利支付；通过自制股利，投资者也可以在任何股利支付水平上复制公司的股利现金流。因此，投资者并不关心公司是否会支付股利。同时要注意这里有两个前提假设：一是投资者能够和公司以相同的利率借贷；二是这个世界没有交易成本，没有税，没有各种未来现金流的不确定性。

三、股利政策相关论

之前我们介绍了在完美世界中，股利对公司价值是没有影响的，不管是管理层还是投资者，都可以随心所欲地去发放，或者是复制自己想要的股利水平，那么在现实中为什么投资者会更加偏好高派现水平的公司呢？

1. 现实世界

在现实世界中，因为税收、不确定性、信息不对称、交易成本、代理成本这些因素，股利政策会对公司价值产生影响，从而导致投资者更加偏好现金股利。

(1) 税收。在现实世界中，不同投资者面临着不同的股利和资本所得税税率。在我国，投资者通过在二级市场上买卖股票获得的相对资本利得并不征税。而在美国，投资者的资本利得与股利收益均需要交税，且股利与资本利得适用的所得税税率不同，这使得有的投资者偏好现金股利，有的投资者偏好资本利得。显然，如果一个投资者的收入水平较高，那么他的边际个人所得税税率就较高，此时他可能就不偏好高股利政策。而且在美国，资本利得一般按 20%的税率征税，高税率也会影响到投资者对于股利的偏爱。

(2) 不确定性。在完全确定性假设下，投资者对于未来投资机会和利润完全有把握，而在现实世界中存在不确定性，这里的不确定性主要是指资本利得要比股利收益面临更大的风险。股利发到投资者手里就是投资者确定性的收益，而资本利得到底能不能实现，未来股票价格会涨还是会跌都是未知的，此时资本利得是有一定风险的。

(3) 信息不对称。在信息完全时，所有投资者对证券都有相同的看法，但在信息不对称的情况下，因为公司发放股利会给市场传递一些好或者坏的信号，可能会导致股价的异常波动，由此影响到股利政策的制定。

(4) 交易成本。在不完美的真实世界中，公司发行股票具有发行成本，投资者买卖股票具有交易成本。在例 11-3 自制股利的例子中，没有考虑任何的交易成本，投资者按照 40 元每股的价格将他手中的股票卖掉 2 股，就得到了 80 元的收益，没有扣除任何交易成本。如果存在股票交易成本的话，该投资者买卖股票的收益就会低于 80 元，他此时可能就不会考虑自制股利了。

(5) 代理成本。如果一个公司存在严重的委托-代理问题，代理成本较高，此时公司高管层并不会向着股东财富最大化的目标努力，公司投资赚取的收益并不进行股利发放，而是留在企业内部，这些资金叫做自由现金流。管理层持有自由现金流之后很可能进行在职消费，比如购买豪车，租用豪华办公室等。投资者考虑到委托-代理问题的存在，更有可能希望企业进行股利发放。

综合这些现实世界中的因素，股利政策无关论中的一些假设条件得不到很好的满足，因此，现实背景下的股利政策就可能对公司价值产生某种方向和程度的影响，从而导致投资者有时偏爱高股利，有时偏爱低股利。对此，金融学界进行了很多讨论，下面我们逐一介绍一些重要的股利政策相关论。

2. 一鸟在手理论

"在手之鸟"理论源于谚语"两鸟在林，不如一鸟在手"。一鸟在手理论（bird-in-hand theory）认为，股票价格波动过大，未来价格涨跌存在很大的不确定性，并且投资风险将随着时间的推移而进一步增大。因此，资本利得收益就好比"林中之鸟"，虽然看上去很多，但并不一定抓得到。投资者一般被认为是风险厌恶者，在投资者看来，现金股利比留存收益再投资带来的资本利得更为可靠。因此，投资者更喜欢现金股利，而不大喜欢将利润留给公司，公司分配的股利越多，公司的市场价值也就越大。

由一鸟在手理论可知，公司股票价格与股利支付率成正比，权益资本成本与股利支付率成反比。由此，公司管理层在做决策时会采取高股利支付率政策，这样才能使企业价值最大化。

从长远来看，不论是现金股利还是资本利得，都需要公司实物投资所产生的收益来支撑。但公司根据"一鸟在手理论"，会采取高股利支付率政策，增加现金股利派发率，这样就会导致企业缺乏足够的资金进行再投资，公司无法在长期内持续进行派现。从根本上来看，公司现金股利来源于项目投资产生的收益，该理论最大的缺陷在于没有将投资决策和股利政策对股票价格所造成的影响分离开来。

3. 税收偏好理论

税收偏好理论（tax-preference theory）由法拉和塞尔文在 1967 年提出，该理论主张如果股利的税率比资本利得的税率高，投资者会对高股利收益率股票要求较高的必要收益率。因此，为了使资金成本降到最低，并使公司的价值最大，应当采取低股利政策。

由于股利和资本利得的纳税等级不同，处于高税率等级的个人或机构会偏好低股利，否则要为收到股利交很高的税，税后股利就会非常少；而处于低税率等级的个人或免税机构可能偏爱中等或高等额度的股利。

此外，投资者可以选择实现或者递延资本利得的时机，因为资本利得是在变现之后才需要交相应的资本利得税。如果投资者递延交税，实际交税的限制就会变少，这相当于是一个资本利得交税的期权，降低了资本利得的实际税率。

进一步分析，如果投资者需要从股利中获得现金，那么他可以选择自制股利，这将意味着他要将部分股票卖给其他投资者，但是较高的交易成本可能抵消资本利得的纳税收益，因此，更偏好流动性的投资者可能更喜欢股利。

在现实中一些投资者偏好低股利政策的原因，一方面是由于该投资者属于较低的税收级别，取得股利收入时需立即纳税，而资本利得的税款可以递延；另一方面是由于一些公司的债务合同对股利有限制，要求公司不能分派高的现金股利。

在现实中一些投资者偏好高股利政策的原因是：第一，出于对当前收入的渴求，比如一些退休人员，他们希望将手中持有的公司股票发放的高现金股利作为日常生活费用的支持；第二，一些不能够支出本金的群体，如信托基金和捐赠基金，只能靠利息收入或者股息收入来支付相应的支出，这些机构也会偏好高股利政策；第三，由于不确定性因素，没人能够确保未来股利能够变为实际的股利，所以投资者希望公司现在就发放高股利；第四，考虑税收因素，得到税务免除的公司投资者不会考虑股利与资本利得征税方面的不同，他们希望能够早发股利。

4. 群落效应

群落效应（catering theory）又称迎合理论，是税收偏好理论的延续。该理论认为，投资者在收入水平、投资期限以及是否享受税收减免上存在差异，有的投资者适用高边际税率，有的投资者适用低边际税率。由此，这些投资者对待股利政策的态度就会不一样，处于低税率等级的投资者偏好低股利政策，会购买支付较少股利的公司股票；处于高税率等级的投资者偏好高股利政策，会购买支付较多股利的公司股票。

这时如果一个公司的股利政策进行了调整，将原来的高股利政策转变为低股利政策，或者反过来说，如果一个公司从低股利政策变成了高股利政策，你认为会发生什么？股利政策会不会对公司的价值造成影响？我们可以想象，如果一个公司从高股利政策变成了低股利政策，其股东群体就会发生改变，偏好高股利的投资者会卖出股票，然后吸引偏好低股利的投资者买入。所以如果一个公司改变股利政策，只会使得公司的股东群体不同，并不会影响股票价值。

5. 股利信号理论

在现实世界中，信息不对称也是影响公司股利政策的一个重要因素。正如我们在资本结构理论中所指出的，投资者对公司实际状况和未来前途的了解远不及公司管理层清晰，在他们之间存在严重的信息不对称问题。所以当公司管理层做出一些决策时，会被外部的投资者解读为正面的或负面的信号。如果公司宣告增加股利支付，那么在外部投资者看来，这就表明管理层相信增长是可持续的，未来还会有更高的股利出现，会增加公司的现值，这是一个健康成长的公司的征兆。而如果公司的股利减少了，那么外部投资者可能会认为，是因为公司现在不能维持现有的股利水平了，所以只好降低股利水平，这传递了公司存在财务困难的信号，从而会影响公司的价值。

股利信号理论认为在非完美的市场中，公司内部管理层与外部投资者之间存在着信息不对称，管理层拥有更多的有关公司前景方面的内部信息，而股利是公司管理层向外界传递其掌握的内部信息的一种手段，管理者会利用股利政策来传递有关公司未来前景的信息。因此，股利能够传递有关公司未来盈利能力的信息，从而对股票价格有一定的影响。当公司支付的股利水平上升时，公司的股价会上升；当公司支付的股利水平下降时，公司的股价也会下降。派发股利的优缺点如表 11-2 所示。

表 11-2 派发股利的优缺点

优点	缺点
是未来更好收益的信号	将股利作为普通收入来交税，个人所得税税率高
减少自由现金流，减少代理成本	减少内部融资资源，减少投资机会
有的投资者更偏好现金股利	外部融资很昂贵
股市对增加股利反应有利	削减股利会导致股价下跌
建立好的声誉	债权人可能对股利发放施加限制

第三节 股利政策的类型

上节介绍了股利政策与公司价值的关系：在完美的资本市场中，股利政策并不会影响公司的价值；而考虑现实世界中存在的税收、信息不对称、交易成本等因素时，股利政策或多或少会对公司价值产生影响。事实上，公司在制定股利政策时，需要综合考虑包括税收、信号等在内的诸多因素。在公司的实践经营中，通常采用的股利政策包括以下几种：

一、消极股利政策

1. 消极股利政策概述

消极股利政策，也称剩余股利模型（residual dividend model），是以首先满足公司资金需求为出发点的股利政策，指公司实际所产生的盈余减去因满足投资需求而维持目标资本结构所需的保留盈余，剩余的金额才作为股利支付给股东。

在实际运作中，很多有投资需求的公司采用这一股利政策。实行消极股利政策，需要首先计算出资本预算需要的留存收益，然后将剩下的收益发放为股利。公司将按如下步骤确定其股利分配额：

(1) 确定公司投资项目的资本结构；

(2) 确定公司下一年度的资金需求量；

(3) 按照最佳资本结构，确定为满足资金需要所需增加的股东权益金额；

(4) 从公司税后利润中，扣除满足公司下一年度投资需求的资金，剩余部分用来发放当年的现金股利。

也就是说，用公司的净利润减去公司资本预算里需要股权融资的这一部分，剩下的部分直接作为股利发放，计算公式如下：

股利＝净利润－目标权益比率×总资本预算

【例 11-4】 惠新公司今年共有 800 000 元的资本预算，已知公司的目标资本结构为 40%负债，60%权益，并想继续保持该资本结构。公司今年预期净利润为 600 000 元，对于这部分预期净利润，应该支出多少作为股利？如果净利润为 400 000 元呢？如果净利润为 800 000 元呢？

解：1) 在 800 000 元的资本预算中，60%必须是权益，为保持目标资本结构不变，需要 480 000 元的权益和 320 000 元的债权。

当共有 600 000 元净利润时，600 000－480 000＝120 000（元）为股利支付额，股利支付率＝120 000/600 000＝20%。

2) 当共有 400 000 元净利润时，需要 480 000 元作为权益，因此保留全部 400 000 元利润，股利为 0 元。

3) 当共有 800 000 元净利润时，股利支付额＝800 000－480 000＝320 000（元），股利支付率＝320 000/800 000＝40%。

从本例的第二、第三问我们可以看到公司净利润对股利的影响。当公司的净利润只有 400 000 元时，不够去做权益的投资，那么此时公司应该留多少资金来发放股利给股东呢？我们要先判断这个净利润是属于谁的，是股东的还是债权人的。因为公司每年的净利润都被拿出一部分发放股利给股东，以股利的形式存在，剩下的留存收益计入资产负债表的权益里，所以净利润的所有者应该是股东。这 400 000 元应该全部属于股东，而资本预算里有 480 000 元是要用股东的钱来支付的，股东现在只有 400 000 元，应该先把这400 000元拿去作为股东应该支付的那部分钱，不应该给股东发放任何股利了，因此股利为 0 元。

【例 11-5】 星辉公司上年税后利润是 600 万元，今年年初公司讨论决定股利分配的数额，预计今年需要增加投资资本 800 万元。公司的目标资本结构是权益占 60%，债务资本占 40%，今年继续保持。按法律规定公司至少要提取 10%的公积金。公司采用消极股利政策，筹资的优先顺序是留存收益、借款和增发新股。公司应分配多少股利？

解：为新项目准备的留存收益为 800×60%＝480（万元）。

分配股利为 600－480＝120（万元）。

按照规定必须提取的公积金为 600×10%＝60（万元）。

由于 480 万元＞60 万元，已经满足了规定，故应发放 120 万元的股利。

2. 对消极股利政策的评价

一方面，消极股利政策可以最小化新股的发行成本，公司每次都是从利润里拿出资本预算的一个固定比例，剩下的钱用于发放股利，这样就不会出现公司把当年的净利润都用于发放股利而导致留存收益不够，当遇到好的投资项目时，资本预算超过公司拥有的资金，只能通过借债或发股票等方式去重新融资的情况。重新举债或进行股票再发行等方式，不仅融资周期长，而且融资成本也非常高。所以，通过运用消极股利政策，保证了公司尽量减少通过股权或者债权进行新融资的概率，降低了发行成本。

另一方面，这一政策可以最大限度地减少信息不对称。对于投资者来说，如果了解公司使用的是消极股利政策，那么公司发放股利的多少主要取决于当年净利润以及资本预算的多少，而不是像投资者平时理解的那样，是管理层向外发放的一个信号。所以，这一政策可以减少信息不对称，将发行权益的信号成本最小化，最小化加权平均资本成本。

但是消极股利政策的不足之处在于股利发放额每年随投资机会和盈利水平的波动而波动，不利于投资者安排收入与支出，也不利于公司树立良好的形象。在剩余股利模型下，公司的股利有时比较高，有时比较低，如果外界不知道该公司采取的是该方法，公司可能会向外界传达相矛盾的信号，增加风险，不适用于特定的客户。

所以我们的结论是：在设定目标支付比率的时候考虑剩余股利模型，但是不要死板地一直沿用这一政策。如果投资者觉得公司未来有很多不确定性，市场已经对公司的政策做出了非常负面的反应，公司应该要考虑去改变政策，要有一定的灵活性。

二、积极股利政策

1. 稳定股利政策

稳定股利政策（constant payout policy），又称固定股利的股利政策，是指公司将每年派发的股利额固定在某一特定水平上，然后在一段时间内不论公司的盈利情况和财务状况如何，派发的股利额均保持不变的政策。只有当公司对未来利润的增长确有把握，并且这种增长被认为不会发生逆转时，才增加每股股利额。

采用该政策的理论依据是一鸟在手理论和股利信号理论。这些理论认为：股利政策向投资者传递重要信息。如果公司支付的股利稳定，就说明该公司的经营业绩比较稳定，经营风险较小，有利于股票价格上升；如果公司的股利政策不稳定，股利忽高忽低，这就给投资者传递了公司经营不稳定的信息，导致投资者对风险的担心，进而使股票价格下降。

稳定股利政策的好处是，不少长期投资者（包括个人投资者和机构投资者）希望公司股利能够成为其稳定的收入来源，以便安排消费和其他各项支出；稳定股利可以消除投资者内心的不确定性，向投资者传递该公司经营业绩稳定或稳定增长的信息，从而使公司股票价格上升，有利于吸引长期投资者。

这一政策的缺陷主要表现为：公司股利支付与公司盈利相脱离，造成投资的风险与投资的收益不对称；另外它可能会给公司造成较大的财务压力，甚至侵蚀公司留存利润和公司资本，所以该政策一般适用于经营比较稳定的公司。

2. 固定股利支付率政策

固定股利支付率政策（stable payout ratio policy）是指公司确定固定的股利支付率，并长期按此比率从净利润中支付股利的政策。采用这一政策的理论依据仍然是一鸟在手理论和股利信号理论。固定股利支付率政策使股利与企业利润紧密结合，体现了多盈多分、少盈少分、不盈不分的原则；同时保持股利与利润间的一定比例关系，体现了风险投资与风险收益的对称。

从企业支付能力的角度看，这其实是另一种形式的稳定支付的股利政策，但从投资者角度来看实施的结果，公司股利分配数额却是不断变化的，传递给市场的信息是公司分红并不稳定，可能传递给外界公司不稳定的信号，所以实践中很少有公司采用这一股利政策，这一政策只能适用于稳定发展的公司和公司财务状况较稳定的阶段。

阅读材料　贵州茅台的固定股利支付率政策

贵州茅台酒股份有限公司是我国白酒行业中的代表公司，主要经营茅台酒的生产和销售。随着我国经济的不断发展，白酒行业的收入和利润不断提高，长期保持在两位数的增长水平。贵州茅台作为我国高端白酒的代表，更是飞速发展。2020 年，茅台酒的年产量超过一万吨，贵州茅台的销售收入高达 979.9 亿元，利润高达 467.0 亿元，公司市值高达 2.1 万亿元，在 2020 年中国制造业企业 500 强中排名第 102 位。

贵州茅台的股利分配政策主要是固定股利支付率政策。自 2001 年起贵州茅台每年均会采取现金股利的股利分配政策，且自 2008 年起，每股股息保持在 1 元以上，较为连续稳定。除 2013 年、2014 年外，贵州茅台的股利支付率均维持在 50%左右，较为连续稳定。自 2010 年开始，贵州茅台一直位居 A 股每股派息排行榜首位。总体上讲，贵州茅台的股利分配政策呈现出稳定持续，以现金股利分配为主、股利支付率高的特点。表 11 - 3 列出了 2006—2020 年贵州茅台的分红情况。

表 11 - 3　2006—2020 年贵州茅台的分红情况

公告时间	分红政策（每 10 股）			除权日	股权登记日
	送股（股）	转增（股）	派息（股）		
2020	0	0	192.93	2021 年 6 月 25 日	2021 年 6 月 24 日
2019	0	0	170.25	2020 年 6 月 24 日	2020 年 6 月 23 日
2018	0	0	145.39	2019 年 6 月 28 日	2019 年 6 月 27 日
2017	0	0	109.99	2018 年 6 月 15 日	2018 年 6 月 14 日
2016	0	0	67.87	2017 年 7 月 7 日	2017 年 7 月 6 日
2015	0	0	61.71	2016 年 7 月 1 日	2016 年 6 月 30 日
2014	1	0	43.74	2015 年 7 月 17 日	2015 年 7 月 16 日
2013	1	0	43.74	2014 年 6 月 25 日	2014 年 6 月 24 日
2012	0	0	64.19	2013 年 6 月 7 日	2013 年 6 月 6 日

续表

公告时间	分红政策（每10股）			除权日	股权登记日
	送股（股）	转增（股）	派息（股）		
2011	0	0	39.97	2012年7月5日	2012年7月4日
2010	1	0	23.00	2011年7月1日	2011年6月30日
2009	0	0	11.85	2010年7月5日	2010年7月2日
2008	0	0	11.56	2009年7月1日	2009年6月30日
2007	0	0	8.36	2008年6月16日	2008年6月13日
2006	0	0	7.00	2007年7月13日	2007年7月12日

3. 稳定增长股利政策

稳定增长股利政策实际是稳定股利政策的升级，即公司的现金股利分配额在基本保持稳定的基础上还寻求每年有所增长，且增长率也基本保持稳定。能够真正实施这一股利政策的公司在市场上很少，只有那些长期具有市场垄断地位的大型蓝筹公司，才可能有条件近似地采用稳定增长股利政策。

4. 正常加额外股利政策

正常加额外股利政策（regular plus bonus policy）是指公司事先设定一个较低的经常性股利额，一般情况下，公司每期都按此金额支付正常股利，只有在公司盈利较多时，再根据实际情况发放额外股利。

正常加额外股利政策的优点：一方面，该政策赋予公司一定的灵活性，使公司在股利发放上留有余地和具有较大的财务弹性；另一方面，由于公司每年固定派发的股利维持在一个较低的水平上，在公司盈利较少或需用较多的留存收益进行投资时，公司仍然能够按照既定承诺的股利水平派发股利，这有助于维持公司股票的现有价格。而当公司盈利状况较好且有剩余现金时，公司就可以在正常股利的基础上再派发额外股利，而额外股利信息的传递则有助于公司股票的股价上扬，增强投资者信心。

正常加额外股利政策既吸收了固定股利政策对股东投资收益的保障优点，同时又摒弃了其对公司所造成的财务压力方面的不足，所以在资本市场上颇受投资者和公司的欢迎。该政策主要适用于经营状况和利润不稳定以及盈利水平随着经济周期而波动较大的公司。

【例 11-6】 股利政策的类型。

星辉公司2019年税后利润为1 000万元，当年发放现金股利200万元，2020年追加投资800万元，该公司债务资本与股东权益的比率为3∶5。假设该公司已经进入稳定增长期，公司净利润的长期增长率为2%，现在公司面临的股利分配政策选择有固定股利支付率政策、消极股利政策、稳定股利政策、稳定增长股利政策。请计算2020年该公司实行不同股利政策时的股利水平。

解：固定股利支付率政策下股利为200/1 000×1 020=204（万元）。

消极股利政策下股利为 1 020－800×5/8＝520（万元）。

稳定股利政策下股利为 200 万元。

稳定增长股利政策下股利为 200×(1＋2%)＝204（万元）。

第四节　股票回购与股票分割

一、股票回购

在现实生活中，我们经常会看到一些公司发布公告，对外宣布公司准备回购已经发行的股票，另外还有一些公司大股东或是管理层发起股票回购，那么什么是股票回购呢?

1. 股票回购的含义及方式

股票回购是指上市公司利用现金等方式，从股票市场上购回本公司发行在外的一定数额的股票的行为。

股票回购的方式主要有三种：一是要约回购（tender offer），即公司设定一个购买价格和希望购买的股份数量。比如，某公司发布公告宣布准备以每股 10 元的价格回购 1 万股公司股票，此时有意愿的投资者就可以通过填表、投票等方式表达自己参与回购的意愿，然后将其持有的股票以公司提出的要约价（通常高于市场价格）直接卖给公司。二是公司不发布要约收购的公告，而是公开宣布计划直接在公开市场上购回自己发行的股票。三是目标回购（target offer），公司直接向大股东洽购，从特定股东那里购回公司股票。在这种情况下，一般会存在一些事先的投资协议。比如公司在引入 VC、PE 时可以与其签署特定的回购协议，商定在未来某些条件下，作为公司创始人，可以将公司股份再回购回来。

股票回购与现金股利的类似之处在于此方法将向股东返还现金，所以股票回购可以作为现金股利发放的有效替代方式。当公司拥有大量的富余现金且缺少投资机会时，公司会以高溢价向股东回购一定数量的股份，变相发放现金股利。

2. 股票回购对公司价值的影响

在完美市场中，公司进行股票回购对公司的价值没有影响。在现实世界中，当公司发布股票回购公告时，往往代表公司认为目前公司的股价低于其预期水平，变相地向市场发出了一个股票价格被低估的信号。所以，在大多数情况下，我们会看到在股票回购的公告发布后，公司股价会上涨。

本章第二节里提到过，苹果公司账上有 2 615 亿美元的现金，但发给股东的股利是比较少的，很大一部分现金用来定期地做股票回购。苹果公司不大量发放股利的另一个原因是，公司很大一部分现金在美国以外的分公司账上，而美国有规定，如果公司将在海外赚得的资金转移回国内的话必须要交税，而美国公司所面临的税率是非常高的，所以苹果公司宁可将这些资金放在海外，真正在美国本土的资金不多。

现在我们来看下面这个例子，探讨股票回购对公司价值的影响。

【例 11－7】 股票回购对公司价值的影响。

假定惠新公司希望将 100 000 美元发放给股东，公司流通在外的普通股股数为100 000 股。惠新公司初始的资产负债表（以市值记账）如表 11－4 所示。

表 11－4 初始的资产负债表 单位：美元

资产		负债和权益	
现金	150 000	负债	0
其他资产	850 000	权益	1 000 000
公司价值	1 000 000	公司价值	1 000 000

此时每股价格＝1 000 000/100 000＝10（美元）。

（1）如果公司将这 100 000 美元用作现金股利，则资产负债表将如表 11－5 所示。

表 11－5 资产负债表 单位：美元

资产		负债和权益	
现金	50 000	负债	0
其他资产	850 000	权益	900 000
公司价值	900 000	公司价值	900 000

现金股利不改变公司流通在外的股数，此时每股价格＝900 000/100 000＝9（美元）。

如果公司发放 100 000 美元现金股利，有 100 000 股，每股发 1 美元，则资产负债表左边的现金会变成 50 000（＝150 000－100 000）美元，其他项不变；右边的权益会因为发放了 100 000 美元的股利而减少 100 000 美元，公司的股价从 10 美元掉到 9 美元，因此股票的市值变成 900 000 美元，左右两边相等。对于股东来说，总的财富还是 100 000 美元的现金股利加上 900 000 美元，这个公司的价值还是 1 000 000 美元。

（2）如果将这 100 000 美元用于股票回购，则资产负债表将如表 11－6 所示。

表 11－6 股票回购后的资产负债表 单位：美元

资产		负债和权益	
现金	50 000	负债	0
其他资产	850 000	权益	900 000
公司价值	900 000	公司价值	900 000

此时公司流通在外的股数＝100 000－100 000/10＝90 000（股）。

此时每股价格＝900 000/90 000＝10（美元）。

如果公司这 100 000 美元用于股票回购，10 美元 1 股，可以回购 10 000 股。公司资产负债表左边的现金还是减少 100 000 美元，其他项不变。因为市场上就只剩下 90 000 股了，每股价格 10 美元，资产负债表右边权益部分减少到 900 000 美元，左右两边相等。我们可以看到，股票回购实际上不会影响公司价值，也不会影响公司的股价。

在真实世界中，股票回购使得投资者可以考虑是否愿意接受目前的现金收入以及对其所交税费的影响。在现行税务规定下，考虑到股东面临的选择，资本利得的税率相对较低，股东可能会更加偏向于回购，但是仅仅出于帮助投资避税目的的股票回购被税务部门所禁止。

3. 股票回购的目的

（1）向市场传递股价被低估的信号。因为只有公司管理层人员认为公司目前的股价被低估时，他们才会进行股票回购，并向市场传递此信息。而要约形式的回购比公开市场回购可以传递一个更加正面的信号，因为公司设定了一个具体的价格，投资者可能认为这是公司对目前股价最低的估值。市场对股票回购的反应通常是股价上升，从而有利于稳定公司股票的价格。

（2）增强公司控制权，调整所有权结构。股票回购减少了公司流通在外的普通股股数，提高了股票价格，而且回购的库存股可用于员工持股计划等用途，在一定程度上起到了反恶意收购的作用。

（3）合理避税。给投资者发放现金股利会面临较高税率的股利收益所得税，而通过股票回购的特殊方式发放股利既可以作为现金股利的替代，又可以面临税率较低的资本利得税。

（4）调高财务杠杆，发挥财务杠杆的作用。股票回购减少了公司内部的现金，减少了流通在外的普通股股数，即减少了股东权益。公司可以通过股票回购降低股权成本，提高负债比率，改善公司资本结构，降低公司加权平均资本成本。

阅读材料　格力电器首次股票回购

受新冠肺炎疫情和国内外宏观经济形势等因素的影响，家电行业整体处于低迷期。2020 年年初，格力股价持续下跌，一度从 69.88 元/股下跌至 3 月 23 日的 49.22 元/股（见图 11－4）。为提振市场信心，稳定公司股价，格力电器启动了有史以来首次股票回购。

格力于 2020 年 4 月 13 日发布公告称，公司将用自有资金，以集中竞价交易方式回购公司股份，总额不低于人民币 30 亿元，且不超过人民币 60 亿元。回购股份的目的是用于实施公司股权激励或员工持股计划。截至 2021 年 7 月 31 日，公司已累计回购公司股份 202 035 056 股，占公司截至 2021 年 7 月 31 日总股本的 3.358 4%，最高成交价为 56.11 元/股，最低成交价为 46.16 元/股，支付的总金额为 10 068 799 914.20 元。

如图 11－4 所示，格力股价有所回升，由 2020 年 4 月刚刚超过 50 元，到 2020 年 6 月初每股超过 60 元。然而 2020 年 7 月后，格力股价又呈现下滑态势。为此，公司在 2020 年 10 月继续推行股票回购政策。从市场反应来看，格力股价又呈现出了较大的回升，一度达到每股 70 元。由此可见，格力的股票回购政策在短期内是起到了一定效果的，但从长远来看，格力依然需要通过自身转型升级来实现新的飞跃。

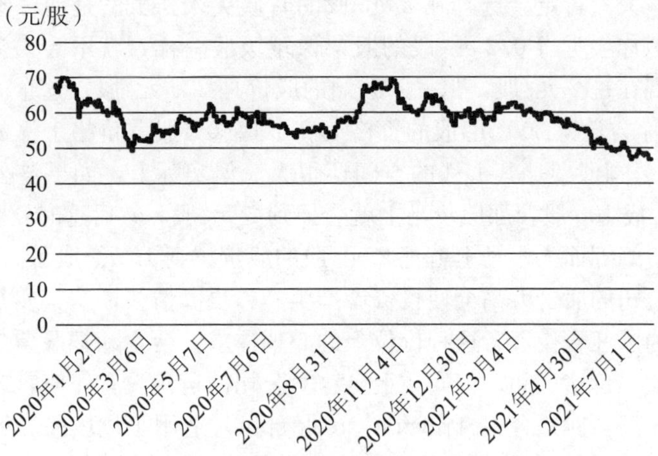

图 11-4 格力股价波动图

二、股票分割

股票分割（stock split）是指在公司原有资本总额不变的情况下，将每股股票的面额拆小。股票分割实质上与股票股利是一样的，只不过是以比值表示的。例如原来每股 100 元的股票，以 2∶1 的比例分割，每股就变成了 50 元，这与 100%的股票股利是一样的。

股票分割既不改变股东权益总额，也不影响股东权益结构。我们用下例说明这一点。

【例 11-8】 惠新公司目前发行在外的普通股股数为 1 000 万股，每股面值为 10 元，每股收益为 3 元，每股市场价格为 100 元。目前，公司股东权益如表 11-7 所示。

表 11-7 公司股东权益 单位：万元

项目	金额
股本	10 000
资本公积	20 000
盈余公积	10 000
未分配利润	20 000
股东权益合计	60 000

如果惠新公司按照面值 1 元/股进行股票分割，那么股票分割后，发行在外的普通股股数将增至 1 亿股，是原来股数的 10 倍。但是，股东权益的结构和总量均没有发生变化。

那么为什么要做股票分割呢？一个常见的解释股票分割的原因是，使得股价回归到更合适的可以被交易的范围。理论上，股票分割是不影响股价的，但在现实中我们观察到，做完股票分割之后，股价很多时候会大涨。一个常见的解释就是，投资者会偏好在适中价位范围内的公司股票。

比如，同样一家公司的股票，如果股价分别是 0.2 元/股和 2 元/股，你会更喜欢在哪种情况下买入呢？大家肯定会选择在2元/股的时候买入。虽然是同一家公司，未来的一切都是一样的，但你会觉得0.2元/股的股票像垃圾股一样，就不会去买。再如，还是同一家公司，股价现在是2元/股，另一家公司的股价是200元/股，这个时候你会倾向于买2元/股的，因为你会觉得200元/股的价格太高了，这只股票价格上涨的空间很小。但如果购买2元/股的公司股票，其上涨的空间还很大。但实际上，如果该公司现在的股价为200元/股，1股拆成100股，那股价马上就会掉到2元/股，然后这时就会有大量喜欢这种价位的股票投资者蜂拥而入，马上就把2元/股的股价拉到10元/股了。

很多时候，公司的股价太高会使投资者产生一种畏高情绪，这其实是投资者的心理误区，但有的公司为了迎合投资者这种价位上的心理需求，会主动把股票进行分割，让股价落到投资者更喜欢的价格区间，但实质上，这对公司的运营没有任何影响。

与股票分割相反，股票合并（reverse stock split）适用于垃圾股。如果一家公司的股价已经跌到0.1元/股了，公司就会将每100股合并成1股，这样股价就会变成10元/股。若股东原来持有1万股，现在就会变成100股，理论上价值还是一样的。

阅读材料　我国上市公司偏好高分红的原因

格力电器一直采取高现金股利的股利分配政策，保持较高的股利支付率，近20年来除2017年外都进行了股利分配，同时，格力电器的净利润和市值也得到了持续的增长。表11-8显示了格力电器的部分指标。

表11-8　格力电器的部分指标

	2015年	2016年	2018年	2019年	2020年
每股收益（元）	2.08	2.57	4.36	4.11	3.71
每股现金股利（元）	1.5	1.8	1.5	1.2	3.0
股利支付率（%）	72.12	70.04	34.40	29.20	80.86

格力电器实行高分红政策的原因包括很多方面：一是格力电器本身财务状况较好，有较好的盈利能力，有较好的营运能力，有充足的现金流，进行高现金股利分红对于公司的运营没有太大影响；二是控股股东和管理层的意志，前5大股东的占股比例达到40%，同时管理层有较多的股份，发放现金股利对于他们较为有利；三是企业生命周期进入成熟期，企业已经结束了高速发展阶段，企业的投资机会较少，格力电器因此更倾向于现金分红；四是高分红政策可以提高品牌影响力，高分红政策更加符合证监会的分红要求，同时也让投资者受益，显示出了更强的现金创造能力，表现了更好的企业形象和公司实力。

我们观察到，现实生活中的公司会有一个平滑股利的现象，也就是说，不管公司的盈余如何大幅波动，都会尽量保证股利是比较平稳的，在收入高的年份，公司还是发放与往年差不多的股利；在经营不好的时候，也尽量保持与往年的股利差不多。这样会向市场传递一个比较稳定的信号。所以，对于公司来说，应该选择一个合适的、稳定的股利政策，避免仅仅为了支付股利而放弃NPV为正的项目，也避免通过发行股票融资来支付股利。

当公司的现金没有更好的用途时，可以考虑做股票回购。

综合考虑各种因素，上市公司的股利支付总额巨大，并且随时间的推移而增加。股利支付集中在少数大型成熟公司。CEO一般不愿意减少股利支付，他们会选择平滑股利。因为股票的价格会对没有预期到的股利变化做出反应，如果突然大幅增加股利，可能市场会有一个非常正面的反应，如果股利大幅下跌了，股价也会有一个大幅的下跌。

阅读材料 管理层对于股利政策的看法

关于上市公司管理层对于股利奖励政策的看法，按照公司类型可分为以下两类：

第一类，初上市的处于发展期的公司。对于这类公司的管理层人员来说，影响他们对股利政策的评估的因素主要有两项，即收入与公司价值，这两项也分别代表其自身的即时收益与长期收益。在收入方面，管理层符合 Lintner（1956）模型的假说，该模型认为，只有股息的增加才能够代表收入的增长。而在公司价值方面，通常管理层认为应该采取稳定的股利政策，即股利发放方式相对固定。这种稳定的股利政策有助于增强投资者的信心，维持公司股价的稳定与增长。

第二类，规模庞大、营收利润固定且现金流储备充足的公司。这类公司的管理层一般采取稳定的现金股利制度。他们认为最佳的股利政策应该借助当前股息、未来发展预期、最高股票价格确定。根据调查，这些公司的管理层普遍支持通过增加股息的方式提振股价，使得其公司的股票价格回升至应有的内在价值。然而，米勒与莫迪利亚尼（Miller and Modigliani，1961）的研究显示，这些公司的管理层通常不赞同一鸟在手理论的观点，即当下增加的股息并不会通过减少未来现金流的风险的方式提振公司的价值。

管理层关于股利政策的看法如表11-9所示。

表11-9 管理层关于股利政策的看法

同意或强烈同意	重要或非常重要
试图避免降低每股股利（93.8%）	维持历史股利政策（84.1%）
试图维持逐年稳定的股利（89.6%）	未来盈余的稳定（71.9%）
支付股利以吸引那些受到“专业投资”限制的投资者（41.7%）	发行新股的成本（9.3%）

资料来源：Baker，H. K.，G. E. Powell，and E. T. Veit. “Revisiting Managerial Perspectives on Dividend Policy，” *Journal of Economics and Finance*，2002（26）：267-283.

【本章小结】

1. 股利政策是指将公司税后利润在支付股利和增加留存收益之间进行合理分配的理论。股利主要有现金股利、股票股利、股票回购、实物股利等形式。

2. 股利分配过程中的重要日期包括股利宣告日、股权登记日、除息日和股利发放日，投资者在哪一天成为股东才能够得到股利，并不是以股利宣告日为准，而是以股权登记日为准，被登记在册的股东都可以收到公司发放的股利。所以，如果投资者想得到一家上市公司的分红，就必须弄清楚这家公司的股权登记日在哪一天，否则就会失去现金分红的机会。

3. 假设现实环境是一个完美的资本市场，公司的资产是给定的，没有税，没有交易成本，不存在信息不对称，公司的投资是已经确定好的，且公司的投资不取决于公司的财务政策，没有破产成本，则我们就可以得到结论：股利政策与公司价值是无关的。

4. 在现实世界中，因为税收、不确定性、信息不对称、交易成本、代理成本这些因素，股利政策会对公司价值产生影响。股利政策相关论的主要理论有一鸟在手理论、税收偏好理论、群落效应和股利信号理论等。

5. 实践中的股利政策类型主要包括消极股利政策、稳定股利政策、固定股利支付率政策、稳定增长股利政策和正常加额外股利政策等。

6. 由于企业所处的行业不同，所处的发展阶段也不一样，企业的具体情况千变万化，市场环境也时时刻刻都处在变动之中，因此，实际上不可能存在一种普遍适用的所谓最优股利政策。但是，在特定的时期，每个企业都会有最适合自己当时情况的股利政策，根据企业状况、投资者要求与市场环境，可拟定最适当的股利分配政策。

【重要概念】

留存收益
股利
股利支付率
现金股利
股票股利
股票分割
股票回购
股权登记日
除息日
股利政策无关论
一鸟在手理论
群落效应
税收偏好理论
剩余股利模型
稳定股利政策
固定股利支付率政策
正常加额外股利政策

【思考题】

1. 请你从资本结构与财务影响的角度对现金股利、股票股利进行比较。
2. 剩余股利模型和固定支付率股利政策各有什么优缺点?
3. 梳理股利政策无关论和股利政策相关论的基本思想。
4. 你认为公司的股利政策会受到哪些因素的影响?

【练习题】

1. 在美国，资本利得税低于现金股利所得税，但是存在很多上市公司持续发放现金股利；同样在中国，现金股利收入需要纳税，资本利得无须纳税，但是还有不少企业持续派现。你能对此现象做出合理的解释吗?

2. 我国某上市公司在 2021 年 4 月 28 日对外发布利润分配实施公告，公告称其 2020

年度利润分配方案已于2021年上半年由股东大会审议通过。股利分配方案为：每10股派现金股利2元（含税），每10股送1股，转增2股。股权登记日为2021年5月1日，除息日为2021年5月8日，现金股利发放日为2021年5月13日。请你对该公司股利分配中的重要日期做出解读。

3. 假设某上市公司近年来一直维持高现金股利政策。2021年4月，通过股东大会决议，该公司披露了2020年利润分配方案。由于未来有较好的投资机会，该公司2020年不准备派发现金股利。通过该公司2020年的财务报表信息可知，其未分配利润总额相比过去不降反增，但在利润分配方案公布后，该公司股价开始下跌。请你用适当的理论来解释这一现象。

4. 惠新公司上年的税后利润为5 000万元，由于今年经济不景气，仅实现了4 750万元的税后利润，目前有1 000万只流通在外的股票。下一年，该公司确定的投资项目所需资本为4 000万元，目标资本结构为60%负债，40%权益。已知上年该公司每股发放的股利为3元。

（1）若该公司实行固定股利支付率政策，则这一年发放的每股股利为多少？

（2）若该公司实行消极股利政策，则这一年发放的每股股利为多少？

5. 华德公司成立于2016年3月15日。该公司2019年度实现的净利润为1 000万元，分配现金股利550万元，提取指定用途的公积金450万元，2020年实现的净利润为900万元。2021年该公司计划增加长期投资项目，所需资本为700万元。假定该公司目标资本结构为权益资本占60%，长期借入资本占40%。

（1）在保持目标资本结构的前提下，计算2021年长期投资所需的权益资本和需要从外部借入的长期债务资本。

（2）在保持目标资本结构的前提下，如果公司执行剩余股利政策。计算2020年度应分配的现金股利。

（3）在不考虑目标资本结构的前提下，如果公司执行稳定股利政策，计算2020年度应分配的现金股利、可用于2021年投资的留存收益和需要额外筹资的资本。

（4）在不考虑目标资本结构的前提下，如果公司执行固定股利支付率政策，计算华德公司的股利支付率和2020年度应分配的现金股利。

6. 胜利公司确定的目标资本结构为50%负债和50%权益，预计下一年可供分配给普通股股东的收益为8 000 000元。公司当前面临如表11-10所示的几个独立项目的投资机会：

表11-10 项目概况

项目	投资额（元）	适用资本成本（%）	内部收益率（%）
A	3 000 000	15	18
B	2 500 000	13	10
C	2 000 000	7	8

（1）如果胜利公司采取消极股利政策，其全部股利支付额将为多少？

（2）如果胜利公司支付股利2 500 000元，而且权益融资仅使用内部资金，假设边际资本成本保持不变，它应该选择哪些项目？

7. 设有一家上市公司刚刚宣布每年的定期现金股利为 0.3 元/股，请根据本章内容回答以下问题：

（1）股利的派发会如何反映在该公司的股价上？

（2）股价的变化会在哪一天出现（股利宣告日、股权登记日、除息日还是股利发放日）？

（3）假设市场为完美市场（不存在税收和信息不对称），股价变动幅度为多少？

【延伸阅读】

1. Miller, M. H. and F. Modigliani. "Dividend Policy, Growth, and the Valuation of Shares," *Journal of Business*, 1961 (34): 411 - 433.

2. Gordon, M. J. "Optimal Investment and Financing Policy," *Journal of Finance*, 1963 (18): 264 - 272.

3. Baker, M. and Wurgler, J. "A Catering Theory of Dividends," *Journal of Finance*, 2004 (59): 1125 - 1165.

4. Barclay, M. J. and C. Smith. "Corporate Payout Policy: Cash Dividends versus Open-Market Repurchases," *Journal of Financial Economics*, 1988 (22): 61 - 88.

5. 朱叶．公司金融. 5 版. 上海：复旦大学出版社，2021.

6. 李曜，刘莉亚，邓辛．公司金融. 2 版. 北京：中国人民大学出版社，2019.

7. 斯蒂芬·A. 罗斯，伦道夫·W. 威斯特菲尔德，布拉德福德·D. 乔丹. 公司理财：精要版·原书第 12 版. 北京：机械工业出版社，2020.

8. 蒋屏．公司理财. 3 版. 北京：中信出版社，2016.

第十二章
并　购

【本章学习目标】

1. 掌握公司并购的概念及类型，理解并购的动因。
2. 了解并购流程、主要支付方式及特点。
3. 掌握并购估值方法，包括历史成本法、收益现值法、相对估值法。
4. 掌握主要的并购策略与反并购策略，了解其优缺点。

引导案例

2012 年，三胞集团并购了成立于 1998 年的居家养老企业安康通。为实现转型升级，三胞集团于 2014 年“走出去”，收购了“一带一路”沿线国家以色列先进的健康服务企业纳塔力（Natali）。该公司是以色列最大的医疗服务和居家养老服务公司，提供包括远程心电全天候监测诊断服务、紧急呼叫与急救服务、安全及援助服务、家庭护理服务在内的多项服务，其远程医疗和紧急救助医疗在当地的市场占有率首屈一指。在收购之后，三胞集团将纳塔力领先的居家养老和远程医疗技术与管理经验引入中国，嫁接在安康通身上，让国内的老年人也能享受到先进的养老服务，顺应了养老服务的供给侧改革。三胞集团的这一并购活动收效显著。在引入纳塔力前，安康通经过 10 多年发展，用户数还不到 10 万人。在引入之后，安康通近年来用户数呈几何级增长，目前已成为国内最大的居家养老企业，在 20 个省市开展业务，辐射老年用户逾 2 000 万人。那么，企业为何要进行并购？并购的流程是什么？如何确定并购项目的价值？

在“走出去”战略的指引下，中国企业积极开拓国际化进程，实施国际化经营战略。企业利用国际国内两个市场、两种资源，通过对外直接投资、对外工程承包、对外劳务合作等形式积极参与国际竞争与合作，力图实现我国经济可持续发展的现代化强国战略。现阶段，中国企业纷纷走出国门深入海外发展。中国企业在“一带一路”沿线投资中也扮演着重要角色，国企、央企成为投资的主力军，积极参与各项并购活动，充分体现了大国的责任和担当。当前，中国经济已由高速增长阶段转向高质量发展阶段，在“以‘一带一路’建设为重点，坚持引进来和走出去并重”[①] “加快建设高效规范、公平竞争、充分开放的全国统一大市场”[②] 等重要经济工作原则的指导下，并购活动将是推动形成中国全面开放与新发展格局的重要力量。在本章，我们将介绍并购的类型、动因与过程，阐述并购估值的主要方法与并购的重要策略。

第一节　并购的概念、类型、动机及价值

并购是企业快速扩张的主要方式。在发展过程中，企业常面临着如关键资源短缺、市场进入壁垒等条件约束。尽管企业可以通过内部成长克服障碍，但越来越多的市场经济企业选择并购作为突破限制、做大做强的途径，并购市场日益活跃。仅 2014 年，全球范围内的并购规模就已达到 3.5 万亿美元。随着经济的高速发展及竞争格局的瞬息万变，并购已成为企业葆有活力的一项重要财务活动。

一、并购的概念

从活动属性看，并购是企业间进行产权交易的经济行为，通常涉及买方和卖方两类主体，买方被称作收购公司、标购公司或出价方，卖方被称作被收购公司、目标公司或标的方。[③]在实践中，并购活动形式丰富多样，目前对其尚未有一致的定义。狭义上讲，并购是指企业的合并活动，主要包括吸收合并（merger）和新设合并（consolidation）。其中，吸收合并是指两家或两家以上的企业合并成一家企业的合并方式，即企业以现金、证券或其他形式购买取得其他企业的产权，经过合并，兼并企业继续保留其法人地位，而另外一家或几家企业在合并后丧失独立的法人资格；新设合并是指两个或两个以上的企业合并后，共同成立一个新的企业，参与合并的原有各企业法人主体均归于消灭。因此，在狭义的并购活动中，双方或一方将消失，并形成新的经济实体。合并后，产权发生转移，兼并方承担被兼并企业的全部资产和负债，应到工商行政管理部门办理变更、注销或设立登记手续。

从广义上看，并购除了企业兼并外，还包括收购（acquisition）和接管（takeover）。收购是企业用现金、股权或其他非现金资产购买另一家企业的部分或全部资产或股权，以

---

① 摘自习近平在中国共产党第十九次全国代表大会上的报告。

② 摘自习近平在中央全面深化改革委员会第二十三次会议上的讲话。

③ 除收购公司和目标公司外，并购活动也需要其他主体的参与和支持，如专业化的服务提供方、监管机构以及机构投资者和贷款人等。专业化的服务提供方包括投行、律师、会计师和公关机构等。监管机构包括证监会、交易所、国家和地方国资委、相关行业主管部门、商务部等。机构投资者和贷款人包括保险公司、养老基金、共同基金、商业银行、对冲基金、私募股权和风险投资基金、主权财富基金、天使投资人等。这些其他主体的存在可以为收购公司和目标公司提供居间服务、行业咨询、资金渠道等，平滑并购过程，促进达成合作交易。

获得该企业的控制权或施加重大影响的活动。其特点在于这种收购并不以取得目标公司的全部股权或资产为目的，而仅是为实现控制或重大影响，并且，目标公司在交易完成后仍然存续经营，其法人地位也不消失，未形成新的经济实体。收购方成为目标公司的新股东，以其掌握的股份为限承担有限责任。收购可以通过公开证券市场上的要约收购或私下协议收购进行。接管通常是指企业控制权的变更，如一家企业通过收购（如因兼并、要约收购等改变股权）或其他方式（如托管或委托投票权争夺）取得另一家企业一定比例的投票表决权，并达到可以控制财务和经营政策的效果，控制权发生转移。[①] 因此，接管相对收购而言外延较为宽泛。

尽管兼并与收购在活动形式和后果上有些许差别，但是两者作为企业获取控制权的常用方式，在实际运作中常被统称为“并购”（merger and acquisition，M&A）。本书也将采用此广义概念，以并购指代企业的各项兼并、收购活动。

二、并购的类型

并购根据不同的标准可以划分为不同的类型。

1. 行业分类

按并购双方所处行业性质，并购可以分为横向并购、纵向并购和混合并购。

（1）横向并购，是指生产同类产品或经营同类业务的企业之间的并购，收购方与被并购方处于同一个行业。例如，国美对永乐电器的收购、优酷与土豆的合并等同行业企业间的并购即为横向并购，其实质是竞争对手间的合并。横向并购能够帮助收购方迅速扩大市场份额，减少经营成本，实现规模经济。然而，横向并购形成的市场势力可能会造成行业垄断，在一定程度上破坏市场竞争。

（2）纵向并购，是指供应链上处于产品生产过程不同阶段的企业间的并购活动，主要是企业与其供应商或客户之间的并购。例如，汽车公司收购其零部件制造商、中粮集团通过杠杆收购入主蒙牛公司等就属于纵向并购。通常而言，纵向并购是优势企业兼并与本企业生产紧密相关的生产、营销企业，以形成纵向垂直一体化。基于产业链上生产销售关系的方向，可以将纵向并购进一步划分为前向并购和后向并购。前向并购是指收购方沿着供应链向下游的并购，即本公司产品的加工企业、运输企业或贸易企业的并购，也就是向终端消费者方向并购；后向并购则是公司向供应链上游的并购，即收购原材料产出方。纵向并购能够加强生产各环节的配合，增进协作，缩短生产周期，节约运输和库存经费，减少资源浪费，节约交易成本，从而提高企业经营效率。

（3）混合并购，又称集团并购，是指既非竞争对手又非同一产业链上的企业之间的并购，通常并购双方所处的行业、业务不相关，并购之前在经营活动上也无直接联系。例如，房地产公司收购服装制造公司即为混合并购。混合并购容易实现多元化经营战略，减少特定行业经营风险，促使企业快速进入新兴行业，分散风险、提高盈利。然而，过度多元化的经营方式会使公司资源向非主营业务倾斜，导致经营目标分散，对新行业知识的不

① 上市公司的接管也可以通过转为非上市公司的方式实现。在转为非上市公司的方式下，公司的股权通常被公司的管理层成员或某些外部投资者买断，股票无法继续在公开市场交易。

足及整合的困难也可能导致企业在实施混合并购后面临多重挑战。

2. 并购意图

按收购公司的意图或目标公司的态度，并购可以分为善意并购和敌意并购。在并购过程中，目标公司管理层对并购交易的态度至关重要，管理层是否愿意接受交易将决定并购的程序。

（1）善意并购，是指收购公司与被收购公司双方共同友好磋商收购事宜，达成并购协议，并予以实施、完成的收购。① 在善意并购中，一般收购公司在确定投资意愿后会先与目标公司的管理层进行直接接触并提出报价，由管理层首先对报价及收购公司进行评估，若其同意并购，便会将交易推荐给股东，由股东大会决议，管理层也将积极配合完成交易。② 当然，善意并购的发起者也可能是积极寻求企业变革和发展的被并购公司，主动转让经营控制权，向收购公司提出邀请。由于善意并购建立在双方友好、协商、自愿的基础上，其报价、条件、整合效果等较好。

（2）敌意并购，又称恶意并购，是指在目标公司管理层不清楚收购意图或对此持反对态度的情况下，收购公司对目标公司进行强行收购的行为。一般而言，敌意并购主要有两种形式：第一，出价方在未事先告知目标公司管理层的情况下从二级市场秘密收购目标公司的股票，通过公开市场购买足够的股票以变更目标公司的控制权，也即进行“爬行要约收购”；第二，在目标公司管理层明确拒绝要约收购后，出价方可以通过熊抱、要约并购或代理权争夺战等方式继续寻求并购，而在股权集中度较低的情况下，出价方通过二级市场的股票收购也可以获得控制权地位。与善意并购相比，敌意并购有利于具有并购意愿的收购公司掌握主动权、加快收购进程，但极有可能遭到被收购公司的抵制。在这种情况下，收购公司仅能获得目标公司的有限公开信息，难以了解其真实经营状况，将承担更高风险。同时，目标公司的反对也增加了收购成本，银行为敌意并购提供贷款支持的意愿较弱，收购成功的可能性较低。

3. 并购目的

按并购目的，并购可以分为战略并购和财务并购。

（1）战略并购，是指为了实现经营协同作用而进行的并购。企业在发展到一定规模之后，为了未来发展的考虑会选择横向或纵向并购来达到规模经济的效果。

（2）财务并购，是指收购方因目标公司价值被低估或者因收购带来的税务收益而进行的并购。除此之外，财务收购也旨在降低筹资成本，提高借贷能力，产生更大的财务效益。

4. 并购方式

按持股对象的针对性，并购可以分为要约并购和协议并购。

（1）要约并购，是指向所有股票持有人发出购买要约的并购，即收购公司直接向目标

① 收购方与被并购公司协议的内容常包括购买条件、购买价格、支付方式、收购后被并购公司的地位及被收购公司人员的继续雇用等问题。

② 若管理层认为被收购公司并购对公司是好事，且接受报价会比拒绝报价更有利于股东，管理层会将报价推荐给股东，交由股东大会进行决议。若收购公司与被收购公司均认可潜在的交易方案，双方将进一步协商付款方式和交易条款，进行尽职调查，明确目标公司的实际情况，拟定并购协议。

公司股东报价购买股份，个人股东可以接受或拒绝报价。这是敌意并购最常见的类型。

(2) 协议并购，是指收购公司与目标公司特定股票持有人达成协议的并购。协议并购通常是与持股比例较高的大股东进行公开环境下的私下协商，能够达到对目标公司控股或者兼并的目的。但是收购的股份一旦达到一定比例，就会触发全面的要约并购。

5. 资金来源

按并购资金来源划分，并购可以分为杠杆并购和非杠杆并购。

(1) 杠杆并购，是指收购公司仅利用少量的自有资金，主要以目标公司的资产和未来经营收入作为抵押进行大规模融资来支付并购资金的收购方式。

(2) 非杠杆并购，是指收购公司主要以自有资金完成对目标公司的并购。非杠杆并购并不意味着企业不通过借贷为并购筹资，只是数额较少，大多资金来自自有资本。

6. 支付方式

按支付方式，并购可以分为现金并购、换股并购和混合支付并购。

(1) 现金并购，为购买式并购，是指收购公司以现金为支付工具，达到收购的目的。并购方采用现金支付，不会对原股东权益产生任何稀释，流动性也较高，但有较沉重的即时现金负担，同时目标公司会产生高额的现金收入，形成较高税负。

(2) 换股并购，为互换式并购，是指收购公司将目标公司的股票按一定比例转换成本公司的股票，向其发行相应数量的股票，交换股份后，目标公司被终止或成为收购方的子公司。在以股票换取股票的并购中，收购方无须支付大量现金，不会挤占营运资本，但可能改变收购方的股权结构，稀释股东权益，甚至可能导致原股东失去公司控制权。

(3) 混合支付并购，是指采用现金、股票、债务、期权等多种方式支付对价的并购。混合支付并购在一定程度上结合了现金并购与换股并购的优点，既允许资金紧张的企业从事并购活动，也可以降低并购对收购公司股权结构的稀释效应，减少目标公司股东所支付的资本利得税款，兼顾了并购双方的利益。因此，在实践中，混合支付并购较为常见。

7. 收购对象

按收购对象，收购可以分为股权收购和资产收购。

(1) 股权收购是通过购买已发行的股票或者认购新股实现对目标公司的经营控制。按收购程度，股权收购可进一步分为控制性收购和少数股权收购两种。控制性收购是指收购公司将会获得目标公司的控制权，但收购公司保持名称不变，目标公司变成收购公司的一部分。少数股权收购是指收购公司只购买标的公司的部分业务单元或者部分资产，但控制权没有发生转移，在收购完成后，两个独立的商业实体仍然存在于市场。

(2) 资产收购是从被收购公司购买某项具有使用价值的资产，不影响被收购公司的持续经营。

三、并购的动机

并购活动的大量出现催生了有关企业并购动机的讨论，这一部分内容将介绍企业进行并购的主要原因。基于公司股东财富最大化的目标，并购动机可以归纳为积极动机以及消极或中性动机。积极动机是指能够为企业带来价值增值的并购动机，如通过并购创造协同效应、获得企业快速增长、增加市场垄断、转型新业务、产生节税效应、实现国际化商业目标，以增加收入、降低成本、降低税收、节省投资、提高技术与生产效率等。消极或中性动机是指对股东价值没有益处甚至有害的动机，包括冗余资金的使用、多元化投资及管理层为谋求私利或引导盈利而进行的并购等。[①]

1. 协同效应

协同效应是并购后的公司较并购前的单一实体能为股东创造出更多价值。也就是说，并购后公司整体价值大于两个公司独立运作时的价值的简单加总，协同效应的大小即为并购前后两者价值的差额。协同效应是公司并购行为中最基础、重要、普遍的动机，可以分为经营协同效应和财务协同效应。

（1）经营协同效应主要通过收购客户、供应商或竞争对手获得，包括产生规模经济和范围经济，主要通过增加营业收入、降低营业成本两个渠道提高经营效率和扩大产品范围。如果在产量升高的同时产品平均成本下降，即为规模经济；通常将不同类型的相关产品的营销和分销渠道等结合起来而节省的成本，即为范围经济。一方面，企业通过收购客户、供应商或竞争对手来减少竞争、增强市场竞争力，以提高价格；同时能够互补销售产品、增强媒体及广告效应、拓展销售渠道来增加市场份额；并购也使企业得以进入新市场，增加营业收入。另一方面，企业垂直并购可以将外部市场内部化，降低供应链上下游的交易成本和沟通成本，协调生产过程；企业体量的扩大能降低固定成本、增加经济规模效应；在实现内部管理效率提升的情况下，优化资产配置，使资产用于利润率更高的业务；外部技术的引进和产品工艺的改善也有助于压缩成本。另外，并购也可以消除企业重复的成本支出，提高营运效率。

（2）财务协同效应体现在资金需求、内部资本市场、财务能力和税收效应等多方面。第一，降低资本要求。相较于两个公司独立运营，并购会一定程度上降低营运资本，以及固定资产中所要求的资本投入，例如应收账款的减少能降低对流动资产的占用。第二，形成内部资本市场。将外部资本市场内部化能够实现不同单位间的现金流对冲、资金调配，降低财务风险，提高负债能力。若两个公司有着不完全相同的现金流、投资背景，合并后能够降低资本成本。对于杠杆公司，并购后债权价值受益于共同保险效应[②]，并购使得双方的债务安全性增加。两个公司的业务相关性越小，财务协同效应越大。第三，减轻财务紧张状况、优化增长机会和资本的匹配。在金融市场发展不充分时，财务现金充足但投资项目较少的公司和拥有高收益率投资项目但缺乏现金的公司均无法实现增长，而两者的合并将使得各自的优势得到发挥，并购后的公司价值通常更大。第四，节税效应。首先，按照税法规定，盈利的公司必须缴纳企业所得税，因此，公司可以利用累积损失和税收优惠平滑合并后公司的利润，如盈利的收购公司通过并购有税收亏损结转的目标公司，可以降

① 除一般并购动机外，对中国企业并购动机的分析还需考虑制度背景因素。例如，由于我国资本市场对上市资格严加审查和限制，许多企业力图通过并购实现借壳上市的目标，取得高价值的“壳资源”是并购的一项重要推动力。

② 当联合公司的一个单元经营失利时，债权人可以从另一单元的盈利中取偿，这种互为担保的情况被称为“共同保险效应”。

低应税收入和成本。① 其次，当目标公司负债较少时，收购公司可以利用目标公司尚未使用的负债空间进行负债融资，同时由于更低的违约风险，并购也会提高收购公司的举债能力，其享有的债务税盾效应会相应增加。

【例 12-1】 假设存在 A 和 B 两家公司，两家公司每年都以同等概率盈利 3 000 万元或亏损 1 000 万元，但两家公司的利润完全负相关。也就是说，在任一年度，若 A 公司盈利 3 000 万元，B 公司将亏损 1 000 万元，反之亦然。假设公司税率为 25%。若两家公司是独立公司，那么两家公司的税后预期利润总额是多少？如果两家公司合并为一家新的 C 公司，但作为两个独立的部门继续运营，预计税后利润是多少？

解：对于 A 或 B 公司而言，在盈利的情况下需缴纳税收，税后利润为 3 000×(1－25%)＝2 250（万元），当处于亏损状态时则无须纳税。因此，每家公司税后预期利润为 2 250×0.5＋(－1 000)×0.5＝625（万元）。

当 A、B 两家公司单独经营时，税后预期利润总额为 625×2＝1 250（万元）。

在 A、B 两家公司合并成 C 公司后，税前利润总是等于 3 000－1 000＝2 000（万元），税后预期利润为 2 000×(1－25%)＝1 500（万元）。因此，A、B 公司合并后形成的 C 公司的税后利润显著高于 A、B 公司各自的税后利润之和。这也说明了并购能够产生一定的税收效益。

2. 获得高增长率和市场支配力

并购是一种比内部投资更快增加收入的方式。并购不仅能够降低企业风险，也使得企业可以由内部投资增长机会很少的成熟行业进入新兴行业，发展新业务，实现营收的高速增长。同时，企业也可以通过并购在竞争性市场上提升产品定价能力，提高市场占有率。因此，并购是实现企业快速扩张和发展的重要途径。

3. 获得新资源和新技术

对企业而言，拥有一种新的资源或者能力能够帮助其占据市场高地，成为市场的领军者，为此，企业常成立研发部门、吸收大量的科研人员、投入大量研发经费。然而，新技术或新资源的开发并不容易，为取得新的竞争优势，企业需权衡内部投资发展与外部收购的成本和收益。通常，企业在欠缺竞争关键资源或能力时，通过并购来获取新资源或新技术是最为经济的方式，其周期更短、成本更低。

4. 购买被低估的资产

寻找有价值的投资机会，通过收购一家市场价值低于替代成本的公司，获得所需的财产，是选择收购目标的重要参考。当目标公司价值被低估，或收购方股价被高估时，收购方可能以较低的成本进行收购（如用现金收购被低估的目标公司或用被高估的股票收购），从中取得好处。在收购完成后，收购方可以通过改换公司管理层、改善组织机构来挖掘目标公司的隐藏价值。

---

① 根据我国税法规定，公司的年度亏损可以用税前利润连续弥补 5 年。 个盈利的公司收购亏损公司，公司利润将被目标公司的亏损抵消，这可以为收购公司带来较显著的税收利益，实现避税。另外，当目标公司按照税法规定享有税收减免的优惠政策时，收购公司可能通过与目标公司整合仍能享受税收优惠政策，这将为收购公司带来税收收益。

5. 进行战略调整

公司的战略规划不仅与经营决策有关，也与公司所处环境相关，而并购是公司快速调整战略的重要途径。并购可以挖掘公司目前未被充分利用的管理潜力，实现对公司架构、布局的快速调整。在全球化的背景下，跨国并购可以帮助公司实现走向国际化、经营跨境业务、扩展国际市场的目标。同样地，当外部环境骤然转变时，如面临贸易壁垒、技术限制、市场分割等，公司也可以通过并购来克服障碍、降低成本、开发新市场、获取新资源和技术以应对外部风险。

6. 使用闲置资金

公司每年都会有留存收益，而这些闲置资金的用途包括发放股利、回购股票、收购另一家公司等。若公司处在一个成熟行业，并且只有极少数净现值为正的项目，收购将有助于利用公司的闲置资金。

7. 进行多元化经营

多元化常被认为是公司并购的主要动机，可以为收购公司创造财务协同效应，包括直接降低风险、降低资本成本、增加债务能力，允许公司核心产品线抑或目标市场转移到有更高成长性的领域。然而，需要说明的是，多元化本身并不能产生价值。尽管通过并购分散公司现金流风险对管理者有价值，但该类收购对于中小股东的意义不大。投资者可以通过购买多家独立公司的股票来实现多元化的好处，而大多数投资者持有的投资组合已较分散，投资者从多元化收购中获得的利益较小。另外，过度多元化或者未加管控的多元化发展可能使得公司资源向一些非主营业务倾斜，导致公司的经营目标分散，代理成本也可能因集团绩效衡量难度较高而增加，在这种情况下并购引起的价值增量大多反而表现为折价，由此导致的多元化失败案例也并不罕见。

8. 追求盈利增长

在资本市场中，投资者进行决策的重要参考是由分析师发布的公司每股收益预测。当公司的每股收益超出分析师预期时，市场将普遍看好；当低于分析师预期时，将引发投资者的质疑，带来股价下跌风险。因此，当每股收益较低时，公司有动机通过换股收购低增长潜力的公司来增加每股收益。由于目标公司的市盈率低于收购公司的市盈率，收购公司为支付目标公司股东发行的新股票数量少于与目标公司相同利润下的股票数量，因此，短期之内收购公司的每股收益将上升。但从长期来看，由于股份摊薄的影响，收购方的每股收益增速会较正常水平下降。精明的投资者也会发现这样的合并并不会增加经济价值，因为高增长公司通过与低增长公司合并降低了总体的增长率，市盈率下降。

【例 12-2】 考虑 A 公司和 B 公司两家公司，假设两家公司的每股收益均为 2.6 元，各拥有 200 万股流通股。A 公司是一家成熟公司，几乎没有增长机会；B 公司是一家年轻公司，有更多利润增长机会。因此，B 公司的股价高于 A 公司的每股 50 元，为每股 80 元。B 公司拟采用换股并购方式收购 A 公司，但该笔收购并未增加任何价值。在一个完美的市场中，收购后 B 公司的价值是多少？按照目前的市场价格，B 公司必须向 A 公司的股东提供多少股份来换取他们的股份？收购后 B 公司的股价和每股收益各是多少？

解：因为收购没有增加价值，B公司的收购后价值只是两个独立公司价值的总和：

$$50\times200+80\times200=26\ 000(\text{万元})=2.6(\text{亿元})$$

要收购A公司，B公司必须支付1亿元。按照收购前每股80元的股价，该交易需要发行125万股。作为一个集团，A公司的股东将以200万股A公司股票换取125万股B公司股票，或者每名股东将以每1股A公司股票换取0.625股B公司股票。

在收购后B公司的价值为2.6亿元，发行在外的股票有325万股，股票价格仍然为每股80元。因此，收购前后B公司股票的每股价格相同。

然而，B公司的每股收益发生了变化。在收购之前，两家公司的收益均为2.6×200=520（万元）。合并后的B公司的收益将为2×520=1 040（万元），但此时有325万股流通股，因此B公司的收购后每股收益为1 040/325=3.2（元/股）。也就是说，通过收购A公司，B公司将每股收益提高了0.6元。

9. 管理主义

由于公司经营权和控制权的分离，代理问题始终存在。由于高管薪酬与公司规模正相关，相较于增加所有者权益，管理者有较强的财务动机来扩大公司规模，浪费股东财富。另外，经营一个大公司也意味着管理层拥有更多的权利和声誉，因此经理人可能会为了谋取管理者私利如自己的优越地位或待遇，盲目进行大量并购以打造商业王国。

10. 管理层傲慢

根据行为金融理论，管理层的过度自信、乐观将使其坚信自身的管理能力[①]，导致进行低价值的并购。管理层可能高估并购能产生的协同效应，导致收购公司向目标公司支付过高对价。在管理层过度自信驱动的并购中，并购往往无法达到计划目标，未能产生预期的协同效应，最终导致并购失败。

阅读材料 并购类型、行业生命周期与并购动机

在不同类型的并购交易中，其背后的动机和效果有所差异。横向并购能够在产品、市场、销售渠道、物流、品牌、研发等方面获得规模经济效应，增加市场份额及竞争力，降低成本。同时，不同企业之间有未公开的新技术，在企业并购、研发能力增强后，产品、市场会创造新的增长机会，新产能、资源、产品的创造也会更容易。纵向并购能有效减少来自议价能力强的供应商以及终端消费者的压力或威胁，降低交易成本。同时，纵向并购增强了企业对整个供应链的控制力，不仅可以通过供应链上下游协调更好地控制分销渠道，通过增加资本投入限制原材料市场，也为新进入者创造了更高的市场准入门槛。混合并购的主要协同效应在于多元化，可以分散特定风险，从而降低资本成本。当企业参与的业务更广、涉及的相关产业更多时，新的增长机会更易出现。

企业并购动机也取决于其所处的行业周期阶段。行业生命周期认为，一个行业将会根据其增长率而经历不同的阶段，包括发展初期、高速增长期、成熟增长期、稳定期和衰退期。在发展初期，由于产品接受度的不确定性，企业需要较高的资本投入，但却只

---

① Roll, R. "The Hubris Hypothesis of Corporate Takeovers," *Journal of Business*, 1986 (59): 197-216.

能取得较低的利润率，因此，企业需要从较成熟的业务中获取资金，并通过合作、共享资源和管理才能支撑过这一发展阶段。在高速增长期，企业的销售和盈利加快，竞争性强，利润率较高，投资机会较多。为及时捕捉投资机会，企业需要保证资金的充足，增加产能以实现增长。这两个阶段常见的并购类型均为混合并购、横向并购。在成熟增长期，行业的盈利性会带来很多新进入者，从而产生激烈竞争，企业拥有的高于平均增长率的投资机会较少。此时，企业需要增强运营效率，思考规模经济效应和协同效应对未来发展的作用。在稳定期，市场已经趋近饱和，竞争减少了潜在增长，产能也受到限制。此时并购是为了取得规模经济效应、降低成本，同时改善管理，提高生产管理效率。这两个阶段常见的并购类型为横向并购、纵向并购。在衰退期，由于新的替代品的产生以及消费者偏好发生转移，整个产业产能过剩，价格下行，利润率下降。此时，产业已成为夕阳产业，为了继续生存，提升已有的运营效率，或者进入新的市场取得新增长机会，处于该阶段的企业将采取各式各样的并购以实现增长。并购类型包括横向并购、纵向并购、混合并购。

四、并购的价值

基于前文分析可知，企业可能出于不同的动机参与并购活动。当并购能够产生协同效应时，企业价值提升，并购后的企业的价值将大于并购前收购公司与目标公司的价值之和。那么，并购能否实际为企业创造价值便是一个值得探究的问题。

衡量并购价值创造的主要方法是采用事件研究法计算异常收益率。异常收益率是某只股票的收益率与市场指数或考虑若干因素后的对照组股票的收益率的差额，常用的异常收益率计算方法包括均值法、市场模型法、因子模型法等。在假定市场有效的情况下，通过估计并购宣告日当天及前后数天区间的股票异常收益率或累积异常收益率，便可初步评估并购的绩效。[①] 平均来看，在宣告并购时，收购公司与目标公司的整体异常收益率均为正。[②] 目标公司的平均收益率为15%，收购公司的平均收益率为1%，但在一半的交易中收购公司的股价出现了下滑。[③] 因此，平均来讲，并购能够创造价值。但为什么收购公司与目标公司的并购市场反应会存在如此大的差异？一个重要的原因是在大多数并购中收购公司给目标公司支付了高额的并购溢价[④]，平均溢价达到40%以上，这也证明了并购切实能使目标公司股东受益。但就收购公司股东而言，并购能否是一项净现值为正的投资还取决于并购产生的协同效应及其他并购相关成本的比较。

尽管企业通常需要为并购支付大量溢价，全球并购市场依然非常活跃，年均交易额超过1万亿美元，但其总体呈现波动趋势，高峰和低谷相互交替，因此也常被称作“并购浪潮”。这种周期性和规律性的并购不仅与经济周期有关，与资本市场状况、融资方式创新、

① 为衡量企业并购的长期绩效，研究常使用一年、两年及以上的买入持有异常收益率（BHAR）。

② Moeller, S. B., F. P. Schlingemann, and R. M. Stulz. “Wealth Destruction on a Massive Scale? A Study of Acquiring-Firm Returns in the Recent Merger Wave,” *Journal of Finance*, 2005 (60): 757 - 782.

③ Eckbo, B. Handbook of Corporate Finance: Empirical Corporate Finance. Vol 1. North Holland, 2007.

④ 并购溢价是每股支付价格与收购前目标公司每股价格的差额除以收购前目标公司每股价格。

技术发展也有密切关系。[①] 第一，经济扩张将带来高价值的投资机会，促使企业通过并购寻求成长，而经济萧条将限制企业并购的动机和能力。第二，并购浪潮的出现也常伴随着资本市场的繁荣和金融创新，金融危机则将导致并购活动削减。一个完善、优质的金融市场将有助于降低并购的融资成本，增强并购企业的资金实力，提高融资效率。第三，技术进步也将推动企业转型升级，促进行业内重组和并购。新技术、新业务的产生将为行业带来新的发展机遇，将激励企业通过并购已掌握新技术的企业，降低技术研发成本，及时把握行业机遇，占据行业领先地位。此外，并购市场的发展也与政府政策相关。政府对反垄断、并购程序、反并购战略等方面的规定直接影响企业并购的可得性和成本。有利的政府政策将便利企业并购活动的实施，保证并购市场健康发展。近年来，随着全球化的深入及国际合作的推进，跨国并购十分普遍，但经济、政策的不确定性对并购的影响也日益凸显。

美国的六次并购浪潮

阅读材料　中国并购市场的发展与改革

相比于国际并购市场，中国并购市场起步较晚。在1978年改革开放后，我国并购市场才初现萌芽。1984年7月，保定机械厂兼并保定针织器械厂，成为我国企业并购的第一案。随后，其他城市的企业并购活动逐步开展，我国并购市场开始起步。进入20世纪90年代后，多个产权交易市场和沪深交易所陆续成立，企业可以通过产权交易市场进行以实物形态为基本特征的财产权益的全部或部分交易，证券市场的成长也使得公开市场并购成为可能。1993年9月，深圳宝安集团通过上交所大量购买上海延中实业股份有限公司的股票实现控股，成为国内首例通过股票市场收购上市公司的并购。

自1997年起，我国并购市场便进入了快速发展的阶段。协议并购和区域性收购重组占据主导形式，年均并购数量达80余起。以2002年证监会颁布《上市公司收购管理办法》《关于向外商转让上市公司国有股和法人股有关问题的通知》等规章制度作为标志性事件，我国并购市场开始走向规范发展的成熟阶段。随着2005年股权分置改革的实施，上市公司并购重组日渐活跃，并购市场在2006年也迎来了新阶段。2006年9月，新的《上市公司收购管理办法》实施，对支付方式和收购方式的监管放松，使得股票交易和要约并购成为可能，这也大大降低了并购的成本。2008年《商业银行并购贷款风险管理指引》通过，商业银行有资格为并购提供贷款，拓宽了并购贷款渠道。2014年11月，以简化审批流程、加强监管为核心内容的《上市公司重大资产重组管理办法》实施，进一步推动了我国并购市场的发展。2016年9月，《上市公司重大资产重组管理办法》进行了修订，通过强化并购多方主体责任，有力地治理了并购重组乱象，引导并购市场理性发展。

近年来，中国企业在境内外并购市场中十分活跃。第一，国家发展倡议促进了国内企业的并购行为。“一带一路”倡议的提出为跨境并购提供了新的机会，而通过国企股份转

① 关于并购浪潮的解释，参见 Harford, J. “What Drives Merger Waves?” *Journal of Financial Economics*, 2005 (77): 529-560。

让和并购，引入民营资本、战略投资者、机构投资者，国有企业改革重组也在稳步推进。第二，业务转型促使产生跨行业并购交易，企业进行行业转型、资产替换。例如，随着数字经济和互联网平台的兴盛，企业寻求数字化转型，传统行业亟须通过并购获取新的成长机会，为企业注入新资产。第三，与并购相关的政策改革极大推进了我国并购市场的发展。2006 年换股交易方式的通过、2014 年关于简化跨境并购审批流程的改革，对降低并购成本、提高并购效率具有重要作用。

第二节　并购的流程、支付方式及融资

并购作为企业的一项重要决策和经济行为，需要遵循一定的流程。本节将重点介绍并购交易的具体实施过程，并对各阶段的关键内容进行阐述。

一、并购的流程

一般而言，并购可大致分为三个阶段：战略选择阶段、并购实施阶段及并购后整合阶段。在战略选择阶段，企业应明确商业计划，进行适合战略目标的并购计划，寻找合适的目标公司。在并购实施阶段，企业主要的任务是对目标公司进行尽职调查，充分了解目标公司的各项活动和信息，与目标公司进行谈判、设计交易方案，并依据支付方式制订可行的融资和整合计划等。在并购后整合阶段，企业完成了收购所需的系列手续，将对目标公司的战略、业务、人力资源、文化等方面进行整合，最终评定并购的效果。

在实施并购之前，企业通常需要制订商业计划和并购计划。制订商业计划是企业经营的基础，需要有明确的内外部分析，决定企业竞争的场所及方法、所具备的竞争优劣势等，订立明确的企业使命和目标，以及为实现企业目标拟采取的商业策略、执行策略和各功能单位的具体实施策略，并建立合适的战略控制以保证商业计划的顺利实施。在执行商业计划过程中，企业可能需要通过并购方式来扩大规模或增强企业实力，此时，就需要制订并购计划。通常，并购计划的目标应与企业的战略保持一致，包含预期实现的财务目标（如最低收益率、收入、利润等）和非财务目标（如取得某项产品、专利、商标等）。基于并购交易的目标和特点，对企业的资源和能力进行评估、与管理层沟通确立并购的类型及资金来源等，并制定适宜的时间表，以提高并购效率。

根据先后顺序，并购流程可以细分为八个步骤，包括：寻找标的、筛选标的、首次接触目标公司、进行谈判、制订整合计划、完成收购、进行并购整合及评估并购绩效。

在确立并购目标后，企业将根据并购目标确立并购的载体、寻找合适的目标公司，从战略、行业、地点、业务、财务、风险、文化等因素筛选潜在的并购对象。在有合意的目标公司后，并购方将与目标公司进行初步质询，表明并购意向。若收购公司与目标公司同

意进行并购，双方将互换资料，进入谈判阶段。[①] 在这一过程中，并购双方将就目标公司的估值、并购交易结构、融资计划、支付方式等内容进行磋商，并进行尽职调查（包括市场、财务、管理及法律风险等），以充分了解目标公司，随后确定继续或终止并购交易。除此之外，并购公司还需制订良好的整合计划，包括合同的处理、整合的途径、人员的聘任等。然而，若目标公司管理层对收购做出负面反馈，不愿意接受并购交易，收购公司可以选择放弃收购或进行敌意并购，采取更加激进的方式应对，如后文将介绍的熊抱、代理权争夺战、要约并购、公布市场并购及其组合。

在并购双方就具体并购事宜达成一致意见后，双方将签订并购协议。该协议首先必须由公司股东大会通过，以产生法律效力。对于涉及偿债责任转移的并购，并购双方还应当在法定期限内通知债权人，债权人有权提出异议。直到获得股东、债权人、监管部门等相关方的同意和批准，协议生效后，并购交易才算完成。并购后存续的公司需持相关文件到工商行政管理部门办理手续，并进行公告。最后，并购企业进入整合阶段，对业务、组织结构、文化等方面进行全方位的调整，评估并购与预期目标的一致性，发现待纠正或改善之处，从而为未来并购提供经验和教训，提高并购绩效。

二、并购的支付方式

在并购活动中，收购公司必须考虑以何种方式支付对价取得目标公司的控制权，完成并购交易。支付方式的选择可能对并购双方产生不同影响。在实践中，并购常用的支付方式包括现金支付、股份支付和混合支付。

现金支付是指并购方通过支付一定数量的现金，实现对目标公司的资产收购或股权收购的一种支付方式。在全现金并购交易中，并购双方需确定目标公司的价值及拟支付的价格，由收购方支付给目标公司的股东，在并购后目标公司的股东并不持有并购公司的股份。因此，现金支付的并购交易清晰明了，交易手续简单、快捷，并且并购支付金额一旦达成一致意见后不会发生变化，并购双方的决策依据明确，并购完成速度较快。在现金并购中，目标公司股东可以即时收到现金，承担风险较小，股东也更乐于接受并购。然而，由于需要对目标公司股东支付现金对价，这就要求并购方要有充足的流动性和稳健的现金流，现金的短缺可能迫使并购方放弃交易或担负沉重的现金压力。对于目标公司股东而言，收到现金即须确认资本利得收益，形成缴纳税收义务，因此，现金支付使得目标公司股东难以延迟纳税，获得税收利益。尽管如此，现金支付仍是并购活动中最常见的支付方式，尤其在敌意并购中收购公司常采用现金支付方式。

股份支付是指并购方通过换股或增发新股的方式取得目标公司的控制权，进而收购目标公司的一种支付方式。在以股份支付方式进行的并购交易中，目标公司的股东转让其持有的股份给并购方，换取并购方的普通股。并购后目标公司股东持股数量的多少取决于并购双方的换股比率。对收购公司而言，支付的总补偿金额也不一定不变。若采用固定价值方法，收购方支付固定的交易总值，支付的股份随交易时双方股价的变化而变化；若采用

① 对于吸收合并的情形，交易双方应明确吸收方向被吸收方支付的费用金额及需转让的股份数量。对于新设合并的情形，交易双方需协商各自资产作价投入新设公司的方法以及股东在新设公司持有的股份数量。此外，双方在谈判过程中也可能涉及债务清偿办法、公司名称等。

固定股份方法，收购方提供固定的交易股份数，但交易总价随收购方股价的波动而波动。因此，股份支付中的买方支付总价既取决于换股比例，也受完成交易之日收购方的股价高低以及目标公司已发行股份数量多寡的影响。此外，如果收购方为非上市公司，通过换股并购也可以帮助目标公司实现借壳上市或反向收购。与现金支付相比，股份支付中的并购方无须支付大量现金，对收购方的现金池要求较低，目标公司股东也可以通过推迟收益确认时间而获得延迟纳税收益。但是，由于股份支付要求面向目标公司股东增发新股，将改变收购方的既有股权结构，可能对原有股东权益造成稀释。同时，股份支付手续较为烦琐，办理时间较长，也可能引起股价波动，增加并购风险。

现金支付和股份支付各有其优势和劣势，若采用混合支付方式，便可以取长补短，发挥最大效益。例如，采用混合支付可以避免收购公司因现金紧张而无法开展并购，也可以有效降低目标公司股东的资本利得税税负。因此，在实践中，收购方往往使用混合支付的方式，即既使用现金又支付股份。

影响公司并购支付方式的因素如下：

（1）收购公司的股票价格水平。当收购公司的股票价格较高，即市场对该公司股票较为乐观时，收购公司使用这些可能被高估的股份作为支付标的对其较有利，能够降低并购支付的成本，而目标公司股东也更乐于接受增发的新股。

（2）收购公司的现金流量状况、资本结构和股权结构。如果收购方现金流量较不充裕，需使用债务融资的方式筹措现金支付给目标公司的股东，现金支付方式将增加收购方的财务困境风险。如果收购方通过增发新股收购目标公司，资产负债率将随之改变，同时也会稀释现有股东的权益，尤其当控股股东持股比例较低时，将加大控制权转移风险，因而需考虑公司原股东对股权稀释的接受程度。

（3）目标公司所在地的资本利得税相关法规。相比于股份支付，现金支付方式将使得目标公司股东需即时缴纳资本利得税。在资本利得税税率较高时，现金支付的收购成本较大。

（4）收购公司与目标公司的股东风险偏好。相较于现金支付，股份支付交易中的目标公司股东需要与收购方股东分担并购后公司的风险，因此，若目标公司股东更为风险规避，那么，采用现金支付方式的可能性将更高。

（5）并购双方的信息不对称程度。当信息不对称程度高时，收购公司将偏好使用对目标公司具有更强激励效应的股份支付方式，而目标公司股东则可能更偏好风险更低的现金支付方式。

总之，对收购公司而言，选择合适的支付方式需要考虑自身的战略意图、资本结构、支付金额、融资成本、外部资本市场及法律环境等因素；对被收购公司而言，其决定因素则主要包括股东的收益、税收、管理层的意图等。

三、并购的融资

一项并购交易的完成需要大量的资金支持，这就涉及针对并购交易的企业融资行为。融资方式包括内部融资和外部融资，其中外部融资又可分为股权融资、债务融资和其他融资。对于融资方案的选取，一般考虑资金量、资本结构和资金成本三个因素，也就是说，是否能够融到足够的资金、是否会增加企业的杠杆风险、是否要求高资金成本。基于以上三个方面，企业根据自身特点选择适宜的融资方案，制订合理的融资计划。

（1）内部融资，资金主要来自留存收益，即企业将过去生产经营所实现的净收益留在企业，而并未将其作为股利分配给股东，留存收益的实质也可视为原股东对企业的追加投资。以留存收益进行并购融资有其优势。首先，留存收益来自企业的既有资金，无须对外融资，因此不会发生融资费用，无须支付额外的股利或利息，成本低。其次，由于未发行新股，不会改变原有的股权结构，不会导致控制权的稀释。最后，以留存收益进行收购也有助于减轻税负。除留存收益外，企业还可以通过资产重组如出售生产设备或其他资产以获取资金进行并购。尽管内部融资具有速度快、适应性强的优点，但内部融资的数额有限，常常难以满足并购的大规模资金需求。

（2）债务融资，主要包括优先债务融资和从属债务融资。优先债务融资是指在求偿权上享有优先地位的债务。在并购中，优先债务主要是企业根据合同或协议向商业银行等金融机构进行的并购借款，主要为银行贷款（银团贷款或辛迪加贷款）。通过银行贷款融资的优点主要包括：第一，相对于股票、债券等证券类融资，融资程序较为简单，融资速度快；第二，融资中介费用少，债务利息能够在税前扣除，具有抵税作用，融资成本低；第三，银行能提供巨额贷款，企业能够获得充足的资金。但是，银行贷款融资要求企业向银行公开财务和经营状况、签订债务条款等，企业的经营管理可能受到债权人的制约，甚至导致决策扭曲。同时，优先债务通常需要企业抵押或质押固定资产，或提供担保人，这会影响企业的再融资能力，也将提高再融资的成本。

从属债务是指不如优先债务具有抵押担保作保障，受偿顺序位于优先级别贷款之后的债务，主要为债券融资。债券融资是指企业按照法定程序发行要求一定时期还本付息的有价证券。它具有以下优点：第一，不会稀释所有权或控制权；第二，债券利息相对固定，不会增加企业的变动支出，便于企业进行长期规划。然而，债券发行的程序较为复杂，且周期较长，对于资金需求较为紧急的企业，债券融资吸引力可能较低。

（3）股权融资，可以分为普通股融资和优先股融资。在并购交易中，收购方可以在二级股票市场发行股票以获取并购所需现金。普通股融资即在公开市场通过发行普通股进行融资，与优先股融资的最大区别在于，普通股股东的投资收益在购买时并未进行约定，其获得的股息取决于企业的经营绩效以及股利政策安排。普通股融资的主要优点是：第一，无须进行规定的股利支付，且未规定到期日，无偿还本金的压力；第二，普通股融资有利于提高企业的信誉，降低企业的负债率，便于企业日后进行债务融资，维持充分的举债能力。其缺点主要包括：第一，可能分散企业的控制权；第二，股利不具有抵税的功能，且股东因承担较大风险而要求较高的投资收益率，资本成本较高；第三，股票发行的成本还取决于市场的条件，股票定价受市场估值影响较大。

优先股融资是企业专门为具有优先权的股权投资者提供的一类股票，以此获得资金。优先股一般会预先规定股息收益率，具有优先求偿权，优先分配剩余资产，但优先股股东一般没有投票权。优先股融资的优点主要包括：第一，融资成本固定，企业可将潜在的收益留给普通股股东；第二，尽管优先股与债券均具有固定支付的特征，但优先股股东没有到期日和回收资金的法定要求；第三，不影响普通股股东的投票权益，有利于维护控制权稳定。然而，由于优先股股利也是在税后支付，无抵税作用，资本成本高于债务融资成本。通常，优先股的发行效果也不如债券。此外，企业还可通过私募、风险投资基金进行融资，或推出员工持股计划，向管理层和员工定向增发，进行权益融资，筹集并购资金。

（4）混合型融资，即既带有权益特征又带有债务特征的特殊融资工具，主要包括可转换证券和认股权证。可转换证券分为可转换债券和可转换优先股两种，主要是指证券的持有人可以在一定时间内以一定价格将购买的证券转换为相应的其他形式的证券。以可转换证券进行融资的灵活性高、资本成本较低，也可以为企业提供长期、稳定的资本供给。但同时，发行可转换债券也要考虑证券持有人的转换成本和意愿、转换后可能导致股权稀释等因素。认股权证是指持有人可以在一个特定时期以特定价格购买既定数量的股票。认股权证融资并不影响并购初期的股东利益，但日后认股权证的行权可能导致企业遭受损失。此外，其他的并购融资工具还包括过桥贷款、垃圾债券、杠杆收购、管理层收购、卖方融资等方式。

第三节　并购估值

并购交易的关键在于确定一个适宜、公允的支付价格，从而保护收购公司与目标公司股东的利益。然而，由于信息不对称等因素，收购公司与目标公司对目标公司的价值的评估可能存在分歧，这就要求相关方采用客观、科学的估值方法进行定价，以有效促成一致意见，推动并购交易的达成。在实践中，许多并购的失败就源自对目标公司估价过高。因此，本节将重点介绍并购的估值方法体系，特别是实践中常采用的现金流贴现方法、可比公司估值法，为并购定价提供方法支撑。

一、价值的概念

在对企业进行估值之前，首先需要区分两个概念：价值和价格。价格是获取产品或服务需要付出的成本，而价值则是产品或服务效用的体现。价格是否等同于价值？价格不能完全代表价值。在市场上，供给和需求的不平衡导致产品的价格偏离于均衡水平，价格可能高于或低于价值。同时，由于信息不对称，供给方与需求方对于产品的估值并不一致，在非公开市场中寻找合适的交易对象也存在难度，价格可能出现偏离的情况。尽管如此，价值作为内在基础，是价格的重要参考。在有效的市场中，价格应充分反映价值，并基于此实现资源的优化配置。市场交易越活跃，价格包含的价值信息越充分。

根据价值反映的类别不同，一般包括账面价值、市场价值、持续经营价值、清算价值和公允价值几种，在具体讨论企业价值之前需明确各概念之间的区别和联系。根据价值反映的时间区间，可以分为账面价值和市场价值。账面价值一般是指在资产负债表中表现为资产、负债、权益的价值，是以历史成本计量的会计概念。由于它是以过去发生的成本作为计量基础，并不随市场条件、外部环境等因素的变化而变化。相反，市场价值是在具备符合公平交易必要条件的竞争性市场上，在买卖双方行为谨慎、精明、以自身利益最大化为目标且不受非正常强迫的情况下，特定资产权利在特定日期以现金、现金等价物或其他经准确说明的条款表示的最可能的价格，因此，市场价值受市场条件的影响显著。

根据经营状态，市场价值可以分为持续经营价值和清算价值。持续经营价值，或内在价值，是指企业在其剩余年限中营业所产生的未来现金流量的贴现值；清算价值则是指企业由于停止经营、将经营资产出售等各种原因进行清算产生的现金流，是企业所有者在特定条件下将所有企业资产在公开市场上出售所得的收入减去所有负债后的现金金额。因此，决定内在价值的关键是企业未来产生经济效益的能力，而与企业的前期投入和花费无关，清算价值则与资产的变现能力、市场价值相关。企业是否存续的决策将取决于持续经营价值与清算价值的比较，企业持续经营的基本条件是其持续经营价值超过清算价值。与内在价值、清算价值相对应的，还有公允价值。公允价值是指在公平交易中，熟悉情况的交易双方自愿进行资产交换或者债务清偿的金额。

进一步地，股权价值可以分为非控股权价值和控股权价值，其主要的区别为持有股份相对应的控制力和决策权的多寡。由于掌握控股权的股东比买入少部分股权的股东对企业决策拥有更强的支配权，各自股份对应的价值不同。也就是说，对于同一个企业的股票，存在着控股权市场与非控股权市场两个互相分割的交易市场。一般情况下，当控股权市场发生交易时，企业卷入并购或控股股东变更事件，股价会有明显的溢价。例如，在 2008 年招商银行并购香港永隆银行的交易中，招商银行以每股 156.50 港元的支付价格现金收购（53.12%）永隆银行，相比于永隆银行在收购交易公告前最后一个交易日的收盘价 147.40 港元/股，招商银行支付的溢价为 9.10 港元/股，溢价率为 6.17%。

二、企业价值的含义

（一）价值等式的简单形式

企业价值是指企业所有出资人（包括股东、债权人）共同拥有的企业运营所产生的价值，既包括股权价值，也包括债权价值。因此，企业价值既来源于股权投资，也来自已使用的债务资金进行经营产生的价值。企业价值与各融资来源的关系可以用下面的等式表示：

企业价值＝净债务＋股权价值＝(债务－现金)＋股权价值

企业价值＋现金＝债务＋股权价值

上述等式被称为价值等式的简单形式。第二个等式右边为企业的资金来源，包含债务和权益；左边为企业的资金使用，包含运用资金产生的企业价值和闲置的现金。净债务即债务总和与现金的差值。需要说明的是，这里的“债务”只包括具有付息义务的融资性负债，如短期借款、长期借款 、应付债券等，经营性负债不在此计算范围内；这里的“现金”是指没有投入企业运营中的多余的现金及其等价物，即从货币资金总额中扣除用于维持日常经营所需现金的余额。

（二）价值等式的一般形式

在实际的价值评估中，许多企业都拥有非核心资产。与核心资产对应主营业务不同，非核心资产对应的是非主营业务，比如企业的交易性金融资产或者投资性房地产。区分核心与非核心资产的主要原因，首先是依据资产盈利的稳定性、可预测性划分不同资产类型，更好评估企业资产状况，其次，投资者投资企业也更看重主营业务。由于企业价值反映的应是企业内在具备的稳定可持续、主要的产生现金流的能力，以主营业务价值体现更为恰当，由非核心资产产生的价值不应包含在企业价值中，因此需要对企业价值进行更严格的定义："企业价值是企业拥有核心资产运营所产生的价值"。基于此，价值等式的简单形式中的"企业价值"便可分解为企业价值和非核心资产价值。同时，对于拥有少数股东权益的公司，子公司的股份除由母公司持有大多数外还存在少数股东，评估的股权价值只是母公司股东股权价值。基于此，"股权价值"可以分为少数股权价值和母公司股东股权价值。因此，价值等式的一般形式为：

$$企业价值+非核心资产价值+现金=债务+少数股权价值+母公司股东股权价值$$

【例 12－3】 假设某企业的价值为 16 亿元，账上还留有 2 亿元现金，该企业融资性债务的价值为 5 亿元，经营性负债的价值为 3 亿元。使用价值等式的简单形式计算该企业的净债务和股权价值。

解：由题意得：

$$股权价值=企业价值-净债务=16-(5-2)=13\ (亿元)$$

【例 12－4】 在竞标收购中，某投行拟由企业的价值估算其股权价值。已知该企业价值 29.31 亿元，拥有的非核心资产主要包括其持有的对外投资股权价值 6.05 亿元及其合资公司股权价值 2.5 亿元，净债务为 1.7 亿元。使用价值等式的一般形式计算该公司的股权价值。

解：由题意得：

$$\begin{aligned}股权价值&=企业价值+非核心资产价值-净债务\\&=29.31+(6.05+2.5)-1.7\\&=36.16\ (亿元)\end{aligned}$$

三、估值方法体系

在并购交易中，收购方为获取股权需要支付目标公司股东一定的对价。收购方支付价格的高低并非随意而为，一般以目标公司的价值作为参照，再依据其他公司交易情况等因素进行调整。估值的效力从根本上决定了支付价格制定的合理程度和公允性，不仅影响并购的完成，同时也会影响并购的成效。因此，企业的价值评估是并购交易的关键。

一般而言，对目标公司进行价值评估主要遵循以下三个步骤：(1) 了解目标公司的基本状况，对其生产经营、财务、市场竞争力、人力资源情况、技术水平等进行初步评估；(2) 分析影响目标公司价值的主要因素，如资产价值、风险、预期盈利能力等；(3) 根据目标公司实际确定评估价值的方法，包括历史成本法、收益现值法、相对估值法等。各个方法均有其优势和劣势，适用的情形和估值效果也有所差异。

(一) 历史成本法

历史成本法是一种基于历史信息进行价值评估的方法，是企业价值评估中最早采用的方法，主要包括重置成本法和账面价值法。在重置成本法中，核心估值思想是：企业的价值等于当前重新构建一个与之具有完全相同特征的企业需要花费的成本，即重置成本。该方法以资产存在实体性贬值、功能性贬值和经济性贬值为基础，将资产的有形折旧和无形折旧纳入考虑，评估各单项资产的重置资本，再加总得出企业的价值。此时，目标公司价值＝目前市场上企业资产全新的价格－有形折旧额－无形折旧额。在高通货膨胀时期，收购方可能也会要求采用重置成本估计企业价值。但是，由于重置成本是由简单经验法则得出的，忽略了与价值相关的如利率水平、产能过程、价格冲击、金融危机、经济周期等因素的影响，因此，利用重置成本法估算企业价值具有简单、易理解的优势，但可能并不可靠，同时对折旧评估的专业判断要求也导致了较高的执行成本。

账面价值法是以目标公司的账面净资产为基础从历史资本投入来衡量企业价值，又称净资产价值法或调整账面价值法。该方法仅计量了企业的存量资产，而无法反映企业的盈利能力、成长能力、未来经营状况变化和行业特点等信息。这种方法也依赖于公司财务报表披露的质量以及会计处理方法，会计信息的准确性、不同会计政策的使用均会对资产账面价值造成影响。同时，该方法也忽略了品牌、专利等无形资产的价值，忽略了通货膨胀导致的价格上涨等因素，仅以账面净资产衡量目标公司的账目价值将存在偏颇。为弥补缺陷，在实践中往往对账面净资产进行调整，将账面净资产乘以一定的调整系数，可表示为：

目标公司股权价值＝目标公司的账面净资产×(1＋调整系数)

对于没有无形资产的公司，可采用账面价值法或重置成本法估计企业价值，历史成本法在这类企业中的适用性较强。

（二）收益现值法

收益现值法是一种相对科学的企业价值评估方法，主要以资产所能产生的预期未来全部现金流的现值之和来评估资产的价值，估值的基础为企业自身创造现金流的能力，因此它也被称为绝对估值法。常用的收益现值法为现金流量贴现法和经济增加值法。

1. 现金流量贴现法

对一项资产而言，它的价值应来源于该资产可以在未来为其所有者带来的收益情况。依据这种思路，现金流量贴现法将未来预期产生的现金流以适当的贴现率进行贴现并对所得价值加总求和来确定资产的价值。也就是说，在考虑资金的时间价值和风险的情况下，将未来发生的不同时点的现金流量按既定的风险贴现率折算为现值，再加总求得目标公司价值，其中使用的贴现率应能够体现获得该现金流的不确定性。由于现金流量贴现法以资产的未来收益能力为基础测算企业价值，是一种内在价值估计法，因此，它也被认为是最有效和最成熟的价值评估方法，基本适用于各类企业。

在运用现金流量贴现法时，通常先预测评估目标公司未来各年的自由现金流量，然后计算出风险调整后的资本成本率，以它作为贴现率计算出未来现金流的现值，最后累加后得出公司的价值。假设 CF_t 为第 t 期的现金流，V 为企业的总价值，r 为能反映企业当期现金流不确定性的贴现率（假定各期贴现率相同），那么，企业价值的计算公式可表示为：

$$V=\sum_{t=1}^{\infty}\frac{CF_t}{(1+r)^t}$$

由于预测无限期的现金流不可行，一般采用两阶段方法评估企业价值。第一阶段为详细预测期。在此期间通过对企业的收入、成本、支出、资产、负债等项目的详细预测，可以较准确地获得该阶段每一期的估计现金流量。详细预测期也可以看作是企业创造价值的年份，资产的收益率将高于成本。第二阶段为终值期，也就是详细预测期最后一年之后的阶段。同样地，对现金流量进行预期，利用终值计算方法估算超出详细预测期的公司价值，并将其定义为终值。对两阶段现金流量现值进行加总，即可获得企业的总价值。

假设详细预测期为 n 年，自第 n 年开始进入终值期，在第 n 年时企业的价值（即终值）为 TV，那么，价值的计算公式可表示为：

$$V=\sum_{t=1}^{n}\frac{CF_t}{(1+r)^t}+\frac{TV}{(1+r)^n}$$

式中，V 为总价值，CF_t 为第 t 期的现金流量，r 为未来所有现金流的平均贴现率，TV 为终值，n 为详细预测期数，一般为 5～10 年，其长短的选取以适中原则为主。因此，在详细预测期及其各期现金流量、终值、贴现率已知的情况下，便可以计算出企业的价值。

现金流量贴现法主要包括以下几个步骤：

（1）考察目标公司。从市场、财务等角度评估目标公司，包括全面了解其商业模式、供应链稳定性、竞争对手、潜在替代品威胁等情况，分析其营业收入构成、销售增长来源、业绩的关键驱动因素、宏观经济或监管变化、行业未来前景等，判断其可持续经营能力和竞争力。查阅公司的财务报表和资料，进行全面的背景调查。

（2）计算自由现金流量。自由现金流量（FCF）是指现金流在扣除了税收（以边际税率计算）和公司保持正常运营所需资金，如资本性支出、净营运资本增加，以及调整非现金相关成本或费用（如折旧和摊销等）后可自由分配的现金流量。需要说明的是，净营运资本为流动资产与流动负债的差额，流动资产不包括现金及其等价物，流动负债不包括短期债务，因此，净营运资本增加等于营运资金增加扣除长期经营性负债增加。由于该自由现金流量是企业在保持正常运行的情况下可以向所有资本提供者（包括债权人和股东）进行自由分配的现金流量，因此也被称为无杠杆现金流量。具体地，现金流的计算公式如下：

$$\begin{aligned}\text{FCF}&=\text{息税前利润}-\text{调整所得税}+\text{折旧}+\text{摊销}-\text{资本性支出}-\text{净营运资本增加}\\&=\text{息税前利润}\times(1-\text{所得税税率})+\text{折旧}+\text{摊销}-\text{资本性支出}-\text{营运资金增加}\\&\quad+\text{长期经营性负债增加}\end{aligned}$$

（3）选取合适的贴现率。在现金流量贴现法中，贴现率是考虑了投资风险后收购方要求的最低收益率。通常情况下，选择的贴现率是评估对象的加权平均资本成本（WACC），既包括债务成本，也包括权益成本。WACC 是企业各种融资来源资本成本的加权平均值。由于 FCF 是税后的自由现金流，为与现金流进行匹配，贴现使用的 WACC 也应是企业的税后资本成本。若企业的融资渠道包括债务、权益（包括普通股和优先股），那么，WACC 可表示为：

$$\text{WACC}=K_d^t\frac{D}{V}+K_e\frac{E}{V}+K_p\frac{P}{V}=K_d(1-T)\frac{D}{V}+K_e\frac{E}{V}+K_p\frac{P}{V}$$

式中，D 表示债务的市场价值，E 和 P 分别表示普通股和优先股的市场价值，V 表示企业的总资本投入，即 $V=D+E+P$。K_e 为普通股的资本成本，K_p 为优先股的资本成本。由于利息支出能够在税前抵扣，实际的债务资本成本或税后债务资本成本 K_d^t 应考虑税收的影响，为税前债务资本成本 K_d 乘以 1 减去边际税率 T。

企业的债务融资主要来源于银行借款和企业发行的债券。当企业从银行取得借款时，资本成本即为银行给企业规定的借贷利率。当企业通过发行债券融资时，投资者要求的收益率可用债券的到期收益率表示，一般为无风险利率加上信用风险价差。依据债券的定价公式可以计算出债券的到期收益率，n 期债券的价格可表示为：

$$P_B=\sum_{t=1}^{n}\frac{C}{(1+r_B)^t}+\frac{B}{(1+r_B)^n}$$

式中，P_B 为债券的价格，C 为每期的债券利息收入，B 为债券的面值，r_B 为债券的到期收益率。

对于优先股资本，由于优先股的股利一般是固定的，因此可以将优先股视为拥有永续年金。尽管优先股的现金流与债券相似，都是固定支付，但由于股利支付在税后进行，优先股股利没有税收节约作用。如果优先股的股息为D_p，优先股每股的市场价格为P_p，那么，优先股的资本成本率为 $K_p=\frac{D_p}{P_p}$。

普通股资本成本的计算则可以有多种方法，包括 CAPM、股利增长模型和风险溢价法。首先，可以采用 CAPM 计算：

$$K_e=r_f+\beta(r_m-r_f)$$

式中，r_f 为无风险利率，通常使用长期政府债券的收益率表示；r_m-r_f 为市场风险溢价，通常使用历史平均普通股收益率与长期政府债券收益率的差值估算；β 反映了个别股票相对于平均风险股票的变动程度，衡量了普通股的系统性风险。其次可以采用股利增长模型计算普通股的资本成本。如果预期的年股利支付为D_1，普通股每股的市场价格为P_e，股利年增长率为 g，那么普通股的资本成本为 $K_e=\frac{D_1}{P_e}+g$ 。最后也可以用风险溢价法估算权益资本成本。该方法假定股东要求的收益率是债权人要求的收益率加上一定的数值，可表示为：

$$K_e=K_d+R$$

式中，R 为股东因比债权人承担更高风险而要求的风险溢价，该溢价一般为 3%～5%。

在企业只有债务和普通股融资的情况下，WACC 可表示为：

$$\text{WACC}=K_d(1-T)\frac{D}{D+E}+K_e\frac{E}{D+E}$$

（4）计算企业的终值。终值的计算主要包括两种方法：戈登永续增长模型和终值倍数法。在戈登永续增长模型中，假设企业在详细预测期最后一年之后，现金流呈现稳步永续增长的态势，自由现金流以固定增长率持续增长。若详细预测期最后一期的现金流为

CF_n，现金流的稳定增长率为 g，贴现率为 WACC，那么，终值可表示为：

$$TV=\frac{FCF_n(1+g)}{1+\text{WACC}}+\frac{FCF_n(1+g)^2}{(1+\text{WACC})^2}+\cdots=\frac{FCF_n(1+g)}{\text{WACC}-g}$$

在终值倍数法中，假设企业在详细预测期最后一期的期末将企业出售，出售时的价格即为终值，通常使用详细预测期最后一期的某一指标的倍数来估计，常用的指标包括 EBIT 或 EBITDA。公式可表示为：TV ＝详细预测期最后一期的某一指标×该指标相应的退出倍数＝某一指标$_n$×该指标相应的退出倍数。

（5）计算企业价值和股权价值。在获得详细预测期的现金流估计、终值和贴现率后，可以将详细预测期每年的自由现金流与代表未来永续现金流价值的终值进行折算，加总后得出企业价值。模型的一般形式可表示为：

$$EV=\sum_{t=1}^{n}\frac{FCF_t}{(1+\text{WACC})^t}+\frac{TV}{(1+\text{WACC})^n}$$

式中，EV 为企业的价值，FCF_t 为第 t 年的自由现金流，TV 为终值期的自由现金流的终值，WACC 为企业的加权平均资本成本，n 为详细预测期的期限。

由于企业价值（EV）是净债务与股权价值（SV）之和，将企业价值减去净债务和优先股价值即可获得普通股的股权价值，除以发行的股份数即可求得每股股价。

【例 12－5】 假设某企业的未来现金流和终值如表 12－1 所示，其适用的贴现率为 8%。若详细预测期为 10 年，第 10 年的终值为 3 500 万元，请计算企业价值。

表 12－1　未来现金流和终值　单位：万元

年度	1	2	3	4	5	6	7	8	9	10
现金流	180	200	215	247	330	387	418	436	451	485
终值										3 500

解：依照现金流量贴现法，企业价值计算如下：

$$\begin{aligned}EV=&\frac{180}{1+8\%}+\frac{200}{(1+8\%)^2}+\frac{215}{(1+8\%)^3}+\frac{247}{(1+8\%)^4}+\frac{330}{(1+8\%)^5}+\frac{387}{(1+8\%)^6}\\&+\frac{418}{(1+8\%)^7}+\frac{436}{(1+8\%)^8}+\frac{451}{(1+8\%)^9}+\frac{485}{(1+8\%)^{10}}+\frac{3\,500}{(1+8\%)^{10}}\\=&3\,709.72\text{（万元）}\end{aligned}$$

与无杠杆现金流量的计算类似，以股权自由现金流量为基础的现金流量贴现法就是对股权自由现金流量进行贴现从而评估股权的价值，其一般形式如下：

$$SV=\sum_{t=1}^{n}\frac{\text{FCFE}_t}{(1+K_e)^t}+\frac{\text{STV}}{(1+K_e)^n}$$

其中，SV 为企业的股权价值，FCFE_t 为第 t 年的股权自由现金流量，STV 为终值期的股权自由现金流量的终值，K_e 为权益资本成本，n 为详细预测期的期限。

尽管无杠杆现金流量贴现模型和股权自由现金流量贴现模型的计算基础有所差异，但评估的思路和方法核心是一致的，因此，从理论上讲，如果所有参数选择适当，使用两种方法对同一家公司进行评估，计算出来的股权价值应该相同。然而，在实务中，无杠杆现金流量贴现模型的使用更加普遍。相较于股权自由现金流量贴现模型，其优点主要体现在：第一，无杠杆现金流量贴现模型更有利于分析企业价值的核心推动因素；第二，无杠杆现金流量贴现模型扣除了债务因素，因而对股权价值的评估不受企业资本结构的影响，相反，股权自由现金流量受企业债务还款计划的影响，可操控空间较大，使用无杠杆现金流量贴现模型的评价结果之间更具有可比性。

2. 经济增加值法

在计算企业价值时，除了考虑收益，有时也将机会成本纳入分析，这时，预期的价值流量应该使用考虑了资本成本的经济增加值。经济增加值（economic value added，EVA）是指企业运用投入资本所创造的高于资本成本的价值，等于企业税后营业净利润与全部投入资本成本之间的差额，其中，调整税后净营业利润（net operating profits less adjusted taxes，NOPLAT）是扣除与核心经营活动有关的所得税后企业核心经营活动产生的利润；投入资本（IC）是企业在核心经营活动上包含股东和债权人的投资在内的已投资的累计数额；资金成本则一般选用企业的加权平均资本成本。基于此，经济增加值可用以下等式表示：

经济增加值＝调整税后净营业利润－投入资本×加权平均资本成本

$$\text{EVA}=\text{NOPLAT}-IC\times\text{WACC}=IC\times(\text{ROIC}-\text{WACC})$$

式中，NOPLAT 为调整税后净营业利润，若 EBIT 仅包括核心经营活动产生的利润，那么，NOPLAT 将等于 EBIT 乘以 1 减去税率；ROIC 为投入资本收益率，$\text{ROIC}=\text{NOPLAT}/IC$。

以经济增加值为基础的贴现法的原理是：企业价值应等于估值时点投入资本的账面值加上未来所有经济增加值的贴现现值。经济增加值法的一般形式可表示为：

$$EV=IC_0+\sum_{t=1}^{n}\frac{\text{EVA}_t}{(1+\text{WACC})^t}+\frac{TV}{(1+\text{WACC})^n}$$

式中，EV 为企业价值，IC_0 为估值时点投入资本的账面值，EVA_t 为详细预测期第 t 期的经济增加值，TV 为终值期经济增加值的终值，WACC 为加权平均资本成本，n 为详细预测期的期限。

（三）相对估值法

相对估值法，又称市场比较法，其原理是以资本市场上与该并购类似的已完成交易或与目标公司相似的上市公司价值作为确定目标公司价值的基础，以目标公司与可比公司之间某指标的比率作为调整系数，测算目标公司的整体价值。相对估值法主要分为可比公司估值法和可比交易估值法。

1. 可比公司估值法

可比公司估值法是依据目标公司的特点，在交易市场选择一组与之在业务、财务、风险等方面高度相似的公司作为可比公司，通过计算可比公司的一系列财务指标并选取一个或多个指标的均值或中位数作为估值乘数，乘以评估对象的相关指标，从而计算出估值区间。因此，该方法的前提假设是存在一个支配市场价值的主要变量，各个企业在该变量上的表现可比且相较一致。假设选取的参考变量为M，企业价值为V，那么，可比公司估值法的分析思路可用以下等式表示：

$$V^*/M^*=V/M \rightarrow V^*/V=M^*/M \rightarrow V^*=M^*(V/M)$$

其中，V^*为目标公司的价值；V为可比公司的价值；M^*为选取的目标公司的某变量；M为可比公司相应的某变量。通过以上相对估值公式可以计算出企业的基本价值，将溢价因素纳入考虑后，即可获得收购方支付的最终价格。与现金流量贴现法相比，可比公司估值法简单、易理解，由于使用的价值估算主要为市场指标，因此也更能反映投资者对目标公司的看法和市场情况。

可比公司估值法的步骤包括以下几方面：

（1）选取可比公司。对可比公司估值法而言，选择的参照对象的可比性极为关键。在判定公司相似性时，可选取近三年公司主营业务及其增长率、市场环境、行业等业务特征，及公司规模、风险、资本结构、资本支出、盈利能力、信用评级等财务特征，通过比较各项特征，确定最可比公司的范围。一般而言，可选择3～5家公司作为可比对象。

（2）计算可比公司的估值指标。一般而言，估值系数的分母为财务指标，分子为股票市值或企业价值。常用的估值系数包括股票价格指数（如市盈率、市净率）、企业价值指数（如EV/EBIT、EV/EBITDA、EV/某营运指标）等。计算需要的财务指标包括企业的盈利能力（毛利润、EBIT、EBITDA等）、成长性（主营业务收入增长率等）、规模（企业价值、权益价值等）、投资收益率（ROA、ROE、股息收益率等）等方面。

（3）选取适用于目标公司的可比指标。根据目标公司的特征，选取合适的可比指标，并计算可比公司相应指标的均值或中位数。

（4）计算目标公司的企业价值。基于选定的可比指标，将目标公司相应的财务指标乘以可比乘数，由此计算出目标公司的企业价值。通过考虑收购溢价的范围，最终确定需要支付的收购价格。

根据可比指标选择的不同，以下将分别介绍股票价格倍数法和企业价值倍数法。

（1）股票价格倍数法。

① 市盈率倍数法。

市盈率（P/E）是公司每股股价与每股收益的比率，反映了一家公司的股票市值与净利润的倍数关系。计算公式为：

市盈率倍数＝每股股价/每股收益＝股票市值/净利润

在使用该方法进行估计时，净利润指标可有不同的选择，可考虑采用最近一个完整会计年度的历史数据、最近12个月的数据或预测的年度盈利数据，其基本原则为可比公司与目标公司采用相同的口径计算盈利。基于可比公司特征获得市盈率倍数后，可通过以下等式计算出目标公司的股权价值或股价：

股权价值＝净利润×市盈率倍数

每股股价＝每股收益×市盈率倍数

② 市净率倍数法。

市净率（P/B）是公司每股股价与每股净资产的比率，反映了一家公司权益的市场价值与权益账面价值的倍数关系。计算公式为：

市净率倍数=每股股价/每股净资产=股票市值/净资产

基于可比公司特征获得市净率倍数后，可通过以下等式计算出目标公司的股权价值或股价：

股权价值=净资产×市净率倍数
每股股价=每股净资产×市净率倍数

（2）企业价值倍数法。

企业价值倍数法是指将某些上市公司的某些指标与本公司的某些指标进行比较，以此计算出公司的市场价值。常用的比较倍数为“企业价值（*EV*）/某种指标”，指标包括营业收入、EBITDA、EBIT、注册用户数等。相比于股票价格倍数法，企业价值倍数法使用更为普遍。

① 企业价值/EBIT 倍数。

当分母使用基于企业所有出资人收益的 EBIT 指标时，分子相对应地将选择企业价值。基于可比公司计算出的企业价值/EBIT 倍数，可用以下公式计算目标公司的价值：

企业价值=EBIT×(企业价值/EBIT 倍数)

要计算上市公司价值，主要包括以下步骤：第一，依据目标公司的行业、业务、规模等特征选择可比的上市公司，计算公司相应的股权价值，并根据企业价值的一般形式进行调整，加上净债务即债务与现金及非核心资产的差额，获得企业价值；第二，根据公司财务指标状况，计算 EBIT；第三，获得各可比公司的企业价值/EBIT 倍数，选择其均值或中位数作为目标公司可参照的企业价值/EBIT 倍数；第四，通过将目标公司的 EBIT 乘以企业价值/EBIT 倍数即可获得目标公司的企业价值；第五，基于企业价值恒等式，将目标公司的企业价值减去债务价值，再加上现金及非核心资产的价值，即可获得目标公司的股权价值，并可进一步计算出目标公司的股价。

② 企业价值/EBITDA 倍数。

由于 EBITDA 对应的也是企业的整体收益，它对应的分子也是企业价值。基于可比公司计算出的企业价值/EBITDA 倍数，可用以下公式计算目标公司的价值：

企业价值=EBITDA×(企业价值/EBITDA 倍数)

③ 企业价值/某营运指标倍数。

除 EBIT、EBITDA 外，还可以根据目标公司的特点采用营运指标来计算可乘倍数，如用户数、门店数量、点击率等，不同行业适用的营运指标有所差异。例如，对于零售业，可选取 *EV*/门店数量倍数；对于电信运营业，可选取 *EV*/用户数倍数；对于互联网行业，可选取 *EV*/注册用户数倍数、*EV*/点击率倍数；对于电力行业，可采用 *EV*/装机容量倍数；等等。基于可比公司计算出的企业价值/某营运指标倍数，估算目标公司的企业价值的思路和步骤与先前类似。

【例 12-6】 假设 A 公司拟收购 B 公司，计划使用可比公司估值法估算 B 公司的价值。目前一共选取了 3 家可比公司，目标公司和可比公司相关指标如表 12-2 所示。估算以可比指标的平均值作为可比倍数，收购溢价以近期收购的平均溢价率 17%作为参考。请计算适当的估值指标，并估计 A 公司对 B 公司支付的收购价格。

表 12-2 相关指标 单位：元

	当前每股股价	每股收益	每股账面价值	每股现金流量
目标公司		2.6	14	3.5
可比公司 1	23	1.3	8.5	2
可比公司 2	30	2.1	9	2.5
可比公司 3	18	1.25	5	1.6

解：估值指标计算如表 12-3 所示。

表 12-3 估值指标

	当前每股股价（元）	每股收益（元）	P/E	每股账面价值（元）	P/B	每股现金流量（元）	P/CF
目标公司		2.6		14		3.5	
可比公司 1	23	1.3	17.69	8.5	2.71	2	11.50
可比公司 2	30	2.1	14.29	9	3.33	2.5	12.00
可比公司 3	18	1.25	14.40	5	3.60	1.6	11.25
平均值			15.46		3.21		11.58

根据 P/E 指标，目标公司股价估计为 $15.46\times2.6=40.20$（元/股）；根据 P/B 指标，结果为 $14\times3.21=44.94$（元/股）；根据 P/CF 指标，结果为 $11.58\times3.5=40.53$（元/股）。

考虑收购溢价的影响，收购价格 $=[(40.20+44.94+40.53)/3]\times(1+17\%)=41.89\times1.17=49.0113$（元/股）。

2. 可比交易估值法

可比交易估值法使用最近发生的由类似公司进行的已完成类似交易的详细信息来估计对目标公司的收购价值。需要注意的是，由于可比交易估值法中价值估算的基础是近期可比交易的收购价格，估计出的目标公司价值已经反映了收购溢价，这一点与可比公司估值法有所区别。可比交易估值法一般包括以下步骤：第一，寻找近期发生的可比收购交易；第二，计算可比已完成交易的相对价值指标，获得可比交易倍数；第三，计算目标公司的相应指标，乘以可比交易倍数，确定目标公司的价值。

与前两种方法相比，可比交易估值法在估算的客观和简便性上有优势。可比交易估值法使用的是最近发生的交易市场数据，较为客观、合理，同时也无须另外计算收购溢价，简便快捷。然而，该方法的使用依赖于过去交易估值的准确性以及能否找到足够数量的近期发生的可比交易。

【例 12－7】 假设 A 公司拟收购 B 公司，计划使用可比交易信息进行估值。最近发生的三笔类似交易的信息如表 12－4 所示，估算以可比指标的平均值为基础。请计算适当的可比指标，估计 A 公司应向 B 公司支付的价格。

表 12－4 相关信息 单位：元

	当前每股股价	每股收益	每股账面价值	每股现金流量
目标公司		2.5	15	3.6
样本公司 1	20	1.2	7.5	2
样本公司 2	28	2.3	8	2.3
样本公司 3	17	1.05	6	1.5

解：可比指标的计算如表 12－5 所示。

表 12－5 可比指标的计算

	当前每股股价（元）	每股收益（元）	P/E	每股账面价值（元）	P/B	每股现金流量（元）	P/CF
目标公司		2.5		15		3.6	
样本公司 1	20	1.2	16.67	7.5	2.67	2	10.00
样本公司 2	28	2.3	12.17	8	3.50	2.3	12.17
样本公司 3	17	1.05	16.19	6	2.83	1.5	11.33
平均值			15.01		3.00		11.17

$$收购价格=(2.5\times15.01+15\times3.00+3.6\times11.17)/3=40.91\ (元/股)$$

四、并购支付方式与估价分析

前文介绍了有关目标公司价值评估的方法，能够较为科学地测算出目标公司价值，然而，在此基础上，收购方通常还需进行额外的支付。由收购方做出的超过目标公司估值的这部分支付即为溢价。除并购双方的谈判势力差异外，溢价程度是否也与并购支付方式相关?

假设当前存在两家公司，B 公司作为收购方考虑对 T 公司进行收购，在并购公告前其各自的股权价值分别为 V_B、V_T，并购后合并公司的股权价值为 V_C，预期并购能产生的协同效应为 S，收购方对目标公司支付的价格为 P_T，其中现金支付量为 C，溢价为 Premium。据此，合并公司的股权价值为：

$$V_C=V_B+V_T+S-C$$

对目标公司股东而言，主要的收益来源于收购方支付的超过公司价值的部分即溢价，可表示为：

$$\text{Payoff}_T=\text{Premium}=P_T-V_T$$

溢价作为对目标公司股东的额外支付将削减收购方股东的收益，因此，对收购方股东而言，净收益将取决于协同效应的大小及支付的溢价水平的高低，可表示为：

$$\text{Payoff}_B = S - \text{Premium}$$

由此可知，

$$S = \text{Payoff}_B + \text{Premium} = \text{Payoff}_B + \text{Payoff}_T$$

也就是说，协同效应将在收购方股东和目标公司股东之间进行分配。若这时协同效应全部由目标公司获取，即 Premium$=S$，那么，收购方的支付价格将为：

$$P_T = V_T + S$$

此时，收购方股东的收益为 0，处于盈亏平衡点上，该价格为收购方愿意支付的最高价格。

在全现金收购的交易中，收购方向目标公司股东支付的价格计算较为简单。假设协同效应均分配给目标公司股东，目标公司发行在外的股份数为 n_T，那么，收购方每股支付的现金最大值为：

$$p_{max} = P_T / n_T = (V_T + S) / n_T$$

最终支付价格即为：

$$P_T = n_T p_{max}$$

在全股份收购即换股收购中，收购价格是否就是收购方支付的股份数乘以收购方的股价？需要注意的是，由于目标公司的股东在换股并购后持有并购方的股票，要计算其实际取得的收益应使用合并后公司的股价。因此，这里收购价格应等于换股比例乘以合并后公司的每股价格。假设换股比例为 r_{max}，收购方发行在外的股份数为 n_B，那么，合并后企业总股份数为 $n_B + r_{max} n_T$，合并后公司每股价格则为：

$$\begin{aligned} p_C &= V_C / (n_B + r_{max} n_T) = (V_B + V_T + S - C) / (n_B + r_{max} n_T) \\ &= (V_B + V_T + S) / (n_B + r_{max} n_T) \end{aligned}$$

最终收购价格即为：

$$P_T = r_{max} n_T p_C$$

在混合支付的并购交易中，收购方既使用现金，又使用股份。假设换股部分的换股比例为 r，每股支付的现金为 p_{cash}，那么，合并后企业总股份数为 $n_B + r n_T$，合并后公司每股价格为：

$$p_C = V_C / (n_B + r n_T) = (V_B + V_T + S - n_T p_{cash}) / (n_B + r n_T)$$

最终收购价格即为：

$$P_T = n_T p_{cash} + r n_T p_C$$

当 $p_{cash} = 0$ 时，$P_T = r n_T p_C$，这就是换股收购情形中收购价格的等式；当 $r = 0$ 时，

$P_T=n_T p_{cash}$，这就是全现金收购情形中收购价格的等式。因此，收购价格的一般形式可表示为：

$$P_T=n_T p_{cash}+rn_T p_C$$

在给定 r、p_{cash} 的情况下，可以计算任意支付类型的交易的收购价格。

【例 12-8】 假设 A 公司拟收购 B 公司。A 公司在公告前的股价为 20 元/股，净利润为 1.2 亿元，发行在外的股份数为 4 000 万股。B 公司在公告前的股价为 14 元/股，净利润为 4 600 万元，发行在外的股份数为 1 500 万股。假设该收购将产生 15 000 万元的协同效应。求 A 公司在全现金收购时支付的最高价格、换股收购时支付的最高换股比例及混合收购中支付的现金价格与换股比例之间的关系。

解：A 公司的市场价值 $V_B=80\ 000$（万元），B 公司的市场价值 $V_T=21\ 000$（万元）。

（1）全现金收购。

$$p_{max}=(V_T+S)/n_T=(21\ 000+15\ 000)/1\ 500=24\ (\text{元/股})$$

（2）换股收购。

根据已知信息，收购支付需满足以下三个条件：

① $p_C=(V_B+V_T+S)/(n_B+r_{max}n_T)=(80\ 000+21\ 000+15\ 000)/(4\ 000+1\ 500r_{max})$；

② $P_T=r_{max}n_T p_C=1\ 500r_{max}p_C$；

③ $P_T=21\ 000+15\ 000$。

计算可得：$r_{max}=1.2$。

（3）混合收购。

根据已知信息，收购支付需满足以下三个条件：

① $p_C=(V_B+V_T+S-n_T p_{cash})/(n_B+rn_T)=(80\ 000+21\ 000+15\ 000-1\ 500p_{cash})/(4\ 000+1\ 500r)$；

② $P_T=1\ 500p_{cash}+1\ 500rp_C$；

③ $P_T=21\ 000+15\ 000$。

计算可得：$p_{cash}=24-20r$。

第四节 并购策略与反并购防御措施

一、并购策略

按照目标公司的管理层是否接受并购方的并购过程，并购交易可以分为善意并购或敌意并购。在善意并购中，收购公司事先与目标公司协商，征得其同意并谈判达成关于收购条件的一致意见，从而完成收购活动。因为双方管理层都乐于接受并购交易，因此后续谈判、整合过程会更为顺利。关于敌意并购，收购公司往往不顾目标公司的意愿而采取非协商购买的手段强行并购目标公司，或收购公司事先并不与目标公司进行协商，而直接突然向目标公司股东开出价格或收购要约，或直接从二级市场收购股票。在整个过程中，收购公司意图未经目标公司批准就获得目标公司的控制权，因此敌意并购常常会触发目标公司的反并购防御措施。并购策略的使用主要是在敌意并购中，收购方可以采用多种策略来推动并购交易的实现，主要包括熊抱、代理权争夺战和要约并购等。依据能否获得目标公司控制权、最小化控制权溢价、最小化交易成本以及有助于并购后的整合，各并购策略也有不同的优缺点。

（1）熊抱。

熊抱是指并购方提出比当前目标公司股价高得多的溢价，同时，并购方通常会发表公开声明、和管理层多次沟通、对董事会施加压力，便于后续谈判。此外，机构投资者和套利者通过游说董事会接受报价来进一步向目标公司施加压力。然而，与非正式质询类似，熊抱将会向目标公司提前发出警告，使目标公司提前做好反并购准备，即便进行敌意并购，成功率也会降低。当然，收购公司也可以选择以诉讼的方式对目标公司董事会施加压力，但诉讼的时间过长，产生的律师费、咨询费等费用也是一笔很大的开支。

（2）代理权争夺战。

积极主义的股东经常发起赶走业绩不佳的管理层的代理权争夺战，以推动业务单元拆分或者出售企业，抑或强迫对股东进行现金分红。代理权争夺战的核心是选聘支持积极主义股东立场的候选人，而代替现有的董事会成员。如果积极主义的股东争夺成功，会给目标公司股东带来超额收益。在并购的背景下，代理权争夺战是指并购方寻求让目标公司股东批准一个新的、经过并购方同意的董事会从而控制目标公司。这就要求并购方已经持有一定比例的目标公司的股权，并购成本较高（但可能低于公开要约并购成本），同时，更换董事会也有一定的难度。但是，如果股东大会成功选举并购方提名的董事，新的董事会可以更换目标公司的管理层，这样并购就可以变为善意并购。

（3）要约并购。

公开要约是指收购公司以固定价格形式向目标公司股东进行公开报价，提出要约并购，通常附有价格信息和时间要求。敌意要约并购是指绕过目标公司董事会和管理层，直接将收购股份的要约提交到目标公司的股东手中。一般情况下，并购价格高于当前的市场价格。根据实施的形式，敌意要约并购可分为以下三种类型：秘密并购策略、提出并购要约和多层要约并购。秘密并购策略是指收购方可以在正式提出报价前，以比出价低的价格购入目标公司的股票。这种购买行动是暗地里秘密进行的，以避免并购信息泄露，从而抬高目标公司的股价，增加支付的平均价格。提出并购要约是指向所有的股东发出相同要约，只要双方合意，并购方都会买入目标公司的股份。多层要约并购是指要约并购的报价不止一个。单层报价是指收购方宣布对所有目标公司股东采用同一价格，这样可以快速购入目标公司的控制性股份，阻止其他潜在竞争方破坏交易的企图。在双层报价里，收购方提出先以一个价格购买一定的股份，在稍后某个日期，再以更低的价格收购股票。

然而，收购方发起的股份要约并不总是成功，影响要约并购成功与否的因素包括董事会的组成、市场情绪、股权结构等，最为关键的是收购支付溢价的幅度与要约发出后的股价波动。当要约价格高于目标公司股价时，目标公司股东愿意接受要约，达到约定比例后，要约并购成功；反之，要约并购失败。总体来看，收购方选择要约并购的可能原因包括：第一，收购方不能争取到董事会的支持而且管理层不配合；第二，目标公司的特殊价值资产可能使得它成为其他公司并购的对象，为防止其他公司对目标公司提出要约并购而事先进行；第三，在时间极为关键的情况下，敌意要约并购可以使收购方快速地完成交易；第四，相对公开并购来说，敌意要约并购的价格固定，并购成本更低。然而，敌意要约并购也存在风险，如即便后续并购成功，也往往可能会失去目标公司关键的管理层、客户和供应商，对交易后的整合不利。

除以上三类并购策略外，意图并购的公司也可以在公开市场并购，买入目标公司股票，这不仅能在一定程度上降低交易成本，也能提前吓退市场上的其他竞购方。但是，这种方法的缺点也很明显。一些股东可以开出更高要价阻止公开市场并购，在不披露身份的情况下购买的股份比例受到限制，这些都可能导致收购方最后无法获得控制性股份。如果并购企图失败，收购方可能遭受损失。与此同时，公开市场并购可能激怒目标公司的管理层，使善意并购变得更困难。

二、反并购防御措施

反并购最大的目标就是保卫目标公司对自身的控制权，常用的方法包括增加股权、保证投票权和使用反并购防御措施。保障控制权的最直接手段就是增持股票。当持有更多的股权时，股票持有人在股东大会上将拥有更高的表决权，并有可能主导董事的任命，从而增强对公司的控制。然而，增加持股比例对于阻滞并购威胁并不一定有效。当股权分散时增加持股比例能够掌握企业的控制权，但在存在多个大股东或股权制衡的情况下，增持股权的效果相对较短暂。也就是说，除绝对持股规模外，股份结构同样重要。那么，又该如何设计股份结构来保卫控制权呢？在持股比例相同的情况下，用于保证投票权的方式包括设置特殊投票权、否决权、分类表决权、大小股东分开投票等。①

此外，目标公司还可以采用反并购防御措施来应对潜在的并购威胁或控制权转移风险。反并购防御措施设计一方面是为了拖延不受欢迎的收购要约，另一方面则可能增加并购成本或降低并购收益以迫使收购公司放弃收购。反并购防御措施通常可以分为要约前的防御措施和要约后的防御措施。要约前的防御措施一般被作为企业防止被并购的事先准备，或者用于延迟控制权的变更，即一旦并购消息到来，目标公司可以有更多时间展开其他防御。该类防御措施一般分为毒丸计划、驱鲨计划、黄金降落伞三类。其中，驱鲨计划包括限制并购的法律政策、董事会轮选制、限制投票权、绝对多数投票条款、公正价格条款、毒性卖权等内容。要约后的防御措施则包括简单说不、绿票讹诈、白衣骑士、白衣护卫、杠杆再资本化、股票回购、焦土战术、诉讼、帕克曼式防御等措施。

---

① 通常创始人拥有特殊投票权，也就是说他们在关于公司的特殊事项上投票权较高。否决权也就是一票否决权，其本质是强调在股东大会或者董事会的决议中，需要全体一致同意才能有效表决。分类表决权与双重股权结构有关。双重股权结构将股票分为高投票权和低投票权两类，通常高投票权的股票都是由创始人持有。这种制度通过分离控制权和现金流权，加强了创始人对公司的控制力，保护创始人在上市融资的时候不会因为股权稀释而失去控制权。

(一) 要约前的防御措施

(1) 毒丸计划。

最基本的毒丸计划是使现有股东有权以极具有吸引力的价格，即低于现行市场价格的价格购买额外股份，从而导致收购方的股份稀释，持股比例或表决权下降。该计划试图通过增加收购方的收购成本，降低企业对收购方的吸引力，阻断收购方的意愿。毒丸计划可以被视为一项负向重组方式。一般而言，当未经企业许可的股东的股权超过 10%～20% 时，通常会触发毒丸计划。毒丸计划可分为翻转毒丸计划和翻反毒丸计划。翻转毒丸计划是目标公司的股东有权在交易前以低于市价的价格购买目标公司的股份。翻反毒丸计划是目标公司的股东有权在并购后以低于市价的价格购买目标公司的股份。

(2) 黄金降落伞。

黄金降落伞是指目标公司与其高级管理人员签订合同条款，规定若公司的控制权发生突然变更，目标公司有义务给予高级管理人员优厚的报酬和额外的补偿金。黄金降落伞是目标公司与其高管之间达成的补偿协议，如果高管在公司并购后不得不离开目标公司，该协议会给高管带来丰厚的现金补偿。通过设立“黄金降落伞”机制，收购的负担与成本沉重，目标公司希望以此方式阻却外来收购。

(3) 限制并购的法律政策。

反并购法案能够有效恫吓并购威胁，降低公司被并购的概率。在美国，一些州不允许敌意并购。希望避免被敌意并购的公司可以寻求在已出台反并购法案的州重新注册。例如，俄亥俄州和宾夕法尼亚州可为目标公司提供最大程度的被并购保护。

(4) 董事会轮选制。

董事会轮选制，又称交叉董事会。例如，在该种制度下，董事会大致分为规模相同的三个组，每组将按轮选制选出，任期三年。第一年选出第一组董事，下一年选出第二组董事，最后一年选出第三组董事。因此，在任何特定年份，并购方最多可赢得 1/3 的董事会席位。由于剩余董事会成员的任期重叠，潜在收购方至少需要两年才能获得董事会的多数控制权。这通常比并购方愿意等待的时间更长，因而可能阻止潜在收购。在不同的公司，董事会轮选制会表现出细微的差别。董事会轮选制能增加改组董事会的时间与难度，延缓收购方对企业的控制速度，对收购方造成巨大的成本，降低其潜在收益。

(5) 限制投票权。

公司可以对投票权进行特殊规定和限制。例如，除董事会批准外，若股权超过一个设定的指标就会导致投票权丧失，这个比例可以设定为 15%或 20%。由于投票权的限制，收购方通过获取股权强制通过并购交易的可行性较低，这大大降低了要约并购的有效性，并迫使收购方与董事会直接谈判。

(6) 绝对多数投票条款。

公司章程中的绝对多数投票条款要求董事会或股东支持超过简单多数，也就是说，对于某项表决，可能需要 66.7%、75%或 80%的票数赞成才能通过。因此，在绝对多数投票条款限制下，51%的简单多数股东投票仍然会失败。

(7) 公正价格条款。

公正价格条款限制并购要约，要求向现有股东提供公正价格。此公正价格通常通过某些公司或独立机构评估确定。

(8) 毒性卖权。

毒性卖权主要针对债券持有人。如果存在敌意并购，这些毒性卖权可让债券持有人要求发行公司立即偿还其债券。这种额外的现金负担可能会抵御未来的收购方。

(二) 要约后的防御措施

(1) 简单说不。

如果潜在收购方直接向股东提出收购要约或发起代理权争夺战，目标公司可以向股东说明有关收购方要约不符合股东的最佳利益，使股东一致对该并购"简单说不"。

(2) 绿票讹诈。

绿票讹诈是指向潜在收购方给予回报，以让其退出并购、终止敌意并购意图的做法。作为一项协议，它允许目标公司以高于市场价格的方式从收购方回购其股份，换取其同意不发起敌意并购；该协议也常附有第二份协议，即收购方不会在规定的时间内再次进行收购。

(3) 白衣骑士。

当目标公司面临敌意并购时，可以主动求助于白衣骑士——另外一家被认为更合适作为合作对象的友好的第三方。目标公司通常会寻找一个与目标公司在战略上相匹配的第三方，证实目标公司的价格比敌意并购方给出的价格高，白衣骑士通常也愿意支付更高的购买价格，或者承诺不解雇员工、管理层或者分拆部门。在许多情况下，白衣骑士防御措施可以在敌意并购方与第三方之间展开竞购战，促使目标公司在交易最终完成时获得更高的价格。

(4) 白衣护卫。

在并购领域，公司也会寻求一个"白衣护卫"即一个友好的第三方的帮助，邀请其对公司进行重要投资，在不会收购整个目标公司的情况下收购目标公司的少数股权。白衣护卫反并购的基本思路是：收购少数股权以阻止敌意并购方收购所需的股份。但在实际操作中，白衣护卫防御措施可能涉及高风险诉讼。在很多情况下，白衣护卫是员工持股会。在发生敌意并购时，由员工持有的股份有可能支持管理层。

(5) 杠杆再资本化。

目标公司可以通过承担大量新债务的方式进行再资本化。当公司进行股票回购或者支付红利时，净利润下降或债务水平增加，将使资本结构发生重大变化。一方面，当公司的负债水平低于最优水平时，债务增加将产生更大的税盾效益，股价上涨，同时，将现金用于股利支付或股票回购也减少了公司的现金持有水平，这将在一定程度上使目标公司避免成为收购的"最佳猎物"。另一方面，当公司的债务水平较高时，额外的债务降低了目标公司的借贷能力，并将其置于高杠杆状态，财务风险增加。在这种情况下，那些意图利用目标公司举债能力为其融资的竞购方将被迫重新决策，目标公司的吸引力下降。

(6) 股票回购。

目标公司可以针对其自己的股票提交收购要约。股票回购减少了目标公司的权益部分，增加了资本结构中杠杆的使用，从而可以降低目标公司对并购方的吸引力。同时，股票回购也向市场释放了股票被市场低估的信号，从而提升股票价格，增加收购方的成本，并可能迫使收购方提高报价，以促使目标公司接受并购交易。

（7）焦土战术。

目标公司通过各种手段降低公司资产质量以降低公司吸引力，包括发布亏损公告、剥离要约方看重的资产。例如在收到敌意并购要约后，目标公司可能决定将子公司或主要资产出售给中立的第三方，如果敌意并购方将该资产视为交易的重要资产，则可能会放弃并购企图。尽管该种战略可以使目标公司避免被收购，但若该资产对目标公司极具价值的话，目标公司的股东利益将受损。

（8）诉讼。

诉讼的基本思路是由目标公司起诉收购方，是一个既费钱又耗时的法律战。典型流程是以反托拉斯法或违反证券法为由起诉收购方，在应诉期间，法院可能会禁止收购方的并购或提供延迟并购的临时禁令，让目标公司的管理者有更多时间收集辩护资料或向白衣骑士征求友好帮助。

（9）帕克曼式防御。

在收到敌意并购要约之后，目标公司可以通过发出收购并购方的反要约来抵制敌意并购。实际上，帕克曼式防御很少使用，因为这表明一家小公司需收购一家大公司。此外，由于提出反要约，目标公司也可能无法使用其他防御战术。

【本章小结】

1. 并购活动形式多样，按照不同标准可以分为：横向并购、纵向并购、混合并购；善意并购、敌意并购；战略并购、财务并购；要约并购、协议并购；杠杆并购、非杠杆并购；现金并购、换股并购、混合支付并购；股权收购、资产收购。

2. 并购具有不同的动机，可分为积极动机以及消极或中性动机。从经济动机或股东动机出发的并购动机包括：获取协同效应（经营协同效应、财务协同效应），获得高增长率和市场支配力，获得新资源和新技术，购买被低估的资产，进行战略调整，使用闲置资金，进行多元化经营，追求盈利增长等。基于管理层的并购动机主要包括管理主义和管理层傲慢。

3. 收购公司股东平均从并购中较少甚至没有获益，目标公司股东在宣告并购时常有正向的市场反应，收购公司通常会支付一定的溢价。

4. 并购交易的进行遵循一定的步骤。在企业基于自身商业计划制订出完善的并购计划后，需要寻找并筛选标的公司。确定意向后，收购公司可以采取善意并购的方式，向目标公司管理层进行初次质询。若目标公司董事会愿意接受并购，则可以进行下一步的协商，包括细化估值、设计交易结构、确立并购支付方式、敲定融资计划等内容。若目标公司管理层不愿意接受并购，收购公司可以选择放弃收购或者进行敌意并购，采取更加激进的方式应对，如熊抱、代理权争夺战、要约并购和公开市场并购及其组合。

5. 对目标公司进行估值，常用的方法包括历史成本法、收益现值法（现金流量贴现法、经济增加值法）、相对估值法（可比公司估值法、可比交易估值法）。在换股并购中，关键是确定交易双方合适的换股比例。

6. 为应对并购威胁，目标公司常使用反并购防御措施，其中，要约前的防御措施包括毒丸计划、黄金降落伞、限制并购的法律政策、董事会轮选制、限制投票权、绝对多数投票条款、公正价格条款及毒性卖权等，要约后的防御措施主要包括简单说不、绿票讹诈、白衣骑士、白衣护卫、杠杆再资本化、股票回购、焦土战术、诉讼以及帕克曼式防御等。

【重要概念】

横向并购	纵向并购	混合并购	善意并购
敌意并购	杠杆并购	股权收购	协同效应
管理主义	管理层傲慢	并购溢价	价值
历史成本法	收益现值法	相对估值法	毒丸计划
黄金降落伞	毒性卖权	简单说不	绿票讹诈
白衣骑士	白衣护卫	杠杆再资本化	焦土战术
帕克曼式防御			

【思考题】

1. 横向并购与纵向并购对企业价值的影响是什么？
2. 企业并购产生的协同效应主要体现在哪些方面？
3. 常见的并购支付方式有哪些？什么因素会影响企业并购支付方式的选择？
4. 在收购一家上市公司时，可以采用哪些价值评估方法？
5. 企业可以使用哪些措施来抵御敌意并购风险？各种策略有哪些优点和缺点？
6. 为什么收购企业的股东从并购中获得的利益微乎其微？
7. 为什么多元化不是一个积极的并购动机？
8. 结合中国企业实际，说明企业进行并购活动有哪些原因。

【练习题】

1. 假设存在一家公司，其 CEO 拥有 5%的股份。若公司当前拟进行并购，该笔并购将导致 5 000 万元的亏损，但同时 CEO 的薪酬将增加 300 万元，那么，并购会使 CEO 受益还是受损？

2. 假设 A 公司拟收购 B 公司，A 公司的总市值是 2 000 万元，B 公司的总市值是 1 600 万元，并购能产生协同效应。并购后 A 公司的价值将为 4 200 万元，但 A 公司需先支付 B 公司 300 万元的溢价以及 100 万元的并购相关费用。请计算，A 公司进行该笔并购交易的净收益是多少？

3. 假设当前有一家公司拟进行收购，计划使用可比交易估值法对目标公司进行估值。若最近发生的三笔类似交易信息分别如表 12－6 所示，请计算适当的可比指标（以可比指标的平均值作为参照），估计该公司应向目标公司支付的价格。

表 12-6 相关指标

单位：元

	当前股价	每股收益	每股账面价值	每股现金流量
目标公司		4	5.2	6
A 公司	30	2	3	4
B 公司	24	3	4	5
C 公司	15	2.5	3	3.2

4. 目前 A 公司与 B 公司签订换股并购协议，规定 A 公司将向 B 公司股东支付 25%的溢价。若 B 公司当前的股价是每股 40 元，A 公司的股价为每股 55 元，那么，A 公司向 B 公司股东提供的换股比例是多少？

5. 假设存在 A 公司和 B 公司两家公司，基本情况分别如下：A 公司的盈利为 2 000 万元，发行在外的股份数量共 900 万股，每股股价为 50 元；B 公司的盈利为 800 万元，发行在外的股份数量共 200 万股，每股股价为 20 元。若 A 公司拟以 25 元的价格对 B 公司进行换股收购，并购后 A 公司的股价和每股收益分别是多少？

【延伸阅读】

1. Roll, R. "The Hubris Hypothesis of Corporate Takeovers," *Journal of Business*, 1986 (59): 197-216.

2. Moeller, S. B., F. P. Schlingemann, and R. M. Stulz. "Wealth Destruction on a Massive Scale? A Study of Acquiring-Firm Returns in the Recent Merger Wave," *Journal of Finance*, 2005 (60): 757-782.

3. Eckbo, B. E. Handbook of Corporate Finance: Empirical Corporate Finance. Vol 1. North Holland, 2007.

4. Harford, J. "What Drives Merger Waves?" *Journal of Financial Economics*, 2005 (77): 529-560.

5. Straska, M., and H. Waller. "Antitakeover Provisions and Shareholder Wealth: A Survey of the Literature," *Journal of Financial and Quantitative Analysis*, 2014 (49): 933-956.

6. Agrawal, A., and J. F. Jaffe. "Do Takeover Targets Underperform? Evidence from Operating and Stock Returns," *Journal of Financial and Quantitative Analysis*, 2003 (38): 721-746.

教学支持说明

1. 教辅资源获取方式

为秉承中国人民大学出版社对教材类产品一贯的教学支持，我们将向采纳本书作为教材的教师免费提供丰富的教辅资源。您可直接到中国人民大学出版社官网的教师服务中心注册下载——http://www.crup.com.cn/Teacher。

如遇到注册、搜索等技术问题，可咨询网页右下角在线 QQ 客服，周一到周五工作时间有专人负责处理。

注册成为我社教师会员后，您可长期根据您所属的课程类别申请纸质样书、电子样书和教辅资源，自行完成免费下载。您也可登录我社官网的"教师服务中心"，我们经常举办赠送纸质样书、赠送电子样书、线上直播、资源下载、全国各专业培训及会议信息共享等网上教材进校园活动，期待您的积极参与！

2. 高校教师可加入下述学科教师 QQ 交流群，获取更多教学服务

经济类教师交流群：809471792

财政金融教师交流群：766895628

国际贸易教师交流群：162921240

税收教师交流群：119667851

3. 购书联系方式

网上书店咨询电话：010－82501766

邮购咨询电话：010－62515351

团购咨询电话：010－62513136

中国人民大学出版社经济分社

地址：北京市海淀区中关村大街甲 59 号文化大厦 1506 室　100872

电话：010－62513572　010－62515803

传真：010－62514775

E-mail：jjfs@crup.com.cn